东北各民族交往交流交融史史料丛刊

黑龙 李俊义 主编

# 清末理藩院巡察东蒙古文献辑校

李俊义 忒莫勒 审订

包阿如娜 袁刚 辑校

上海古籍出版社

**图书在版编目(CIP)数据**

清末理藩院巡察东蒙古文献辑校 / 李俊义，包阿如娜，袁刚辑校 ；忒莫勒审订. -- 上海 ：上海古籍出版社，2025. 4. --（东北各民族交往交流交融史史料丛刊）. -- ISBN 978－7－5732－1381－5

Ⅰ. K311

中国国家版本馆 CIP 数据核字第 2025VJ5090 号

### 清末理藩院巡察东蒙古文献辑校

李俊义　包阿如娜　袁　刚　辑校

忒莫勒　审订

上海古籍出版社出版发行

（上海市闵行区号景路 159 弄 1－5 号 A 座 5F　邮政编码 201101）

（1）网址：www.guji.com.cn

（2）E-mail：guji1@guji.com.cn

（3）易文网网址：www.ewen.co

启东市人民印刷有限公司印刷

开本 890×1240　1/32　印张 11.25　插页 3　字数 273,000

2025 年 4 月第 1 版　2025 年 4 月第 1 次印刷

ISBN 978－7－5732－1381－5

K · 3799　定价：68.00 元

如有质量问题,请与承印公司联系

# 前　言

清代，位于内蒙古东部地区的哲里木、卓索图、昭乌达、锡林郭勒四盟被称作"东四盟"（时人亦称为"内蒙古东部""东蒙古"）。这里地处蒙古高原的东南部，属中国北方农牧交错带的东端，是东部季风区与西北干旱半干旱区的分水岭，也是温带季风气候向温带大陆性气候过渡的地带。

内蒙古"东四盟"地区自古以来就是农耕文明与游牧文化碰撞交融的重要历史舞台。这里草肥水美，为游牧民族提供了理想的天然牧场。历史上，东胡、匈奴、乌桓、鲜卑、柔然、突厥、回纥、契丹、女真、室韦以及蒙古等游牧民族均曾在此"逐水草畜牧"。土壤肥沃，为农耕民族提供了广阔的耕地空间。早在新石器时代的原始农业时期，就有先民在此从事种植业生产，创造了不少具有原始农业形态的古代文明。辽宋夏金时期，以"插花地"形式在此分布的传统农业也形成了一定的规模。在浩瀚的历史长河中，生息繁衍在这片土地上的中国北方各民族，经过广泛而深入的交往交流交融，共同创造了勤劳质朴、崇礼亲仁的农耕文明与热烈奔放、勇猛刚健的草原文明，并将之源源不断地注入中华民族的特质和禀赋之中，为中国统一多民族国家的历史演进和多元一体中华民族的形成发展作出了突出贡献。

17世纪以后，清廷出于维护其封建统治的目的，曾多次下令严禁内地农业人口前往包括"东四盟"在内的蒙古地区开垦土地，试图阻碍中原地区与北方草原地带各民族之间的交往交流交融。

然而,每当内地遭遇灾荒时,在官府的默许下,仍有很多内地农业人口前往"口外"地区谋生。此外,还有很多蒙古王公在经济利益的驱使下,不顾禁令,主动招徕佃农,开垦土地。这种状况在归化城土默特地区和内蒙古"东四盟"地区尤为严重,而在"东四盟"地区,又尤以昭乌达、卓索图两盟为甚。正因如此,包括内蒙古"东四盟"地区在内的很多"口外"地方在此后的百余年间,由以游牧业为主要生产生活方式的区域逐渐转变成农牧交错区,形成了"农耕区域与游牧区域犬牙交错,汉族农民与蒙古牧民杂居一处"的格局。[①] 在这种情况下,清廷为强化对迁入内蒙古地区的内地农业人口的管理,开始陆续在此设置如同内地一般的府、州、厅、县等行政机构。这些行政机构的设置,逐渐改变了明末清初以来内蒙古地区原有的社会组织结构和地方行政管理体系,形成了多元的地方行政管理体制。其结果是,不仅有效促进了农业国家经济的发展和北部边疆地区的稳定,还进一步深化了各民族之间的交往交流交融。

清道光二十年(1840)爆发的鸦片战争,对中国社会产生了巨大的影响。但是,"僻处塞外"的内蒙古地区当时并未因受到外力的影响而发生剧烈的社会变化。然而,随着国内政治局势的变化和外国侵略势力的进入,尤其是受"金丹道"暴动、"庚子国变"和日俄战争等一系列事件的影响,"东四盟"乃至整个内蒙古地区的局势在 19 世纪末、20 世纪初逐步陷入剧烈的动荡之中。彼时,俄国人"游历蒙旗,狡焉思逞,于是言者有改建蒙古行省之议"。[②] 有鉴于此,清廷为应对日益凸显的危机局面,维护对漠南蒙古东部地区

---

① 乌云格日勒:《十八至二十世纪初内蒙古城镇研究》,内蒙古人民出版社,2005 年,第 70 页。

② 吴燕绍:《续修四库全书总目提要·东蒙古纪程》,中国科学院图书馆整理:《续修四库全书总目提要(稿本)》第 24 册,齐鲁书社,1996 年,第 351 页。

的统治,于光绪三十二年(1906)遣肃亲王善耆以钦差的身份巡察内蒙古"东四盟"。是年三月,善耆携扈从人员陈祖墉、冯诚求、吴禄贞、姚锡光、吴燕绍等三十余人从北京出发,经承德抵内蒙古境内,先后巡察了卓索图、昭乌达、锡林郭勒和哲里木四盟,"并亲历各旗,召集各王公会议"。[①] 善耆此番巡察的重点工作,是"联络蒙情,折服蒙心"、"训练蒙军"、"劝谕蒙古兴学"、"详勘蒙地矿产"和"测绘蒙古地图"等五项。[②] 自顺治元年(1644)清朝定鼎中原以后,除对准噶尔用兵的战事等特殊情形外,这种派遣亲王大臣前往内蒙古地区巡察的事例绝无仅有。[③]

善耆的北巡活动,是一起特殊历史时期中央政府对特殊地区进行强化政治统治的特殊事件。首先,从历史时间来看,当时清政府忙于偿还"庚子赔款"和实行"新政",以应对日趋严重的政治经济危机,缓和日益高涨的革命浪潮。其次,从地理空间来看,内蒙古"东四盟"地区为中国北疆地区的边防重地,昭乌达、卓索图二盟所辖之地更是北京北部和东北部的天然屏障,战略意义重大。恰在此时,日俄双方的势力逐步向该区域渗透,对清王朝国防安全构成了极其严重的威胁。此外,清中叶以来持续不断的移民"口外"高潮,使内蒙古地区早已形成了农业与游牧业交错并存的局面,而20世纪初清政府为了"'开浚利源'筹措庚子赔款及用于练兵、新政的经费",[④]将东北三省和内蒙古地区全面放垦的做法,更是

---

① 吴燕绍:《续修四库全书总目提要·东蒙古纪程》,中国科学院图书馆整理:《续修四库全书总目提要(稿本)》第24册,第351页。

② 朱寿朋编纂,张静庐等校点:《光绪朝东华录》第五册"光绪三十二年三月",中华书局,1984年,第33页,总第5499页。

③ 札奇斯钦:《罗布桑车珠尔传略》,载宋天翔主编《赤峰市文史资料》第八辑,内蒙古人民出版社,2007年,第53页。

④ 汪炳明:《是"放垦蒙地"还是"移民实边"》,《蒙古史研究》第三辑,内蒙古大学出版社,1989年,第193页。

使相关区域的地理环境、政治格局和民族关系进一步复杂化。当时在社会上影响颇大的《申报》《东方杂志》等报刊,均报道了肃亲王北巡及与之相关的事件,在中国朝野上下反响很大,日本和沙皇俄国的军政各界对此也较为关注。

## 一、善耆及其《为考察蒙古并陈管见事奏折》

爱新觉罗善耆,生于清同治五年(1866),卒于民国十一年(1922),字艾堂,满洲镶白旗人,系清太宗皇太极长子肃武亲王豪格第八世孙,肃良亲王隆懃长子。

善耆于清光绪二十四年(1898)袭肃亲王爵,是清朝第十代肃亲王,[①]谥曰"肃忠亲王"。光绪三十一年(1905)以后,善耆先后任镶蓝旗满洲都统、宗人府左宗正、民政部尚书等职,曾"管理理藩院事","奉旨筹办海军事务"。宣统三年(1911),出任"皇族内阁"民政大臣、弼德院顾问大臣、理藩部大臣等职。清亡,善耆寓居旅顺,后病逝于此,遗著有《肃忠亲王遗集》等。善耆有子二十一人、女十七人。[②]其子女中,最著名者当属第十四女、后沦为侵华日军帮凶的金碧辉(川岛芳子)。

纵观善耆的一生,虽然是一位致力于维护清朝封建统治的旧贵族的代表,在清朝覆亡后又逆历史潮流而动,长期从事复辟封建王朝的活动,但不可否认的是,其作为清末政坛一位才能较为出众、思想相对开明的皇族宗亲的政治建树。例如,《辛丑条约》签署后,负责北京治安的善耆"聘日本警务官川岛浪速为顾问,锐意教练,京师警务之立自此始"。此后,他"整顿警务尤力",使"京师警

---

① 罗振玉:《清故和硕肃忠亲王之碑》,转引自郑晓光、李俊义主编《贡桑诺尔布史料拾遗》上册,内蒙古人民出版社,2012年,第170—172页;佚名:《大清肃亲王墓志铭(有序)》,转引自郑晓光、李俊义主编《贡桑诺尔布史料拾遗》上册,第172—175页。

② 同上。

察为天下最"，"夙号难治"的北京治安大为好转。然而，善耆因"与康有为善"、同情维新变法而屡不得志于慈禧太后，至其在两宫回銮后仍"沉浮五六年间，虽派充御前大臣、后扈大臣、厢黄旗蒙古都统，调补厢蓝旗满洲都统，管理雍和宫事务、理藩院事务，皆闲散差使，无所事事"。[①] 清廷宣布"预备立宪"前后，善耆逐渐得以参与枢机，成为"新政"的重要推手之一。

善耆"由蒙古差竣还京"后，"泥首宫门，仰蒙召见，垂询周详，莫名感悚"，乃"将大概情形专折具奏在案"。清光绪三十二年九月十七日（1906 年 11 月 3 日），善耆向朝廷上《为考察蒙古并陈管见事奏折》（以下简称《奏折》），作为其此次考察总结报告向清廷复命。

《奏折》通过分析"东四盟"地区的地理位置、资源环境、经济文化类型、民族分布等一系列因素，阐述了经营蒙古的迫切性和前提，并根据内蒙古东部地区的区域特征提出了相应的改革措施。《奏折》全文不过数千字，却较为详尽地反映了内蒙古"当时之屯垦、矿业、畜产、军事、实业、交通、宗教、学校、风俗、社情等方面情形，还提出自己就其中问题的整顿改革建议"。[②] 善耆希望通过自己的考察报告使朝廷关注边事、边民、边情，进而在蒙古地区推行"新政"，以达到稳定北疆、巩固边防的目的。

《奏折》原件现存中国第一历史档案馆，其主旨于《清实录》中有所提及，但未收录全文；[③]札奇斯钦在为其父罗布桑车珠尔作传

---

① 　罗振玉：《清故和硕肃忠亲王之碑》，转引自郑晓光、李俊义主编《贡桑诺尔布史料拾遗》上册，第 170—172 页；佚名：《大清肃忠亲王墓志铭（有序）》，转引自郑晓光、李俊义主编《贡桑诺尔布史料拾遗》上册，第 172—175 页。

② 　中国第一历史档案馆选编：《晚清肃亲王善耆考察蒙古史料》，载《历史档案》2009 年第 4 期。

③ 　《清德宗实录》卷五六四，光绪三十二年九月辛亥。

时,曾经提到过这封奏疏;①《光绪朝东华录》则对此只字未提。因而,《奏折》的历史文献价值更显珍贵。后经中国第一历史档案馆选编,《奏折》全文曾以《晚清肃亲王善耆考察蒙古史料》的标题,刊载于《历史档案》2009 年第 4 期。此次刊出奏折,修正了该版本《奏折》在句读方面的讹误,并附录当时报刊中的相关报道十一条,以便读者了解当时国内对以肃亲王善耆为首的理藩院巡察东蒙古一事的特别关注。

除自撰《奏折》外,善耆还要求随行诸员将北巡期间所见所闻之"山川之险要、物产之丰盈、人民之壮健、风俗之朴厚、宗教迷信之深、强邻窥伺之渐,一一博考详咨,逐日记载"。考虑到考察人员"劳倦疏漏,不足以昭详实",又"饬其从容编纂,(稗)〔俾〕得各抒所见"。随行各员撰成的若干种考察报告中,"其最详者不遗巨细,集为巨轶;其稍略者,亦各有见地,足为参考之资"。北巡扈从人员所撰写的考察报告,或对经行之地的政治、经济、文化,小至王公贵族、官吏乃至平民百姓的生活起居、方言俚语、城乡道路等,旁及气候、土壤、物产诸类,记述详实;或就事论事,逻辑严密,虽篇幅较短,却直击当时北部边疆民族地区亟待解决的核心问题,并就此提出应对办法。这些文献较为全面地记述了相关区域 20 世纪初期的地理概貌,又在一定程度上展现了时人对北部边疆问题的看法。

## 二、善耆北巡扈从人员所撰写的考察报告

善耆北巡扈从人员所撰写的考察报告,主要有陈祖墡的《东蒙古纪程》(以下简称《纪程》)、冯诚求的《内蒙古东部调查日记》(亦名《东蒙游纪》)和《上理藩院——条陈内外蒙古》、吴禄贞的《东四

---

① 札奇斯钦:《罗布桑车珠尔传略》,载宋天翔主编《赤峰市文史资料》第八辑,第 56 页。

盟蒙古实纪》和《经营蒙古条议》、姚锡光的《筹蒙刍议》等几种。兹简介如次：

（一）陈祖墭及其《东蒙古纪程》

陈祖墭，字子元，生卒年不详，山东潍县营陵房仕庄（今山东省潍坊市坊子区坊城街道坊仕村）人。光绪二十三年（1897）丁酉科举人。光绪三十二年（1906）春，"以裁缺兵马司正指挥改官同知"，旋随肃亲王善耆考察内蒙古"东四盟"，"参与办理文案"事宜。[①] 民国二年（1913）十一月至三年（1914）十一月，任青城县（今山东省高青县境内）知事，[②] 旋因籍隶山东，与"异地为官"原则不符而去职。[③] 改任河南桐柏、偃师等县知事。民国二十三年（1934），任山东齐东县县长。主要著述有《东蒙古纪程》《燹馀吟草·附庚子津沽遭乱记》《治青案牍》等。

在随同肃亲王善耆北巡期间，内蒙古卓索图盟喀喇沁右翼旗札萨克多罗杜棱郡王贡桑诺尔布开风气之先，创办崇正文学堂、守正武学堂和毓正女子学堂，给陈祖墭留下了深刻的印象。陈氏认为，蒙古地区"僻处塞外"，属"荒蛮之地"，与内地的文化昌盛不可同日而语；然而，贡桑诺尔布却能够黜邪崇正，革故鼎新，将旗地治理得井井有条，可谓功勋卓著，乃"蒙古王公之翘楚"。后来，陈祖墭在担任青城县知事期间重视教育，号召乡绅捐资建学，创办由其夫人主持的女子学校等举动，[④] 显然是受到"喀喇沁男学堂归贡邸经理，女学堂系福晋督办"之影响。[⑤]

---

① （清）陈祖墭：《东蒙古纪程》"自叙"，民国三年（1914）石印本，第 1a 页；《赤峰市文史资料》第八辑，第 285 页；"内蒙古历史文献丛书"之四，第 125 页。

② 高青县地方史志编纂委员会编：《高青县志》，中国社会科学出版社，1991 年，第 349 页。

③ 《治青案牍》"序"，民国四年（1915）铅印本。

④ 同上。

⑤ （清）陈祖墭：《东蒙古纪程》，第 9a—12a 页。

　　《纪程》的初稿写就于陈祖墡随同肃亲王善耆北巡途中,撰述此文的缘由是"首途之际,颇思有所纪述,飨吾同人"。但是,在写作过程中"惟是塞外旅行之苦,有非意料所及者,驰骋于飞沙烈日之中,恒终日不得一饱,晚宿毡幕,办公之余,复伏地篝灯而作日记,故往往精神不属,阙略不详。回京之后,从未敢出以示人"。辛亥革命以后,随着北部边疆问题日益突出,陈氏在友人的劝说下将《纪程》付梓,"以为识途之马";出任青城县知事以后,陈氏"爰出旧稿,重加编次而付印矣"。《纪程》从初拟到付梓,前后历时七年。其间,受到国家政体骤变、国内外形势和蒙古局势突变等因素的影响,刊印的《纪程》原稿之中当有较多改动之处。例如,该书石印本付梓之后,仍有很多内容以红色字体钤盖改正,显系对原稿的补充与修订。石印本刊行不久,又出现了封面题签为《蒙古纪程》的铅印本。忒莫勒指出,根据铅印本已将石印本中的红色铅字钤盖改正之处修订为正文内容,加之又有将袁世凯的称谓由"袁宫保"改作"今大总统袁公"等现象,可知石印本当先于铅印本刊印。[1] 此次刊出《纪程》,以石印本为底本,以铅印本对校。

　　《纪程》为日记体,"记三月往返行程,由京出古北口,经承德、喀喇沁旗、赤峰、巴林阪、阿伯图苏木、伯彦和硕庙等地;而归程则自法库门,东行至新民,乘火车而返京",[2]其内容为作者在内蒙古"东四盟"开展考察活动中的所见所闻、所知所感。《纪程》全文由"自叙"、正文和所附纪行诗词三部分组成。其中,"自叙"部分于民国二年(1913)夏六月写毕于山东青城县公署,正文和纪行诗则撰

---

　　① 忒莫勒:《〈东蒙古纪程〉题解》,"内蒙古历史文献丛书"之四,远方出版社,2008年,第123页。

　　② 吴燕绍:《续修四库全书总目提要·东蒙古纪程》,中国科学院图书馆整理:《续修四库全书总目提要(稿本)》第24册,第351页。

述于随同肃亲王北巡期间。

《纪程》主要叙述巡察内蒙古"东四盟"途中经行各地之气候、道路之里程、沿途之路况、山川形势、民风民俗等,其内容既有相关城市(镇)空间布局的描绘,又不乏这些地方建制沿革、区位状况、商业环境等方面的记载。此外,《纪程》中还较多地记述了沿途各地之物产、人口和农牧业之地理分布情况等项,为研究相关区域历史经济地理、城市地理和人口地理提供了可资借鉴的重要史料。所附纪行诗词《塞上吟》中亦不乏对经行地区山川形胜、民俗风貌以及交通、气候、土壤、城镇等状况的描述,也可为相关问题的深入研究提供佐证。

(二)冯诚求及其《内蒙古东部调查日记》《上理藩院——条陈内外蒙古》

冯诚求,字保如,江苏太仓州嘉定县(今上海市嘉定区)人,生于清同治十年(1871),卒年不详。清光绪十七年(1891)辛卯科举人,候选知县。清末,曾任齐齐哈尔交涉处文案、哈尔滨铁路交涉局提调、吉林提法司核对官兼旗务处赞助员以及禁烟局稽查员兼《吉林省政书》提法司编辑员等职。[①] 中华民国建立后,冯诚求先后担任吉林省苇沙河设治局设治员、[②] 上海市公用局第一科科员等职。[③] 日伪时期,冯氏在嘉定县先后组织伪"维持会""自治委员会"等,并出任伪嘉定县知事、自卫团团长。[④]

作为肃亲王北巡的扈从人员之一,冯成求"日则奔走于沙漠不

① 王季平总纂,吉林省地方志编纂委员会编纂,耿孝文(卷)主编:《吉林省志》卷三九《文化艺术志·出版》,吉林人民出版社,1993年,第17页。

② 中国边疆史地研究中心、辽宁省档案馆合编:《东北边疆档案选辑》(一百四十七)"清代·民国",广西师范大学出版社,2007年,第491页。

③ 吴铁城:《上海市年鉴》,上海通志馆年鉴委员会印制,1935年,第75页。

④ 上海市嘉定区地方志办公室编:《嘉定县简志》,方志出版社,2008年,第54—77页。

毛之地,夜则伏穹庐中伸纸作书,手腕为脱"。① 他就自己的考察所得撰写了《内蒙古东部调查日记》(亦名《东蒙游纪》,以下简称《游纪》)和《上理藩院——条陈内外蒙古》。

就目前所知,《游纪》有两个版本:其一为民国二年(1913)吉长日报社铅印本,前有南汇顾次英序言;其二为其手抄本,题名《东行纪程》,行楷书法抄就,纸张为荣宝斋朱丝栏对开纸,未署抄录年月,当不晚于铅印本刊行之时。两种版本的内容上大体相似,但手抄本的讹误较铅印本为多,且每一卷次的标题和内容也与铅印本所载存在一定的差异。

铅印本《游纪》共十卷,分别为叙述"自北京至古北口""自古北口至热河""自热河至喀喇沁王府""自喀喇沁王府至赤峰""自赤峰至乌丹城""自乌丹城至巴林阪""自巴林阪至西乌珠穆沁""自西乌珠穆沁至土什业图""自图什业图至新民屯""自新民府至北京"等内容,每卷单独设定页码,另有叙言、勘误表各一叶(每叶含上、下两阙)。手抄本《游纪》所缺顾次英所撰"叙",应为其当时尚未撰成之故;所缺五至十卷内容,或因誊者未录,或已散佚,文献无征。

在记述沿途道路之里程,以及叙说沿途各地之形胜方面,《游纪》与陈祖墉《纪程》一样,均较为具体地交代了各地城市、村镇间的距离、路况等问题。然而,《游纪》中记述经行各地的山川形胜、历史沿革、城市(镇)风貌等方面所占篇幅较陈祖墉《纪程》为多,内容也更为丰富具体。除关于经行各地地理沿革等内容的记述多取材于乾隆《钦定热河志》和道光《承德府志》等地方史志外,其余则以调查所得为主。"凡喀喇沁、巴林、乌珠穆沁、土什业图、达尔罕

---

① 吴燕绍:《续修四库全书总目提要·东蒙游记》,中国科学院图书馆整理:《续修四库全书总目提要(稿本)》第24册,第142页。

所经各旗，一切形势、山川、官制、军备、教育、工商、户口、田赋、气候、物产、钱法、榷酤、礼俗、道路、矿产、服色，详载无遗，均得之目击，询诸父老，殊少凿空之谈，而为简明翔实之记"。尤其可贵的是，"关于当时物价，各地度量，均加折合核算，可谓留心社会状况者"。不宁唯是，"其每记一地，先载其方域距里，再以考察所得分类条述，故眉目清而记录详"。①

考察结束后，冯诚求除了继续对《内蒙古东部调查日记》进行删改外，还以此为基础，撰写了一份就自己调查所得，对于如何"筹蒙"给朝廷的建议书，即《上理藩院——条陈内外蒙古》（以下简称《上理藩院》）。《上理藩院》不像《游纪》那样事无巨细，详细记述考察经行全区域大至京师、都会，小至集镇、村落的自然地理环境和人文地理环境，而是以简明扼要的语言直入主题，向朝廷提出自己的经营蒙古之策。冯诚求在这里向理藩院提出的改变蒙地面貌的八项主张，后来几乎悉数为肃亲王善耆所采纳，写进了呈报给朝廷的《肃亲王善耆为考察蒙古并陈管见事奏折》里，在清末对蒙"新政"中产生了较大影响。

此次刊出《内蒙古东部调查日记》，以 1913 年吉长日报社铅印本为底本，参照手抄本（稿本名曰《东行纪程》，非全本，"自出都起，至抵喀喇沁王府止"）汇校。

此次刊出《上理藩院——条陈内外蒙古》，以《中国边疆研究资料文库·边疆史地文献初编·北部边疆》第二辑影印本为底本校点。

（三）吴禄贞及其《东四盟蒙古实纪》《经营蒙古条议》

吴禄贞，字绶卿，生于清光绪六年（1880），卒于宣统三年（1911），

---

① 吴燕绍：《续修四库全书总目提要·东蒙游记》，中国科学院图书馆整理：《续修四库全书总目提要（稿本）》第 24 册，第 142 页。

湖北省云梦县人。早年曾入湖广总督张之洞幕，并留学日本，参加孙中山领导的中国同盟会。辛亥革命爆发后，清廷以吴禄贞署理山西巡抚。后因其欲发动兵变推翻清廷的企图暴露，被清廷刺客暗杀于石家庄正太车站，同时遇难的还有张世膺和周维桢等。[①]民国元年(1912)三月四日，中华民国临时大总统孙中山下令"吴禄贞应照大将军例，赐一时恤金一千五百元，遗族每年恤金八百元；张世膺照右将军例，赐一时恤金一千一百元，遗族每年恤金六百元；周维桢照大都尉例，赐一时恤金九百元，遗族每年恤金五百元"，以"宣示天下，以不负忠烈之意"。[②] 是月，上海各界为革命先烈举行公祭活动，孙中山又撰《祭吴禄贞文》一篇，以示缅怀。为纪念辛亥革命八十周年暨辛亥革命先驱吴禄贞殉难八十周年，当地政府于 1991 年 10 月在吴禄贞的家乡——湖北省云梦县兴建了吴禄贞纪念园。[③]

　　吴禄贞"从肃亲王善耆宣抚蒙疆，足迹遍东四盟内蒙各部落"，而后根据此次调查所得，"将经营之策，分条缕述"，撰写了《东四盟蒙古实纪》(以下简称《实纪》)和《经营蒙古条议》(以下简称《条议》)两篇考察报告，"盖即考察所得写实之作也"。[④]

　　吴禄贞其人"本跅驰不羁"，故其为文"亦多奇横之笔"。《实纪》凡二十三章，其内容涵盖了蒙古地区的制度、宗教、人民、风

---

　　① 云梦县政协整理编辑，陈耀林增补：《吴禄贞年表》，载《石家庄文史资料·吴禄贞史料集》(第十二辑)，中国人民政治协商会议河北省石家庄市委员会文史资料委员会，1991 年编印，第 222 页。

　　② 孙中山：《令准陆军部呈请奖恤吴禄贞等文》，见中国社科院近代史所等编《孙中山全集》(第二卷)"一九一二"，中华书局，2011 年，第 173 页。

　　③ 刘国福：《吴禄贞纪念馆》，卫景福主编：《国魂典》，吉林人民出版社，1993 年，第 449 页。

　　④ 以上引文参见吴燕绍《续修四库全书总目提要·经营蒙古条例》，中国科学院图书馆整理：《续修四库全书总目提要(稿本)》第 24 册，第 381 页。

俗、民众之生计、牲畜及马政、交易、民众之"性质"、医药、军事、民族关系以及外国侵略对蒙古地区的影响等诸多内容，"不啻一蒙古方志也"。①

　　该书现存版本较多，且各具特色。但是，其版本有以刊载于《西北杂志》和《地学杂志》等地学专刊为主的印本系统，有以吴忠亚家藏本以及朱启钤本为主的抄本系统。② 皮明庥等编修的《吴禄贞集》中，③曾收录过吴忠亚家藏抄本《实纪》。虽然"朱启钤本应与吴忠亚家藏本相近"，但"《吴禄贞集》本失校严重，多有错讹衍脱"。④ 目前已知最早的《实纪》印本，是民国元年（1912）冬至次年春在《西北杂志》第一、二、四、五各期连载版。此后，《地学杂志》第四卷亦曾部分转载。但是，两个地学专刊所载《实纪》的内容存在着较多讹误，且篇名误作《东西盟蒙古实纪》。此外，还有《实纪》曾有石印本刊行的传言，但详情尚不明确。⑤

　　与吴禄贞一同随从善耆巡察东蒙古的吴燕绍对《实纪》赞赏有加，而对陈祖墱《东蒙古纪程》颇有微词："其中所载《筹蒙策》一篇，拟从改良教育入手，亦徒托空言，殊少实际，视吴禄贞《东四盟纪实》（即《东四盟蒙古实纪》——引者）之作，不啻天渊之别。故目为游山玩景之文则可，如以为考察蒙古舆地之南针，则尚不足为据也。"⑥

　　《经营蒙古条议》，亦名《吴绶卿经蒙条议》《吴绶卿督办经营蒙

---

　　① 以上引文参见吴燕绍《续修四库全书总目提要·经营蒙古条例》，中国科学院图书馆整理：《续修四库全书总目提要（稿本）》第 24 册，第 381 页。

　　② 忒莫勒：《〈东四盟蒙古实纪〉题解》，"内蒙古历史文献丛书"之四，第 164 页。

　　③ 皮明庥等编：《吴禄贞集》，华东师范大学出版社，1989 年。

　　④ 忒莫勒：《〈东四盟蒙古实纪〉题解》，"内蒙古历史文献丛书"之四，第 164 页。

　　⑤ 皮明庥等编：《吴禄贞集》，第 80 页。

　　⑥ 吴燕绍：《续修四库全书总目提要·东蒙古纪程》，中国科学院图书馆整理：《续修四库全书总目提要（稿本）》第 24 册，第 351 页。

古条议》),所经营要点,"为政治、兵事、移民、宗教、教育、银行、铁路、交通、工艺、牧畜、森林、沙坨、矿产、马贼、盐法等十五项,均有详细之办法"。尽管如此,"其中不无可议之点,如宗教之改革中,有废喇嘛娶妻之禁,喇嘛应有当兵义务等项。盖以佛教本可娶妻生子,昔哲布尊丹巴尚有女活佛为之助理。况以蒙古地广人稀,自应任其自由。至喇嘛亦精骑射,驰骋田猎,与常人同。初非戒杀,私斗时有所闻。果施以教练,不难成为劲旅。惟究于教规相背,恐引起重大反应,不易实施也。其余大致均属可行,而开发蒙地之实业,尤为急务。其《工艺》之《振兴篇》中,再三注意各种原料,亦具卓见"。①

《条议》的成书过程非常曲折。据吴丰培先生回忆,其父吴燕绍致力于研究蒙藏问题,且与吴禄贞素有交往,《条议》即二人"共商策略,拟定大纲"后,由吴燕绍执笔拟定初稿,"再由禄贞润色成书"。② 然而,该书完稿后,尚"未及公布",吴禄贞便遇刺身亡。民国二十五年(1936),吴丰培先生编印边疆丛书时,曾借得朱启钤抄本《条议》予以刊行,却"因七七事变爆发终于拆版"。③ 有学者"根据各种线索",认为此《条议》的"主要作者是吴燕绍,不是吴禄贞。退一步说,至少是两人的共同成果"。④

《经营蒙古条议》有两种抄本,其一为吴忠亚家藏残抄本,其二为朱启钤抄录本。《吴禄贞集》亦曾收录此《条议》,但"整理者不谙塞外史地,点校不精,以致错讹衍脱仍夥"。⑤ 在某种程度上,《实

①　吴燕绍:《续修四库全书总目提要·东蒙古纪程》,中国科学院图书馆整理:《续修四库全书总目提要(稿本)》第 24 册,第 381 页。

②　吴丰培:《〈西藏史大纲〉代序》,全国图书馆文献缩微复制中心,1993 年,第 2 页。

③　同上。

④　张永江、李彦朴:《吴燕绍、吴禄贞与〈经营蒙古条议〉考论》,《中国边疆史地研究》2023 年第 3 期。

⑤　忒莫勒:《〈东四盟蒙古实纪〉题解》,"内蒙古历史文献丛书"之四,第 226 页。

纪》是介绍性文字,主要作用是向朝廷"提出问题";《条议》是思考性文字,主要作用是帮助朝廷"解决问题"。《条议》全文凡三万六千字,主要内容是通过分析蒙古地区的战略地位和当时内蒙古"东四盟"地区的局势,阐述"经营蒙古"的必要性,并以此为起点有针对性地对改革"蒙地"的政治制度、经济制度,以及发展文化教育等方面提出了自己的主张。同时,《条议》还提出了改善"蒙地"自然环境和交通环境的构想。

《实纪》与《条议》"互为表里,相互发明,乃同时成书之连璧之作",①对清末内蒙古"东四盟"地区的社会经济史、民族史、历史地理和区域史研究均有重要的参考价值。

此次刊出《东四盟蒙古实纪》,以朱启钤本为底本,以《西北杂志》本、《吴禄贞集》本对校,酌加校释。

此次刊出《经营蒙古条议》,以朱启钤本为底本,以《吴禄贞集》本对校,酌加校释。

（四）姚锡光及其《筹蒙刍议》

姚锡光,字石泉(一作"石荃"),江苏省丹徒县(今镇江)人,晚清至民国时期著名的政治家、军事家,生于清咸丰七年(1857),卒年不详,②系光绪年间举人。姚氏早年师从周伯义治经史及天文、地理、兵法诸学,③后又随中国首任驻日本公使何如璋游历日本,④得以全面了解"明治维新"以来日本在教育、军事、文化和工商等领域的社会变迁。归国后,入直隶总督署理北洋大

---

① 忒莫勒:《〈经营蒙古条议〉题解》,"内蒙古历史文献丛书"之四,第226页。

② 舒习龙认为,姚锡光卒年"应该在1924年以后"。(舒习龙:《姚锡光述论》,《史林》2006年第5期)

③ (清)姚锡光:《姚锡光日记》,光绪二十一年(1895)至光绪二十二年(1896),国家图书馆藏稿本。

④ 邵循正编:《中国近代史资料丛刊·中日战争》,上海人民出版社,1959年,第1页。

臣李鸿章幕,开始其军事生涯。① 后又历官内阁中书及安徽石埭、怀宁、和州等州县。② 光绪二十四年(1898),受湖广总督张之洞的派遣再次前往日本考察学制。③ 两次日本考察的经历,为其日后撰述《东方兵事纪略》和《东瀛学校举概》奠定了基础。此后,他在清末政治舞台较为活跃,一直在中央政府从事民族事务和军政事务的相关工作。入民国后,姚锡光曾先后担任过北京筹边高等学校校长、蒙藏政治统一改良会会长、西北协进会会长、蒙藏事务局副总裁兼代理总裁(1912 年 7 月起任职,至 9 月总裁贡桑诺尔布到任止)、口北宣抚使、中央政府遣藏劝慰使、查抚津保被灾商民专使、参政院参政等职。④

光绪三十一年(1905)至光绪三十二年(1906)间,姚锡光以练兵处军政司副使的身份先后两次前往内蒙古"东四盟"地区考察。其中,第二次考察是以肃亲王扈从人员的身份进行的。通过两次内蒙古之行,姚锡光考察了"东四盟"的垦殖、税务、盐业、政治、军事、文化、教育、交通等诸多内容,较为全面地掌握了该地区的"蒙情",并通过《筹蒙刍议》将所收录的文牍公之于世。

《筹蒙刍议》分上下两卷,分别为姚锡光两次考察内蒙古的报告。与前文所述肃亲王的《奏折》、陈祖墑的《纪程》、冯诚求的《游纪》和《上书》,以及吴禄贞的《实纪》和《条议》不同,《筹蒙刍议》并非单一的篇章,而是将两次考察期间呈报给上级的公牍文汇集成

---

① 马骏杰:《姚锡光在甲午战争前后的军事思想及活动》,《军事史研究》2007 年第 1 期。

② 镇江市地方志编纂委员会编:《镇江市志》,上海社会科学院出版社,1993 年,第 1634 页。

③ 舒习龙:《姚锡光述论》,《史林》2006 年第 5 期。

④ 舒习龙:《姚锡光述论》,《史林》2006 年第 5 期;忒莫勒:《〈筹蒙刍议〉题解》,"内蒙古历史文献丛书"之四,第 3 页。

册,属文件汇编的性质。

《筹蒙刍议》上卷包括光绪三十一年(1905)八月给练兵处王大臣的上书《查覆东部内蒙古情形说帖》《续呈实边条议以固北围说帖》《实边条议》等篇,下卷包括光绪三十二年(1906)所作《呈覆经画东四盟蒙古条议》《私售大段重要蒙地情形说帖》《蒙古教育条议》《上练兵处王大臣笺》《再上练兵处王大臣笺》(四通)和《拟设全宁副都统说帖》等篇。这些文牍,皆可独立成篇。

《筹蒙刍议》的主要内容是通过考察蒙古地区的战略地位来阐述全面"筹蒙"的必要性,"其治蒙之议,首重乌珠穆沁之盐,议收归官办。建银行、通币制、辟道路、利农商、求矿业、治赋税、兴教育、办工厂,均有建议"。① 其中,《呈复经画东四盟蒙古条议》一文,"以该地屯垦为经,礏政为纬,凡例规、陋规、勒派等事,胪列帮助。而于地方形势,尚能扼其险要"。②

除此之外,作者还研究了内蒙古"东四盟"地区的垦殖等现状,提出相应的"筹蒙"措施,"虽未尽可行,而其条文中以当时情事相引证,而于蒙地之稼穑、牧畜、赋税,可得一概略"。③

同时,姚氏的《筹蒙刍议》还提出了在蒙古地区建立行省的设想与具体的行政规划方案。《筹蒙刍议》为我们提供了研究清末蒙古地区社会史、经济史和历史、军事、地理等方面可资借鉴的史料。

除上述与肃亲王北巡相关的各类考察报告外,还有一种绝大部分内容与姚锡光《筹蒙刍议》的内容相同、题名《考查东蒙古奏稿》(以下简称《奏稿》)的奏疏,以稿本和誊写本流传于世。例如,《奏稿》中提出的关于蒙古地区行政区划的设想,基本与姚锡光在

① 吴燕绍:《续修四库全书总目提要·筹蒙刍议》,中国科学院图书馆整理:《续修四库全书总目提要(稿本)》第 24 册,第 384 页。
② 同上。
③ 同上。

《筹蒙刍议》(卷上)之《实边条议》中主张在内外蒙古地区分建行省的内容相同,唯其对分建的新行政区域不称"省",而改称"部"。而据国家图书馆藏《奏稿》(索书号:153925)的底稿所示,其内容原本是将姚锡光《实边条议》中分区建省的内容完全照搬,后又将"省"改为"部"。因此,基本可以推断,《奏稿》中有相当一部分内容出自姚锡光的《筹蒙刍议》。

虽然目前尚无足够证据证实《奏稿》作者的身份,但从其字里行间可以推断,《奏稿》有可能出自肃亲王善耆之手。首先,《奏稿》的作者撰写该奏疏时,显然是以《筹蒙刍议》中的内容为基本材料,又参考了其他考察者的考察报告综合对比而成,而北巡诸员中惟肃亲王有此便利。其次,《奏稿》有作者本人"请训出关"的字样。清制,钦差因离京办差而向皇帝觐见辞行时称"请训"。而此次北巡的"钦差大臣"正是肃亲王。再次,《奏稿》上奏的对象是皇太后、皇帝,而北巡人员中惟有肃亲王有此资格。《奏稿》作为能够"直达天听"的建言,势必会对清廷在蒙实施"新政"产生一定的影响,对于研究探讨清末朝臣的治边思想问题具有重要的参考价值。

此次刊出《筹蒙刍议》,以清光绪三十四年(1908)铅印本为底本,参照清光绪三十四年(1908)石印本、民国初年《满蒙丛书》铅印本(据前述石印本排印并断句),酌加校释。

总而言之,肃亲王善耆及其巡察内蒙古"东四盟"的扈从人员陈祖墏、冯诚求、吴禄贞、吴燕绍、姚锡光等人根据沿途见闻所撰写的调查日记和调查报告,是记述19世纪末、20世纪初内蒙古东部地区边疆政治和自然地理、人文地理、经济地理的重要文献,为深入研究清末该区域的政治、经济、文化、社会以及各民族之间的交往交流交融等一系列问题提供了第一手史料。

有鉴于此,我们组织人员辑校了上述珍贵文献,付之剞劂,化身千百,聊供研究之需耳。其中,《东蒙古纪程》《东四盟蒙古实纪》

《经营蒙古条议》《筹蒙刍议》由内蒙古图书馆忒莫勒研究馆员辑校，《清肃亲王善耆为考察蒙古并陈管见事奏折》及附录十一则、《内蒙古东部调查日记》、《上理藩院——条陈内外蒙古》由大连民族大学东北各民族交往交流交融史研究中心李俊义教授与内蒙古师范大学历史文化学院袁刚副教授联袂辑校，《前言》由袁刚执笔，李俊义增补，全书由李俊义统稿。

《清末理藩部巡察东蒙古文献辑校》编委会
甲辰暮秋下浣于大连民族大学

# 目　录

# 清肃亲王善耆为考察蒙古
# 并陈管见事奏折

## （光绪三十二年九月十七日）

　　奴才善耆跪奏，为遵旨考查蒙古事宜，谨将详细情形并管见所及据实沥陈，恭折仰祈圣鉴事。窃奴才于本年五月二十四日由蒙古差竣还京，泥首宫门，仰蒙召见，垂询周详，莫名感悚。奴才将大概情形专折具奏在案。五月以后，分途考查各员均陆续先后还都，综计该员等周行东四盟蒙古界内已约逾一万二千余里，其间山川之险要、物产之丰盈、人民之壮健、风俗之朴厚、宗教迷信之深、强邻窥伺之渐，一一博考详咨，逐日记载。奴才念该员等相从于炎风烈日之中，荦确沙碛之地，或羊胳、碱泉以为饮，或橐驼、骎马以代步，此皆内地各员向所罕经者，异常辛苦。奴才虑其因劳倦疏漏，不足以昭详实，因饬其从容编纂，俾得各抒所见，无碍推行。三月以来，各员勤加修缉，依次报告。奴才备览一过，其最详者不遗巨细，集为巨帙；其稍略者，亦各有见地，足为参考之资。就各员之考查，证奴才之见闻，斟酌蒙情，考验时局，慨近年逐次之侵陵，识异族密谋之贪狡，舐糠及米，隐患方深，则以今日而为蒙计，盖舍亟谋对待俄日之策，□□□□□溯俄罗斯自康熙年间绌于雅克萨城之役，二百余年野心未泯，卒有庚子之事。举国之人方深隐惘，而日本于甲午役后，渐悟其谋国之不工，乃乘俄人奉天之隙，外为仗义之言，内蓄乘机之志。去岁两国和成，东三省之实权既固，即蒙古之内地亦通，蒙民迷信宗教，智识未开，外人狙诈性成，馈遗相属，或诱以甘言，或许以保护，偶经恫吓，辄举内情相告，惟恐不罄，乃至外人测绘亦漫然听之，以致接踵不绝于道。计东北边塞等处，今年已七八百人，各有所谋，即各有所得。观达赖喇嘛之不遽回藏，则外人之不虚此行盖可知矣。窃尝以彼较此，俄设铁路、电线，而日人亦继之以铁路、电线矣；俄扰辽东，而日人且及辽西矣；俄用卢布，而日人乃行军用手票矣；俄方撤远东总督，而日则又简关东都督矣。风起云涌，防不胜防，及此不图，无论俄受日创不十年而必有冲突。即幸而无事，而两雄并峙，中立已是前车，一步难移，他人更思醋睡？此外人势力日盛之实在情形也。际此时艰，属在忠义，臣民咸思奋发。奴才谊附宗勋，与国休戚，下怀蕴结，实觉弥深，幸际圣明在上，于俄日两国处心积虑，洞烛几先。比年以来，如练兵、兴学、立银行、劝工艺、修路矿、设巡警，凡百新政，无不次第举行。倾宵旰之焦劳，植富强之基础，是所以修明内政者在此，即所以捍御外侮者亦在此。

奴才伏查，咸丰年间前大学士祁寯藻常言，蒙古与中国边塞相接，其部族强弱关系中国盛衰，惟此老成，瞻言万里。又窃考康乾盛时，凡属藩部经营缔造，皆在睿虑之中，故当时有遣员往内蒙古，教其耕种之事，或并理其旗务。即乾隆间，初定新疆，筑城保，列市肆，亦部署以内地之法，且增设卡伦，接安台站，镇以将军、总兵、参赞、领队，旗绿精锐棋布星罗，故其时东四盟蒙部储谷如山，而新疆伊犁、天山南北之间，凡远逾绝域者，皆以安集繁盛等于北省，颂德歌功，形之记载。同治年间，前大学士侯左宗棠克复新疆，创办郡县，其经画之密，无不上秉慈训，下惠边氓，故万里西陲屹然成为重镇。此皆国朝故事，亟当修明者。即以各国而论，英之治澳洲也，不过一沙漠瘠薄之区，自移豪富之民居之而地以实，于是筑路、开河、栽树、掘矿，至今为著名繁盛之属地。俄之治西比利亚也，以数千里荒寒冰雪之区，立意多遣流人以实其地，其国事犯尤多学问通洽之人，继之以森林之学，辅之铁道之利，掷亿兆之金钱而不悔，历百年之岁月而不挠，昔时荆棘，今变康庄，方挟之以为我蠹。日本之治北海道也，地亦奇寒，彼乃建造市廛，鳞栉排列，俨同兵舍，招徕工商，经营实业，计丁授亩，听其耕耘，数年之后，始课租税十之二三，逐年按照成效递加，至今该地遂为日本国家财政之渊薮。今以我内蒙古诸部衡之，地近畿疆，所关尤重。远溯国家之旧政如此，近考各国之新法如彼，后患方剧，前车可师，此亟宜补救之实在情形也。奴才此次考查所及，确知蒙古之占最优势者厥有数端，曰土沃，曰矿富，曰牲畜繁盛，曰杂产丰饶，固非力求整顿不可。并知蒙古之处于最劣势者亦有数端，曰交通不便，曰迷信太深，曰钱币稀少，曰髇匪滋蔓，固尤非力加改革不可。顾近来论者虽多留意蒙古，但一若开放牧地，无余事者则亦未深求之过也。今特统筹蒙古全局，有亟应经营者。据奴才管见所及，现在京内新设之各处、各部，人才所集，即物望攸归，如分总其成，实事求是，庶一切旧弊无从萌蘖，而成绩可期。

即以开垦论，蒙古土地沃衍，人丁稀少。查乾隆年间，有酌派在京旗人移屯拉林等处之案，又有福明安奏京城八旗生齿日繁，俟拉林移驻充满之日，并可照例移驻之案，是其时垦地即所以殖民，而首先为旗民谋生计也。然京城旗民安土重迁，自是之后，亦迄未赓续举办。至嘉庆九年，郭尔罗斯之固噜札布呈请蒙古地土与站丁地土画定界址，以妄分界限被斥，是蒙古土（矿）〔圹〕人稀，若筹屯垦，又于旗民□于兵丁矣。查蒙民种地，本与晋之爱田及赵过易田之法相仿，颇知更番迭代，以尽地利。而人民性格、风气乃皆近固闭，实原旗限过严所致。若彼此联络，移民就垦，当能迁地为良。讵近日开垦但计坰纳费，于是直隶、山东、山西富民以至巨之资本，为牟利之营谋,升科年限各处迄无一定,而富者益富,贫者仍贫,于国家、于蒙民竟两无所利。现在京旗生齿益繁,应先尽旗民屯垦,如旗民不愿迁徙,而新练各镇兵退伍之年亦须给以减饷,将来日退日多,必当筹其去路。若移以屯垦东蒙,小之则镇摄伏莽,大之则(隐)〔稳〕固边防,为利甚巨。应先由练兵处密行计画,然后计口授地,使其挈眷同往。即退休之军官,亦使与俱加等授田,以兵法部勒开立屯庄,即为兵舍、队营、标协,各有区分,并饬银行借与钞币,为牛、马、籽种之费,限以岁月,再行升科带缴借费,总使之从容有余,俾往者乐于从事,逐渐扩垦,逐渐增人,不但蔚成富庶,亦且(隐)〔稳〕若长城,较之现行开放稍有出入,然不规目前之小利,似即为经久之长图。外此,种树栽果亦附属举办,诚能远派农林学生,董以南方通晓种植之员,悉心规划,务筹旗兵俱利之策。此宜属之练兵处、户部亟当经营者一。

矿产一项,屡经俄、日矿师勘验,据闻金、煤两矿为亘古未泄之佳产。前大学士李鸿章奏开漠河金矿,颇获巨利,三省煤矿,外人方龈龈争之,此尤不能不注意者。最近之处如朝阳、赤峰、平泉、建昌等地方,现开之金、煤诸矿,仅一矿具各种机器,久著成效,以用非其人,遂成亏累。倘选派出洋矿业学生,董以廉正之员,周行勘验,核其生产之厚薄,购买开矿诸机,先开煤矿,以收近效,次及金矿,以厚财力,诸杂矿再次第及之,以为补助,致富之源莫切于此。此宜属之户、商两部亟当经营者二。

内外蒙诸部游牧本盛,其牛、羊、驼只固无论已,而良马所产,关系兵政甚巨。古用车战,千乘万乘需马极众,汉至穷天下之力,以求大宛之马。《唐书》言汧渭之间有马四十万匹,汉唐武功之盛于此可观。国朝以骑射定天下,马政超越前代,以蕃息甚多,不劳库款,兵部、太仆寺但坐领其成,顾牧马之方虽备,而育马、教马之学未彰。昔日本向无善马,乃以重价求之亚剌伯、澳洲及英、德、奥等国,放之与日马同牧,孳乳寖多。以后乃剔劣留佳,渐改旧观,而又力加教练,蓄志与可萨克兵并驱中原,奉天之役卒能偿其夙愿。近闻派人广购蒙马,我既富良材,安可不亟谋搜采?况新立军制,每镇皆设马队,倘通行各省,令专购蒙马,合而计之,其价至巨。各镇成立以后,即以买补计之,每年当有数十万金,积岁所得,蒙民亦可渐裕。膄地既开,杂余瘠地但有水草,即可扩张游牧,再仿各国之法时喂养,谨医药,服习鞍勒,教练驰驱,化排换队灵捷为期,闻枪炮而不惊,跃阻栏而不怯,庶尽马长而增兵力。加以蒙古沿边人才壮健,颇耐劳苦,诚能选派专于牧养之兽医,并马队学成之员弁,招募成军,渐成标协,分屯东四盟旗,责以平三省之胡匪,免致俄日干预,或启戎心。此宜属之练兵处亟当经营者三。

　　而物产随地皆是者,无过牛、羊、毛革,每年除外人来购,其余大半废置,所谓货弃于地者也。窃见光绪初年前大学士侯左宗棠开织呢局于兰州,购德国机器,并开井淘金挖沙机器在内,价仅八万余镑,而织呢机二十张,每日作工十点钟,可出呢二十匹,每匹五丈,又能织宽长六尺之洋毯,外国工匠九名而已。逮左宗棠去任,谭钟麟继之,无故罢去,所购诸机概成虚器,深可惋惜。二十年前日本旧志颇讥当时未求制革、织呢之法,盖以其漏卮之莫塞也。今我皇太后、皇上锐志图强,京师设立练兵处,外省依次练兵,将来总可成数十镇,计兵数亦至四五十万,而军服所用之呢,军装所用之鞍、鞊、囊、靴、洋毯,悉购自外人,岁岁军队扩充,即岁岁利权外溢,诚能仿开织呢之局,附以制革之厂,先于东蒙著年就其毛革之出产,先制呢毯、鞍、鞊、囊、靴等物,若照兰州机力,尚不足供北洋现有之军队,然计其挽回之利权,已不为少。将来西北沿边出产毛革之区,如能次第兴作,则军队所需、民间所用为益何限。且厂中工作艺徒,数年之后悉成良匠,较之送往各国学习者,尤觉用费省而程功不殊。如京旗闲散,如西北边民,尽可择其聪敏者入厂学习,亦可广营生之路而免坐食之虞。再洋货之行销内地者，洋硷亦为大宗，若辈造硷之法如焚树种葵，必就原质熬炼至三四次不等，始能成就。而内蒙古潢河北如阿鲁科尔沁、东西扎鲁特、达尔罕、土谢图、札萨克图一带，潢河南如奈曼、达尔罕境一带，西则乌丹城，东则科尔沁右翼后旗之察罕脑儿，每遇低洼之地，无不产硷，自二月翻浆时上硷，至夏至以前止，而二、三月之硷最佳，出芽如雪，除奈曼旗奏请熬炼外，余皆风气闭塞，不肯开办，甚至求请封闭，曾经户部议驳，有即或不愿外人开办，亦何妨劝蒙民办，于蒙民生计必大有裨益等语，实为洞见症结。闻最优之年，每一熬硷之锅可得余利东钱一万五六千串或两万串不等。惟蒙租特贵，间有赔累者。倘能派员开办，分销南北各省，亦属极大利源，而工作可多养穷民更不待言。至乌珠穆沁盐源虽旺，蒙民恃此牟利者甚多，边地初颁新政，须略示优容，若彼先失利，则将有决望之虞，亦恐授外人以诱惑之渐。拟俟将来智识渐开，利益渐著，不难迎刃而解，此时应暂作缓图。惟此呢、硷两事，宜属之练兵处与商部亟当经营者四。

内地财赋之区首推江、浙，次者川、广，然详考舆图，此四省河港繁密，交通便利，故货物骈阗，人民殷富。西北诸省往往以转运维艰，货皆委弃，则铁路不可不亟讲也。欧、美两洲皆属大陆，河港稀少，故铁路纵横交迕，密若田塍。俄、日据我土地，争筑铁路，今日经营蒙古，乌可再落后尘？如以修路无此巨款，尽可择要酌修，俟开车收价，又可接续扩充，迭修交进，只有日富之理，断无日窘之事。铁路既通，电线、邮局不谋自集，偶有边警，运兵亦易。其余利益，所在无待敷陈。倘再辅以开凿运河，俾通小轮，为益更当无既。此宜属之练兵处、商部、户部、财政处亟当经营者五。

蒙古尊崇黄教多历年所，无论世事如何进步，科学如何日新，了不闻知，贫富、疾病一惟喇嘛是向，笃信所至，靡哲不愚。方今外侮渐深，胜算奇谋生于学术，倘复仍安固习，不启新机，何以御侮折冲藉资拱卫？蒙古各王公梯附婚姻，盟膺带砺，仰怀天局久矣，共矢忠忱，倘能变通教养，务协时宜，行之以积渐之方，将之以果决之力，何难养成才隽，共济艰难。如喀喇沁右旗扎萨克、多罗都楞郡王贡桑诺尔布首开学堂，研求武备，自筹巨款，期开风气，实为不可多得，曾蒙传旨嘉奖。名誉所播，邻旗具瞻，倘于喀喇沁右旗官为设立初等小学，来者必多。又逐渐于邻近旗分推广为之，再图设立中等学堂，循循善诱，期于渐化愚蒙。此宜属之学部亟当经营者六。

蒙古风气朴厚，饮食居处不尚浮华，日用所需以彼易此，故有终岁不用制钱之时。近时如热河等处新用铜元，每元竟作制钱十五枚，惟其钱稀，是以货贵，商旅裹足，邑里萧条半由于此。诚能于东蒙地方择交通稍便之所设立银行，先借屯垦、牛、马、籽种之资，余者尽可相机扩张，暂不必论本行性质，以事由创办过于执一，则殊难奏效也。惟银、铜元、纸币、制钱缺一不可，否则商贾道路一有不便，则于信用有伤。此宜属之户部、财政处亟当经营者七。

顾兹数端，欲推行尽利毫无阻滞者，则以地方治安为第一要事。东省巨患虽非鬚匪，而滋蔓难图，渐有良莠不分之势，思之广西前辙，深觉可虞。奴才前筹招练马队，责以图功，本为正办，然三十年蓄艾曷若乘时补苴，且东西分窜，宜谋堵截，缓急斟酌，亦贵权衡。三省将军、直隶总督、热河都统军政是其专责，剿之威立，何以抚之？抚之惠彰，何以箝之？不惟筹匪之何以灭，并当筹民之何以安。整军察吏，以遏乱源。此宜属之三省将军、直隶总督、热河都统亟当经营者八。

此分别优劣，拟请整顿改革之实在情形也。奴才伏查蒙古万端待理，何至仅此数端，然据要以图者终当循序以行。惟举办新政，在在皆须巨款，无米为炊，权力既觉难施，才智且将立窭。及考之欧美诸洲，自来本亦由穷而富，断无先有数千万镑金钱，而后敷布政治之事。盖其始皆借商会、国债、外债之力，以次第营谋。今外债既难措，而国债、商会皆非东蒙所能举办，时事汲汲，亦何能因噎废食？所谓仰屋而嗟，固不如按图索骥也。窃闻奉天州县杂款所储，如扣存罚俸银，余剩俸工银，扣存减平银五成，养廉内扣存减平银，核减给发，举贡旗稄项内扣存减平银，核减银四成，官票平余银、田房税项下给发监犯薪菜等项核减银，皆存而不用，岁岁加增，不敢挪用，为日甚久，即为款甚多。此一项也。热河烧锅隐匿谎报，如派员按数厘剔，每年必可较现收者增益其半。此又一项也。内地土膏，每担合一千七八百两，征银在百两上下，而热河、奉天所征不过三四十千，且多隐匿偷漏。着派员设局要地，仿照督办八省土膏捐章程减半抽收，以恤边民，除用款外数当不少。此又一项也。合以奴才陈明之蒙砠，倘三省将军、热河都督竭力劝导，各蒙旗兴办，然后按成收捐，亦可资以为用。此又一项也。综计数项入款，为数当亦甚巨，应一面集资，一面开办，俟一事赢余，再谋二事，回环迭进，以必济为期始，事纵有诸艰，持久自能就绪，通力合作，务竟全功，安见外人之必专美于前也。

仰奴才更有请者，《虞书》熙绩，首在分职以亮工；《周礼》九经，必须重禄以劝士。秦招游客，汉赏黄金，古来举大政事，兴大徭役，未有不重人才而轻爵赏者。即以咸、同已事而论，胡林翼抚湖北而有暂除资格之请，曾国藩督直隶而有酌畀将权之奏。今经营蒙古，事属创办，不调京外通达之员，即招专门留学之士，而蒙古积习，非品秩稍崇，不足生信仰之心；非薪水从优，不足供边防之用。且事非成例，时鲜通才，但取有益于国家，似可稍从乎优异，此又不能不彻底陈明之实在情形也。

奴才空矢报国之愚，无救时之智，如四五年后东蒙日有起色，即畿辅日可无忧，或可仰答高厚鸿慈于万一。除理藩院现在由奴才管理，责无旁贷，不敢另陈外，蠡测管窥，是否可资采择，伏乞皇太后、皇上圣鉴。饬下军机处、会议政务处、练兵处、学部、商部、户部、财政处、东三省将军、直隶总督、热河都督公同筹议施行，大局幸甚。奴才不胜悚惶待命之至。谨奏。

《大清德宗同天崇运大中至正经文纬武仁孝睿智端俭宽勤景皇帝实录》卷之五六四　○辛亥。○肃亲王善耆奏。遵旨考查蒙古事宜，谨陈经营之策：一屯垦，二矿产，三马政，四呢碱，五铁路，六学校，七银行，八治盗。并豫计应筹款项，一面集资，一面兴办。请饬筹议施行。下所司知之。

## 附录一

### 考查东蒙古奏稿

奏为遵旨查覆内蒙古东部盟旗详细情形并办法，以固边围，恭折秘陈，仰祈圣鉴。

窃□□于上年议覆黑龙江将军程德全折内，业将经理东四盟内蒙古大概情形陈明。嗣于本年三月，请训出关，督同练兵处军政司副使姚锡光考察一切。历将沿途接见蒙古各王公情形，奏明在案。窃□□此次查考之次第分为三大段：第一段，自热河起，至赤峰县北之巴林桥止；第二段，自巴林桥起，至乌珠穆沁折而东，至图什业图王旗止；第三段，经辽源州至法库边门止，计程约四千余里。期间地方辽阔，情形不同，有已开垦旗分，有未开垦旗分；有已设州县地方，有未设州县地方。其卓索图盟两部五旗，及昭乌达盟之翁牛特部两旗，敖汉、奈曼、喀尔喀左翼各一旗，为四部五旗，是皆已经开垦旗分，亦为已设州县地方。其哲里木全盟，科尔沁、郭尔罗斯、杜尔伯特、札赉特共四部十旗，大半为已开垦旗分，而地极肥饶，全境参以入奉、吉州县中者，约十之三；其伸出奉、吉州县外者，约十之七。又昭乌达盟之克什克腾一旗，亦伸出热河全境州县北面以外，是皆已经开垦旗分或奏定开垦，而未设州县地方。至昭乌达盟之巴林、札噜特、阿噜科尔沁，凡三部五旗；锡林郭勒全盟，凡五部十旗，则皆未开垦旗分，而为未设州县地方。此为东四盟土地之大略。至于已垦之区，一州县至五六百里之广，当时建立州县之初，并未通盘筹划，随意设置，故虽有分疆画界之劳，殊无挈领提纲之意。比年以来，吏治之坏，尤难缕述，期间稍大之州县所派民间差徭及陋规各费，每年至制钱二十三万串者，此尚为寻常之款；若贪黩之吏非法诛求，词讼之累，意外索诈，更不可究诘。而蒙古王公所求于箭丁者，亦复任意要索，不恤民困。是以蒙汉交病，户口逃亡，民生凋敝之原因，实坐于此。至若未垦之区，风气顿殊，居则毡幕，食仅羊肉，除喇嘛所居庙宇以外，别无庐舍。且一渡巴林桥而北，非蒙人引导，无从询问路径，非特言语不通，抑且人烟中断，凡食品、刍料，无从取资。

现查潢河以北，蒙古现户与地方面积比较，约二十方里或至三十方里始摊有蒙民一户，或简有放牧牛羊者，亦并无大群牲畜。盖由于蒙民否塞，不知生产，虽有沃壤，弃若石田。数十年来，生计愈促，繁殖愈难，若不亟为经营，非特地荒民穷之堪虞，且边境空虚，大局可虑，此则考察东蒙古各部之实在情形也。

查东蒙古各部，当辽、金、元盛时，曾建立陪都，分设郡县，特疏节阔目，纲纪不完。我朝开国迄今三百年来，噢煦覆育之恩多，力征经营之意少。顷者今夕殊形，冲僻异势，惟东蒙各部，南枕边墙，对于畿甸有屏藩之势；左瞰辽沈，对于东三省有唇齿之依，若非经营得法，控制合宜，则虽有河山表里之形，难收指臂相连之效。窃思王者设险以守卫其国，必先限带于藩篱以外，方能奠居于堂奥之中。故汉辟河西，而关中始安；唐镇陇右，而长安始固；明永乐间都燕京，弃开平、大宁诸卫所，而燕京迤北，肩臂单寒，曾不数传，果传承其弊。今者，东蒙境域适当畿辅与东三省腰膂之间，昔之视为内地者，今则不啻岩疆，此实我朝之河西、陇右，亟宜扩汉唐之远图，勿蹈前明之覆辙。盖东蒙各部关系最钜，苟措置得宜，镇戍相望，则非特外于东三省有建瓴之便，亦内于京畿有磐石之安；措置失宜，则非特于东三省有失辐车之势，亦内于京畿有心腹之虑。近效远图，无过于此东蒙各部关系于京畿及东三省之实在情形也。抑□□更有进者，谋国之道，首重国防。国防者，对外而言也，视彼之所在，与我之所急，不得不谋自固之计。

东蒙各部为我藩卫，形势所在，本所必争。自日俄和约之定后，两国视线咸注于内蒙古一带，俄人非经营内蒙古，无以遏日人西渐之势；日人非经营内蒙古，无以巩东三省已得之利权。现在日人势力渐次侵入，隐蓄包围山海关以西五口之势，朝夕规划，不遗余力。其用意所在，无非思纵断内蒙古以为侵占我腹土之地，其谋果遂，则边墙以外，在在堪虞，而关内各省，影响所被，受患亦巨。伏见数年以来，日俄两国之军人及农工商各专门家以察看形势、考验土质而来者，实繁有徒。大则不惜资本，谋夺矿产；小则欺压平民，强卖牲畜，种种阴谋，实难尽述。且自张家口外喇嘛庙至黑龙江西北隅之海诺尔地方，有官路一道，俄人至此测量者络绎不绝，揆其用意，是何居心？而此路附近各旗，咸去将军及都统驻地甚远，每有鞭长莫及之患，故往往一任外人出入，漫无察觉。而蒙古王公又多愚懦，慑于虚声，惑于小利，缘是坐失机宜，使外人得步进步，若不预为防维，流弊恐无底止。此则外人窥伺东蒙各部之实在情形也。

夫以外人之窥伺既如此，而其关系于京畿及东三省者又如彼，加以□□此次考察所得，细心筹划，深念内蒙古东部情形现在已在一发千钧之候，非亟筹办法、锐意经营，恐时会所趋，益多荆棘。今拟将东四盟地方画分三部，各置大吏，领以督办大臣，以资震慑而壮声威。其办法约分四端：

## 一、分疆

查东四盟地方共计三十六旗，周围六千余里，分部之法，以合形势为要。现拟以哲里木盟全盟为东部；卓索图一盟，益以昭乌达盟之东西翁牛特、奈曼、敖汉、喀尔喀左翼等旗为南部；锡林郭勒一盟，益以昭乌达盟之东西巴林、东西札噜特、阿噜科尔沁、克什克腾等旗为北部。至三部大吏驻扎处所，东部驻洮南府，以扼奉、吉之咽喉，并北顾黑龙江一带；南部驻扎朝阳府，以为辽沈之后援、畿甸之屏蔽；北部驻巴林或乌珠穆沁旗，北接车臣汗，西顾自海诺尔经内蒙古至喇嘛庙之孔道。而督办大臣周历巡察，不常厥居。照此区画，三部相位掎角，联络一气，缓急之间，自无阻隔之患。且长城以北既设重镇三处，则外人觊觎之心或可稍息，而京畿屏翰之依亦可永固矣。

## 一、设官

夫设官之要，贵在因地制宜。内地各行省官制层过繁，辄多牵掣，自宜斟度情形，量为变通。每部大吏，秩如巡抚，凡内政、外交、理财、练兵诸大端，上承督办大臣，提挈纲领。其下设专司四，承大吏之命，分任其事：一曰内务司，凡警察、裁判、营造、教育等事隶焉；一曰财政司，凡课赋、征税、钱币等事隶焉；一曰军备司，凡军储、征兵、督练等事隶焉；一曰劝业司，凡农工商各实业等项隶焉。各司设正、副使各一人，以下所需职官，视事之繁简以定员数。一部之中，又察形势之便利，视户口之疏密酌设理事府，以管辖地方，制如内地州县，而品级较崇。内地行政之权集于州县，凡词讼、钱粮、缉捕、邮驿、建造、教育诸政，皆萃于有司之一身。此断非一人之经历所能周，势不能不假手于书差，以为指臂，百弊之生，概由此起。今蒙古地方百端肇始，自应将历来州县之积弊一扫而空，宿垢既去，新机乃生。现拟变通办理，仿照东西洋各国现行制度，凡理事府以下各员，分职专任，概由专司酌派。理事府但有监督举劾之权，而无一人兼任数事之弊，务期一事有一事之专职，一官得一官之实用。如此则大小相维，纲举目张，自无丛脞患矣。

## 一、财政

分疆设官之后，举办各事随在需款。开创之始，自不能特筹专款以资要需，惟国家财力有限，势不能为边防各部分动靡钜款，是宜就一部之财办一部之事，方能为久远之机。若新疆一省终仰给于东南各省之协济，时有青黄不济之虞，可为近鉴。现所区画部分，情形各异，物力迥殊，筹款之道亦当分别办理。如东部在辽河、松花江、嫩江诸水上游，土质肥美，与奉、吉情形相同，且该处与东三省毗连，民智亦较优于西北各旗，倘能于农工商三项尽力提倡，不数年间，钱粮、货税皆可次第兴办，此则振兴实业，实为东部筹款之办法。南部即热河管境，为已开垦地方，即为已设州县地方，倘能实行清丈，除去民间一切苛派，则升科即易着手，且热河所管境内矿产最富，设法开采亦国家大利所在，此则澄清吏治、振兴矿业、为南部筹款之办法。若北部则土地荒芜，除牲畜外，觉悟生产固宜赶办开垦，财政方有着手之处。惟放荒一层，不能急求近效。现查乌珠穆沁右翼旗与浩齐特左翼旗间，有盐池以区，每岁产盐甚富，而内蒙古地方概食该池之盐，现由蒙员经手，尽为各商垄断，获利甚微，若改归官卖，蒙利固可保全，国家亦可岁得钜款，留此以为北部自然之产，亦卓可自立，此则北省筹款之办法。查东蒙建设三部，不免稍形竭蹶，诚使经历得宜，未始不足自给，盖地力赖人力而生。三部大吏果能极意经营，则人力、地力之发展，岂有限量？

## 一、练兵

按三部之建设，重在防边，而防边之实力，首在军政。查内蒙情形，至少非有兵三镇不敷分布。将来三部分任，各练一镇，其所

需饷项亦由三部分别筹备。至练兵之策,大要有三:

一、当注重征兵之法。现新设部,风气未开,人户尚少,一事骤难办到,惟有一面先就已设州县地方试办征兵,如不满额,暂就关内招募以补不足;一面急行放垦,招集人民,务宽其课税之负担,而责以当兵之义务。数年之后,或可渐次推广。

二、当辟行军站道。盖军事之胜利,首在交通之便捷,为久远计,自宜修道、造铁道,庶几运兵运饷不至遗误。惟际此财政困难,暂无余力及此,则简易办法,当以开筑站道为第一义。现拟就内蒙古各旗择紧要地方,量为开辟,酌设军站,务期声气相通,呼应灵便。

三、当慎择驻扎处所。察三部形势,东部为奉、吉之上游,据东北之形胜,尤需多驻兵队,以遏日俄西上之冲。使三部之兵各驻各部,则势力既形单弱,而控制尤未合宜,是应先其所急,于东部酌择紧要处所联络屯驻,并宜仿照日本军团制度,特简大员统辖三镇,使事权画一,兵力愈雄矣。

以上四端,仅就经营东四盟内蒙古而言。窃维蒙古全部区域辽阔,东起东三省,西抵新疆,南起边墙,抵俄罗斯境,周回凡数万里,其腹地大于内地十八省。我朝抚绥蒙古,分设札萨克、台吉、塔布囊以掌旗务,画疆而理,实即封建之制。而热河一道,又设承德一府,并滦平等六州县。顷又升设朝阳一府,析置建平、阜新二县。而口北一道分设三厅,山西边外增设七厅,此又郡县之制。夫封建与郡县,二者不能并存,而封建之法,尤不宜于今日之世界,势分力薄,不相统一,自应收散为整,令其直隶于国家统治之下,乃能厚积其力,以御外侮。而札萨克、台吉、塔布囊等,反由此可以长保其尊荣富贵。时势所移,无所用其审顾,况今者俄人全力东注,西伯利亚铁路纵贯东西,军镇相望,伺隙南牧;日人以骤胜之威,既未必以东北三省主权完全归我,护士鹰瞵,志在西顾。照此情形,东、北边局势俱急,故对于日人之西渐,则东面为急,而奉、吉以西各部蒙古适为之障;对于俄人之南下,则嫩江以西而北各内蒙古及喀尔喀之车臣汗、土谢图两部外蒙古,最当其冲。然则统筹全局,自宜将内外蒙古一律变易,庶几耳目一新,事权统一,迨至十年生聚、十年教训以后,边僻之民同归治化,瓯脱之地悉变金汤,然后内可拱卫畿甸,有龙盘虎踞之形;外可捍御强邻,无蚕食鲸吞之患,实为今日至急之计。此诚高瞻远瞩之谋,长治久安之策。惟事体重大,猝难并举,而需才需款,尤非旦夕之功。所能集事,则不得不先经营内蒙古以为基础,然后渐次推及于外蒙古,方有根据。而考察内蒙古之中,尤以东四盟为最要,盖经营东盟者,实为纲领中之纲领、根本中之根本。现在下手之法,首在建设部分,而布置之方,大致不外以上所陈分疆、设官、理财、练兵四端。□□之意,务在力持大局,不规近利,总期边境充实,贯通一气,庶几仰副朝廷绥蒙固圉之意于万一。

所有遵旨查覆内蒙古东盟旗情形,并筹办法以固边圉各缘由,理合缮折密陈。是否有当,伏乞皇太后、皇上圣鉴训示。谨奏。

## 附录二

### 肃邸对于蒙古之意见

北京电云:肃亲王拟往蒙古,于初六日召见时,面呈折奏一件,其大要谓整顿蒙古之法,俟先至库伦,后见机处置。两宫嘉纳其意,谕以防备俄国之侵略及铁道矿山之要求,语颇恳切。译《大阪每日新闻》。

原载《申报》大清光绪三十二年三月十八日(1906年4月11日)第三版。

## 附录三

### 俄国注意肃邸之蒙古行

北京电云：俄公使濮科第对于此次肃王往蒙古一事，深为注意，闻已电训驻扎库伦之俄领事矣。译《大阪每日新闻》。

原载《申报》大清光绪三十二年三月十八日（1906 年 4 月 11 日）第三版。

## 附录四

### 东报纪蒙古困苦之情形

北京电云：自北洋陆军第三镇驻扎锦州以来，马贼遁窜，附近蒙古各地，吉林、奉天附近之科尔沁、奈曼及喀拉沁之各旗，大抵已不蒙其害。然蒙古无兵无军器，财产、牛马、粮食等概被从前掠夺殆尽，或受俄人之掠夺，或因开拓蒙古由官收取。其牧业地伯鲁台吉等地，民不聊生，离散困苦之象，现达于极点云。译《大阪每日新闻》。

原载《申报》大清光绪三十二年三月十八日（1906 年 4 月 11 日）第三版。

## 附录五

### 代奏整顿蒙古事宜（北京）

官场传闻：近有内阁中书钟镛条陈整顿蒙古事宜，具呈本衙门，恳请堂官代奏。其条陈分四大纲，每纲各有细目，一曰练兵，一曰理财，一曰兴学，一曰开垦，洋洋洒洒约有三万言，颇蒙各堂嘉奖,业于日前据呈代奏,当奉朱批政务处知道。又闻政务处以该中书条陈关于蒙古事宜,应咨行理藩院办理云。

原载《申报》大清光绪三十二年三月十八日(1906 年 4 月 11 日)第三版。

## 附录六

### 俄使电陈肃邸赴蒙关系

北京电云:昨日驻京俄公使电达本国外务省,谓清政府现派遣肃亲王赴蒙古,目的在于保全蒙古人之利权及强固其边境,俄国于内外蒙古商务及其他一切利权实有妨害云云。

原载《申报》大清光绪三十二年三月二十日(1906 年 4 月 13 日)第三版。

## 附录七

### 肃王赴蒙查办要案之确情(京师)

肃亲王奉派赴蒙古地方查办蒙人私将蒙地售于俄人并勾引俄商开采蒙矿各案,已志前报。兹悉此事原因,由各旗蒙王查知蒙民犯有此等案件后,即电请理藩院据情入奏,请钦派大员查办,故有派肃王赴蒙之命。昨日肃邸已有电覆到京,略云:拟由哈尔滨查勘后,即赴喀尔沁,须待办理妥协,再行回京覆命。

原载《申报》大清光绪三十二年闰四月十二日(1906 年 6 月 3 日)第二版。

## 附录八

### 肃邸到沈之期（奉天）

肃邸将次到沈，已志前报。嗣闻赵军帅特发专电，饬昌图、洮南地方官从速侦探肃邸驾刻在何处，以便预备一切。旋得覆电，据云：邸驾现在黑龙江省地界某蒙旗调查，各事须五月半间方能入奏，抵沈必在二十日以外。并探悉肃邸共带随员三十余人，以练兵处姚石泉副使、吴寿卿监督为首屈云。

按：奉省已委忠刺史林、王州同华绾迎迓肃邸驾，潘大令瀛、屠通判乃勋预备行馆。现闻邸驾莅奉尚缓，各员皆得从容布置矣。

原载《申报》大清光绪三十二年五月十六日（1906 年 7 月 7 日）第四版。

## 附录九

### 东报纪肃王考察蒙古事

东报北京访事函称：肃亲王前往蒙古考察之员司皆已回京，谓吉林边界之地已入俄人之手者不少，皆与中国东方铁路公司相连。肃亲王已劝令酋长开垦荒田，肃王之意谓北京练兵处应助蒙古练兵队，以剿办马贼。肃王现将蒙古训之矿产坐落绘图列表，以期该处矿业得以发达。肃王拟俟两宫召见时，将沿途考察情形一一奏陈。译《文汇报》。

原载《申报》大清光绪三十二年五月廿九日（1906 年 7 月 20 日）第二版。

## 附录十

## 肃邸整顿蒙古之计画（京师）

肃亲王前往蒙古查办事件，已于五月二十一日回京。翌日面晤庆邸，述及一切事宜，并筹议整顿蒙古地方。略谓：蒙古日贫，藩篱不固，然欲扶衰救弊，必须锐浚利源。现拟先以振兴牧政、开采矿产为要图，俾得广收利益，藉资兴学练军，举行一切新政。庆邸深然其说，嘱其据实奏明朝廷，以便陆续筹办。

原载《申报》大清光绪三十二年六月初三日（1906 年 7 月 23 日）第三版。

## 附录十一

## 《东方杂志》关于肃亲王视察蒙古的报道

蒙古：肃亲王近奉朝命前往蒙古视察，闻其注意之端有四：一、详查各部有无旧地于俄或被俄侵占情事；一、商同各蒙王用新法教练编制蒙兵军队；一、振兴学务，开化蒙民，使知时势之危、外人之难恃；一、勘察边利，有无可兴，以拓蒙民生计，以广汉民利源。此外，并拟察核情势，开浚河套，以通舟楫，而免水患云。

原载《东方杂志》大清光绪三十二年六月初三日（1906 年 7 月 23 日）第三版。

# 东蒙古纪程

陈祖墡 撰

## 自 叙

　　自邹衍有海外九州之说，论者多讥其诞。盖闭关时代，民智未开，同处方域之中，恒老死不相往来。故当时纪游之书概不多见，间有之，又类如邹衍之说，纯以理想推测，不足取信。前清中叶，海禁大开，欧亚之使冠盖相望于道，举凡绝域异国政治舆图，率皆随轺记载，编为成书，于是海内之士不出户庭，遂得晓然于环球大势矣。虽然，要亦交通便利使然耳。若夫内外蒙古，虽僻在北边，较诸欧西固为内地。特以交通不便，清初又悬厉禁，不许人民私自出关，故文人学士罕有至者，以致山川之险要，风俗之良窳，每传闻异词，不得真相。日俄战后，塞上风云相逼而来，清廷始稍稍注意，而改建行省之议以起。光绪三十二年春三月，特命管理理藩部和硕肃亲王前往调查。是时，余适以裁缺兵马司正指挥改官同知，暂留京师，遂奉檄调办文案，随节出关，周历内蒙古东四盟，所会者五十余旗，为时凡三阅月。首途之际，颇思有所纪述，饷吾同人。惟是塞外旅行之苦，有非意料所及者。驰驱于飞沙烈日之中，恒终日不得一饱。晚宿毡幕办公之余，复伏地篝灯而作日记。故往往精神不属，阙略不详。回京之后，从未敢出以示人，藏诸行箧，忽忽已数年矣。民国肇兴,逆佛独立,蒙古之一举一动,益为列强视线之所集。政府应付之方愈难,而整顿维持亦愈不容缓。二三友人乃劝余刊刻前编,以为识途之马。二年冬,余适奉檄权篆青城,地小易治,数月之后,令行政简,听讼多暇,爰出旧稿,重加编次而付印焉。非不知言之无文,行而不远,要亦愚者一得之意云尔。时中华民国三年夏六月子元氏自叙于青城县公署。

# 东 蒙 古 纪 程

**三月十八日,晴,大风。**

午初,由烂缦胡同寓束装讫,赴内城船板胡同肃王府禀辞,奉谕赴东直门外明月店会齐诸同事先行。晚五钟行三十里,宿孙河。

**十九日,晴暖。**

早六钟,由孙河行五十里。十一钟,到牛兰山午尖。午后,复行五十里。晚七钟,宿密云县南关。

**二十日,晴暖。**

早五钟,由密云行六十里。十一钟,到石匣午尖。石匣为密云县丞分驻地,有一砖城,颇完好。午后一钟,复行四十里,至古北口宿焉。

出石匣北行二三里许,即入山口,峰峦杂沓,几疑无路。狭隘处多有斧凿痕,盖当年跸路所经也。中以南天门为最险,两山之间,凿石通道,就隘为阙,上刻"南天门"三字。山势陡峻,路仅容轨,皆下车步行而过。过此复经数重山,方至古北口。依山为城,中通孔道,形势天然。左右诸山险要处皆有炮台,今已渐圮,盖前明所筑,以资防御者也。沿山一带,草木甚少,然间有一二柳、杏等树,颇为畅茂,可知并非其土性不宜。若善于经理,则森林之利,必有可观。民风简陋,提倡无人,弃等石田,殊为可惜。

**二十一日,晴暖。**

早五钟半,由古北口行五十里。十钟半,到三间房午尖。午后复行三十里,晚四钟宿常山峪。

自石匣入山后,诸山皆作连环形,虽日经数重,然皆由山口出入,故除南天门外,其余尚不甚崎岖。自三间房至常山峪,则山势渐狭,车行涧谷中,悬崖绝壁,几于无路可通。其间复有二梁,曰青石梁,曰黄土梁,壁立千仞,凿石通道,车马须越山脊而过,其险峻处较诸南天门有过之,无不及。抵常山峪,为时尚早,因往谒行宫。宫在村之东,依山而筑,苍松夹道,古柏参天,景物甚佳。山半有一围场,树木丛杂,山顶有亭翼然。登亭一望,四面群山,如朝如拱。亭之西叠石为峰,刻高宗御制五绝一首,云:"清吟步修阪,衣袂泛秋凉。金风飒然过,微闻山枫香。"惜关外天寒,草木尚未著花,若当四、五月间,必更有可观。惟宫院寥落已甚,殊令人生故宫禾黍之感耳。

**二十二日,早阴,午后微雨。**

早七钟,由常山峪行四十里。十一钟,到王家营午尖。午后二钟,复冒雨行三十里,宿滦平县。滦平为承德府附郭,县距热河四十里,四面皆山,并无城郭。居民数百家,半属旗丁,索号瘠苦。

**二十三日,早晴,午后大雨一时许。**

早七钟,由滦平行四十里。十一钟,抵热河,在此须小住数日,俟肃邸到后再议前进也。①

出滦平约行三十里,经一岭,岭颠石刻硃书"广仁岭"三字,康熙御笔也。凿石通轨,初上颇平坦,石壁镌"承德府交界"五字。其侧复有新镌五字,奇古,似勾嵝碑,不可识。询之土人,云正月间有喇嘛过此所镌者,盖喇嘛经文也。由岭颠三折而下,大有一落千丈之势,奇峰插天,绝壑无地,松杉掩映,苍翠欲滴,绝妙一幅画图。

---

① 肃邸,古以王侯府邸代称王侯,此指肃亲王。

山坳有一庙,旁有御碑亭一座,碑镌高宗御制七律诗一首。山麓复有一庙,背山临涧,驾木为桥,额镌"平安桥"三字。过此数里即热河矣。热河无城郭,市面依山而筑,约长数里,百货略备。官有都统、兵备道、承德府府经历各一员,列署而居。行宫在山上,即避暑山庄。闻景物绝好,拟俟肃邸到后往游焉。

**二十四日**,晴暖。

是日驻热河。

热河有中学堂一所,学生有五六十人。巡警局二所,交涉局一所,附设道署内。他如习艺所、武备学堂,无不具备,然皆徒有其名,无可纪载。候补人员甚清苦,盖局面太小,差缺无多也。东南有一旗营,内有旗兵千余名,归都统管辖。行宫则系内务府园丁看守云。

**二十五日**,晴暖。

午后一钟,肃邸抵热河,道府以下等官均迎至广仁岭。廷用宾都护暨马景山宫保在街西圣安棚恭迓如仪,马宫保衣冠甚伟,虽年近七旬,而精神尚矍铄也。

**二十六日**,晴暖。

午刻,随肃邸谒行宫,马宫保亦陪往。宫门在山麓,南向,东、西、北三面皆山,宫墙依山而筑,周围约二三十里。初进为朝房,再进为正殿,地方官领由东偏而入。峰峦四叠,一水回环,麋鹿成群,苍松夹道。约行二里许,遂登舟先往静寄山房,中藏法帖甚夥,有三希堂一帖绝佳,惜未暇浏览。由此复乘舟东北行,有亭榭,依山临水而筑,额曰"金山"。回廊四绕,盘旋而上,有圣祖题额,曰"镜水云岑"。再上曰芳洲亭,绝顶一阁,凡三层。东望诸山,有峰矗立,上宽下锐,曰(罄)〔磬〕棰峰,以其形似也。亭外有石笋三,望之若枯木,名曰木变石,上俱刻御制诗。由金山东下,沿山傍水而南,凡经亭榭三所,架木为桥,流水环绕,约二里许至一处,曰卷阿胜境,即东偏殿后门也。后殿正额曰"五福五代堂",再进曰勤政殿,均设宝座,玻璃为屏,花鸟如生。内藏雕漆盒及书帖甚多，东西壁均悬御制诗，北壁悬大晏蒙古王公图一幅，衣冠万国，凛凛有生气。再进曰福寿园，三面皆楼，南楼曰清音阁，凡三层，即演剧台也。由东南隅而出，有偏院一所，精舍三楹，在此暂息，并进茶点。因为时已晚，遂由此而归，所游尚不及十分之三云。

**二十七日，阴，微凉。**

午刻复往游行宫，仍由东路进，循石路北行，东面临水，西面依山，松柏夹道以万计。行里许，经院落一所，回廊四绕，过而未入。隔水东望，有亭曰芳渚临流。稍北有一小山，上有楼曰烟雨楼。再北为船坞，循山脚石路西北行，转入山阿，有石桥通焉，额曰"恒河普渡"。由此登山，有一寺，曰珠源寺。进门稍上有平台，额曰"定慧"，再上曰天王殿，再上为铜殿，额曰"海藏持轮"，纯以铜铸，内有铜佛铜塔，玲珑精巧，不可名状。再上曰极乐世界，半已坍塌。最后有楼环抱，曰众香楼，内有景泰蓝铜塔一座，工绝伦，并藏《金刚经》一卷。由珠源寺旁门穿出，山半有关帝庙三楹，与（馨）〔磬〕棰峰遥对。循山腰石路而下，行于两山之间，约里许，至文津阁，院内叠石为假山，山下为池，穿山洞曲折而入，方至阁前，阁为藏书之所，门外列铜马、铜瓶各二，甚精古。出阁西行，复循石路入两山之间，渐行而上，约三四里，登一小亭，暂憩，松风谡谡，衣袂生凉。由亭复拾级盘旋而上，约二里许，有庙曰广元宫，凡三进，中藏磁器颇夥。由此再上半里余，复有一亭，乃群山绝顶。因为时已晚，且有雨意，未及登临，遂下山，循石路出西便门而归。归途循宫墙而行，经喇嘛庙数处，遥望景物甚佳，即所称"外八处"也。惜天晚，未能往游。

**二十八日，微阴。**

是日，肃邸往游喇嘛庙，余因事未从。晚，堂派余同台佐周世桢、李芷香经涛等六人明日先行，[①]并派吴（受）〔绥〕卿禄贞、陶欣

---

① "涛"，铅印本作"陦"。

皆仁荣分路调查,约会于喀喇沁。

**二十九日,阴,午后寒甚,可御重裘。**

午刻,由寓束装毕,赴行(较)〔辕〕禀辞。晚五钟,行五十里,宿高寺台。

出热河后,山势渐低,路亦渐平。惟河流甚多,一日约度数次,皆山水也。滨河多沙石,不生水草,乡民间有开池种稻者,出米颇好。若能疏通水道,垦去浮沙,未始不可变为沃壤也。

**三十日,早晴冷,午后微暖。**

早六钟,由高寺台行三十五里。九钟半,至岗子午尖。十一钟,复行五十五里,晚四钟抵七家子,宿喀喇沁王庄院。

距七家子十余里,地名杨树林,有土法开采银矿一所。闻矿东系张燕谋,局面颇小,每年约出银二万两云。

**四月初一日,晴,微冷。**

早七钟,由七家子行二十里,九钟半至大庙午尖。十一钟半复行四十里,宿骆驼山。

由大庙北行,山势复峻,山路渐狭,车行于两山之间。二十余里至毛金坝,奇峰插天,绝壑无地,由山麓盘道螺旋而上,至山顶。约十余里越坝而下,即骆驼山。回思青石、广仁诸岭,儿孙矣。山上草木颇夥,惟边外气候偏寒,至今尚少生意也。

**初二日,早微雨,午后大风。**

早七钟,由骆驼山行二十五里。九钟半,至新店午尖。十一钟,复行六十五里,晚五钟至喀喇沁,寓王府内西花园。名亦园。

过毛金坝后,山势复开,道路平坦。村民皆垦山为田,收成甚(簿)〔薄〕。多种甜荞、苦荞,间有种油麦者。甜荞、油麦供人食,苦荞用以饲畜,贫苦之家亦有食之者。近喀喇沁,则地势开展,渐肥沃,可种杂粮矣。然天气偏寒,亦只能种一季也。毛金坝前后多产榛树,土人伐之以供柴薪,其子可食,如栗。然近喀喇沁则多榆树,老干虬枝,皆数十年物也。王府依山麓而筑,甚闳敞,府门南向。

初三日,阴寒,晚微雨。

午刻,会齐诸同事,进谒喀喇沁王,谈颇久。王名贡桑诺尔布,系肃邸妹壻,年甫三十余,和蔼近人,谦恭下士,绝无骄贵气;且学识明通,留心新政,因蒙古之弱病在愚陋,故以开通民智为当务之急。沿途张贴北京官话等报若干种,且创立武备学堂、高等小学、女子小学各一所,诚蒙古王公之翘楚也。

出热河后,沿路所经诸山多有放野烧者,询其何意,盖将树木烧枯,以供薪炭也,则牛山无怪濯濯矣。种植学之不讲,遂至于此,可为浩叹。且沿山杏花盛开,悉付一炬,如此杀风景事,实所罕见也。

初四日,晴,风,颇冷。

晚四钟接探报,肃邸已到距此八里之上安房,暂驻节武备学堂。贡邸往迎,晤商一切,定于明午一钟来喀喇沁。

初五日,晴,风。

午前十钟,乘马赴上安房武备学堂。十二钟,随肃邸由学堂启节,武备生暨北洋热河护送之马队均整列鸣鼓前导,抵喀喇沁西郊。贡邸率本旗副盟长以下,在圣安棚恭迓如仪。贡邸福晋率府中女学生并日本女教员在正殿后迎接,诸随员同谒福晋于院中而退。

初六日,晴暖。

有科尔沁旗喇嘛呼毕勒甘呈请报效积存香资银六千两,以三千两充练兵处经费,以三千两充喀喇沁学款,恳为代奏赐予庙名。虽系有所希冀,然亦喇嘛中之开通者也。

初七日,晴暖。

贡邸订于明午一钟,在府中设筵招待肃邸暨诸随员。晚,肃邸在文案处编国文答词,缘明午席间贡邸有蒙文祝词也。

初八日,晴暖。

午后一钟,同赴贡邸之(台)〔召〕。筵设正殿,肃邸居中,南面高坐,贡邸西面陪坐,东西各列三席,余等依次而坐。该旗协理至肃邸前跪,献爵,其余执事诸官至东西各席分献毕,协理率之跪,读蒙文祝词。肃邸以国语答之,复令蒙文翻译汪祥斋译为蒙文,朗诵一通。诸执事者均赐以酒,叩谢而退。伶人持乐器上,有如内地之提琴、箫管、琵琶、三弦,然形虽相似,而用法则迥乎不同。人各一器,共约二十人,上殿叩首,席地而歌,音节悲壮,与西洋军乐相仿佛。乐既阕,箫鼓之声作于堂下。执事者复依次献酒毕,然后看蹎跤之戏。东西墀各列十余人,鼓声作,则各出一人至堂前相扑,互有胜负,最后胜者有赏。晏毕,拍照一影而散。

**初九日,晴暖。**

午前十一钟,随肃邸、贡邸至府后参观女学堂,福晋暨日本女教员、汉文女教员皆在焉。堂内女生约三十人,大者十六、七岁,小者十一、二岁,均服蓝布长衫、绒靴,甚齐整。时方分班授东文、蒙文课,授毕,洋教员率之至讲堂,分三层而立,教员鼓风琴,诸女生倚声而唱日本之歌。既阕,福晋亲操琴,诸生复歌蒙文之曲。旋复令学生二人以次援琴而歌,琴韵歌声,抑扬中节。歌毕摇铃,洋教员复援琴作军乐声,诸生乃鱼贯旋绕,各归本位,进退歌唱,法律井然,殊为可喜。堂隅案上,排列诸女生所作书画手工等件,颇精巧。噫!以蒙古荒陋之区而能若是,谁谓教育不可普及耶!闻喀喇沁男学堂归贡邸经理,女学堂系福晋督办,盖已煞费苦心矣。

**初十日,晴暖。**

午后,随肃邸在揖让亭校射。晚奉堂谕:明午二钟衣冠齐集府内正殿,预备会盟。

**十一日,早晴暖,午后微雨。**

午后二钟,衣冠集正殿,伺候会盟。来会者系卓索图盟,共五旗,盟长郡王衔贝勒色凌那木济勒旺保、副盟长辅国公僧格扎布、喀喇沁扎萨克辅国公衔头等塔布囊汉罗扎布、喀喇沁左翼扎萨克贝勒希凌阿、土默特贝子旗护印协理台吉棍萨那希理外,尚有贝子衔辅国公林沁多尔济、锡勒图库伦扎萨克喇嘛扎木扬丹森并喀喇沁王贡桑诺尔布,齐集殿内,肃立以俟。殿中设香案,肃邸立案旁,西向。盟长率副盟长以下先跪请圣安,然后与肃邸相见。礼毕,肃邸南面立,宣布朝廷德意并此行宗旨,令蒙文翻译汪祥斋以蒙文译之,朗诵一通。然后各赐以荷囊、烟壶、尺头布匹等物,从人亦各有赏。诸王公等均叩首谢恩,晏会而散。

**十二日,晴暖。**

　　是日,喀喇沁守正武备学堂、崇正小学堂、毓正女学堂共开欢迎会,于府门外设运动场。午后一钟,三堂学生先集于府内后殿月台上排班开会,女学生西面立,小学生东面立,武备学生北面立,余等随肃邸俱南面立于檐下,喀喇沁王并福晋暨会盟诸王公、贝勒皆在焉。檐前设一几,瓶内供桃花数枝,肃邸立于几右。须臾,女学生先进,向上行三鞠躬礼,公推二生为代表,以蒙汉文互译恭读祝词,读毕鞠躬,退归本位。小学生、武备学生以次继进。三堂演说以小学生为最优,女学生次之。学生演毕,肃邸各加勉励,遂散会而往运动场。场以松柏为门,围之以绳,广约数十亩,内支帐棚数座,以备休息。诸生皆整队迎于门外,观者如堵。入场后,先是日本女教员鼓琴,女生全体唱日本歌,次为小学生记忆蒙文竞争,次为女生分列行进运动,又为武备生纲引竞争,[①]又为女生心算竞争,又为小学生蒙文文法竞争,又为武备生铳枪术,又为女生菊花行进运动,又为小学生飞绳竞争,又为女生唱蒙古歌,又为小学生徒步竞争,又为武备生早驱竞争,又为女生冰滑舞,又为武备生跳越,又为女生蹴球,又为小学生偶本竞争,又为女生连环运动,末为小学生逐环竞争,最后为来宾竞走。运动毕,少息,饮酒散会,诸生

---

　　① 纲引,日本语,即"拔河"。

仍整列送诸场门之外,已将日落衔山矣。

**十三日,晴暖。**

　　午后二钟,随肃邸往上安房参观守正武备学堂。先莅讲堂,教员各问以兵法,诸生均对答无误。次看体操,一切盘杠、跃高、刺枪等技,皆能如法。内场观毕,复同至外场看操,分合成列,步伐整齐,行军操亦攻守有法。收队后,肃邸复命北洋随护之马队一操,以作模范。操毕,各加训勉,至堂内小坐而归。

**十四日,晴,微凉。**

　　午后堂派赵孝陆、姚文敷诸君将近日所收呈词,在府门内西偏院提讯原告,录取口供,呈候核夺。内有呈词十纸,皆系控告平泉州民张连升串通差役,藉案诈财,威逼人命者。盖蒙旗旧例,命盗重案归地方有司讯办,若户婚、田土、钱债细故则归本旗自行处理。其蒙汉民交涉案件,向由地方官会同该管旗员秉公讯结。乃近来旗员事权被地方官侵削殆尽,遇有交涉案件,不惟并不知会,甚至三、四品旗员皆可任意锁拿。而蒙民又多不通汉语,惧见官府,故往往极有理事,反致负屈。差役复藉此索诈,无所不至,蒙汉民遂积不相能。若不亟为整顿,申明权限,恐积怨愈深,为祸愈烈。民教之案,可为前车。

**十五日,晴,微凉,夜雨。**

　　是日,府西之喇嘛庙名福会寺。有步扎之戏,即天津之天后宫鬼会,北京之黑寺打鬼,蒙语谓之“步扎”,盖乡人傩之遗意也。午后一钟,余等均随肃邸往观。肃邸坐庙前月台上帐棚内,余等列坐台下,院中用白灰画一圆圈,周约半里余,诸喇嘛坐台上,击鼓鸣锣,先扮四大天王,由庙中出,循阶而下,至圆圈中对舞。舞毕,对坐。大门之内,继出小鬼数人,跳舞毕,复入庙内。继出罗汉七八人,旁坐而观。继出诸神、菩萨、牛头、马面等三十余人,绕圈而舞。继出一鹿,跳舞颇久。询其何所取意,据云当年有一鹿精扰害人畜,幸赖诸神菩萨收伏,故至今馨香祝之。支离怪诞,不值一笑。最后复出一土地神,率二小儿,群鬼随之,互相嬲戏。戏毕,上台跪肃邸前,进呈哈搭白巾也。并致祝词,盖祓除不祥之意。肃邸赐以烟壶、火链等物,叩谢下台,同诸神鬼绕庙一周而散。

**十六日,微阴,甚冷,可以御裘。**

午后三钟,同台佐周、邵梦石、王子翔诸君猎于府后北山。入山约三四里,杂花夹道,多不知名,且药材甚夥,如黄芩、甘草、芍药等类,遍地皆是,悉发异香。虽边外苦寒,草木尚未畅茂,然景致清幽,自有佳趣。惜同伴疲乏,未能深入也。沿路发二枪,均未命中,无所获而归。

**十七日,晴,微冷。**

草奏折一件,陈明到喀喇沁日期并会卓索图盟情形。喀喇沁所辖地广约六百余里,共分三旗,曰左翼旗,曰中旗,曰右翼王旗,即王府所在也。披甲六千余人,现经喀喇沁王更番教练新操,每班四十人,每期四个月,兵不忘战,农不失时,诚善法也。

**十八日,风雨,甚冷。**

奉堂谕:明午启节,前赴赤峰,并约贡邸同行,以便商办一切。沿途所收呈词,均录供粘单,咨送热河都统核办云。

**十九日,早晴,午后雷雨大风。**

午后一钟,均衣冠进内辞行,旋随肃邸至正殿拜折讫,然后出门升舆。盟长暨诸王公等恭送如仪,各学生列队送诸门外,各旗官员跪送道左。贡邸亦随发,马宫保暨北洋并喀喇沁所派之马队均整旅鸣号前导。乃行未数武,大风、雷雨忽至,并杂以雹,幸不过一小时即止,而行装已几乎尽湿矣。行四五十里,宿〔太〕〔大〕公府。饭罢,往村东观水磨。凿渠引水,跨水为房,房下以木为大轮,平置水面,轮面以木为格,中贯一柱,上通房中,直绾石磨。将水之上流近轮之右砌成隘口,令水由隘直冲而下,状类瀑布,激动轮面木格,轮即顺水左旋,柱与磨随之而转,昼夜不息,每日可磨曲七八石,以供烧锅之用。此磨在内地固所恒有,而蒙古实为创见,开化之渐,可见一(班)〔斑〕矣。

**二十日,晴暖,大风,飞沙扑面,淅沥有声。**

早八钟三刻,由大公府行二十五里,至木家营子午尖。午后,复行四十五里,抵土城子,宿喀喇沁王府庄头郭姓家。房屋颇宽厂,一切供帐饮食,皆郭姓所报效。盖该庄头有田百顷,烧锅七八处,乃喀喇沁一带巨富也。

在木家营子午尖时,有图什业图旗下官三员递呈一纸,为其旗主图什业图亲王被属员勾通团匪,诬以入教,朋谋害命,恳为追究事,盖二十七年钦案也。由喀喇沁起行后,所经诸村镇如大公府、木家营子各处,皆有商店,居民不下二三百户,喇嘛庙亦甚齐整,颇有丰足之象。地势平衍,五谷杂粮均能种植,惟不能隔年种麦耳。天时地气,亦较暖于喀喇沁,盖自王府行时,园中牡丹方萌芽三四寸许,而土城子则已盛开矣。

沿路所经各村,山东人流寓者甚多,有已历数世者,有甫数十年、数年者,大概因家无恒产,故轻去其乡,来此开垦。相沿既久,产业渐多,娶妻生子,遂成土著,颇有合于殖民之义也。

**二十一日,晴暖,风沙如昨。**

早八钟,由土城子行三十五里,抵赤峰县,昭乌达盟各旗王公暨赤峰令李秉和均恭迓如仪。晚奉堂谕,定于明午在本行辕会盟。

赤峰县即〔乌兰〕哈达所改建,旧隶翁牛特旗,无城郭,有大街七道,百货略备,商务颇盛,为古北口外第一繁富之区,热河不及也。

**二十二日,晴,微凉,夜雨。**

午后一钟,在行辕会盟,来会者系昭乌达盟翁牛特郡王赞巴拉诺尔布、翁牛特贝勒花连、敖汉王旗护印协理根敦扎布、敖汉贝子德色赖多布，并旗员等十余人。一切仪注、赏赐、筵晏，与喀喇沁略同。

**二十三日，早晴，午后狂风大作，飞沙蔽日，陡寒，可御重裘。**

午后二钟，由赤峰启节，各王公暨赤峰令并学生、军队等均恭送如仪。行五十里，晚七钟宿木头沟。房屋湫隘，零星散处，余等五人觅得小店柜房一间，局促其中。天气甚寒，公馔又不堪下咽，不得已，乃购居停面饼数斤、鸡子十余枚，草草分啖。家人辈均未得果腹，甚苦也。

**二十四日，微阴，午后狂风复起，较昨更甚，至夜甫息。**

早八钟由木头沟行四十里，至桥头午尖。午后二钟，复行三十里，宿一（颗）〔棵〕树。此处驻有热河练军一哨。

**二十五日，晴暖无风，口外所仅见也。**

午前十钟，由一（颗）〔棵〕树行六十里，晚四钟抵乌丹城。居民约数百户，并无城郭，商务虽不及赤峰，亦系口外繁盛之区。此处仍归赤峰县辖，北去百余里至巴林桥，即入草地。在此须小住一日，以便购备食用诸物，盖过此则无从置办也。

自过毛金坝后，山势渐开，近赤峰一带则愈平衍矣。抵乌丹城，山脉将尽，野阔天低，一望平原，地土亦颇肥沃，惜居民稀少，种植未得其宜耳。

**二十六日，晴，风，微冷。**

午前发告示三张，为禁用私钱事，盖徇各王公之请也。自热河以北，纯用私钱，小于鹅眼，殊属不成事体，自应严禁。然各该地方除却私钱，别无可用。热河尚有由北洋解到少数铜元，稍资周转，他处则并此无之。欲行禁止，必须预筹善后之策。不然，虽文告张皇，无益也。

**二十七日，晴暖无风。**

午刻，由乌丹城行五十里。晚五钟，宿北一（颗）〔棵〕树。

**二十八日,微阴,风沙蔽日。**

午前十一钟,由北一(颗)〔棵〕树行六十里。晚四钟,宿和兴公,烧锅店字号也。该村房舍以此店为最宽厂,四周缭以土城,遂因以为村名云。

**二十九日,微阴,风沙如昨。**

午前十一钟,由和兴公行四十五里。晚四钟,抵五十家子,支蒙古包宿焉。包以细木杆钉成椒眼为墙壁,若篱然,外裹以毡,顶亦以细木撑之作伞形,用则撑开,不用则束置车上,随带甚便。出关以后,此为第一次幕居也。今日所经,沙深没毂,甚不易行。中道有一河,颇宽广,联驾石桥二,即巴林桥也,过此则巴林旗辖境矣。沿河多土山,不甚高峻,银、铜等矿苗甚旺,惟从未开采,不知内蕴何如耳。

**闰四月初一日,晴暖无风。**

早八钟,由五十家子行六十里。午后二钟,抵巴林坂,蒙语谓之"库克各勒"。巴林王率各王公等在坂南二里余迎接如仪。此处有一喇嘛庙,颇宏厂,居民约二百余户,喇嘛居其大半。肃邸以公主府为行辕,余等皆散处于喇嘛房焉。

昭乌达盟共十一旗,前在赤峰仅会三旗,其余八旗拟明日在此会见。须小住三数日,方能前进也。

**初二日,早晴暖,午后微阴,夜雨。午前寒暑表热至八十度,午后退至六十度,半日之间,所差如此。**

午后一钟,在行辕会盟,来会者为昭乌达盟长阿鲁科尔沁扎萨克多罗郡王衔多罗贝勒巴尔济里迪、副盟长东扎赉特贝勒林沁奈里布、扎赉特多罗达尔汉贝勒道宝齐、巴林扎萨克贝子色丹那木扎拉旺宝、巴林扎萨克郡王扎噶尔,尚有后到之喀尔喀扎萨克旗协理台吉图格扎布、克什格腾扎萨克头等台吉旗协理占巴勒扎布、奈曼王旗协理达理扎布并随从梅伦章京等二百余人。

初三日，晴，微风。

午后，肃邸在行辕晏会昭乌达盟诸王公，至晚七钟始散。

巴林坂一村分为东西二部，公主府居中。东部为喇嘛庙，附庙而居者均系喇嘛。西部则村民杂处，有杂货肆三处。该村四面环以土山，山麓有河，平田万顷，地势甚佳。

初四日，晴，微风。

午后二钟，昭乌达盟各王公等公晏肃邸暨诸随员。在行辕大门外设布幕三座，肃邸居中，余等分坐于左右二幕。就座后，盟长率各王公跪献羊酒，并致祝词。祝毕，依次陪坐。另以旗员二人跪幕外，轮班替代，迄于成礼，盖劝酒之意。伶人执乐器跪进，歌蒙古乐曲三章。歌阕，观蹢跂之戏。东西各十六人，互相角力，各有胜负。由十六而八，由八而四，由四而二，二人之中，卒被一虬髯喇嘛占第一筹。得赏者凡八人。既复观赛马，共马三十二匹，并无鞍辔，由西南山脚超乘飞奔而来，被一青马占第一筹，乘马者乃一十余龄童子也。得赏者亦八人。晏毕散会，已晚六钟矣。

蒙古人卑幼见尊长，以请安、递鼻烟壶为敬礼。食料为奶茶、炒米、牛油。衣服以粗布为之，喇嘛专用黄、紫二色，民人则杂用灰、蓝，甚不洁，终年或不知浣濯。不用银钱，苟有所需，则以牛羊交易焉。

初五日，晴暖，微风。

奉堂谕，明日午前启节。过此即入草地，庐舍、麸料俱无，内地骡车已不能前进，须换乘蒙古牛车而行。车底似梯，双轮均以木为之，不见寸铁，无顶无范，形式甚草率。辕驾一牛，日行不过五六十里云。

初六日，阴，微凉。

午前十一钟，由巴林坂乘牛车西行五十里。晚九钟，宿噶查五十家子庙。因行李车落后，至夜十二钟始得晚餐。固由于车行太缓,然道里亦难以数计也。

**初七日,晴,下午四钟微雨,旋止。**

　　早八钟,由噶查五十家子(朝)〔庙〕餐后启行。至晚九钟半,宿卓喇沁大庙,只行七十里耳。一日未得饮食,行李车复落后,至夜一钟始获晚餐。途中遇雨,午甚热而晚甚寒,其苦可想。

　　赤峰以北,乌丹城以南,地多沙碛。过乌丹城入巴林界,则矿山四绕,河流纡曲,一望平原,尽属膏壤。若从事开采,讲求树艺,数年之后获利必溥,兴办一切新政,不患无资。惟蒙人甚愚,可与乐成,难与图始。须妥慎筹画,付托得人,庶可逐渐收效耳。

**初八日,晴暖。**

　　早九钟半,由卓喇沁大庙乘马行五十里。晚四钟,宿五十家子庙。盖蒙旗驿站多以五十家子名,故日来所经五十家子不一而足云。

**初九日,晴暖,夜雨达旦。**

　　午前十钟,由五十家子庙行七十里,过哈伯图山,宿哈伯图卡伦。山为巴林与乌珠穆沁交界地,自入山至出山,约七八里。卡伦者,"交界官厅"之义。哈伯图卡伦者,哈伯图山交界之官厅也。两山夹道,苍翠欲滴,杂花满地,好鸟宜人,风景绝佳。

**初十日,寒,雨。**

　　午后二钟,换乘乌珠穆沁所备牛车,冒雨行五十里。晚七钟,宿山那甘郭勒。

**十一日,微阴,颇凉爽,下午五钟复大雨,至夜寒甚,可御重裘。**

　　十钟二刻,由山那甘郭勒乘马行五十里。下午二钟,抵库克各勒他坦宿焉。日来所经,并无村落,均就旷野支毡幕而居。阴雨连绵,湿草没踝。是日,复大雨如注,夜分乃止。上漏下湿,苦不可言。

**十二日,晴冷。**

　　午前十一钟,乘马行二十五里,抵乌珠穆沁右翼王旗之阿伯图

苏木。苏木,译言"庙"。阿伯图者,庙名也。锡林郭勒盟长暨各旗
王公均在此恭迓如仪。肃邸以庙为行辕,余等皆分住于庙东之喇
嘛房焉。

　　肃邸抵庙降香后,该盟长于正殿居中设一高座,上铺黄缎坐
褥,请肃邸升座。跪献茶点毕,然后诸喇嘛拥活佛进见,至座前,合
掌稽首,肃邸赐以哈达而退。活佛年甫十龄,面貌白净,冠佛冠,披
袈裟,袒一臂,著红皮靴。封号系"堪布呼图克图","堪布"为一号,
"呼图克图"为一号,此活佛盖兼二号也。余等所居之前院亦有一
活佛,年十二岁。余询该喇嘛何以一庙而有两活佛。据云此活佛
系堪布呼图克图活佛大弟子成佛转世者,故亦迎请供养于此。此
活佛无封号,仍师事堪布呼图克图,所以虽有二佛,仍为一庙也。
荒渺无稽,不值一噱。

**十三日,晴,微冷,须御棉袍。**

　　午后三钟,在行辕会盟,来会者共十旗,盟长阿巴噶左翼扎萨克
亲王衔多罗郡王扬桑、乌珠穆沁左翼扎萨克亲王索诺木拉布坦、苏
呢特左旗扎萨克郡王玛克苏尔扎布、浩齐特左旗扎萨克郡王色楞托
济勒、浩齐特右旗扎萨克郡王桑达克多尔吉、阿巴哈那尔左旗扎萨
克车凌多尔济、阿巴噶右旗扎萨克台吉扎那密达尔奇、苏呢特右旗
扎萨克郡王那木吉勒旺楚克,其乌珠穆沁左旗扎萨克贝勒棍布苏
伦、阿巴哈那尔右旗扎萨克贝勒旺沁敦都布因尚未及岁,特派各该旗
护印协理旺沁图多布、索达那木多尔济、善吉密都布代表来会云。

**十四日,晴,颇冷。**

　　午前十钟,肃邸往拜乌珠穆沁右旗亲王,留晏,至晚五钟始归。
王府距此约三十余里云。

　　蒙古人情风俗,除喀喇沁与内地不甚相远外,自翁牛特以北则
迥乎不同。诉讼只凭口舌,并无案牍。父母死,不具棺椁,亦无服
制,将尸骸抬往野地,请喇嘛嗪经毕,即弃之而还。狐狸食之,蝇蚋

咕嗫之,不计也,其野蛮如此。各王公亦半多粗野,懵无所知。呜呼!蒙古之名自历史上出现以来,盖已数百年于兹矣。宋元之际,亦尝横行朔漠,威震一时。乃今则任人束缚屠割,与牛马相去几希。教育之不修,其害遂至于此,可为长叹痛哭。

**十五日,晴冷,大风。**

午后二钟,各王公在庙前张幕,公晏肃邸暨诸随员。一切献酒、奏乐、掼跤、赛马与巴林坂略同。

**十六日,早晴暖,午后微阴,夜雷雨。**

下午四钟,在庙门外与诸同事试马。盖锡林郭勒盟十旗所公赠者,优劣不甚相远,均非良品也。

**十七日,阴冷,午后大风,微雨,旋止。**

午前十钟,由阿伯图苏木启节,乘马车行八十里。晚四钟幕宿于库苏他拉。

马车形式与牛车略同,惟较为坚固,且上有毡篷,可蔽风日。御者亦乘马傍车而驰,其行甚速,较牛车痛快多矣。

**十八日,晴,风冷如昨。**

午前九钟,由库苏他拉行九十里。晚四钟,幕宿于花和硕,一名阔兰沟。自出阿伯图苏木后,皆东北行。

**十九日,晴暖。**

早九钟,由花和硕行一百里。下午三钟,幕宿于呼都噶。此处为东乌珠穆沁界,该旗备有车若干辆、马若干匹,在此接替。

**二十日,晴暖。**

早九钟,由呼都噶行一百里。幕宿于道图郭勒。因幕少人众,势不能容,乃襆被宿于车上。

**二十一日,晴暖。**

早九钟,由道图郭勒行七十里,至恩吉勒博勒克宿焉。恩吉勒,译言"衣襟";博勒克,译言"圈子",盖谓此处襟山带水,形如圈子也。

**二十二日,晴暖。**

　　午前十钟,由恩吉勒博勒克行九十里,幕宿于乌木伦。此处为哲里木盟科尔沁左翼中旗达尔罕亲王辖境,所经半系山道,芳草铺茵,杂花簇锦,风景甚佳,迩来日行沙漠中,至此心目为之一清。

**二十三日,晴暖。**

　　午前十一钟,由乌木伦同台佐周、赵孝陆共乘五套大棚车,行九十里。晚九钟,宿博音额尔和图喇嘛庙。是日名为九十里,其实不只百二三十里云。

**二十四日,陡热。**

　　午前十钟,由博音额尔和图行七十里,幕宿于乌拉布昆都鲁河畔。此河甚曲折,日来或数过。地多蒿艾,山亦甚佳。

**二十五日,晴暖。午后雷雨,旋止。**

　　午前十钟,由乌拉布昆都鲁行八十里。晚六钟,宿伯彦华庙。半途经丛林一所,依山临水,景致清绝,不独蒙古得未曾有,即在内地亦所罕觏。且沿路金针、芍药等花盛开,黄白相间,香风不断,真不愧锦绣河山也。

**二十六日,早微阴,午后晴暖。**

　　早九钟,由伯彦华庙行三十五里,至义和噶萨,幕宿河畔。河名"浩林郭勒",盖即昆都鲁支流也。

**二十七日,晴热甚。**

　　早九钟,由义和噶萨行五十里。午后一钟,抵伯彦和硕庙。此为哲里木盟会见之所,各王公均在该庙西北相距四五里之圣安棚恭迓如仪。

**二十八日,晴热。**

　　黑龙江程雪楼将军差骁骑校一员送到东四盟地图一纸,并函询赴江省日期。当奉谕答覆,略谓现在亟须回京,不克再往东三省。拟由此取道新民府,乘火车径赴天津。如有要公,希即派员赴新民府接洽①云云。

**二十九日,微阴,颇凉爽。**

午后三钟,在伯彦和硕庙会见哲里木盟各王公,来会者为盟长扎萨克郭尔罗斯公齐默特色木丕勒、图什业图亲王业喜爱顺、扎萨克图王乌泰、科尔沁右翼后旗扎萨克镇国公喇什敏珠尔、图什业图额外侍郎多罗贝勒凯毕、达尔罕王旗协理台吉某、扎赉特旗协理台吉某、博多勒噶台亲王旗协理阿拉木斯巴塔尔。

**三十日,微阴,午后雷雨,旋止。**

是日,收呈二张,仍为已故图什业图亲王被其属员勾通团匪谋害一案,一张系其本旗官员二百余人公呈,一张系其侧福晋并其格格亲王之女称为格格。所控诉。盖因前王身后无子,继立者乃五服以外之远支,被戕王党羽蒙混承袭,故众心不服也。嗣王现甫十五岁。

**五月初一日,早晴,午后雷雨,旋止,晚七钟复雨达旦。**

午后二钟,哲里木盟各王公在行辕外设幕,公晏肃邸暨诸随员。一切作乐、进酒、蹲跶、赛马皆如锡林郭勒盟,惟他盟蹲跶皆三十二人,此则六十四人,为稍异耳。

晏会时,有一俄国武员在座参观。盖缘俄营派员到蒙古买马,短给马价,被蒙古人告发,该武员奉令前来查办,闻肃邸到此,特来进谒云。

**初二日,雨仍未止。**

内蒙古东四盟至此已调查完竣。奉堂谕明日启节,取道新民屯换乘火车回京。

**初三日,阴晴不定,颇凉爽。**

午前十一钟,由伯彦和硕庙东南行五十里。下午三钟,幕宿于

---

① 据铅印本补。

察罕托卢该塔本托卢。连日阴雨,地湿如蒸,甚为不适。

**初四日,凉爽如昨。**

午前十钟,由塔本托卢行八十五里。晚五钟,宿哈图庙。

**初五日,晴,凉爽,下午六钟暴雨一时许。**

早九钟,由哈图庙乘马行百零五里。晚七钟,宿扎噶爱拉民房。途中遇雨,行装尽湿。一室九人,异常湫隘。今日为天中节,沙漠之间无所触目,又为风雨所虐,遂至忘却。

**初六日,晴,颇凉爽。**

早十钟,由扎噶爱拉行九十五里。晚七钟,宿年吉爱拉民房。日来所经,皆有庐舍,已无住蒙古包者,惟各自为家,不成村落耳。土地亦多开垦,居民半通汉语,盖与内地渐近矣。

**初七日,晴,风。**

午刻,由年吉爱拉行八十里。晚七钟,宿霍勒玛哈苏穆民房。因厨役乘牛车落后,至夜十一钟始得晚餐。台佐周亦因马疲不进,夜半甫到宿所,则更苦矣。

**初八日,晴,风。**

午刻,由霍勒玛哈苏穆行六十里。晚五钟抵哈喇乌苏,宿喇嘛庙,颇洁净宽厂。

**初九日,晴,风,颇热。**

午前十钟,由哈喇乌苏行七十里。晚六钟,宿大瓦房。村名。今日所经皆沙碛,盖即戈壁之东尽头也。戈壁,华言沙碛。然沙丘掩映,树木颇茂,间有人家,皆成村落。风景与关内相仿佛,盖已出草地矣。此处为辽源州辖,距州治三十里。州牧欧阳朝华并奉天马队百名在此迎迓。

**初十日,晴,甚热。**

早七钟,由大瓦房行三十里。十一钟抵辽源州,即郑家屯所改建。地方文武各官均率队郊迎,假当店为行辕,颇轩厂。州无城郭,人烟稠密,街道整齐,商务之盛,不亚赤峰。

奉谕作《筹蒙策》一篇,略云:蒙古积弱,至今日已达极点。据调查所及,几无一事可以图存,则欲加以整顿,为我屏藩,固(已)〔以〕改建行省为要素,而尤以迁民实边为前提。孔子云:有人此有土,有土此有财。茫茫大陆,地阔人稀,若不先事移垦,即设官分职,伊谁与治?惟是移民屯垦,需款浩繁,当此司农仰屋之际,诚恐一时无此财力。为今之计,莫如择要先设移垦局,招募北五省人民自往开垦,官为区画经理之。俟垦户渐多,然后仿照东三省办法,改移垦局为设治局,逐渐筹备,积极进行,庶几费省而事易集。至于刷新蒙古之内治,则舍教育而外,别无善策。盖蒙人之闇弱,由于迷信黄教,欲破除其迷信,须先开通其知识,故非改良教育不为功。虽然,当今日之时势,而欲改良蒙古之教育,甚不易言。文字不同,言语不通,犹其末焉者也。何则?蒙人之闇弱,固由于迷信黄教,然至今犹得为中国藩属,不至东折入日,北折入俄者,亦以民智未开,宗教不同故耳。苟不审顾详筹,遽施以普通之教育,恐适足以为渊鼓鱼,为丛(殴)〔驱〕雀,所谓非徒无益而又害之者也。窃以为今日而言教育,蒙古首宜注重其历史、风俗、人情。内地通行之教科书必不适用,须延聘通儒,参酌彼教,以蒙汉文互译,特别编订,俾读者潜移默化,先行就我范围,然后继长增高,不患横流旁决矣。若夫行政之区域,设治之章程,均应因地制宜,妥慎规定,手续纷烦,非仓猝之间所能详尽,容条议另呈。

**十一日,晴,热。**

午前十钟,由辽源州西南行四十里,到司官营子午尖。复行五十里,宿小崴子村,时已晚九钟矣。

**十二日,晴,热。**

早九钟,由小崴子行三十里,至辽阳窝铺午尖。午后,复行四十里,宿六家子。此处为康平县辖境,县令刘某在此迎谒。

近六家子一带，土岗起伏，林木掩映，绝好战地，扼要之处，多有日俄战垒。然日人建筑颇草率，不及俄人远甚，而胜负之数适成一反比例，则地利不如人和之言，信不诬矣。

日俄同一扰害居民，而土人颇右俄而左日。盖缘俄人虽掠牲畜，不甚杀人；日人则逢人辄指为奸细，任意活埋故也。沿途所经村落，半系断址颓垣，皆日俄所焚毁者。噫！为弱国之民，不得受政府保护，遂任人鱼肉，一至于此，可为痛哭矣。

**十三日，午晴暖。晚大雨达旦。**

早八钟，由六家子行四十里，至好官屯午尖。午后复行四十里，宿法库门。大雨淋漓，行装尽湿。室隘人众，喧嚣如沸。

法库门为蒙古与内地交界处，盖边墙也。街道宽平，商务颇盛。惜为雨所阻，未得出游。

**十四日，早晴，午后复雨。**

早九钟，由法库门行三十五里，经四台子、五台子至前屯午尖。午后，复冒雨行三十五里。晚九钟，宿灯什堡子。连日大雨，泥泞载途，水深没毂，甚不易行。比至灯什堡子，肃邸已过此而去，为时已晚，追随不及，只得在此暂宿。

近日所经虽无崇山峻岭，而土岗起伏，绝不平坦，颇宜战守。出五台子南行三十里，村名丁家房，地势尤佳，三面土山环绕，怀中复抱一小山作为屏障。该村即在小山之阳，闻二三年前尝有土匪据此，即迩来亦时有胡匪出没，盖地势使然也。

**十五日，阴雨。**

早五钟，由灯什堡子冒雨行三十里，抵公主屯。河（山）〔北〕岸水涨桥断，不能渡，遂借寓河滨民房。午后，同事王君子翔追及，上吐下泻，病不能兴，乃为之觅房服药，暂资调理。

**十六日，阴雨。**

早，公主屯巡官某凫水渡河来迓。是日，余亦病甚，因恐河水再涨,力疾冒雨乱流而渡。甫登岸,而残桥复圮,危险可想。庶务处诸同事至,稍后则不能复渡矣。过河后,假当店为行馆,饮食皆巡官供给,即前晚肃邸驻节处也。

**十七日,阴雨。**

早五钟,由公主屯冒雨行五十里。下午三钟,抵新民府,寓天成栈。沿途水深没毂,中道河水暴涨,行装尽湿。

**十八日,阴雨。**

早七钟,由新民府上火车,地方文武暨驻防军队并日本官商均赴车站恭送。至锦州停车,午餐。沿路各站巡警暨巡防马队,皆迎送如仪。晚九钟,抵山海关。是夜宿于车上。

**十九日,晴。**

早六钟,肃邸入城答拜副都统,余遂同赵孝陆登城纵览形胜。该关西北依山,东南临海,中通孔道,扼要筑城。城门镌石为额,曰"天下第一关",诚有明边防要地。今则蒙汉一家,守在四夷,无庸戒严矣。八钟开车,所经各站均未停留,即在车中午膳。下午六钟,抵天津,袁宫保率地方文武各官皆在圣安棚迎迓。[1] 肃邸拟驻节一日,与袁公筹商一切。余因病奉谕先行回京。六点三十分由天津开车,十钟半抵前门车站。比回寓,已夜十二钟矣。

# 塞　上　吟

## 南天门奉和肃邸暨赵孝陆中翰元韵

策马联(鏕)〔镳〕走石窟,老松偃蹇蛟龙舞。千山万壑少人行,但见峰头滴苍绿。昔读青莲蜀道歌,蜀道较此当若何。天门之险

---

① 铅印本作"今大总统袁公率所属地方文武各官在圣安棚迎迓"。

如风波，世途险似天门多。

## 古北口早发闻吹笳声感赋

破晓发征车，峰峦矗太虚。人家荒戍外，天气暮春初。树色浓于染，山光淡入无。哀笳何处是，立马几踟蹰。

## 常山峪谒行宫

当年巡幸地，玉辇几曾经。断碣镌宸翰，群山列画屏。园林空点缀，楼阁失丹青。不尽苍茫感，夕阳下小亭。

## 王家营道中遇雨二首

### 其 一

雨气连山色，空濛望欲迷。路随幽谷转，天逐野云低。浊酒沽村店，轻尘净马蹄。牧童何处去，携笠过桥西。

### 其 二

细雨杏花肥，荒村山四围。炊烟依树尽，野鸟觅巢归。胜地此间乐，闲云到处飞。奇峰看未了，湿翠欲沾衣。

## 雨后过广仁岭

凿石通双轨，曾经玉辇行。飞泉随雨落，古木挂岩生。绝壑临无底，奇峰仰欲倾。皇仁真广大，王道至今平。

## 谒热河行宫次孝陆韵

自从塞外停秋狝，玉宇琼楼半已空。芳草盈庭随意绿，落花满地为谁红？模糊碑碣镌宸翰，寂寞山河感故宫。登眺方滋今昔慨，那堪啼鸟怨东风。

## 金　山　寺

杰阁凌飞云,倒影入清沼。东望(罄)〔磬〕棰峰,余青殊未了。

## 广　元　宫

上谒广元宫,群山一览中。宫花如有意,都作可怜红。

## 山　顶　小　亭

联袂步修阪,微吟上碧螺。小亭山绝顶,独受好风多。

## 烟　雨　楼

轻烟如缕雨如丝,杨柳楼台春暮时。正是明湖好风景,令人回忆铁公祠。

## 文　津　阁

四壁牙签万卷开,置身如在秘书台。生花愧乏江郎笔,也向文津问渡来。

## 珠　源　寺

楼台到处总生尘,剩有空王丈六身。世界当年登极乐,山花零落不成春。

## 过毛金坝①

昂头望天表,衣袂振长风。烟树苍茫里,云山缥渺中。乱峰沈夕照,古寺蔽幽丛。搔首试相问,应与帝座通。

---

① "坝",铅印本误作"灞"。

# 幕 宿 有 感

万幕列平川，行人此息肩。荒沙余落日，大漠起孤烟。风雨深闺梦，关山到处缘。敢言劳瘁甚，宵旰正筹边。

# 蒙古新乐府八首

## 黄 教

梵王法力真超妙，群僧千百宣佛号。王公大人竞布施，愚民迷信安足道。有子三两人，一子须入庙。当年立法计万全，那知祸福逆难料。吁嗟乎黄教。

## 草 地

芊芊春草黏天碧，一望平原浩无际。乌丹城北尽膏腴，荒芜千载不复治。屯垦以实边，公私两俱利。泰西探险求殖民，奈何但见牛羊迹。吁嗟乎草地。

## 蒙 礼

大官乘马洋洋喜，小官遇之伏不起。双手奉上鼻烟壶，大官点首微示意。我闻女真兵，满万不可敌。束缚豢养三百年，成此奴隶之性质。吁嗟乎蒙礼。

## 蒙 歌

阿伯图山察罕河，胡儿高唱《定风波》。哀笳羌笛断忽续，琵琶繁响如鸣梭。秋风寒易水，悲慨一何多。我虽未识曲中意，闻之辄复唤奈何。吁嗟乎蒙歌。

## 步　扎

呜呜哀角吹初罢,牛鬼蛇神一齐下。金刚(努)〔怒〕目佛低眉,面具狰狞衣采画。黑寺驱鬼魔,相传为佳话。京华陋俗未能除,安论愚蒙无进化。吁嗟乎步扎。

## 蹟　跤

朔方健儿身手好,英名自昔传荒徼。今日犹存尚武风,袒胸怒搏相腾踔。纠纠复桓桓,我心为倾倒。奈何斥之为野蛮,坐使英雄埋头老。吁嗟乎蹟跤。

## 穹　庐

朔方行国无定都,平沙列幕相聚居。围之以毡支以木,鞠躬进退负墙趣。世界俱进化,此独无新图。有巢不能施其术,堂构之谋毋乃迁。吁嗟乎穹庐。

## 牛　车

欧亚交通文明输,纵横轮电相驰驱。惟有蒙古守其旧,车形昉自转篷初。一人御十辆,引绳如贯珠。只顾其前不顾后,缺轮脱轴时相呼。吁嗟乎牛车。

## 浣溪沙·和尹及郎大令元韵

疆域纵横错犬牙,朔风扑面起尘沙。白狼河北路犹赊。蔓草荒烟边塞月,嫣红姹紫故园花。送春时节又离家。

## 采桑子·与及郎、孝陆夜谈有感

十年旧事重回首,月到空庭,人在边庭,沧海桑田几度经。

纵横壮志销轮铁，书也飘零，剑也飘零，飒飒悲风不忍听。

## 扬州慢·过哈伯图山

碧草黏天，黄沙眯目，隔溪忽现青山。纵百无聊赖，也破愁颜。问憔悴，天涯倦客，青衫落拓，可耐春寒。叹胡儿，身手蹒腾，醉卧花间。山多野花。

归期误也，梦深闺，正卜人还。奈班马萧条，哀笳凄戾，收拾余欢。更有最消魂处，穹庐外，凉月娟娟。忆故园风景，今宵谁倚阑干。

## 如梦令·毡庐夜雨

昨夜风狂雨骤，黯黯灯魂如豆，身世感飘零，况是春归时候。消受，消受，一掬浇愁酪酒。

## 齐天乐·和孝陆元韵

国仇私恨空歌哭，回首故园何处。碧草芊芊，狂花漠漠，更有夜来风雨。灯魂一缕，问底事干卿，照人辛苦。便欲浇愁，填胸磊块无情绪。

南朝依旧歌舞，奈天荒地老，云翻雨覆。落日哀笳，悲风班马，犹是汉家旗鼓。同袍谁赋，算只有英雄，心蓬目楚。独立苍茫，问青天无语。

## 满江红·和喀喇沁王元韵

零雨荒烟，沙漠地，最难将息。更触起万端情绪，抚今追昔。千古兴亡伤往事，虎头燕颔何人识。空令我把酒对青天，悲歌急。

锦绣壤，谁组织？成吉业，归陈迹。剩远山一角，半衔斜日。

孤负健儿身手好，英雄拊髀歌还泣。问天涯何处最消魂，平芜碧。①

## 菩　萨　蛮

同事胡君珍府，云南人，以即用知县需次直隶。与其夫人相别五年，今春甫接眷到津，相聚仅一日，而珍府又复出关。每一言及，情见乎词，赋此以赠。

陌头杨柳青如许，天涯望断春归路。何事觅封侯，黄昏独倚楼。

空闺人不见，妒煞双栖燕。相会几多时，他乡又别离。

---

① “平芜碧”，铅印本作“芳草碧”。

# 内蒙古东部调查日记

冯诚求　撰

## 叙

余友嘉定冯保如君箸《东蒙游纪》，凡十篇。冯君箸是纪在前清光绪丙午，是时日俄战役告终，日势骤张，哲盟各旗，日人辙迹殆遍，于是东蒙一带形势渐占重要。时清政府命善耆筹蒙，善耆乃躬历东蒙，将大有所布置，厥后政策如何，世莫之闻。而冯君适以此时随同游历，调查所得，入夜即悉心钩稽，分类纂录。冯君性沈静，作事尚切实，故是纪之作，凡喀喇沁、巴林、乌珠穆沁、土什业图、达尔罕，所经各旗一切形势、制度、户口、气候、物产、钱法、榷酤、礼俗、道路，详载无遗，然皆得之目验，或询诸土著，下至贩夫驵卒，要一字不敢为凿空之谈，则固冯君素志也。吾国士习喜空论，近且纂图经者，亦往往于实际上不加考核，而高谈大眈，纯为放荡无纪律之言词，作者可以勿陈，读者亦无所取裁，虚实之淆，先淆于箸述而影响及乎事实，滋可虑也。冯君此书，简明翔实，扫尽虚诬旧习。读者持此，于东蒙情形可以什得六七，洵乎游纪之正轨已。抑自库逆勾结强俄，轩然大波，回环及乎瀚海南北；东蒙壤地，处处与直东犬牙相错，战守均为要点。而吾国图纪缺如，策时之士何所据以为参考之资？冯君此书出，吾知留心边事者，必有取乎斯编。民国二年三月,南汇顾次英。

# 东 蒙 游 纪 一

### 自北京至古北口

三月十八日,午一点钟,由京起程出东直门,至明月店。① 四点半开车②东北行,三里至草局子,五里至灞河,四里至八间房,四里至望京,二里至新店,十二里抵深河镇。共③行三十里,时六点半,宿刘家店。④

深河镇隶大兴县,镇北四里有深河,源出沙河,下通通州。因是得名。⑤ 驻防营毅军二哨,兵百名。⑥ 东距匡家庄一里,距武卫沟三里,西距西店一里,南距马圈营二里,北距北店一里。⑦ 镇北有渠道碑一座,光绪九年太常寺卿、宗室奕年浚渠工竣,立碑以记念焉。⑧

户口百四十家,⑨商铺二三十家,有盐店、粮食、杂货等铺,旧有当铺,毁于庚子匪乱。⑩ 旅店五六家,约可住马、步兵各一营,炮兵二队。集场一、四、八期。平色京市平,通行松江,⑪银价每两津钱二吊一百文,津钱二吊,合制钱九百七十六文。钱串每吊九八制钱五百文,亦用站人银

---

① 稿本作"三月十九日,午一点钟,起程出东直门,随从诸员咸会于明月店"。
② 稿本作"四点半钟开车"。
③ 稿本作"凡"。
④ 原文无"时"字,据勘误表改;稿本作"时六点半钟,宿刘家店"。
⑤ 稿本作"镇北去四里,有深河,故以河名(河源出沙河,下通通州),隶大兴县"。
⑥ 稿本作"有毅军二哨驻焉,兵百名"。
⑦ 铅印本无"北距北店一里"句,据稿本补。
⑧ 稿本作"镇北有渠道碑一座,盖光绪九年太常寺卿、宗室奕年浚渠工竣,立碑以纪"。
⑨ 稿本作"是镇户口约百四十家"。
⑩ 稿本作"商铺数十家(有盐店、粮食、杂货等铺;旧有当铺,毁于庚子匪乱)"。
⑪ 稿本作"每一、四、八日有集场",无"平色京市平,通行松江"句。

元,每元市钱一吊五百文。① 盐由长芦运来,每斤津钱七十六文。斗口一二五。合清斛一斗二升五合,下仿此。② 气候等于北京,土质泥沙,水甜,③道路平坦多沙。土产谷子、高粱、麦、黍等类,木植有榆柳、杞柳、白骨松之属。

十九日晨六点半,④由深河镇起程,东北行,一里至北店,三里至深河。渡河河有土木浮桥,夏间水发,桥冲,以船渡。若用于军事,费时较大。⑤ 六里至花梨坎,三里至苏拉营,三里至铁匠营,⑥三里至枯柳树,以上三处,分驻毅军步兵百名。⑦ 八里至大井洼,三里至三家店,一里至南圈,四里至白古庄,一里至姚圈,二里至武圈,一里至京圈,二里至姚古庄,八里抵牛栏山镇午餐⑧。共⑨行四十九里,时十一点半。⑩

牛栏山,俗名⑪牛郎山,山在镇北里许,岭有山神庙,麓有烟户数十家,俱凿石为生。白河迤逦而东,通天津。⑫ 镇长里许,隶顺义县,离城⑬二十里。提标中营把总驻焉,步兵百名,⑭有户部税局一

---

① 稿本作"银价每两合九七六津钱二吊一百文(津钱一吊即制钱五百文),通用京市平松江银,亦兼用站人银元,每元合市钱一吊五百文"。
② 稿本作"食长芦盐,每斤价:津钱七十六文;斗口:每斗十二筩五"。
③ 稿本作"水味甜"。
④ 稿本作"二十日晨六点半钟"。
⑤ 稿本作"三里渡深河(有土木浮桥,夏间水发,桥冲,以船渡。若行军,费时较大)"。
⑥ 稿本作"铁字营"。
⑦ 稿本作"以上三处,分驻毅军步队百名"。
⑧ 稿本作"午尖"。
⑨ 稿本作"凡"。
⑩ 稿本作"时十一点半钟"。
⑪ 稿本作"土名"。
⑫ 稿本作"达天津"。
⑬ 稿本作"距城"。
⑭ 稿本作"兵四十名"。

所，巡警局一所、①四眼井一口。道光十九年修。②

户口约四百家，③商铺百余家，④旅店十余家，约可住马兵一营、步兵二营、炮兵一营。⑤ 集场二、四、七、九期。⑥ 平色半苏半广，通行松江，⑦每百两比库平大二钱。银价每两东钱六吊一百五十文，东钱一吊，合津钱三百三十文。钱串九八，色不净，⑧搀私五分之一。⑨ 食长芦盐，由天津转运。⑩ 每斤津钱七十二文。斗口一八五。⑪

气候同前，土质石沙，水淡，⑫道路平坦多沙，土产杂粮。

午一点，⑬由牛栏山镇起程，⑭北行，渡白河支流，河深八十生特，宽四十密达，上有土木桥，外渡船一只。⑮ 八里至锁草，二里至施家屯，毗连谢家屯。三里至圈屯，二里至太平庄，二里至小新庄，三里至罗山镇，有小市场。二里至罗山庄，路左侧经罗山小石坡。十二里至王古庄，六里至小河槽，⑯八里至西大桥，二里抵密云县城。共⑰行五十里，时六点半，⑱宿南关外。

---

① 稿本无此句。
② 稿本作"有四眼井一口，道光十九年修"。
③ 稿本作"是镇户口约四百余家"。
④ 稿本无"商铺百余家"句。
⑤ 稿本作"约可住步队二营，马炮队各一营"。
⑥ 稿本作"每二四七九等日有集场"。
⑦ 稿本作"通用半苏半广平松江银"。
⑧ 稿本作"钱色不净"。
⑨ 稿本作"搀合私钱十分之二"。
⑩ 稿本无此句。
⑪ 稿本作"斗口每斗十八筒五"。
⑫ 稿本作"水味淡"。
⑬ 稿本作"午后一点钟"。
⑭ 稿本作"由牛栏山镇开车"。
⑮ 稿本作"又有渡船一只"。
⑯ 稿本作"小河漕"。
⑰ 稿本作"凡"。
⑱ 稿本作"时六点半钟"。

密云即古檀州，县城长方形，东西三里，南北稍窄。四门，<sup>①</sup>东、西、南各一门，有小南门，而无北门。中建鼓楼，东南隅有魁星阁，距黍谷山十八里，<sup>②</sup>北距北山三里。<sup>③</sup>上有应星塔。白河漱其西，潮河环其东南，源从口外白马关。至县境合流，<sup>④</sup>蜿蜒至牛栏山而下。县境<sup>⑤</sup>东界怀柔，南界顺义，西界平谷，北界滦平。通县户口七万余，地丁旗租居多，邑额不过千余金。<sup>⑥</sup>

驻<sup>⑦</sup>知县、典史、教官各一员，提标前营都司一员，驻防副都统一员。<sup>⑧</sup>光绪二十六年，有淮军二营驻此，事后即撤。有小学堂一所，系白檀书院改设。额<sup>⑨</sup>三十名，现送十名至京考陆军，<sup>⑩</sup>堂中只存二十名。教习二员，监督以教官为之，经费岁需二千余金。有巡警局一所，马步队各二十六名。马队巡乡，步队巡城。有耶稣教堂一所、工艺局一所、粥厂一所，尚有留养局一所，在城外。

城户口二千余家，<sup>⑪</sup>商铺二百余家，<sup>⑫</sup>出钱票者二十余家，城内设银市，每日开盘一次。旅店十余家，约可住马兵二营、步兵一标、炮兵一营。<sup>⑬</sup>集场逢单日。每月十五次。平色半苏半广，通行松江，<sup>⑭</sup>银价<sup>⑮</sup>每两东

①　稿本作"城四门"。
②　稿本作"东南距黍谷山十八里"。
③　稿本作"北距北山仅三里许"。
④　稿本作"至县界，与白河合流"。
⑤　稿本无"县境"二字。
⑥　稿本无"邑额不过千余金"句。
⑦　稿本作"城设"。
⑧　稿本作"旗官有副都统驻焉"。
⑨　稿本作"学额"。
⑩　稿本作"现送十名至京考陆军小学堂"。
⑪　稿本作"全县户口七万余人，县城二千余户，地亩旗租居大半，地丁不过千余两"。
⑫　稿本作"城中商铺约二百余家"。
⑬　稿本作"约可住马队二营、步队一营、炮队一营"。
⑭　稿本作"通用半苏半广平松江银"。
⑮　稿本无"银价"二字。

钱六吊七百文,钱串九七五。<sup>①</sup> 盐价、斗口同牛栏山。<sup>②</sup>

气候同前,土质沙石,水甜便,道路沙石子。<sup>③</sup> 土产杂粮之外,县产小枣,<sup>④</sup>县北八里地方产香椿,<sup>⑤</sup>西北三十里地方名大石峪产糖梨,西南七八十里产柿、栗、核桃之类。

二十日晨六点,<sup>⑥</sup>由密云起程,东北行,二里至林家庄,六里至沙峪沟,三里至石岭,以上两处系凹沙道。八里至穆家峪,有旅店十余家,约<sup>⑦</sup>可住马兵一标、步兵四五营、炮兵二营。<sup>⑧</sup> 三里至南省庄,<sup>⑨</sup>三里至小营,四里至朝都庄,五里至黄土岭,七里至陈古庄,四里至山南口,五里抵石匣镇,午餐<sup>⑩</sup>共<sup>⑪</sup>行五十里,时十二点。<sup>⑫</sup>

石匣亦有城,方形,四门。北门外里许,有烽火墩。隶密云县,驻县丞一员、提标前营游击一员。现驻毅军步兵三队、本城巡警军五十名。镇北六里,有户部税局一所。<sup>⑬</sup>

户口八百余家,<sup>⑭</sup>商铺四五十家,出钱票者十余家。旅店十余家,

---

① 稿本作"每吊九七五"。

② 稿本作"食长芦盐,每斤价津钱七十二文"。

③ 稿本此句移前,作"土质砂石,水味甜,取水尚便,道路砂兼石子",无"气候同前"句。

④ 稿本作"附城产小枣,味佳",无"土产杂粮之外"句。

⑤ 稿本作"县北八里产香椿",于"八里"二字之后空墨二字,疑为"地方"。

⑥ 稿本作"二十一日晨六点钟"。

⑦ 铅印本正文无"约"字,据勘误表改。

⑧ 稿本作"约可住马队一标,步队四五营,炮队二营"。

⑨ 稿本作"南沈庄"。

⑩ 稿本作"午尖"。

⑪ 稿本作"凡"。

⑫ 稿本作"时十二点钟"。

⑬ 稿本作"石匣有城,方形,四门。隶密云县,驻县丞一员,提标前营游击一员。现驻毅军步兵三队,本城巡警军五十名。北门外里许,有烽火墩一座。六里许,有户部税局一所"。

⑭ 稿本作"是城户口约八百余家"。

约可住马、步各一营,炮兵二队。<sup>①</sup> 集场二、七期。<sup>②</sup> 平色广平,通行松江,每百两比库平大一钱。<sup>③</sup> 银价每两东钱六吊六百文,<sup>④</sup>钱串九七五。<sup>⑤</sup> 盐价每斤津钱六十八文。斗口一七五。<sup>⑥</sup>

气候同前,土质沙石,间有软泥,水甜远,道路沙石子。<sup>⑦</sup> 宗教回汉各半。<sup>⑧</sup> 土产高粱<sup>⑨</sup>、小米、芝麻、黑豆、黄豆、栗子、花生、秋梨、糖梨等类。镇东东陵冈产鹿茸,西冈产槟子尤多。<sup>⑩</sup>

午后二点,<sup>⑪</sup>由石匣起程,<sup>⑫</sup>东北行,八里至芹菜岭,二里至邮亭,五里至白河涧,五里至新开岭,三里至大新开岭,三里至老鸹甸子,二里至稻黄店,二里至南天门,十里抵古北口。<sup>⑬</sup> 以上各道,皆高低连山路,然队伍能通行。<sup>⑭</sup> 在南天门、古北口间,五里适中之处。渡潮河,河宽寻常约七十密达,<sup>⑮</sup>有水约二华里,<sup>⑯</sup>上有土木桥。共<sup>⑰</sup>行四十里,时六点,<sup>⑱</sup>宿北关。

古北口群山环拱,长城绕之,为蒙古入关要道,<sup>⑲</sup>东为万寿山,

---

① 稿本作"约可住马步队各一营、炮兵一队"。

② 稿本作"每二七日有集场"。

③ 稿本作"通用广平松江银(其平比库平每百两大一钱)"。

④ 稿本作"每两合东钱六吊一百文"。

⑤ 稿本作"每吊九七五"。

⑥ 稿本作"食长芦盐,每斤价津钱六十八文,斗口每斗十七筒五"。

⑦ 稿本作"气候同前,土质砂石,间有软泥,水味甜,取水远,道路沙兼石子"。

⑧ 稿本作"居民回汉各半"。

⑨ 铅印本误作"梁"。

⑩ 稿本作"镇东东陵冈产人参、鹿茸;西北产果子,槟子尤多"。

⑪ 稿本作"午后二点钟"。

⑫ 稿本作"由石匣开车"。

⑬ 稿本作"十里至古北口镇"。

⑭ 稿本作"然行军时,队伍俱能通行"。

⑮ 稿本作"平时宽约七十密达"。

⑯ 稿本作"水涨时约至二华里"。

⑰ 稿本作"凡"。

⑱ 稿本作"时六点钟"。

⑲ 稿本作"盖要塞重地"。

西为柳林山,南为南山,北为北山。有大赟河一道,直达白河。驻理事同知一员、属理藩院。① 密云巡检一员。绿营②驻提标中营参将、③左右营游击、城守营都司各一员,守备二员,④有署。⑤ 千总八员,把总十六员,无署。兵裁存五百余名,⑥新挑练勇二队百二十名。⑦ 防营驻毅军二营,⑧六成队一千名;旗兵驻⑨巡警军四队,百八十名。⑩ 器械,老毛瑟步枪、⑪小口径毛瑟步枪、来复枪等。⑫ 绿防各营俱归直隶提督管辖,现住平泉州。土名八沟,离口四百里。⑬ 有蒙养学堂二所,⑭额各十五名,⑮教习各一员。有蚕桑局一所、设已五六年。税局一所、⑯电报局一所。

　　户口二千一百余家,潮河东六百余家,河西一千五百家,内旗户二百家,回民一千五百家。居民向以吃粮为生,⑰近年⑱屡次裁汰,颇形窘困。商铺四五十家,出钱票者八九家。旅店大小共十七家,约可住马

---

① 稿本无"属理藩院"四字。
② 稿本作"旧有绿军四营"。
③ 稿本作"驻有提标中营参将"。
④ 稿本作"守备三员"。
⑤ 稿本作"皆有署"。
⑥ 稿本无"兵裁存五百余名"句。
⑦ 稿本作"新挑练军百二十名"。
⑧ 稿本作"防营毅军二营"。
⑨ 稿本无"驻"字。
⑩ 稿本于此处有"共有旗汉防练兵一千三百名"句。
⑪ 稿本作"器械杂用老毛瑟枪"。
⑫ 稿本无"等"字。
⑬ 稿本作"绿营练军防营,俱辖于直隶提督。提督常驻平泉州,去口四百里"。
⑭ 稿本作"口上有蒙养学堂二所"。
⑮ 稿本作"学额各十五名"。
⑯ 稿本作"有税局一所"。
⑰ 稿本作"口上户口约二千一百余家(潮河东六百余家,河西一千五百家,内有回民一千五百家,旗户二百家),居民向以充兵食饷为生"。
⑱ 稿本作"近因绿营"。

队二营、步队一标、炮队二营。<sup>①</sup> 集场不拘期限。平色广平,行使松江、排子等银,<sup>②</sup>银价每两东钱<sup>③</sup>六吊五百文,钱串九七五。<sup>④</sup> 盐价同石匣。斗口一八五。<sup>⑤</sup>

　　气候口内同北京,口外较北京微寒。<sup>⑥</sup> 土质石,水甜便,<sup>⑦</sup>道路石沙。土产高粱、黍、豆、稻米、黄白丝、蜂蜜等类。


# 东 蒙 游 纪 二

### 自古北口至热河


　　三月二十一日晨五点半,由古北口起程,出北关,东北行,边墙多倾圮。<sup>⑧</sup> 六里至二寨,二里至巴克什营,有行宫一所,康熙四十九年建,驻内务府千总一员、兵四十名。由口<sup>⑨</sup>赴喇嘛庙,即小库伦。<sup>⑩</sup> 在此向左分道,二寨及巴克什营,驻毅军步兵一队。<sup>⑪</sup> 二里至黄土梁,三里至麻地,二里至花楼沟,五里至狼窝,五里至古城川,有蒙学堂一所。<sup>⑫</sup> 五里至偏桥,八里至土城子,二里至两间房,有行宫。<sup>⑬</sup>康熙四十一年建,有小桥,跨山盘折

---

①　稿本无此句。
②　稿本作"通用广平松江排子等银"。
③　稿本作"银每两合东钱"。
④　稿本作"每吊九五七,商息一分"。
⑤　稿本作"盐价每斤津钱六十八文,斗口每斗十八筒五"。
⑥　稿本作"气候较北京微寒",无"口内同北京"句。
⑦　稿本作"水味甜,取水尚便"。
⑧　稿本作"二十二日晨五点半钟,由古北口起程,(出北关)边墙多倾圮,东北行"。
⑨　稿本作"由古北口"。
⑩　稿本无此句。
⑪　稿本作"以上两处,驻毅军步兵一队"。
⑫　稿本作"有蒙养初等学堂一所"。
⑬　稿本作"树木掩映,间有行宫一所"。

而东，高出林杪者曰畅远亭，①驻内务府千总一员、兵四十名，现毅军设②马拨五名，传递文件。过两间房，有房屋十余家。旧有店铺被水冲陷。五里抵三间房，午餐。③ 共④行四十五里，时十一点半。⑤ 三间房隶滦平县，东虎头山，南黑沟南山，西混同山，西南牛道子山，西北澄溪山，北行房北山。

户口百余家，集场无。⑥ 平色半苏半广，通行松江，⑦银价每两东钱六吊六百文，⑧钱串⑨每吊九八，制钱三百三十文，土名清钱。私钱六百六十文，⑩土名毛钱。铜元每元合清钱二十文，毛钱四十文。食口外青盐，每斤毛钱二百文。斗口一八五。⑪

土产高粱、黍麦、⑫小米、玉米、黑豆、黄豆、秋梨、糖梨之类。⑬

午一点，由三间房起程，⑭东北行，七里至新房，三里至色树沟，八里至青石岭，路峻而长，石产黝黑、浅碧、深绿等色，质松而轻，若以化学分之，疑有金类、非金类在内。二里至南北马圈子，五里至黄土梁山。自青石岭至黄土梁，俱山路，颇不便车辆。⑮ 五里抵常⑯山峪，宿焉。⑰ 共

---

① 稿本作"高出林杪有亭，曰畅远"。
② 稿本作"驻"。
③ 稿本作"午尖"。
④ 稿本作"凡"。
⑤ 稿本作"时十一点半钟"。
⑥ 稿本作"是处无集场"。
⑦ 稿本作"通用半苏半广平松江银"。
⑧ 稿本作"每两合钱六吊六百文"。
⑨ 稿本无"钱串"二字。
⑩ 稿本作"小钱六百六十文"。
⑪ 稿本作"食青盐，每斤价毛钱二百文，斗口每斗十八筒五"。
⑫ 稿本作"乔麦"。
⑬ 稿本作"等类"。
⑭ 稿本作"午后一点钟开车"。
⑮ 稿本作"自青石岭至黄土梁，山路峻长，不便车辆。石产黝黑、浅碧、深绿等色，质松而轻，若以化学分之，疑有金类或非金类在内"。
⑯ 稿本作"长"。
⑰ 稿本作"宿"。

行三十里，时四点余。①

常山峪亦隶滦平县，②峪分东西，中有行宫，③康熙五十九年建。正殿五楹，旧殿曰蔚藻堂，④现只佛楼尚蔽风雨，有翠风埭、绿樾径、枫香坂、凌⑤霞亭诸胜迹。⑥ 自亭⑦南望千层被，即东陵后山。偏东三十度；又望骆驼峰，偏东四十九度；北望黑山嘴，偏西八十八度；又望西山，偏西九度。驻⑧内务府千总一员，兵四十名。

户口⑨七十余家，商铺十余家，旅店八家，约可住步兵百名。集场无。平色半苏半广，通行松江，⑩银价每两津钱四吊六百文，钱串九八；⑪毛钱之外，尚有鹅眼、鱼眼等名。食口外青盐，⑫每斤毛钱三百二十文。盐由丰宁运来，历上外沟子、丰宁、滦平等税，⑬每百斤应纳津钱四吊文，故盐价甚昂。斗口一八五。⑭ 土产黍、豆、丝、蜜之类。⑮

二十二日晨七点，⑯自常⑰山峪起程，东北行，四里至铁家营，四里至安子岭，四里至蕨菜沟，四里至三道梁，有初等小学堂一所，毅军

---

① 稿本作"时四点余钟"。
② 稿本作"长山峪隶滦平县"。
③ 稿本作"中有行宫一所"。
④ 稿本无此句。
⑤ 稿本作"陵"。
⑥ 稿本作"诸胜"。
⑦ 稿本作"自陵霞亭"。
⑧ 稿本作"宫旁驻"。
⑨ 稿本作"是峪户口"。
⑩ 稿本作"通用半苏半广平松江银"。
⑪ 稿本作"每两九八津钱四吊六百文，圜法极坏"。
⑫ 稿本作"食青盐"。
⑬ 稿本作"因纳外沟子、丰宁、滦平等处税捐"。
⑭ 稿本作"斗口每斗十八筒五"。
⑮ 稿本作"土产小米、黑豆、黄豆、绿豆、白丝、蜂蜜等类"。
⑯ 稿本作"二十三日晨七点钟"。
⑰ 稿本作"长"。

设①马拨五名。十里至靳家沟，五里至羊草沟，以上两处，俱山路沙石子②。五里抵王家营，午餐。③共④行三十六里，时十一钟。⑤

王家营隶滦平县，有行宫一所，⑥康熙四十三年建，驻内务府千总一员、兵四十名。宫殿旧有一百七八十间，⑦现只存二三十间。西距鞍匠屯、北⑧距金勾屯各七十里。

户口四五十家，偏东为旗屯。⑨商铺只三家，集场无。平色半苏半广，通行松江，银价每两津钱四吊五百文，钱串九八毛钱，有二路、三路之别，铜元每元四十文。⑩食永平盐，每斤毛钱二百二十四文；⑪蒙盐因路税太重，⑫故不贩运。斗口一八五。⑬

土产蜂蜜、白丝、柴鹿、山狐、高粱、麦子、小米、黑豆、黄豆、小绿豆。⑭高粱每亩岁收约八斗，豆五斗，山坡减收五分之二⑮。附近有金矿三处：一在金厂沟，离县三十里。一在北八道河子，离县五六十里。一在西八道河子，离县约二百里⑯。金苗甚旺。

---

① 稿本作"驻"。
② 稿本作"沙兼石子"。
③ 稿本作"午尖"。
④ 稿本作"凡"。
⑤ 稿本作"时十一点钟"。
⑥ 稿本作"有行宫"。
⑦ 稿本作"百七八十间"。
⑧ 稿本作"西北"。
⑨ 稿本作"偏东旗屯"。
⑩ 稿本作"通用半苏半广平松江银，每两九八津钱四吊五百文，每吊九百八十文，毛钱有二路三路之别，铜元每元四十文"。
⑪ 稿本作"每斤价毛钱二百二十四文"。
⑫ 稿本作"永平系海盐，因蒙盐税项太重"。
⑬ 稿本作"斗口每斗十八筒五"。
⑭ 稿本作"麦、小米、高粱、黑豆、黄豆、小绿豆、柴鹿、山狐、蜂蜜、白丝等类"。
⑮ 稿本作"山坡减收十分之四"。
⑯ 稿本作"一百里"。

午二点，由王家营子起程，①东北行，三里至三棵树，三里至红石岩，小路石。② 十二里至韦家峪，四里至黄家店，二里至萧家峪，二里至八里庄，八里抵滦平县，宿焉。③ 共④行三十四里，时五点半。⑤

滦平县无城，旧蒙地，⑥名喀喇河屯，喀喇，蒙语，译言"黑"也。⑦ 雍正十一年设承德州，乾隆七年设喀喇河屯厅，四十三年改县，属承德府。县境东西相距四百余里，南北二百余里，东至府治四十里，至行宫。⑧ 西至独石厅界四百余里，南至密云县界一百三十余里，⑨北至丰宁县界一百三十里。⑩ 计三百余村，八十六牌，六万余丁，⑪地丁一千六百余两，⑫尚有⑬庄头、鹰手、杨木等赋，输至内务府。庄头，即圈地，供内苑及祭品用；鹰手供猎用；杨木供营造用。

陋规。⑭ 询之马圈子之土人，⑮云⑯县属八十六牌，每年差徭，有窨冰、修滦河桥、军营用草等费，按亩摊捐。⑰ 就马圈子一牌而

---

① 稿本作"下午二点钟开车"。
② 稿本作"山路多石"。
③ 稿本作"宿"。
④ 稿本作"凡"。
⑤ 稿本作"时五点半钟"。
⑥ 稿本作"旧系蒙地"。
⑦ 稿本无此句。
⑧ 同上。
⑨ 稿本作"南至密云界百三十余里"。
⑩ 稿本作"北至丰宁界百三十里"。
⑪ 稿本作"户口六万余"。
⑫ 稿本作"县治一千五百余户，地丁一千六百余两"。
⑬ 稿本作"外有"。
⑭ 稿本作"县徭役颇繁"。
⑮ 稿本作"曾询之马圈子土人"。
⑯ 稿本作"据云"。
⑰ 稿本作"滦平县属八十六牌，每牌年徭，有修滦河桥费，有军营用草费，有窨冰费，按亩摊捐"。

论,共八十余家,约摊津钱八十吊。<sup>①</sup> 又询<sup>②</sup>韦家峪土人,云<sup>③</sup>前项各捐,有<sup>④</sup>田五六十亩之户,岁约摊津钱十吊。<sup>⑤</sup> 新设学堂,有<sup>⑥</sup>子弟一名入学,一年分两次缴费,<sup>⑦</sup>每次交米一石六斗,每月交菜钱六百。<sup>⑧</sup> 其余无子弟入学之户,<sup>⑨</sup>大牌摊捐津钱六十吊,小牌三十吊。

县治四面乱山,俱不知名。<sup>⑩</sup> 北望双塔山,偏东八十三度;南望东陵后山,偏东二度。滦河横贯东西,<sup>⑪</sup>源有二处:<sup>⑫</sup>一由<sup>⑬</sup>丰宁多伦厅,一由围场<sup>⑭</sup>伊逊河,俗名"羊肠河"。至此合流,东流至金勾屯,旧多水患,县署毁于水,至今未建。河南有行宫,河北有滦阳别墅,皆巡幸驻跸之所,驻千总一员、兵四十名。

县<sup>⑮</sup>旗蒙杂处,故知县系理事通判兼管。<sup>⑯</sup> 有护兵四名。巡检二员,一驻县兼典史,<sup>⑰</sup>一驻鞍匠屯。离县百余里。绿营驻河屯协左营千总一员、兵八名。现管<sup>⑱</sup>巡警军六名。驻练军步队三十五名。器

---

① 稿本作"岁摊捐诸费约及津钱八十余吊"。
② 稿本作"询诸"。
③ 稿本作"据云"。
④ 稿本作"凡有"。
⑤ 稿本作"岁约津钱"。
⑥ 稿本作"每"。
⑦ 稿本作"一年两次"。
⑧ 稿本作"每月交菜钱六百文"。
⑨ 稿本作"外有学堂捐,其余无子弟入学之家"。
⑩ 稿本作"不知名"。
⑪ 稿本作"滦河横贯"。
⑫ 稿本作"有东西二源"。
⑬ 稿本作"一发源"。
⑭ 稿本作"一围场"。
⑮ 稿本作"县境"。
⑯ 稿本作"故知县例加理事通判衔"。
⑰ 稿本作"一驻县治,兼典史"。
⑱ 稿本作"兼辖"。

械，老毛瑟步枪。旗员①驻协领一员，蓝翎协一员，佐领三员，防御、骁骑校各四员，兵四百四十名。②有小学堂一所，额③高等、蒙养各三十名，教习二员。此外，尚有④乡学九处、教堂三处，俱在乡间。有税局一所，⑤以斗税为大宗，与南省米捐相类。⑥

户口一千五百余家，⑦商铺二三十家，旅店大小八家，约可住马队、炮队各一营，步队二营。⑧集场无。平色半苏半广，通行松江，⑨银价每两津钱四吊六百文，⑩钱串九八毛钱。⑪食永平盐，每斤毛钱二百四十文。⑫青盐亦因路税过重，商不能贩。⑬土产丝、鹿、苹果、秋梨、糖梨、红果、葡萄，药材黄芩、防风、赤芍、苍术之类。水便，道路沙。⑭

二十三日晨七点半，⑮由滦平起程，东行，渡滦河，即古濡水，河流湍激，⑯水挟泥沙，⑰中间⑱沙渚，高于河身，故夏汛多横溢患。河宽：冬春时一百

───────────

① 稿本作"旗官"。
② 稿本作"兵四百四十户"。
③ 稿本作"学额"。
④ 稿本作"外有"。
⑤ 稿本作"税局一所"。
⑥ 稿本作"略似南省米捐"。
⑦ 稿本无此句。
⑧ 稿本作"约可住步队二营，马炮队各一营"。
⑨ 稿本作"通用半苏半广平松江银"。
⑩ 稿本作"每两津钱四吊八百文"。
⑪ 稿本作"系九八毛钱"。
⑫ 稿本于此处有"斗口每斗十八筒五"句。
⑬ 稿本作"青盐因径通之处税捐过重，不能贩运"。
⑭ 稿本作"气候较古北口微寒，水便，道路沙。土产丝、鹿、苹果、秋梨、糖梨、红果、葡萄，药材黄芩、防风、赤芍、苍术之类"。
⑮ 稿本作"二十四日七点半钟"。
⑯ 稿本作"河流湍急"。
⑰ 稿本作"挟泥沙而下"。
⑱ 稿本作"起"。

密达,夏秋时一千五百密达。有土木桥一座,长一百密达,宽二百五十生特,冬春用桥,夏秋用渡。五里至平台子,三里①至营子,四里至茶棚村,面双塔山,山顶两石人立如塔状。二里至团票,四里至大堡村,二里至三岔山口,二里至杜家店,三里至下店子及上店子,两店毗连,自平台子至上店子各处,居民至②多不过四十户。三里至广仁岭。系滦平县与承德府境③交界处,有广④仁岭牌,⑤康熙五十七年立。石壁镌有西藏文字。译言⑥"唵嘛呢吧咪吽",光绪三十二年春,⑦喇嘛所镌。岭有关帝庙,庙⑧前有御碑亭。乾隆癸巳年御笔。车道绕之而过,下岭有喇嘛庙。一里⑨至双井,二里至高庙,河屯协右营守备驻此,由此至街市附近,皆绿营兵房。四里至考棚,三里抵热河行宫门。共行四十里,时十一点半,⑩宿宝元店。⑪

热河,古武烈水,合三藏水至温泉会流,始名热河,即承德府治,无城。乾隆四十三年,升热河厅为承德府,辖四县、滦平、丰宁、建昌、赤峰、⑫一州、平泉、⑬一厅。围场。⑭热河厅境,改为承德府境,如直隶州制。⑮府治旧为喀喇沁右旗境,国初该旗贡与国家,为临幸

① 稿本作"又三里"。
② 稿本无"至"字。
③ 稿本无"境"字。
④ 铅印本原文无"广"字,据勘误表改。
⑤ 稿本作"有广仁岭碑"。
⑥ 稿本作"即"。
⑦ 稿本作"光绪二十七年"。
⑧ 稿本无"庙"字。
⑨ 稿本作"又一里"。
⑩ 稿本作"时十一点半钟"。
⑪ 稿本作"住考棚"。
⑫ 稿本无此句。
⑬ 同上。
⑭ 同上。
⑮ 稿本作"仍如直隶州制,有专辖境",无"热河厅境,改为承德府境"句。

驻跸之所。① 府境东西一百三十三里，②南北有③尖帽山，至中关一百十八里④，逾⑤丰宁县境一百十三里⑥，又入府境坡赖村至石片子四十里，实隶府本境共二百五十八里。东界平泉州一百二十里⑦，西界滦平县十三里，南界遵化州一百五十八里⑧，北界丰宁县六十里。地丁计⑨旗地八百五十顷八十四亩零，征银三百九十四两余；民地一千九百九十九顷三十二亩零，征银三千八百四十九两余。现地渐辟，实征银五千余两。⑩

府治山水雄奇，⑪正西广仁岭，前为鹿崽子沟，西南馒头山，正南沙子梁，东南僧冠峰，俗名"僧冠帽山"。又半壁山，上有魁星阁。正东罗汉峰，东北蛤蟆山，又磬锤峰⑫，北为后山，府治依之。自后山南望半壁山魁星阁，偏东二十三度；北望蛤蟆山，偏东七十四度；又望磬锤峰⑬，偏东六十九度。

驻兵备道一员，⑭知府一员，府经历、司狱、教授各一员。俱⑮辖于都统。道署内有交涉局，关东⑯来购牛羊者多辗轕，故设以

---

① 稿本无"府治……为临幸驻跸之所"句。
② 稿本作"东西百三十三里"，无"府境"二字。
③ 稿本作"自"。
④ 稿本作"二百十八里"。
⑤ 稿本作"北逾"。
⑥ 稿本作"百十三里"。
⑦ 稿本作"百二十里"。
⑧ 稿本作"百五十八里"。
⑨ 稿本作"凡有"。
⑩ 稿本无"现地渐辟，实征银五千余两"句。
⑪ 稿本作"势"。
⑫ 稿本作"山"。
⑬ 稿本作"山"。
⑭ 稿本作"热河驻兵备道一员"。
⑮ 稿本作"皆"。
⑯ 稿本作"日军驻关东时"。

经理焉。① 绿营驻河屯协副将一员，左营都司、右营守备各一员，兵百名；②防营驻强胜营兵五百名、捕盗营兵五十名、③练总营兵二十名；捕盗、练总俱司缉捕，隶道署。旗营驻都统一员、理刑司官三员、笔帖式二员、协领五员、一员辖滦平，而仍驻府治。佐领二十员、甲兵二千户，器械，老来复枪及抬枪等。内有都卫马队四十名、④步队六十名。器械，毛瑟步枪及小口径毛瑟步枪。行宫外周，设堆子四十九处，马甲二百名；行宫内驻内务府苑丞一员、堂苑副一员、苑副七员、额兵一千名。分辖宫内外各喇嘛庙。⑤

　　有电报局一所。系天津分局。光绪三十一年，喀喇沁王曾请北洋，由热河添设电杆通王府一带，⑥业经北洋派员测量，后被松统制寿⑦以蒙王径请北洋，从中阻止。⑧ 有邮政局一所。⑨ 有中学堂一所，二十九年以振秀书院改设，学额正四十名、不收学费。副⑩四十名，月收费三金，因之学额不足。⑪ 监督、文案各一员，教习五员，岁费五千金。由都统筹拨。⑫ 有师范学堂一所，额二百名，尚未开办。武备学堂一所，学生百名⑬。由旗籍选拨，⑭已设六个月。有军械局一所，存储本处军队弹药，兼修器械。有工艺局、习艺所各一处，皆

---

① 稿本作"故设局以理之"。
② 稿本作"兵二百名"。
③ 铅印本正文原文无"捕盗营兵五十名"句，据勘误表补。稿本亦有此句。
④ 稿本作"内有都统卫兵马队四十名"。
⑤ 稿本作"分驻宫内外及各喇嘛庙，无城"。
⑥ 稿本作"由此添设电杆，通王府，抵赤峰县"。
⑦ 稿本作"都统松寿"。
⑧ 稿本作"从中阻止，未果行"。
⑨ 稿本无"有邮政局一所"句。
⑩ 稿本作"副额"。
⑪ 稿本无"因之学额不足"句。
⑫ 稿本作"由都统筹款"。
⑬ 稿本作"一百名"。
⑭ 稿本作"由驻防旗人选充"。

初立。习艺所系三十一年十一月间,以粥厂改设,岁费四千三百二十金,总理一员,委员三员。厂中只织布木机九架,四架尚未成,①兼织布带、芦席。有罪人八名、②小孩十余名,在内习艺。有巡警总、分局各一所,分理地面寻常事件,③兵未设。④巡警学堂一所,由八旗内务府民人内挑选,学生百名,学员二十员,拟⑤四月初十开学。经费由粮食捐项下开支,粗粮每斗抽钱十文,⑥细粮二十文,谷子五文,岁约⑦杂粮十万担。尚有木捐、车捐、船捐,俟奏准后开办。府属已开矿产,有泰丰、平远、承平等公司,俱在乡间。⑧

　　户口,旗户二千家,民户二千二百家,⑨回民一千零七十家。商铺六七百家,内有钱铺十八家,出票者八九家,钱票约有三四十万吊,兑付毛钱,月利七八厘不等。旅店大⑩十二家、小⑪十五家,约可住马队一千五百名、步队二千名、炮队一标。集场不拘期。⑫平色半苏半广,通行⑬松江,每百两比库平小八钱四分,银价每两津钱三吊五百四十五文,⑭钱串九八毛钱,⑮铜元每元⑯毛钱十五文。银市贸易甚盛,每日早晚开盘

---

① 稿本作"四尚未成"。
② 稿本作"有习艺罪人八名"。
③ 稿本作"分理寻常地面事件"。
④ 稿本无"兵未设"三字。
⑤ 稿本作"拟于"。
⑥ 稿本作"粮食捐者,粗粮每斗抽十文"。
⑦ 稿本作"岁约有"。
⑧ 稿本作"分设各乡间"。
⑨ 稿本作"民户二千五百家"。
⑩ 稿本作"大者"。
⑪ 稿本作"小者"。
⑫ 稿本作"集场不拘日限"。
⑬ 稿本作"用"。
⑭ 稿本作"银价每两津钱三吊五百四十文"。
⑮ 稿本作"系九八毛钱"。
⑯ 稿本作"铜元一元合"。

二次，惜不知汇兑，与各处往来均用现银，由镖车载运，颇不便。①食永平盐，②每斤毛钱一百十二文，③青盐一百二十文。④ 青盐由⑤喇嘛庙、哈达即赤峰。等处贩来，其贩价每斗津钱四吊，计重四十八斤，加落地捐钱每斗四百文，斗用五十文。居民向食青盐，近因永平盐充斥，蒙盐滞销。永平盐由滦河运来，⑥归直隶督销局承办，⑦分四处销售，热河为总处，由各行商代销，约商贩六七十家，岁销二十万斤；⑧滦平、下坂城、柳沟三处为分处，⑨约销二三十万斤左右。⑩ 斗口一七五。⑪

气候较寒于北京，⑫土质沙石，水便，道路、河滩多沙石子。⑬土产杂粮、鬃⑭毛、鬃毛二项，洋商设行收买。⑮ 红菜、苹果、榛子、杏仁、葡萄、丝、蜜、棉花、烟叶、莺粟⑯等类。⑰

---

① 稿本作"每日早晚开银盘二次，银市生意甚多，惟不通兑，与各处交易往来均用现银，颇不便"。

② 稿本作"食永平盐及青盐"。

③ 稿本作"永平盐每斤价毛钱百十二文"。

④ 稿本作"青盐每斤价百二十文"。

⑤ 稿本作"率由"。

⑥ 稿本作"永盐由滦河运来"。

⑦ 稿本作"直隶特设督销局以重之"。

⑧ 稿本作"每年约销二十万斤左右"。

⑨ 稿本作"滦平、下阪城、柳沟三处为分销处"。

⑩ 稿本作"共销二三十万斤左右"。

⑪ 稿本作"斗口十七筒五"。

⑫ 稿本作"较寒于古北口"。

⑬ 稿本作"道路河滩多沙兼石子"。

⑭ 铅印本误作"椶"。

⑮ 稿本作"土产杂粮及猪鬃羊毛，此二项洋商设行收买"。

⑯ "莺粟"亦作"罂粟"。下同。

⑰ 稿本作"红菜、苹果、榛子、杏仁、葡萄、丝、蜜、棉花、烟叶、莺粟、稻米、芝麻等类"。稿本此后有一段文字："凡驻扎热河六日，邸节与都统多会商事。三月十九日，乃启行。"

# 东 蒙 游 纪 三

自热河至喀喇沁王府

　　三月二十九日午十二点，由热河起程，出南大坝，东北行，绕行宫，①八里至狮子沟，距沟里许，有狮子岭，岭势奇伟，如猰貐颒②听帖依莲座状，③凡普陀宗乘诸巨刹俱建此④。下为狮子园，俗呼狮子沟街。有阀阅市廛，⑤多旗户，有旅店，已闭。⑥ 二里至蒙古营，毗连二道河子庄。五里至小三道河子庄，右侧有小路，越村后山凹，可通平泉州，亦可至大双峰寺，较大路近五里，惟车行⑦不通。五里至大三道河子庄，五里至大双峰寺，一里至小双峰寺，十里至碾子沟，三里至李家营，二里至东荒子坎，二里至西荒子坎，一里至黄土坎，有行宫，康熙五十六年建，驻内务府⑧兵四十名，宫北有赛音河，汇入固都尔河⑨。三里至观音塔，山石耸立如塔状。五里至高寺台⑩宿。共⑪行五十二里，时五点半。⑫

　　高寺台疑即鄂郭苏台，⑬有广济寺，故名。颒临武烈水，⑭面象

---

①　稿本作"三月二十九日午，由热河起程，出南大坝，东北绕行宫行"。
②　"颒"同"俯"。
③　稿本无"岭势奇伟如猰貐颒听帖依莲座状"句。
④　稿本作"建于下"。
⑤　稿本作"街颇成市廛"。
⑥　稿本作"有旅店一家，已闭"。
⑦　稿本作"行车"。
⑧　稿本作"内务府设额"。
⑨　稿本作"固都尔呼河"。
⑩　稿本作"高素台"。
⑪　稿本作"凡"。
⑫　稿本无"时五点半"句。
⑬　稿本作"高素台即高寺台"。
⑭　稿本作"颒临武列河，水声澎湃，汲取颇便"。

鼻子山，山势椭长如象鼻。西通丰宁，东通平泉，①隶承德府，都标设马拨三名。户口二十家，旅店大二家、小一家，约可住马步兵各二队、炮兵一队。商铺、集场无。平色银价钱串，均随热河。青盐与永平盐并销，永盐由热河来，每斤一百十二文；青盐由头沟驼运，每斤一百四十文。斗口二十。② 合清斛二斗。

　　气候等于热河，道路平坦泥沙，近台多石子。水便。土产，四乡多种麦、黍、戎菽，沮洳种稻米，间植蔬菜及山芋。山间樗栎颇多，故薪炭较贱。每斤制钱一文，贵至三文。炭有黑白二种：白炭津商来收，用以化银；黑炭只供日用。观音塔左近地多不耕，散牧牛羊。出口货以药材为大宗，牛羊皮次之。亦津商来收。药材，如黄芩、防风、荆芥、柴胡、赤白芍、远志、苦参、透骨草、益母草、桔梗、车前子、黑白丑、党参、兔丝子、郁李仁、山楂、麻黄、枸杞等，四邻客商运至祁州发卖，亦有热河、京、津各商来山沟收买者。③

　　民地纳赋于府，亩约百文，而差徭等费倍之。旗租向纳苑丞，

---

　　① 稿本作"东通八沟"。

　　② 稿本作"户口二十家，都统署设马拨三名。旗民杂处，民地少而旗地多。民地纳地丁于承德府，亩约百文，而差徭等费倍之。旗租纳于苑丞，现热河总管既裁，所有利权均归都统；旗租每亩岁纳二百四十文至一百四十文不等，或纳本色一斗至二斗不等，由旗员间收之。民人种旗地，先付押租，每顷百千至五十千不等，视地之肥瘠为差"。惟将旅店、商铺、集场、银价、食盐价格及斗口等内容，另作一段，置于气候、土产等内容之后，作"旅店，大二家，小一家，约足住马步队二、步队二、炮队一。无商铺、集场。银价、平色、钱串均同热河。蒙盐与永盐并食，永盐由热河灌输，每斤百十二文；蒙盐由头沟驼运，每斤百四十文。斗口二十筒"。

　　③ 稿本作"气候与热河同。四乡多种麦、黍、戎菽，沮洳种稻米，间种蔬菜及山芋。无天然之森林，屋角山腰丛生杂树，皆矮小，不中程。沿河套一带村庄，榆柳成行，桃杏正花，山间樗栎颇夥，故薪炭甚贱。有黑炭、白炭二种：白炭，天津客商收买，用以化银；黑炭，只供御寒烹茶之用。观音塔左近，地多不耕，散牧牛羊。出口货以药材为大宗，而牛羊皮次之（由天津洋商收买）。药材，有黄芩、防风、赤白芍、荆芥、柴胡、远志、苦参、透骨草、益母草、桔梗、车前子、黑白丑、党参、兔丝子、郁李仁、山查、麻黄、枸杞等品；四乡商贩，收向祁州运卖，亦有热河、北京、天津各商来山收买"。

现热河总管既裁，一切利权均握诸都统。民间岁纳二百四十文至百四十文不等，或纳本色一斗或二斗。民人种旗地，先付押租，每顷百吊至五十吊不等，均视地之肥瘠为差。①

近时举行新政，特设酒捐、每斤十六文。车捐、每辆百文。斗税每斗六文。等名目，均纳求治局。学堂创办，则按每户劝捐，一两至五两不等，檄示通衢，而胥吏藉此舞弊，驱逐四乡学究，以为勒索地步。②

陋规，③则于赋额外，岁由乡约、高寺台、五牌为一乡④。牌头敛钱，纳州县，谓之皇差，名目甚繁。⑤ 如新官下马，有点卯费；每年春秋雨季，有点卯费；⑥除道供张，则为公馆费；防御盗贼，则为射手费。⑦ 岁约征租赋三分之二，遇有特别差徭及命盗讼案，吏役下乡，需索无定额，⑧先勒乡约垫付，事后均按亩摊诸民间。⑨

三十日晨七点，⑩由高台寺起程，东北行，⑪二里至中关汛营房，有河屯协中关汛把总署一所。三里至前中关，⑫三里至高粱⑬（杆）

---

① 稿本中，此段内容前置，与户口、物价等内容合为一段。

② 稿本作"口外丁粮甚轻，近时以新政为名，特设酒捐（每斤十六文）、车捐（每辆百文）、斗税（每斗六文）等名目，均由求治局委员征收，然用不得当，徒滋敲吸。学堂创办，则按每户劝捐，一两至五两不等，檄示通衢，而胥吏藉此驱逐乡学究以为勒索地步"。

③ 稿本作"其他陋规"。

④ 稿本作"五牌为一乡约"。

⑤ 稿本作"名目甚夥"。

⑥ 稿本作"有'照例点卯费'"。

⑦ 稿本于此处有"此为常年例规"句。

⑧ 稿本作"则需索无定额"。

⑨ 稿本作"事后均按亩摊费"。

⑩ 稿本作"三十日晨"。

⑪ 稿本无"东北行"句。

⑫ 稿本此后有"左侧孤山，承平银矿前，曾以机器开采，今停止"句，石印本无此句。

⑬ 稿本作"粮"。

〔秆〕店，五里至烧锅营子，入茅沟川沟，大路左侧有路入鹰窝川沟、小路通西围场。① 五里至赵家湾，有峰崭然，洞穴嵌空，名玲珑峰，俗呼喇嘛洞。五里至黄土梁，三里至臭水坑，二里至齐家营，二里至何家营，三里至郑家柞子，三里抵②冈子午餐。③ 共④行三十六里，时十一点。⑤

前中关右侧有孤山，承平银矿前以机器开采，现停止。毗连石洞川沟内为后中关，有大路通西围场。旧有行宫，驻内务府千总一员、兵四十名。⑥

冈子，户口五十余家，商铺四五家，旅店四家。

自黄土梁至冈子，及毗连茅沟处，均产稻米，收数最优时，亩可得一石五斗。⑦

午一点，由冈子起程，东北行，八里至鹰手营东沟，四里至四泉地沟，小路通平泉。三里至五泉地沟，三里至两家，西南里余为六泉地沟，小路通丰宁，有旅店一家。六里至庞家沟，三里至杨树林，该处上下十余里，地势平衍，沙石纵横，鞠为茂草，土人谓昔皆膏腴，被水冲陷者。六里至三十家子，村后群山夹列，涧多浮桥，迤逦溯茅沟而上，略有山道，同治七年重修，尚不崎岖。五里至来德沟，三里至刘家沟，四里至两铺坑，俗呼两不肯。为承德、平泉交界处，六里抵茅沟七家，入喀喇沁右翼境。共行五十

---

① 稿本作"大路左侧有路入鹰沟川沟，小道通西围场"。

② 稿本作"至"。

③ 稿本作"午尖"。

④ 稿本作"凡"。

⑤ 稿本作"时十点钟"。

⑥ 稿本作"前中关，毗连石洞川沟内为后中关，旧有行宫（康熙五十一年建），内务府设千总一员、额兵四十名看护，有大路通西围场"，而将"左侧孤山承平银矿，前曾以机器开采，今停止"句，前置于上段"三里至前中关"处做夹注。

⑦ 稿本作"冈子，居民五十余户，商铺四五家，旅店四家。自此以上，至黄土梁，除麦梁外，兼产稻米，出产最优时，亩可得一石五斗以上。柴草及水亦便利"。

一里,时六点,宿王府田庄。①

庞家沟毗连小庞家沟,对面山坡,承平银矿公司设场开采。右侧温泉沟,有小路通平泉。②

杨树林银矿,承平公司设炉镕化,总局对面,浚渠淘沙。驻有承德义威营步兵二十名,护局器械毛瑟枪。③

承平银矿公司,为前侍郎张燕谋翼纠股开办,④矿砂采庞家沟,⑤成色仅得四百分之一;雁平砂略赢,可得八十分之一,惟以土法开挖,⑥出数不旺。矿丁趺⑦坐淘沙,沙净始入炉融化,液流成铅,由铅提银,工炭均费。尚有孤山子一矿,曾以洋法开采,因矿产渐薄中辍,尚留机器二架。旧岁共收毛银三万金,月费五百金,局耗甚钜。略举一隅,以见大概。计银重二百十五两四钱,净存一百三十四两三钱八分。⑧

列式如左:

　　银重——二一五四〇

　　　去

---

① 稿本作"午后十二点半钟开车,八里至鹰手营(面鹰手营东沟),四里至四泉地沟(小路通平泉),三里至五泉地沟,三里至两家(西南一里余为六泉地沟,小路通丰宁,有旅店一家),六里至庞家沟(毗连小庞家沟,对面山坡,承平银矿设场开采,右侧温家沟,有小路通平泉),三里至杨树林(附近上下十余里,地势平衍,鞠为茂草,沙石纵横,土人谓昔皆膏腴,近被水冲者),六里至三十家子,五里至来德沟,三里至刘家沟,四里至两堡坎(俗呼两不肯,为承德、平泉交界),六里至茅沟七家,宿于喀喇沁王府田庄。共行五十壹里,时五点钟三十分"。

② 稿本将此句前置于上段"六里至庞家沟"句尾处做夹注。

③ 稿本作"杨树林,承平银矿设熔化,总局对面,濬渠淘沙,并派有承德义威营步兵二十名看护(器械毛瑟枪)"。

④ 稿本无"承平银矿公司……开办"句。

⑤ 稿本作"矿砂采于庞家沟者"。

⑥ 稿本作"惟以土法开采"。

⑦ 石印本作"跌",据稿本改。

⑧ 稿本无"计银重……八分"句。

四厘——八六二

合

松江银——二〇六七八

局抽

二五成——五一七〇

把批

七五成——一五五〇八

再除

火耗——一五五一

家具——四四七

縻费——七二

净存

重——一三四三八

三十家子，户口二百家，旗民各半。旅店二家。驻河屯协茅沟汛把总一员，都标马队中营两队。器械，小口径毛瑟步枪。①

七家隶平泉州，面鳌背山，四面皆崇山峻岭，土人都不知名。户口百余家，商铺四五家，旅店一家，集场无。平色半苏半广，通行松江，银价每两毛钱三吊六百六十文，钱串九二串，二混三路钱。青盐每斤一百四十文，以十六两为一斤。近自头沟贩入，远自赤峰运来。斗口二十二。合清斛二斗二升。

七家居民，大半为王府佃户。纳租与旗租相类，有蒙人领地自种者；有受地于府，转租汉民，先收押租，岁收租籽者；有雇人自种，岁给工值者；有租给民人，收其岁入之半者；有转辗典押，原蒙不复

---

① 此段稿本作"三十家子，有旗籍百户、民籍百户，驻有河屯协茅沟汛把总一员，都统马队中营两队，枪器械小口径毛瑟枪。村口临流，汲采均便利。村后群山夹列，涧多浮桥。迤逦溯茅沟而上，略有山道，同治七年重修，尚不崎岖"。

过问者。积步亩以二百四十步为率，其山坡之地，蒙人不谙算法，以一牛每日所耕之地为一段，亦不详亩数。①

　　气候较热河微寒，自清明至谷雨间，地始解冻，间有过谷雨者；自白露至寒露，为收获期，如遇早寒，收成遂歉。道路平坦，黄土软沙。水便。土产杂粮外，以药材为大宗。除见上不赘外，有黄柏、贯仲、升麻、牛蒡子、苍术、五味子、天仙子、瞿麦、萹蓄、玉竹、黄精、桃仁、蒲公英、紫地丁、连翘、羌活、独活、龙骨、麦芽、黎芦、苦丁香等类。烟叶自种自吸。莺粟出产尚富，土人颇嗜此，价每百两值三十两左右。②

　　四月初一日晨七点，③由七家起程，东北行，④一里至河东，七里至二道河，南⑤有河一道，名东大河，⑥下通热河。一里至黄土梁，北去里

------

　　① 稿本作"七家为平泉辖地，即入喀喇沁右翼境。王府田庄面鳌背山，四面皆崇山峻岭，土人都不知名。附近户口百余家，大半为王府租客，纳租与旗租相类。有蒙人领地自种者；有受地于王府，转租汉民，先收押租，岁收租籽者；有雇人自种，岁给工值者；有租给民人，预收岁入之半者；有转辗典押，而原蒙不复过问者。积步，每亩均以二百四十步为率。其山坡之地，以一牛每日所耕之地为一段，不详亩数。有商铺四五家，无集场，有旅店一家。银用松江，平皆半苏半广，每两换九二二混三路钱三吊六百六十文。青盐，以六十两为一斤，价一百四十文，近自头沟贩入，远自哈达（即赤峰）运来，斗口二十二筒"。
　　② 稿本作"土产，毗连茅沟处，黍麦外，兼产稻米，出额优时，与冈子相等。柴草及水均便利。出口货，除五谷外，亦以药材为大宗。除见上不赘外，列于下：有黄柏、贯仲、升麻、牛蒡子、苍术、五味子、天仙子、瞿麦、萹蓄、玉竹、黄精、桃仁、蒲公英、紫地丁、连翘、羌活、独活、龙骨、麦芽、藜芦、苦丁等品。烟草则自种自吃。莺粟种亦多，土人颇嗜此，价值每百两值银三十两左右。气候较寒于热河，自清明至谷雨间，地始解冻，且间有过谷雨者；自白露至寒露，为收获期，如遇早寒，收成遂歉"。
　　③ 稿本作"四月初一日七点半钟"。
　　④ 稿本无"东北行"句。
　　⑤ 稿本作"村南"。
　　⑥ 铅印本原文误作"名一里东大河"，据勘误表改；稿本亦作"名东大河"，下通热河。

许,为汤河山,有温泉,村民砌石池以供沐浴,男女分左右,不取值。[①] 三里至过河口,一里至东茅沟,四里至郑家沟,三里至大庙有旅店一家。[②] 午餐。[③] 共行二十里,时九点。[④]

大庙,隶平泉州,一乡计五牌,[⑤]户口约三百余家。[⑥] 自七家至大庙,路均平坦。[⑦]

土产以黍、稷、豆、麦为大宗。河东至大庙产稻米,惟绿豆畏寒不生。蔬菜因工费不艺,间有葱、蒜、菠、韭之类,均肥美,并产百合、山药。山药形圆,即土豆子,土人名为山药,与他处山药异。果树不知接种之法,而天然生长颇茂盛,有酸枣、山杏、山顶子色红如顶,形小味酸。等类。杏树弥山遍野,土人斫以为薪,杏仁则捣以为油。又老苏油以苏子为之,大麻油以麻实为之,价值均贱,以代香油。[⑧]

午十一点,由大庙起程,东北行,四里至西茅沟,茅沟,一名玳瑁沟。三里至羊草沟,有旅店一家。二里至羊草沟门,八里至三道沟,二里至坝底,户口八十家,旅店一家,居人制粗笨车辆,为旅人拉揽上山。自大庙至坝底,道路石子沙,水微,柴草便。二里登茅荆坝,八里至坝顶,二里至

---

① 稿本作"黄土梁,北去里许,为汤河山,有汤泉下注,村民砌石为屋,凿池留泉,以供沐浴,男女分左右,不取值"。

② 稿本无此句。

③ 稿本作"午尖"。

④ 稿本作"时九点半钟"。

⑤ 稿本作"户口五牌"。

⑥ 稿本作"共二百余家,旅店一家"。

⑦ 稿本作"以上均产稻米,道路均平坦",无"自七家至大庙"句。

⑧ 稿本中,此段内容后置于新店商贸、平色、盐价之下,作"土产以黍、稷、豆、麦为大宗(绿豆畏寒不生)。蔬菜因工费不艺,间有葱、蒜、菠、韭之类,均肥美;并有百合、山药之类(山药形圆,即土豆子,与他处山药异)。果树不知接种之法,而天然生长,甚茂盛,有酸枣、山杏、山梨、山顶子等类(山顶子色红如顶,形小而味酸)。杏树弥山遍野,土人斫以为薪,杏仁则捣以为油。又老酥油,以酥子为之;大麻油,以麻实为之;价值均贱,以代香油"。

山下，有旅店一家，都标练军驻马拨五名。四里至叉路，右侧小路，通西围场。四里至骆驼山子，有石当道，如驼卧地形。五里至三道沟，五里至四道沟，五里至喀喇庄，一里至小六道沟，五里至大六道沟，五里抵新店。共行六十五里，宿永庆杂货铺，时六点。①

茅荆坝即默沁达巴罕，自坝底盘旋而上，度连阴寨，秋冬积雪不消。过天桥，即石梁，一名阎王鼻，陟临泓涧。至坝顶，计盘道约八里，高三十五度，实高一千五百生特，山道宽二生特五十密达至四生特。各种队伍俱能通行，惟需时较缓。坝顶有关帝庙，乾隆初年陈氏开荒所建，道光二十九年立碑。闻未开荒时，多黄毛鹿，近渐少。坝产药品甚富，而党参最优，质厚于潞。坝阴绵长数里，皆森林，系橡树、桦树及明开夜合、即热河做台面者。老鸹眼木理亦坚细，惟不甚大。等类。②

骆驼山子，户口三十家，分居附近。旅店一家。约可驻③马兵三队。骆驼山之东山一带，森林绵长数里。④

---

① 稿本作"午后十二点半钟，开车，四里至西茅沟，三里至羊草沟(有旅店一家)，二里至羊草沟门，八里至三道沟，二里至坝底，二里登茅荆坝，八里至坝顶(即默沁达巴罕，译言"茅荆大坝"也)，盘旋而上，度连云栈，过天桥，至坝顶，约八里(高三十五度)。二里至山下(有旅店一家，都统练军设马拨五名)，四里右侧叉路，赴西围场小道，四里至骆驼山子(有石当道，如驼卧地状)，五里至三道沟，五里至四道沟，五里至喀喇庄，一里至小六道沟，五里至大六道沟，五里至新店(右侧有路，经新开坝，达平泉)。宿于永庆堂杂货铺，共行六十五里。坝底有旅店四家，户口八十家，粮食、取水均微，柴草颇便，道路沙兼石子，居人断木为栅，多制粗笨车辆，间为旅人拉揽上山"。
② 稿本作"茅荆坝由麓至巅，盘道八里，实高一千五百密达以上，道路宽二密达五十生特至四密达，各种队伍皆能通行。顶有关帝庙，乾隆初年陈氏开荒所建，道光二十九年立碑。闻山中未开荒时，多黄毛鹿，近亦渐少。两旁杂树蒙茸，山顶石梁，高不胜寒，雪凝尤滑，向视为畏途，现凿石平道，榛莽渐辟。山阴绵长数里，多橡树、桦树及明开夜合(即热河做台面者)、老鸹眼子(木理亦坚细)等树。药品最富，而党参最优，质厚于潞"。
③ 铅印本作"住"。
④ 稿本作"骆驼山，有旅店一家，约可住马三队，柴草便，粮食微，户口三十家，分居附近。过此以东，林木丛茂，占地亦绵长，其西则多小松，葱翠可爱"。

新店商铺只一家，而贸易权较大，成本五万余金，出钱票，名曰歉帖，较现钱差强。自百文至五十吊不等，通行山沟上下，约二百里。若烧（沟）〔锅〕、当铺之歉帖，则热河以达赤峰，均可流行。该铺卖杂货兼收粮食，春间赊贯于庄农，以八月为限，农人即以杂粮抵偿；若逾限不还，则须加利，亦山沟通例也。①

平色，自坝底以南则随热河，银每两三吊七百文；过坝则随赤峰，谓之赤平。每两三吊八百文，钱串尚无大异。斗口，坝南与七家等，过坝则以碗计，每斗五十五碗半。青盐由乌丹、赤峰运来，每斤一百六十文。每百斤赢五斤，以偿贩户，盐税在内，蒙人有以物易盐者。②

气候，坝南与热河等，坝北寒于热河。四月始播种，岁收黍麦每亩五斗许，新开地玲玱麦可收一石。斗量容积，大于热河三倍。工价岁以十个月计，自五十吊至三十吊不等。如遇农忙，日给三百文至百文；若种烟土，工价尤钜，日值三百文至五百文。因种土获利甚丰，亩可得浆百两许。③

牛价三年前尚贱，近因贩户孔多，每头百余吊至二百吊不等，虽至小之犊，尚需六十余吊。马价每匹六七十两，骡价每匹百吊左右，均视赤峰为比例。皮毛运至热河、赤峰二处售销，骨角不知用

①　稿本作"新店距热河、赤峰、平泉均约二百四十里，其永庆堂杂货铺，贸易权较大，成本五万余金，出钱票，名曰歉帖，较现钱差强，自百文至五十千文不等，通行山沟上下，约二百里。若烧锅、当铺之歉帖，由热河达赤峰，均可流行。店铺率卖杂货，兼收粮食，春间赊贯于农人，以八月为限，农人即以杂粮抵偿；若逾限不还，则须加利以偿，亦山沟通例也"。

②　稿本作"银价，自坝底以上，均随热河，每两三千七百文，平色、钱串、斗口，均与七家相等；过坝，则银价随赤峰，每两合钱三千八百文，平色尚无大异，斗口则以碗计，每斗五十五碗。蒙盐每斤一百六十文，由乌丹城、赤峰等处运来，每百斤赢五斤，以偿贩户，蒙人尚有以物易盐者"。

③　稿本作"气候过坝骤寒，首夏始播种岁收黍麦，每亩五斗许，新开之地玲玱麦可得一担（按此斗量，容积大于热河三倍）。工价，岁以十个月计算，自五十千至三十千不等（以津钱计）。如遇播谷收获之期，忙工，日给三百文至百文不等；若种烟，工价尤钜，日值三百文至五百文不等，因获利甚丰，亩可得烟浆百两许"。

法,仅供壅田之肥料。①

蒙地开荒,除缴价外,例有牌费,过户如甲户过乙户。则有换牌费。烧炭须领牌,有领牌费,以四个月为限,若逾限仍烧,则有换牌费。私烧则罚。木植虽有业户砍伐,每车纳税,大车二百文,以六套车为度。小车百文。若民间买卖,则有帮买名目,如牙侩;买户、卖户各出百分之五为酬。集场则有集头,亦视商埠盈朒为利数。②

初二日晨六点半,③由新店起程,东北行,④三里至水泉沟,路左侧通梅伦沟,内路通西围场。二里至旺业店,六里至窪子店,二里至金家店,右侧南乌拉苏沟,小道通朝阳。四里至黄土梁,六里至三喇嘛店,二里至北乌拉苏沟,内路通西围场。五里至五家,左侧艾奇吗沟。五里至两家,十里至黑山沟,⑤八里至上瓦房,四里至大西沟,六里抵⑥喀喇沁王府。共行六十三里,时一点半,寓西大庙。⑦

旺业店,户口五十家,蒙汉参半,分居附近。商铺八家,旅店二家,集场一六、三八期。行销货以粗布斜纹为大宗,由赤峰运至集场,分销各乡。平色赤平,每两大于热河六厘,银价每两二吊九百文,铜元每元十二文,钱串二路私钱。青盐每斤一百四十文。斗口八

---

十碗,合清斛四斗。①

上瓦房,户口三十家,商铺一家,旅店二家,集场四、九期。平色、钱串均同旺业店,银价至王府每两二吊八百文。自黑山沟至上瓦房一带,森林绵延七八里。②

喀喇沁王府,南拉齐山,北大头山。府西里许为西大庙,旧有喇嘛五百余名,近存百余名。府内有毓正女学堂,府右有崇正小学堂,距府八里许有守正武备学堂。③

府左侧有商铺三家,内三义洋行为王府资本,余皆喇嘛资本。④ 钱帖以喀喇沁、赤峰二处之帖为清帖,⑤作十成行用;其平泉、东川、八里罕、梁捕府等处之帖为毛帖,⑥行至喀喇沁,⑦均按七八成行用。青盐每斤百二十文。斗口百碗,合清斛五斗。约高粱八十斤、小米九十斤。

土产以粮食为大宗,谷属有高粱、荞麦、小麦、黄白黍等可食,⑧伏

---

① 稿本作"旺业店,有商铺八家、旅店二家。居民五十家,分居附近,蒙汉参半。集场以一六、三八为期。出产以高粱、油麦、乔麦、药材为大宗,间产莺粟、烟叶及木炭。行销货以粗布斜、文布为大宗,系由烟台、营口运至赤峰,由赤峰贩至集场,分销各乡。银价每两二千九百文,平色与上同,铜元作私钱十二文。青盐每斤一百四十文,斗口八十碗,合清斛四斗"。

② 稿本作"上瓦房有商铺一家、旅店二家,集场以四、九为期。附近居民户口三十家,其以番经作徽帜者,皆属蒙民(其汉民移居已久者,言语亦与同化)。银价、平色、钱串均与旺业店同。至王府,有三义洋行,则银价二千八百文,平大于热河,每两赢六厘(钱串亦二路私钱),亦出钱帖"。

③ 稿本作"喀喇沁王府,面拉齐山,枕大头山,周围五顷,榆木皆百余年物。未至府里许,为西大庙,喇嘛旧有五百余名,近存百余名。府内有毓正女学堂,府右有崇正小学堂;距府八里许,有守正武备学堂"。

④ 稿本作"除三义洋行以外(为王府资本),余皆喇嘛资本"。

⑤ 稿本作"钱帖以喀喇沁王府、赤峰为清帖(由商铺出帖)"。

⑥ 稿本作"其平泉、东川、八里罕、梁捕府等处,则为毛帖"。

⑦ 稿本作"行至喀喇沁王府、赤峰"。

⑧ 稿本作"谷之属,有高粱、乔麦、黄白黍、小麦可食"。

麦、大麦、东麦用以酿酒，①苦荞只喂牲畜。② 豆有元豆、合豆、芸豆、青豆、长豆、小豆、蚕豆之类，③蔬属④有芥花⑤、菠菜，惟蕨菜为特别品，岁贡内廷。果属⑥有桃、杏、海棠果、红果，若莺粟子、苏子均可作⑦油。前川、即西北河。⑧ 后川，即大羊群、小羊群。⑨ 岁出羊毛二三万斤、皮万余斤，⑩皆销天津。⑪ 药属⑫以黄鹿茸为无上品，胜于围场草地之青毛鹿，岁销百余架，价值有贵至四百两者。熊胆出数甚稀。余草本药亦多，与以上各处同。⑬

# 东 蒙 游 纪 四

### 自喀喇沁王⑭府至赤峰

四月十八日十点钟，⑮由喀喇沁王府起程，向东北行，二里至大营子，六里⑯至下瓦房，七里至杨树林，自下瓦房至杨树林，多杨榆

---

① 稿本作"伏麦、大麦、东麦可作酒"。
② 稿本作"苦乔只供牲畜喂料"。
③ 稿本作"豆之属有元豆、合豆、芸豆、青豆、蚕豆、长豆、小豆"。
④ 稿本作"蔬之属"。
⑤ 稿本作"菜"。
⑥ 稿本作"果之属"。
⑦ 稿本作"做"。
⑧ 稿本作"即锡北河川"。
⑨ 稿本作"即大牛群、小牛群"。
⑩ 稿本作"牛羊皮一万余斤"。
⑪ 稿本作"皆销天津洋行"。
⑫ 稿本作"药之属"。
⑬ 稿本作"略与上同"。
⑭ 铅印本此处脱"王"字。
⑮ 稿本作"四月十八日晨十点钟"。
⑯ 稿本作"又六里"。

林,约八里。① 五里至台子,七里至下四十家子,五里至桥头,有浮桥一座,跨喀②齐沟。五里至湾子,八里至西公里府,③有喇嘛庙。五里至大公府,进公府街午餐④。共行五十里,时二点钟。

下瓦房户口约四五十家,商号三家,旅店大二家、小七家。皆汉民,街外有蒙人。⑤

公府共三处,有大公府、小公府、公主府等称。有团练局一所。喇嘛庙一所,旧有喇嘛五百名。户口二百余家,商号十余家,旅店一家,烧锅、当铺各一家,集场二、七期。平色赤平,通行松江、高足等银,银价每两津钱二吊九百六十文,钱串九八二混毛钱。斗口八十碗。即清斛四斗,较细粮用七十三碗、粗粮八十碗。青盐由赤峰运来,每斗七十三碗,计重一百零五斤,每斤津钱一百二十文。输纳、平赤等处捐项,斗一千文。土产杂粮、皮毛,兼产药材。⑥

午三点半钟,⑦由公府街起程,五里至小公府,即林贝子府。五里至牛沟头门,⑧有砖窑,西北通小牛群乡。有煤矿,行运至木匠营子,每千斤价十四吊。五里至三家店,⑨五里至湾子,二里至高冈,三里至木匠营

---

① 稿本作"自下瓦房至杨树林一带,森林约八里"。

② 稿本作"和"。

③ 稿本作"八里至西公府"。

④ 稿本作"午尖"。

⑤ 稿本作"下瓦房户口四五十家(皆汉人),商铺三家,旅店大二家、小七家。银价赤平每两九八毛钱二吊九百六十文,斗口八十碗(即清斛四斗,较细粮用七十三碗、粗粮八十碗)。青盐由赤峰运来,每斗七十三碗,计量百零五斤,每斤津钱百二十文,应输平赤等处,路税每斗一吊文"。

⑥ 稿本作"公府共有三处。有团练局一所。户口二百余家,商铺十余家,内烧锅、当铺各一家,旅店一家,集场以二、七为期。银价赤平,每两九八毛钱二吊九百六十文。斗口八十碗。青盐均由赤峰运来,每斤百二十八文。土产,杂粮、皮毛、莺粟,兼产药材"。

⑦ 稿本作"午三点半"。

⑧ 稿本作"五里至牛头沟门"。

⑨ 稿本作"五里至王家店"。

子。共行二十五里，时五点半，①宿杂货铺。

木匠营子，属平泉州之小牛群乡，商号三家，旅店五家，集场三、八期。银色视赤平，每两三吊。斗口百碗，公议斗八十碗。盖商人出入，差十分之二，俗称出九进十一。青盐每斤一百一十二文，高粱每斗一吊六百文，小米二吊四百文，黄豆二吊二百文，甜荞一吊六百文，小麦每担三十吊，烧酒每斤二百四十文，麻油每斤二百五十六文，乾粉每斤二百四十文，白面每斤八十文。②

蒙地以二百四十步为一亩，③平地岁收二斗半，山坡一斗或半斗。蒙租纳以钱计，每亩自二百至百二十文。④ 如以本色计，⑤每顷一石二斗，山坡减半。尚有小差费，即领催费。视家道之肥瘠为轻重，每亩自百余文至十余文不等。⑥ 尚有收白面租者，系喇嘛之收租。⑦ 亩收五斤。每斤作五十文。

工价岁以十个月计，值四十吊，短工二百文，贵至六百文。牛价大百余吊、小五六十吊，马价大至百余两、小至四十两，骡价七十吊。⑧

---

① 稿本作"时五点半钟"。

② 稿本作"木匠营子，隶平泉州之小牛群乡，户口四十余家（旗、蒙、汉、回杂处）。商铺三家，旅店五家，集场三、八期。银价，赤平每两九八毛钱二吊九百五十文。斗口百碗，公议斗八十碗（盖商人出入，差十分之二，俗称出九进十一）。物价，青盐每斤百一十二文，高粱每斗一吊二百，小米二吊四百，黄豆二吊二百，甜乔一吊六百，小麦三吊，烧酒每斤二百四十，麻油每斤二百五十六，白面八十。土产以粮食为大宗，兼产药材"。

③ 稿本作"蒙地亦以二百四十步为一亩"。

④ 稿本作"蒙租，每亩纳钱二百或百二十"。

⑤ 稿本作"若纳本色"。

⑥ 稿本作"外有小差费（即催租费），每亩自百余文至十余文不等，均视家道肥瘠为差"。

⑦ 稿本作"系喇嘛租"。

⑧ 稿本作"庄农雇工，岁以十个月计，每名四十吊，短工每日二百文，贵至六百文。牛价，每头大至百余吊、小五六十吊；马价，每匹大至百余两、小至四十两；骡价，每匹七十吊"。

气候,等于喀喇沁王府,清明解冻,白露上冻。①

十九日晨五点半,②由木匠营子起程,向东行,五里至小梁子,折而北又五里至横道子,五里至河南营子,有关帝庙一座。十里至上下陈家店,有旅店一家,村庄多植榆、杨等木。五里至大碾子;有药王庙。又五里至杨家营子,五里至土城子,又向西北折而入郭姓烧锅午餐③。共行四十五里,时十一点。

土城子旧有旅店、商号④,光绪九年被水冲毁,因此郭姓烧锅移设新土城子。宅基五顷余,周围绕以土垣,遍植白杨。房屋三百余间,内设杂货、烧锅。附近地七十余顷,皆⑤榜青之产。旧岁纳租王府,每顷三十六吊。差费在内。该铺酒捐每年⑥认捐一牌,共八万斤,每斤捐毛钱三十二文,即制钱十六文。分四季缴纳。平色⑦赤平,价每两九六毛钱二吊九百四十文。⑧斗口一百碗。⑨土产杂粮,兼产莺粟,每亩岁收浆百两,⑩合膏三十两,每两值钱三吊。

午一点由土城子起程,⑪向东北行,有废桥一座,下为锡伯河,通赤峰。二里至湾子,五里⑫至铁匠炉,四里至瓦盆窑,二里至朱家营,二里至新地,一里至小新地,四里至小姑山,即蒙古仓,为喀喇沁

---

① 稿本作"气候,是日晨六点半钟,热度五十度;午三点半,五十六度四十分;晚八点,五十三度二十分。每岁清明解冻,白露上冻"。

② 稿本作"十九日晨五点半钟"。

③ 稿本作"午尖"。

④ 稿本作"铺"。

⑤ 稿本作"皆其"。

⑥ 稿本作"岁"。

⑦ 稿本作"银价"。

⑧ 稿本作"每两九八毛钱二吊九百四十文"。

⑨ 稿本作"斗口百碗,公议斗八十八碗"。

⑩ 稿本作"亩收浆百两"。

⑪ 稿本作"午一点由新土城起程"。

⑫ 稿本作"又五里"。

右旗与翁牛特右旗交界处。① 三里至八家，二里至西南地，五里至造纸局，出〔租〕〔粗〕纸。② 二里至小三家，三里至赤峰县治。共行三十五里，时四点钟，宿公元店。

赤峰，本乌兰哈达厅，乾隆四十三年改厅为县，属承德府，今土人犹沿称哈达。县治北偏东六十余度，③相距五里余，有峰崭然，如鸡冠形，④色红，土名红山，故县以"赤峰"名。乌兰哈达者，蒙语，即译言"红山"也。与红山对峙，在县治南者，为鄂博山，蒙人望祀之所。治北有土冈，自冈北望喇嘛山，⑤偏东十度。又望大王山，偏东四十三度。冈下有锡伯河，自喀喇沁右翼流来，汇入英金河，源自西围来。仍分流，贯注翁牛特右翼，名色力加河，流入老河。⑥县境东西相距二百七十里，南北相距三百二十里，至巴林旗北境，相距七百里。自县治东至伯海接建昌，一百二十里；⑦西至柴伙峦子接围场界，一百五十里；⑧西北至启布求⑨接围场，一百八十里；⑩南至杜栗子沟接平泉界，六十里；北至招苏官地，一百二十里；⑪又北至翁牛特左翼、巴林，三百八十里；南至热河行宫，五百四十里。⑫

驻知县一员；系通判兼管。巡检一员，管典史事；捕盗营千总一

---

① 稿本作"为喀喇沁右翼旗与翁牛特右旗交界处，亦即平泉、赤峰交界处"。
② 铅印本原文误作"出租纸"，据勘误表改。
③ 稿本作"治北偏东六十七度"。
④ 稿本作"如鸡冠状"。
⑤ 稿本作"北望喇嘛山"，无"自冈"二字。
⑥ 稿本作"流入老河（老河为塞外一大川，萦络平、赤、建、朝四境）"。
⑦ 稿本作"百二十里"。
⑧ 稿本作"百五十里"。
⑨ 稿本作"西北至启布"。
⑩ 稿本作"百八十里"。
⑪ 稿本作"百二十里"。
⑫ 稿本无"南至……四十里"句。

员，无兵。县丞驻公主陵西之大庙，距治一百四十里。都司驻①南大
营。距治四十里。驻义胜营马、步兵各六十四名。系多伦诺尔协守备，驻
此管辖。器械，毛瑟开斯枪。马队每名月饷七两二钱，步队三两六
钱，每月经费一千一百六十余两，岁需一万四千余金，由各商铺捐
资开放。近由义务营拨出步兵三十二名，办巡警，派巡长一名统
之，局尚未设。有小学堂一所，额二十名。外有私学四处，尚无学
生。有天主教堂一所。有税局一所，分卡六处，岁收三万余金。税
则，牛马税值百抽三，山东布每匹抽五文，洋布抽八文，牛羊毛每斤
抽十文，余均按值每千抽制钱十文。酒捐，上等烧锅每年认捐一牌
八万斤，中等六万斤，次等四万斤，每斤捐制钱十六文。合邑共烧
锅三十余家，若每家以六万斤匀算，岁得二万八千八百吊有奇。②

　　县治无城，设护堤，以防锡伯、英金河及山涧水之泛滥。街分
六衢，惟三道街最长，约五里有奇，余皆三里左右。二道、三道系商
贾荟萃之区，户口一万余丁，商号五百余家，烧锅十七家，当铺三
家，钱店九家，出钱票者七家。二道、三道街设银市二处，每日开盘三次。旅
店大二家、小四十余家。行销货以本地杂粮及山东、松江之布匹，
京津线货及东洋货若绸缎则所销甚微。出口货以牛羊毛及皮为大
宗，岁出百万斤，天津洋商来此收运。皮统皆粗毛，行运不远，每斤

---

　　①　铅印本原文误作"驻都司"，据勘误表改。
　　②　稿本作"驻知县一员(系通判兼管)、巡检一员(管典史事)。县丞驻公主陵西之
大庙(距治百四十里)。绿营驻捕盗营千总一员，无兵。赤峰都司驻南大营(离县四十
里)。防营驻义胜营马、步兵各六十四名(系多伦诺尔协守备，驻此兼管)。器械，毛瑟开
斯枪。马队每名月饷七两二钱，步队三两六钱，每月经费共一千一百六十余两，常年一
万四千余金，由各商铺摊捐。近由义胜营拨出步兵三十二名，办巡警，派巡长一名统之，
局尚未设。有小学堂一所，额二十名；外有私学四处，尚无学生。有天主教堂一所。有
税局一所，分卡六处，岁收三万余金。税则，牛马税值百抽三，山东布每匹抽五文，洋布
抽八文，牛羊毛每斤抽十文，余均值百抽一。此外酒捐，上等烧锅每年认捐一牌八万斤，
中等六万斤，次等四万斤，每斤捐毛钱三十二文，即制钱十六文。县境烧锅三十余家，每
家若以六万斤匀算，岁得捐钱二万八千八百吊有奇"。

值四百。角、蹄二种，亦有商家来收，向关内锦州运销。市场无定期，每日上午有牛马市，自八点至十一点，工艺以裁①绒及绒毯、白毡、牛毛线单为特别品，间有销皮缝皮及冶工琢工、冶黑龙江石者。编线织带及绵线等。煤质甚松，东元宝山出数最少，市街行用，皆自西元宝山来。尚有煤矿五处，以存木太短中辍。离县六十里有街商锦元煤厂，自嘉庆年间开挖至今，岁缴翁牛特地租四百两，缴煤捐二千二百两。每千斤抽一厘。县西北四百余里产茶晶，蒙王惑于风水，不让开采。②

有商铺二家，专寓乌珠穆沁之盐车，每车以皮袋及柳筐盛二三斗不等，以一牛挽之。每蒙贩一名，领十余车或六七车，至则由通事招待至铺，分售街市，价值每斤只十余文。现因供过于求，涨价至三四十文，大率以来盐之多寡为衡。售讫后，为之购运米粮、布匹及杂货等，送至原处。蒙人酬通事，每千斤三十文之谓。岁以草长时来一次，秋末又来一次。旧有五千余车，近因牛疫，只来三千余车。惟盐较洁于巴林，因巴林之盐，分售蒙地，中杂沙土柴枝。

---

①　铅印本此字疑为"栽"之误。

②　稿本作"县治无城，外设护堤，以防锡伯、英金及各山涧水之泛滥。街分六道，惟三道街最长，约五里有奇，余皆三里左右；二道、三道两街系商贾荟萃之区，户口一万余丁，商铺五百余家（烧锅十七家，当铺三家，钱店九家，出钱票者七家），旅店大二家，小四十余家，集场不拘期限。银市两处，每日开盘三次。每晨八点至十一点，有牛马市数处。平色赤平，每百两比京市平大三两。银价，每两二吊九百六十五文。斗口九十碗，即清斛四斗五升。行销货以本地杂粮及山东、松江之布匹，京津线货及东洋货若绸缎则销路甚微。出口货以牛羊毛及皮为大宗（岁出百万斤），天津洋商来此收买（每斤值四百）。角、蹄二种，亦有商人来收，运至关内、锦州等处。皮统皆粗毛，行运不远。工艺以裁绒及绒毯、白毡、牛毛线单为特别品，间有销皮缝皮及冶工琢工（治黑龙江石者）、编线织带等技。矿产，煤矿尚夥而质松，东元宝山出数甚微，市用均自西元宝山来（离治六十里）。有街商锦元煤厂，自嘉庆年间开挖至今，岁纳翁牛特地租四百金，纳煤捐二千二百金（每煤千斤抽厘一成二）。县西北四百余里有茶晶矿，惜蒙王惑于风水，不让开采"。

赤峰之盐,专供汉民,色须洁净也。① 县无地丁,岁得②津贴三千金,及春秋两卯费三千金,为公费。吏役八房六班,分辖十八乡。县狱六间,甚③小。罪人六十余名,有蒙古盐犯六名,④皆跣足系镣,内有习纺线织带者。班房黑暗尤甚,待质人六十余名,均系镣,有木钩者。大堂前有铁链二具,粗于拇指,系刑讯时所用。⑤

气候,是日晨六点半,热度四十八度;⑥午二点,六十八度;晚八点,五十三度二十分。河水小雪结冰,⑦清明冰泮。

# 东 蒙 游 纪 五

## 自赤峰至乌丹城

二十三日上午十点钟,由赤峰起程,向北行,渡英金河,有浮桥一座、泊渡船一只,东北有浮桥,往红山。上平冈,沙漠不耕,微生野草、青蒿,大约为乌珠穆沁盐车放牛之处。三十里至兴隆庄,有旅店两家。五里至平房,十里至小木头沟,五里至大木头沟,午餐。共行五十里,时三点一刻。

---

① 稿本作"有商店二家,专寓乌珠穆沁之盐车,每车以皮袋及柳筐盛盐四石左右(每石重一百零五斤),以一牛挽之。蒙贩一名,领十余车或六七车不等,至则由店代售,每石约卖七吊二三百文(街市零卖每斤八十六文)。该店按二分抽用,每吊抽钱二十文。盐车岁以草长时来一次,秋末又来一次,旧有五千余车,近因牛疫,只来三千余车。其自乌珠穆沁运来,路过乌丹城,每石输捐一吊,发给小票一纸,如在半月之内到赤售卖,不再缴费,逾期仍于赤峰捐钱一吊,因乌丹捐局亦归赤峰县署管理也"。
② 稿本作"以"。
③ 稿本作"狭"。
④ 稿本作"有蒙盗六名"。
⑤ 稿本作"系刑讯所用"。
⑥ 稿本作"热度高四十八度"。
⑦ 稿本作"河水小雪凝冰"。

大木头沟隶赤峰县之招苏乡，招苏川环其西，源自灯笼河来。北有喇嘛山，又有大松山。蒙名伊克纳喇苏台山。户口七十余家，旅店大二家、小五家，商号三家。土产杂粮、高粱、谷子，早种早收，秋分前后，均可登场，其余杂粮略晚。间产莺粟。

午四点钟，由大木头沟起程北行，二十里至四道沟梁，十二里至金家店，有旅店一家。二里至花儿胡同，三里至乾沟子，有旅店一家。渡羊肠子河，无桥，绝流而渡。三里至下桥头，宿。共行四十里，时七点半钟。

四道沟梁，驻千总一员。即月牙山。距梁附近河套水涸，淤积沙石，两岸土中含硝质甚富。梁甬线长十二里左右，山石有赭色者，有如铜绿者，为矿苗发现之象。

下桥头西北八里为上桥头，均近羊肠子河。东北距头牌子七十里，东距刘家营子在羊肠河北岸。五里、距白井十二里，南距皇姑屯八里、[①]距七十分十二里，西距南梁子五里。

户口二十家，商铺五家，旅店三家，烧锅二家，集场三、八期。此处商家，多（镑）〔榜〕青之地，上地岁收一斗半，下地仅收半斗；上地价值亩五六千，下地仅值数百文。以二百四十步为一亩，上地顷纳蒙租五千，下地三千，尚有小差费三四百文不等。房屋亦按地租岁纳。掘井一口，须中钱五六百千，深至八丈始及泉。

气候，清明至芒种，为开田之期；白露至秋分，为上冻之期。

道路，自渡英金河即均粗沙乱石；至兴隆庄以下，至乾沟子，均平坦；至下桥头，高冈有沙石，近营子亦平坦。

二十四日晨六点钟，由下桥头起程北行，过羊肠子河，五里至刘家营子，二十里至一棵树，午餐。共行二十五里，时八点半钟。

一棵树，以关帝庙前一棵榆树名。东南有烧锅一家，开已百余

---

① 铅印本原文误作"南距黄姑屯八里"，据勘误表改。

年,壁上贴残示一张,有嘉庆十九年直隶布政司使印信。有(镑)〔榜〕青六十顷,酿江米酒,颇佳。

上午十点钟,由一棵树起程,向丫髻山进发,北行六十里,至乌丹城,宿。时三点半钟。

乌丹城基高五尺,周六里,为辽金州遗址,旧有东西二门,今已无存,惟存西北隅土垣一段。关帝庙内,有元全宁路儒学碑一座,上载"大德改元皇姑鲁国大长公主及驸马济宁王"云云,下半多模糊。庙前有蟠蛇碑首,上载"圣旨"二字,土人云出诸城根土中。雕琢之工,较儒学碑尤精细。庙西里许,有银安殿废基,亦为鲁藩遗迹。城南七里,有乌兰阪,有鲁国公主媵臣准台(基)〔墓〕。

东南距朝阳五百里,西距喇嘛庙八百里,西北距经棚四百里。故商货之输入,以朝阳为来源;物品之输出,以小库伦经棚为市场。

城四围土山,俱为蒙人望祀之所,故均称鄂博。每岁五月十三日及六月十三日,蒙人垒石膜拜。自城南望南鄂博山,偏东十七度四十三分;北望东鄂博山,偏东五十八度;下为东翁牛特贝子府,离城十八里;又望北鄂博山,偏东三度;又望西鄂博山,偏西七十五度;又南望丫髻山,偏西十七度;北望黑、白二塔,偏东七十八度,离城十余里。城南临少冷河,发源登龙山,旧有浮桥,被水冲毁。河身均软沙,易陷马足。

城隶赤峰县之乌丹乡,无文官,绿营系四道沟泛千总管辖。现驻义胜中营马队十名、步队三十名,每月经费二百零五两余,由商家公捐,一如赤峰例。有盐税局一所,由赤峰饬丁来此收税。每岁乌珠穆沁盐车来时,每车一袋,抽制钱六百五十文。旧岁来一万五千车,由此分运围场等处,其运至赤峰者,由此验货给票,至赤峰投税,去年约收三千余金。盐价,零买每斤毛钱八十,趸买每担六十余千。蒙人以盐换物,每盐一斗换小米二斗。

有税局一所,分卡四处,自牲畜至零星杂货,无一不税。正税之外，尚有贴利、即银耗补足赤峰钱价。底子、补足九六底串。票儿即票费。等费，岁收三万余金。税表列下：

| 捐数（以制钱计） | 物　数 | 物　名 |
| --- | --- | --- |
| 一二〇〇 | 一头 | 骆驼 |
| 三〇〇 | 一匹 | 骡、骟马 |
| 四九〇 | 一对 | 子母马 |
| 六〇〇 | 一匹 | 骡、骟骡 |
| 一九〇 | 一匹 | 草叫驴 |
| 二四〇 | 一对 | 子母驴 |
| 七五〇 | 一对 | 骡骟驴驹 |
| 二四〇 | 一头 | 犍牤牛 |
| 一八〇 | 一头 | 乳牛 |
| 二七〇 | 一 | 子母牛 |
| 二四 | 一只 | 山羊 |
| 三〇 | 一对 | 绵羊 |
| 三〇 | 一口 | 猪 |
| 一〇五〇 | 百张 | 牛皮 |
| 一〇五〇 | 百张 | 狐狼驼皮 |
| 四二〇 | 百张 | 骡马皮 |
| 二一〇 | 百张 | 驴皮 |
| 二一〇 | 百张 | 羊鹿皮 |
| 七〇 | 百张 | 猾獭皮 |
| 四〇 | 一件 | 皮袄统 |
| 二〇 | 一件 | 皮褂统 |
| 五〇 | 百斤 | 羊皮 |
| 二九〇 | 一匹 | 缎子 |
| 六〇 | 一匹 | 粗绸 |

| | | |
|---|---|---|
| 一二〇 | 一匹 | 细绸 |
| 二〇 | 一匹 | 哈喇、羽绫、毕机、回绒 |
| 二五〇 | 一块 | 大布 |
| 二四〇 | 一块 | 小布 |
| 五〇 | 一筒 | 细布 |
| 五 | 一匹 | 洋布 |
| | 一匹 | 官粗罗布 |
| 二一〇 | 百斤 | 棉花 |
| 三〇〇 | 百件 | 估衣 |
| 一五〇 | 百条 | 口袋 |
| 二〇 | 一筒 | 线货包 |
| 四八 | 一石 | 粳米 |
| 一二 | 一石 | 小麦、瓜子、细粮、谷子 |
| 二四 | 一石 | 小米、荞麦、芝麻、高粱 |
| | 一石 | 豆子、糜子 |
| 二四〇 | 一斤 | 洋烟 |
| 四〇〇 | 百斤 | 粗细烟丝卷 |
| 八〇〇 | 百斤 | 洋烟卷 |
| 三〇 | | 安花串茶 |
| 一〇〇 | 百斤 | 砖茶 |
| 一〇〇 | 百斤 | 粗茶 |
| 二〇〇 | 百斤 | 细茶 |
| 一九〇 | 一扛 | 红纸 |
| 二四〇 | 一块 | 海纸 |
| 二九〇 | 百刀 | 毛头纸 |
| 二四 | 百刀 | 茶方纸 |
| 二〇 | 百刀 | 五色架纸 |

| 九 | 一块 | 火草纸 |
| --- | --- | --- |
| 九 | 一篓 | |
| 三〇 | 一篓 | 川连纸、建连纸、染连纸 |
| 三〇 | 一篓 | 毛太、粉连纸 |
| 四〇 | 一篓 | 棉建、毛边纸 |
| 一八〇 | 一篓 | 东架纸 |
| 二〇〇 | 一斤 | 上等燕窝 |
| 一〇〇 | 一斤 | 下等燕窝 |
| 八〇〇 | 百斤 | 海参 |
| 九〇〇 | 百斤 | 鱼肚 |
| 一〇〇 | 百斤 | 虾米 |
| 一六〇 | 一斤 | 鱼翅 |
| 一〇〇 | 百斤 | 干鱼 |
| 一〇〇 | 百斤 | 蟹干 |
| 三〇 | 百斤 | 各色干菜 |
| 一〇〇 | 百斤 | 海带 |
| 二〇〇 | 百斤 | 各色干果 |
| 二〇〇 | 百斤 | 葡萄干 |
| 二〇〇 | 百斤 | 杏仁 |
| 一二六〇、八四〇 | 百斤 | 麻姑 |
| 四三〇 | 百斤 | 草麻 |
| 四二〇 | 百斤 | 木耳 |
| 三〇 | 百斤 | 鱼 |
| 三〇、一五 | 一坛 | 中、小绍酒 |
| 一五〇 | 百斤 | 黄蜡① |

---

① 铅印本作"腊"。

| | | |
|---|---|---|
| 二九〇 | 百斤 | 白蜡① |
| 二九〇 | 百斤 | 洋蜡② |
| 九〇 | 百斤 | 白矾 |
| 九〇 | 百斤 | 青矾 |
| 九〇 | 百斤 | 干粉 |
| 二〇〇 | 百斤 | 官粉 |
| 一〇〇 | 百斤 | 藕粉 |
| 七九 | 百斤 | 洋碱 |
| 九二、五 | 百斤 | 白土碱 |
| 七〇 | 百斤 | 卤水 |
| 七五 | 百斤 | 冰糖 |
| 九〇 | 百斤 | 红糖 |
| 一〇〇 | 百斤 | 花胡椒 |
| 二〇 | 百斤 | 红枣 |
| 二九 | 百斤 | 栗子 |
| 一〇〇 | 百斤 | 赤术 |
| 九〇 | 百箱 | 洋火 |
| 一〇〇 | 百斤 | 细香料 |
| 九〇 | 百斤 | 粗香料 |
| 四〇〇 | 百斤 | 细颜料 |
| 二〇〇 | 百斤 | 粗颜料 |
| 一〇〇 | 百斤 | 桐油 |
| 三五 | 百斤 | 麻油 |
| 二〇〇 | 百斤 | 漆 |

---

① 铅印本作"腊"。
② 同上。

| 一〇〇 | 百斤 | 水胶 |
| 三〇 | 一箱 | 煤油 |
| 二五二 | 百斤 | 牛、羊油 |
| 三〇 | 百领 | 席 |
| 七〇 | 百斤 | 麻 |
| 一〇〇 | 一车 | 细瓷①器 |
| 九〇 | 一驮 | 粗瓷②器 |
| 九〇 | 百斤 | 竹器 |
| 一〇〇 | 百斤 | 细木器 |
| 九〇 | 百斤 | 粗木器 |
| 三〇〇 | 百斤 | 青菜 |
| 二一 | 百斤 | 白面 |
| 一四 | 百斤 | 荞面 |
| 三九 | 百斤 | 香油 |
| 九 | 一匹 | 川表 |
| 七〇 | 百斤 | 蓝靛 |
| 二〇〇 | 百斤 | 药材 |
| 九〇 | 百斤 | 皮硝 |
| 一四〇 | 百条 | 鞋皮 |
| 一九〇 | 百斤 | 生铜器 |
| 二〇〇 | 百斤 | 熟铜器 |
| 一九〇 | 百斤 | 锡器 |
| 九〇 | 百斤 | 铝器 |
| 九〇 | 百斤 | 生铁器 |

---

① 铅印本作"磁"。
② 同上。

| 一〇〇 | 百斤 | 熟铁器 |
| 二〇 | 一百 | 绳子 |
| 九〇 | 一箱 | 金银箱 |

有斗税局一所。税局之斗状如斛，上广七寸四分，下广一尺一寸六分，高七寸，计积六百四十二寸零四十分，合南斛四斗，亦有同式而容积异者，亦有上广而下窄者。每斗捐粗粮制钱五百五十，细粮六百六十，出入各输一半，贴利底子票儿与上同。户口四五百家，商铺百余家，内有烧锅一家。出钱帖，圜法甚坏，有黄沙鹅眼，每银一两换钱四吊一二百文，每钱一百五十吊作赤峰钱百吊。输入货，布匹、洋货、磁器均自锦州来，煤自赤峰来。每百斤，运脚合制钱百文。输出货，以粮食为大宗，均售诸蒙人；牛羊皮毛，岁由洋商收买。离城五十里东甸子出硝，每斗值三千。又五六十里旧有碱锅，今废；东五十里七杆庙，有砖窑，产德勒苏草一种，土人用以盖屋。每百斤值二千。市价，健牛每头值二百吊，马二百余吊，大于前数年五倍，盖离奉省较近故也；骡，每头六七十吊。

蒙地押租，前每顷二三十吊，近增至百吊。蒙租亩岁给谷子一升，有小差费，每次给钱三四百文。气候，三、四月开冻，九、十月上冻。每亩约收斗余，上等地二斗，斗口与赤峰同。前数年连歉，十八、九年均放赈，近年渐丰。出硝碱处，栽榆均不长。附近一带，树无冻青，盖地力不宜栽树之明证。

# 东　蒙　游　纪　六

## 自乌丹城至巴林阪[①]

四月二十七日午十二点，由乌丹城起程向北行，距街二丈许，西北隅

---

① 铅印本原文误作"自乌丹城至林巴阪"，据勘误表改。

有土城基。十二里上北鄂博山之平冈，冈之阴阳均草甸。又东北行八里至干沟子，夏汛时，沟内有水，近涸，多粗石软沙。西行绕石山，复折而东，绕山麓上坡，十里至楷不奇尔沟，沟右为楷不奇尔沟营子，有汉民六十家；西距营子二里许，为头道窝棚；又三里许，为二道窝棚。又西北行上沙陀，八里至四道窝棚，道右有井，已涸。二里渡朝阳沟，沟发源山泉，流入锡喇木伦。二里至四道帐房，六里至土冈，二里抵一棵树，宿。共行五十里，时四点半。

一棵树，隶赤峰县之乌丹乡。有老树一棵，系百五十年前物，不甚高，俗称"北一棵树"，盖别于乌丹城南之一棵树也。据野老传说，该处二百年前为高丽屯，后为蒙古屯，近八九十年为汉民所占。户口三十家，皆汉民。旅店一家。有井一口，深十二丈，水面八丈，水深四丈。已五十余年，冬夏不竭。闻凿井时，为黄、王、李三姓合办，三姓世为盐通事。因工费不赀，家以中落。现时居民来井汲水，按地摊费，平川地一顷为一丈锄，半顷为五分锄，每锄一丈，岁纳赤峰钱六吊三百文，以供水斗、每斗值一吊。麻绳、每斤值五百。麻油每斤值五百四十。之用。

种地不知亩法，以每天一牛二骡之力，为十五亩；以播种若干碗、收获若干斗为丰歉，大率以种六十碗、获三十斗为最稔，粗粮每斗百三十五碗，细粮八十四碗。即公议斗。种类各殊，收获亦异，列表如下：

| 物品 | | 高粱 | 谷子 | 麦 | 荞麦 | 穈子 | 红白粟 | 麻子 |
|---|---|---|---|---|---|---|---|---|
| 蒙名 | | 同 | 哈那嘎 | 同 | 色革达 | 麻葛勒 | 色勒科 | 兴尔沙 |
| 种数 | 平川 | 二升 | 二斗半 | 一斗 | 四碗 | 四碗 | 四碗 | 二升 |
| | 山坡 | | 一斗 | | | | | |

续　表

| 收数 | | | | | | | |
|---|---|---|---|---|---|---|---|
| | 平川 | 三斗 | 三石二斗 | | 一斗 | 七升半 | 五升 | 一斗五升 |
| | 山坡 | 不能种 | 七斗五升 | 一石三斗 | | | | 五升 |

一棵树本山坡地，地价甚贱，每顷五吊，若寇买更贱。近闻张姓之地长十八里，宽五里，契价一千吊。每顷合二吊二百六十八文。蒙租岁以十月，由府派员来收，每顷缴租二斗二升，亦有三斗五升者。每斗五十碗，谓之差斗，作赤峰钱五百文。此外尚有皇差，每顷百文，小差三四十文。

农器，播种用田壶芦，蒙名倭辣，以纸糊成壶形，长其柄，蒙人用以撒籽，或以皮为之。压垄①用滚子，蒙名薄辣，琢石如卵形，径才尺许，两端贯以轴，用绳牵之，压地成垄②，土名鸡蛋滚子。其余如犁、蒙名麦子妥柴。锄、蒙名埃克青那。木锹、蒙名毛登儿富尔基。铁锹、蒙名土木富尔基。镰刀蒙名哈杜拉。之类，与内省同。

二十八日晨八点，由一棵树起程北行，八里至内粮沟，八里至头分地，有汉民种地，有井、树。八里至照道沟门，十二里至头道窖子，有熟地，有井。十二里至西搭拉，搭拉，蒙语译言"草甸"。八里抵下九荒。共行五十六里，时二点钟，宿六合斋。

西搭拉，四围皆土冈沙碛，地卑下如釜底。居民本夥，光绪三十年十二月，地底出沸泉，居民不知趋避。至三十一年正月朔，漂没粮食，冲毁房屋殆尽，仅存土墙一二处，现成水泊，周约里许。

六合斋为山东人所开之杂货铺，已二十余年，兄弟八人，现只

---

① 铅印本原文误作"珑"，据勘误表改。
② 同上。

存四。隶翁牛特左旗边界，离和盛公烧锅八里。有地三千余顷，雇人榜青。榜读若碰，土人谓锄为榜，榜青即锄草，故雇工于人，亦为榜。地多沙漠，栽树不茂。附近户口二十余家，俱汉民，务农。有井三口，深四丈。水面一丈，水深三丈。东去二十里有山，出石版，如铁色。

斗口，准大斗系圆柱式，径一尺二寸二分，系六合斋私尺，每尺约短十分之一。高八寸，计积九百三十五寸一百八十八分五百十一厘二百毫。算式列后：

$$
\begin{array}{rl}
3.14159 & \text{周率} \\
122 & \\
628318 & \\
628318 & \\
314159 & \\
3.83.27398 & \text{圆周} \\
305 & \text{径} \overset{\text{四}}{\underset{\text{一}}{\phantom{}}} \\
191636990 & \\
114282194 & \\
11689856390 & \text{面积} \\
80 & \\
935.188.511.20 & \text{体积}
\end{array}
$$

公议斗同式，径一尺一寸八分，高七寸，计积七百六十五寸五百十一分二百三十五厘三百毫。算式列后：

$$
\begin{array}{rl}
3.14159 & \text{周率} \\
188 & \\
2513272 & \\
314159 & \\
314159 &
\end{array}
$$

$$37070762 \quad 圆周$$
$$295$$
$$185353810$$
$$333636858$$
$$74141524$$
$$10935874790 \quad 面积$$
$$70$$
$$765.511.235.30 \quad 体积$$

二十九日晨十点，由下九荒起程东行，仍折至西塔拉附近，复行上沙冈，遥望北首，有鄂博山，为翁牛特左旗与巴林右旗分界处。又西北行十二里至巴林桥，北行十里至黑岭子，有窝棚四。越河套，河涧前后有草甸。过索伦鄂山，皆软沙。十八里至五十家子。共行四十里，时二点半，宿蒙古包。

巴林桥，即古潢水石桥，有石桥二，长各三丈四。顺治十七年，巴林右旗多罗郡王之祖母、固伦淑慧太公主所建。大公主，圣祖仁皇帝长姑，恩眷颇渥。康熙四十五年，御跸经此。咸丰六年，巴林旗员重修。桥东有龙口碑，字迹模糊。二桥横锁两岸，中为行坡，有碑亭，内蒙、汉文碑各一座。

巴林桥跨锡喇木伦，即西喇木伦，一作沙尔木伦。即古潢水。锡喇木伦，蒙语译言"黄河"也。河宽三百丈，水势湍激，中多浮沙。潢水两岸，契丹时渤海人居之，今两岸不得越境而牧，越则为蒙人所俘，故左岸草甸颇沃，迄今未辟，殊为可惜。

哈拉木都五十家子，即驿马站，由巴林旗设驿马五十匹、站丁一百五十人，归热河都统管辖。附近皆蒙人牧地，丛建穹庐，土名蒙古包。已二百余年，近时始知耕种。左右沙冈拥抱，前为伯音哈那山，后为野马拖山，中为绰各洛河。源自绰哈沟井来。黑岭子窝棚亦一小站，附五十家子。沙冈有碎石如玉，内含矿质，如铅，又如云母。

蒙人种地谓满撒子，不锄，亦不知亩数，以播种计，每日约四升，去岁播种十日者，收糜子一百五十斗。桥南有汉人租地，亦无亩法，穷一马所驰之圈子为率，收租二十一斗。牛价每头三十两，马每匹五十两，骡三十两，无驴。羊每只八两五钱。

闰四月初一日晨七点，由五十家子起程，东行，过沙陀，又北行，二十里至白音罕山，又二十里复过沙陀，渡察罕木伦，译言"白河"，两岸皆草甸。二里至西大庙，八里抵巴林阪。共行五十里，时十二点半，寓东大庙。

巴林阪，蒙名大阪，译言多数房屋也，隶巴林右旗。北距乌珠穆沁盐泊，约走八日；西由喇嘛庙至宣化府，约走一月。蒙人不知里距，以牛车计算，若以马计，可省三分之二。南望白音罕山，偏西十一度二十分；又望外层山，土人不知名。偏东二十六度四十分。北望盎骑山，偏西七十二度二十分。

三道街东有荣宪公主府。府右有废庙及台吉房屋。府左头道街为荟福寺，匾额系嘉庆御笔。俗呼东大庙，其二殿为普觉寺，均为荣宪公主所建。大殿八十余间，喇嘛三百名。西大庙为淑惠公主所建，喇嘛亦三百名。该二庙喇嘛，由巴林王官仓岁给香资五斗。若喇嘛为人唪经，日得百余文。

户口八十家，旧随公主来媵，俱业工匠。近以畜牧为生，间有种地者。商铺四家。杂货铺三家，药铺一家。线货、布匹、洋货均自赤峰来，酒自和盛公来。粮食只白面，赤峰来。糜子两种。糜子米去皮每斗二吊，带皮每斗一吊二百。平色视赤峰，银价每两三吊二百文，钱串九六毛钱。斗口四十五碗①。

土产糜子米及牛羊骡马，兼有狐狼，有沙雉、水凫、沙燕、杜鹃

---

① 铅印本误作"蜿"，据勘误表改。

之属。察罕木伦有鱼尺许,土人不知捕食。有德勒苏草、俗呼"玉草",丛生密干,经霜始白,土人用以覆屋及围穹庐之用,若以编帽,可获大利。哈尔海草、叶如蒿,有刺,可食。马铃花花紫色,秋冬草枯,用以喂羊。之类。

# 东 蒙 游 纪 七

### 自巴林阪至西乌珠穆沁

闰四月初六日十二点,由巴林阪乘牛车起程,折向西行,八里至西大庙,二里至渡訾罕木伦,源自西北来,势甚缭曲,河身宽约八丈、深约二尺。二十里至前德勒苏营子,五里至后德勒苏营子,十里至渡訾罕木伦,此处恰临临水湾,中积淤沙,河身宽仅三丈。至噶察五十家子。共行六十里,时八点,宿蒙古包。

西大庙在山坡,规制大于东大庙,每岁四月初八、五月十三、六月初一等日,均开庙会,商人先期运货来售。他庙亦如之。

德勒苏营子,以地多德勒苏草名,户口散处,约五十家,种满撒子地。路左有沙冈,绵长约三十里。右为公主岭,顶有鄂博。山腰有喇嘛庙,面西南。麓有喇嘛房屋五十余处。

噶訾,译言山嘴;五十家子,即驿马站。盖自此往东北,均为热河至哲里木盟之孔道。户口六十余家,喇嘛庙一所,喇嘛百余名,房屋十余处。有井一口,深四丈。

初七日晨八点,由噶察五十家子起程,西北行,五里至鄂博,五里过达巴罕,五里至穆家营子,十里至敖家营子,二里过伊玛图山坂至伊玛图营子,八里至格良木伦,即察罕木伦支流,水浅小。五里渡察罕木伦,宽约十余丈。十里至刚察庙,路右有喇嘛房屋二十余间。五里上山坡,十里至公主林,离陵十五里。十五里至白音鄂树山坡,五里又渡察罕木伦，<small>附近山峰奇兀，疑有矿质，有屯有井，土质较腴。</small>五里抵柱拉沁苏睦。共行九十里，时九点，宿蒙古包。

达巴罕，译言大坝，左右均有鄂博。自坝南望东鄂博，偏东四十五度；北望穆家营子，偏西七十四度。坝前后均草甸。有碱，上坝碱尤厚。

伊玛图营子，有巴林王五品典仪居焉。附近蒙民十余家，南为伊布气勒山，北为奇拉嘎狼山。

公主林多榆树，<small>蒙名榆为海拉苏。</small>绵亘十余里。内多蒙古包，系淑慧公主园寝守户，园寝在山中。西距十五里有飨殿碑，无树。

柱拉沁，译言守园寝者；苏睦，译言庙也。庙为附近蒙人捐建，庙旁散住喇嘛五十余处。山坡有砖塔，白色，无铭志。蒙户五十余家散居附近，亦一驿马站。

生计除畜牧外，兼种满撒子地。<small>产糜子、荞麦。</small>气候，如和暖早雨，四月可播种；雨迟，则五月始种。收获期早则八月，迟则九月。计播种一斗，<small>五十碗为一斗。</small>丰时可收四五石，歉则多寡不等。暇时往乌珠穆沁盐泊运盐，重量以牛力之大小为率。<small>两皮袋约可装千斤。</small>

初八日晨十点，由柱拉沁苏睦起程，向东复折而北，循山坡行<small>山中有煤矿，煤苗甚旺。</small>七里许，有榆树丛生山麓，长约五里，<small>山名乌尔吉图，石质松而重，疑有五金矿。</small>三里渡察罕木伦上平坡，五里至乌而吉图营子，<small>散居五十余家，兼种满撒子地。</small>五里又过营子，渡察罕木伦，十里至三岔路，<small>路左两山陡然，壁立如阙。</small>十五里抵五十家子。共行四十五里，时三点，宿喇嘛房屋。

五十家子，蒙名他布干辇，亦系往哲里木盟之驿站。有营子在察罕木伦之南，户口六十余家，以畜牧为生，兼种满撒子地。惟地当冲要，热河传递文件，沿途多供应，故畜牧无千百成群者。

有喇嘛庙，南向偏西二十四度，系二百年前所建，喇嘛七十名。自庙南望温忒尔山白色鄂博，偏东二十八度；北望及答峰，偏西八十四度；又望霍落山，偏西六十一度；又望温特尔哈山，偏东八十一度；又望斛拉木独山，偏东七十二度。有井一口，深三丈余。庙前有平陀，余皆草甸。山中产杂树，蒙人编柳为筐，斫荆为门。

初九日晨十点，由五十家子起程，折向西行，十里至三岔路，北行二十里至高吉嘎尔巴察，十里进哈克图山，十五里出山口，五里至札哈卡伦。共行六十里，时六点，宿蒙古包。

高吉嘎尔巴察，为圣祖征噶尔丹行乌珠穆沁进发之路，左右皆崇山峻岭，中为草甸。左右有小河，迤逦向东南下注。山内多森林，无居户。东距哈尔图他山七十里，西连贝吉尔通坝，绵长二百余里，为巴林、乌珠穆沁交界处。坝内亦多森林，如围场然，野兽更夥。近两旗因入山伐木争界，相构讼云。

哈克图山，左边多森林，自山凹处直达至巅；右边危峰崭然千仞，峡泉缭曲下注，名哈克图沟，土脉腴厚，花草杂树种类甚多。另刊在后。近口有敖伦，有扁方石一方，似有蒙文。为巴林、乌珠穆沁分界处。冬时，乌珠穆沁人入山避寒，每帐房纳羊二只，以酬地主；夏时，巴林人出山就水草，则不给酬，常相冲突。

木属有榆、柳、山顶子、花白如海棠。丁香等类。草属有爱格木司、即艾。塔伦拖罗、即断肠草，萼紫色，花白，兼有黄色。陶来荡来、即兔儿草，叶深黄，背有白芒。哈奇纳格花、色黄。希果勒乌苏、即扫帚草，色青，叶长如蒲剑，土人拔以为帚。埃尔乌司花、色黄，五瓣，叶长而小，可治手痛。萨而哈奇特、花黄色。唐乃草、叶有小刺，可食。须尔瓦、叶有刺，花黄而卷心，其茎坚劲，可斫为薪。苍珠苗、叶大寸许，背生白芒，如枇杷叶，豕喜食之。山花椒、花色淡白，卷心，根有白绒，叶对生如水松。边珠芽、叶对生如蓬而无香。王瓜、叶对生，茎长，味香如王瓜。扁竹、如蒲而矮。虞美人、色黄。芍药花有红白两种。之类。禽属有鹰、雕、雉、鸽、巢峰顶石罅。鸦、颈、腹均白。燕、白翎雀、杜宇、鄂林之类。兽属有狼、狐、鹿、兔之类。

札哈卡伦，译言边哨，一片草甸，间有水泊，为乌珠穆沁边境。自三岔口至卡伦，迄无一人。因行辕暂憩，移窝棚帐房于此。

初十日午一点，由札哈卡伦起程，向北又偏西行，二十里至上三那干郭勒他拉，三那干，译言勺子；郭勒，水也；他拉，草甸也。十里下坡，越三那干郭勒，译言勺子沟。二十里抵乌兰少勒拖。共行五十里，时六点，宿蒙古包。

三那干郭勒他拉，多软沙，生杂树。三那干郭勒源由此出，左右一片草甸，土质粘腻，黑色。

乌兰少勒拖，译言红土，土色如赭。左为三那干山，右为伯兰诺尔山。

十一日晨七点半，由乌兰少勒拖起程，西北行，二十里渡阿司金郭勒，源自南来，阔约六丈，深二尺许。二十里过平皁，五里至库克格勒，南为少保推鄂博山。五里至小坡，下坡有碱。二十里过沙陀，路左山顶有鄂博，有石白色如玉。五里抵鄂博图苏睦。共行七十五里，时四点，宿喇嘛房屋。

鄂博图苏睦，山顶均有鄂博。南为阿嘛鄂博加，系沙陀。北为格格鄂博加，顶有鄂博。西为海拉痕。下有水泊，有路通札萨克住处。山麓有石牌一座，上镌活像三。有白塔在石阙上。内嵌玻璃，龛塑金装佛像，塔顶作宝盖形，键以铜为之。又西去二十五里，为乌珠穆沁右旗札萨克驻处。有屋十余间，而仍住穹庐。傍有喇嘛庙，喇嘛七十名。东有白塔二，在山坡。东南有砖窑基。

有庙一所，规模宏敞，殿阁共四重。有大鼓，径八尺余。后街有画阁，为活佛所居，中设佛座一，旁座一，器具颇华美。左屋十一重，右屋十重，约共二百余所。有官仓一所，中建小厂，如碉楼。蒙人营子，均在三十里外。有杂货铺一家，为乌丹城人所开。

活佛年十岁，乌珠穆沁右旗人，锡号堪布胡图克图，面白而丰，披红绸袈裟,衣缘①织锦,冠黄绒冠,履红皮靴,袒右臂。管领喇嘛七百名。喇嘛之有职掌七八人,冠平顶如笠,散披黄毛。又有活佛一,无封号,年十二岁,系前胡图克图之大弟子转生。蒙名土不那。计乌珠穆沁境,内有封号胡图克图五,除此大庙外,一在哈尔喀苏睦,一在阿卜图苏睦,一在哈礼苏睦,一在哈拉塔苏睦。每迎活佛,由大弟子往西藏或甘肃大喇嘛处祷示方向后,按其指示而迎立之。所有川费及一切杂用,约耗万余金,由旗主向阖②旗官民摊派。即无封号之土不那,向就近迎奉,亦费三百余金,由十二弟子筹款云。活佛亦诵经,起居饮食,有前生之大弟子监视调护之。

按,喇嘛有红、黄二派。明永乐间,藏僧宗喀巴以红教不守戒规,遂自黄其衣,别立一派,遗嘱二大弟子,一曰达赖喇嘛,一曰班禅额尔德尼,使世世以呼毕勒罕原注化身。转生演大乘教。故达赖、班禅圆寂时,皆预示转生之所,其弟子辄访求迎立之,是为活佛之鼻祖。而喇嘛之道行高者,称胡图克图,隶属于达赖、班禅二喇嘛,亦称呼毕勒罕转生。其法由神降其体,指示呼毕勒罕之所在,就所指示而访迎之。嗣后,教徒之稍有道行者,亦称转生之说。因此,呼毕勒罕甚多,甚至欲专寺中资产者,咸请托于达赖、班禅,冀图转生。高宗知其弊,遂立制瓶掣签之法,时人称为"活佛掣签"。然积久弊生,喇嘛之有权势者,贿通驻京胡图克图等,六签均书一人生辰、名字,纳之瓶中,俾掣签时操必得之券云。

盐泊在乌珠穆沁右旗、西北。浩齐特左旗东北。交界处,蒙名潮哈尔诺勒,《一统志》作"冲戈尔泊",《游牧记》作"冲和尔泊"。东西约长三十里,南北稍窄,西有鄂博。深可灭顶,土人均于浅处取盐。周围有草甸,无树。北有山泉。多泥味,淡。自乌珠穆沁王府至盐

---

① 铅印本原文作"绿",据勘误表改。

② 铅印本作"阁"。

泊，走五日；以牛车日行四十里计。自浩齐特王府至盐泊，走二日。快马一日。盐泊附近散居两旗蒙人二三十家，俱居穹庐，凿井而饮。两旗各派和硕金护卫典仪或闲散等二三员，常川驻守。如两旗人到泊运盐，均不给钱；只给取盐人工力，每车或银或布或肉，无定数。外旗人来运盐，每车须缴税银三四钱。每车盐重量，大一担，小五六斗，百碗为斗。此项税银，由驻守官陆续收后，缴纳各旗主，每岁约得税银三四千金。

取盐之法，每岁解冻后，泊经冬不冰，惟严寒则人不能入。附近众人裸体入泊，用筐捞取，盐在水中，如泥沙然。拖运至岸，匀铺毛毡，晒一二日即可成盐。如遇天晴无尘，或掠取上层净质，则为白盐；遇雨，则水涨不能取；遇风，则将上层轻细吹去，和入灰沙，则成浑盐。全泊水味皆咸。若用煮海法，凉水亦能熬盐。生盐之处，水自地穴中出，黏腻如汁，取后隔数日复如初。若此穴尚未涨盐，则又择他处捞取。如出数欠旺，则延喇嘛唪经以祷。平时不知预积，俟盐车来贩时始入泊捞盐，晒至半干，即捆载以去。贩户至旷野，重复晒晾。

运盐均以牛车。自泊至必鲁忒行十日，至喇嘛庙二十日。自泊至巴林阪左右旗皆平沙，较坦直。路经希纳大坝，多石路，稍难行。自泊至乌珠穆沁右旗王府，直路有梁及沙漠，绕道则免。销路逼锡林郭勒盟全境，西南达喇嘛庙，行销察哈尔一带；东南由巴林至乌丹、赤峰，行销古北口外二盟；东路出乌珠穆沁左旗，行销哲里木盟数旗。惟北路不销，大约外蒙古亦有盐泊故也。

蒙人售盐，运至乌丹、赤峰等处，统由通事包揽转售，获利甚厚。通事以盐易银，以银易物，付诸蒙人。盐税亦由通事管纳，量盐时，上下其手，大率以七八斗过三四斗。此外，复加索蒙人酬谢费，每车给盐一斗，或每盐二斗给钱二吊，故蒙人去盐一车，只易回糜子五六斗许云。

冠服略如内地。礼冠后裂如燕尾，缀红锦带二，斜覆诸背，惟

顶小檐高，翎无管，略受风吹，即耸然倒立。常冠则分三瓣，后飘大
红带，以貂为之；羔皮冠檐上卷，可左右分覆以御寒。衣则蒙茸旖
裘，冬夏常披。贫者无裘。脱皮袍即披青布大衫，马蹄袖覆手背。腰
佩火镰、刀箸，大倍于常。胸怀木碗一，食毕不洗，以舌餂之。王公
出行，有侍从三人为之负铜碗、或明开夜合木为之，内镶以银。火①镰约
长二尺。及刀箸长均二尺。之类。妇女如满洲装束，衣袖均宽博，履
皮靴，与男子同，髻后垂如锯状。喇嘛以平顶披毛之冠为礼冠，有职
掌者始能戴，唪经时用之。常冠，冬则黄色如暖帽，顶尖，上缀黄丝结；
夏冠如笠，亦缀黄结，或戴红顶。衣服均黄色，富者绸衣，贫者布
衣。下无袴，缝白布如帷裳，束诸蔽膝。蹞跤则用牛皮嵌肩，前敞
露胸，袖短见肘，上缀小铜镜，或密缝赤色布以为饰；其蔽膝亦缀牛
皮，作椭圆形。车制亦与内地同，惟帷帟以氈为之；或驾牛，御者附车
以行；或驾马，御者左乘马揽辔而行。驼轿，前后横木杆四，八人骑
马扶杆而行，捷者日行三百里，俗呼挟杆轿，亦名草上飞。

# 东 蒙 游 纪 八
### 自西乌珠穆沁至土什业图

闰四月十七日晨十点，由鄂博图苏睦起程，东行五十里，路右
有水泊，平沙中时露盐质。又十四里过沙陀，又十里抵库苏他拉。共
行七十四里，时三点，宿蒙古包。

库苏他拉，路平坦，土质沙。附近三里许，有蒙屯，名恩辫勒货
布，有井。

十八日晨九点，由库苏他拉起程，东行，二十四里过小沙陀，有

---
① 铅印本原文作"木"，据勘误表改。

小榆树，周七八里。抵陀罗嘎鄂博，有井，有庙，庙前有汉人支棚为商。十二里路左有水泊，泊涸处色白，水含盐质。六里至小水泊，又过沙陀，有蒙屯三处。转向东南行，南北均土石梁，绵亘五十里。三十里抵花和硕。共行七十二里，时三点十五分，宿蒙古包。

花和硕，译言山嘴。左有阔兰沟，源自山中出，高处已涸，下流略有积潦。土质黑沙，兼含盐质。有新穿井一，深仅五尺。

十九日晨七点，由花和硕起程，东行，七十六里至沁达吗呢胡都嘎。时一点半，宿蒙古包。

胡都嘎，译言井也；沁达吗呢，译言聚宝盆，言此井取之不竭也。土质多沙。是日所行，皆高冈大阜，早晚与日中寒暑常差二十余度。

二十日晨七点，由胡都嘎起程，东行，二十里至沁达吗呢鄂博，为乌珠穆沁右旗与左旗交界处，十里过平岭，北行，又过岭，路右有蒙屯。东行，正东有黑山，顶有鄂博，北首有蒙屯。四十三里抵浩拉古郭勒。共行七十三里，时三点，宿蒙古包。

乌珠穆沁风俗，左右旗大致相同。牧畜之盛，以乌珠穆沁为最。有客入门，先问家畜无恙，而后叙寒暄①。富者牛马以千计，羊以万计，驼亦以百计。不知合种，故无驴。然牧畜别无他法，不过佣人富者佣人，贫者自牧或受佣于人。日赶牲畜，逐水草所在，惟地土沃饶，故牲畜肥大耳。至草枯②冰雪之时，则任其饿毙，且有为狼所食者。狼食牛马，先噬其腹，牛马负痛狂奔，狼尾随，俟其力尽，乃呼群食之。狼食驼，跃登驼背，噬其峰，驼负痛狂奔，亦俟力尽而食之。夏疫不知医治，亦无兽医。一经传染，死或空群。佣人不给辛工，牧牛者渴则饮牛乳，饿则食牛肉；牧羊者渴则饮羊乳，饿则食羊肉，畜主不复顾问。孳生

---

① 铅印本误作"喧"。
② 铅印本误作"楛"。

之数亦难稽考,大约除去驹犊,及牝牡相配外,岁赢百分之二十。再除牧人宰食,约净赢百分之十四。蒙人愚惰性成,但求足敷食用,不思蕃息。若教以牧养之法,则更当繁衍。

蒙人游牧,常在马上执长竿牧杖,以驱逐群畜。其距离稍远,或险峻难到之处,则于杖端曲处置小石,时抛放之,以制群畜之纵逸,故一人可牧至数百者。其驱马之法亦甚巧,野生悍马,一经其御,辄变为驯良云。

昏礼亦有媒妁。问名时,乾宅以哈达、奶酒为礼。烧酒亦可。文定时,以牛羊为礼。多寡以贫富计。娶时,择定吉期,婿乘马御车,至坤宅相离三四里地方,支帐为棚,然后随媒妁、亲友等往行亲迎礼。至则坤宅闭门不纳,媒妁叩门告以来意,坤宅曰:"无此事。"媒妁复在门外,诉明某年月日,某家曾定尊府第几女为室,今日吉期来娶,而坤宅犹佯曰:"无之。"仍不开门。不得已,只得回棚,逾时再往。如是者三四次,坤宅乃开门,飨婿以奶茶、糙米,延之上座,烹全羊以进。濒行,坤宅则曰:"须择吉自行送亲。相隔不过三四日。"而婿乃先行。届期坤宅亦凭媒妁及戚友等,送妇至棚。至则乾宅亦如坤宅状,三四次而后开门,婿乃迎妇以归。至家,则先告天地,次告庙,继谒尊长,以哈达为贽。妆奁除服饰外,附以牛羊等类。及育子女,岳家礼物,冬皮夏布,侑以牛羊。夫死,则先问有夫弟与否,而后再醮。如伯死,则应配仲;仲死,则递及叔若季;倘无季弟,方可再醮。若弟妇死,伯兄不得娶之,以示区别。昆季中有出当喇嘛者,喇嘛回家时,无论叔嫂伯娣,均可随便云。

丧礼。人死亦哭泣,延喇嘛唪经,戚友来吊,赙以唪经赀。出殡时,裹尸以单衣,无棺,载以牛车,鞭牛疾驰,不论远近,俟尸跌落之处,即为牛眠吉地,不厝不埋,委之而归。谓葬则有碍牲畜。若于三四日内被禽兽啄食,以为种善根;若至十余日尚未食去,以为不详,须延喇嘛唪经,俟食尽而后已。即富贵家亦如之。若王公札萨克死，则裹以布帛，纳诸棺，藏诸土室，谓之陵。有守陵户，不葬土中。活佛及上等喇嘛死，亦如王公，裹以布帛，纳之塔中。

觐礼。元旦日，各旗协理冠服率蒙员捧哈达，致敬旗主。即札萨克。旗主赐以羊酒大酺，奏蒙乐，欢歌而散，然后互相贺年，饮酒大乐。其余节日，概不致贺。六月朔，各庙开会，男妇均入庙顶礼，每人助香赀，自一两至十两不等。

蒙人以竞马、唱歌为娱乐之具。若得新闻，则驰马以告戚友。校猎则骑马持长竿，竿末缀铜镝或铁钩，逐野兔、黄羊等，所击辄中。狼、鹿以迅走，较难获。若获狐貉及异兽，则供诸旗主。疾病，无处延医，只延喇嘛诊治，或唪经。富家则有跳鬼之举。食物则兽肉、面粉、酥酪、砖茶、烧酒，皆为上品。贫者晨起熬茶，和以盐，搀入炒米食之。若加黄油，则为美馔矣。家中不畜鸡豚，鱼亦不食，若捕食，则为触怒龙王云。

二十一日晨七点半，由浩拉古郭勒起程，东行，十里渡浩拉古郭勒，源自西南来，东流注翁木伦。循河而下，度山梁，不甚高。五十八里抵恩辫尔白辣嘎。共行六十三里，时三点，宿蒙古包。

恩辫尔，译言襟也；白辣嘎，译言泉也，言山势环抱如襟，泉自山中出也。下通霍令郭勒，二十里；北距札萨克府二百余里。由此绕达尔罕边界，科尔沁左翼中旗。至土什业图者，科尔沁右翼中旗。以避大梁故也。

有土垠，自乌珠穆沁右旗绕多克忒诺尔，诺尔即水泊。直达土什业图界内。隐约似边墙，或云辽时所筑，或云明时所筑，未知孰是。

二十二日晨八点，由恩辫尔白辣嘎起程，东南行，二十里至伯罗霍及尔，入科尔沁左翼中旗达尔罕界，二十八里渡水泊，十二里渡小郭勒，十里又渡郭勒，十里抵翁木伦。共行八十里，时四点，宿蒙古包。

翁木伦，源自札噜特左旗佟噶喇，来汇入阿禄昆都伦。

二十三日午十一点，由翁木伦起程，东南行四十里渡阿禄昆都伦河，源自乌珠穆沁，东流入乌布尔昆都伦为止。七十里又渡河，至巴音额尔和图苏睦。共行一百五十里，时十点，宿延寿寺。

延寿寺，为达尔罕辅国公家庙，枕山临流，喇嘛五十余名。左为阿禄昆都仑山，下临阿禄昆都伦河，山以河名。右为盏黑苏坦阿木司拉山，下为盏黑苏坦阿木司拉营子。山以营子名。户口百余家。东去二里，有砖窑一座。

二十四日午十一点半，由巴音额尔和图苏睦起程，东南行，十八里，①路旁有井。三十里渡阿禄昆都伦河，又十八里抵乌布尔昆都伦河。共行六十六里，时六点，宿蒙古包。

乌布尔昆都伦，北临陶赖拖山，山下有陶赖拖营子，户口十余家，跨河而居，有柳林甚夥。自此经札兰诺尔大坝，至乌兰哈达，为达尔罕与土什业图交界处。

二十五日午十二点，由乌布尔昆都伦起程，东南行，十里过绰罗特大坝，为土什业图边境。又东北行，二十里至额尔登峰，山阴河流萦绕，花草鲜茂，杂树丛生。四十三里抵巴音哈苏睦。共行七十三里，时八点，宿延恩寺。

延恩寺，南向偏东三十度，面依和哈达。左阿禄昆都伦河，再左为白格哈达。哈达之左，有峰如笔架形，房屋三十余处。喇嘛七十余名，有活佛年十五，迎于喇嘛庙之西。附近营子约四十家，牧畜兼种满撒子地。砖茶由京运来，每斤易银一两。

二十六日晨十点，由巴音哈苏睦起程，南行，绕伊和哈达麓，十里至格格诺尔笃，榆林约长五里，左右均有蒙户。十里渡阿禄昆都伦河，三十里至嘎沙卡。共行五十里，时二点，宿蒙古包。

嘎沙卡有井二，东北为伊和那腊，北为屋尔图鄂博加，西为色

---

① 此后疑有脱文。

勒杭格山。有霍令郭勒，流入札萨图旗界科尔沁右翼前旗。内陶灵郭勒。

二十七日晨八点，由嘎沙卡起程，东南行，十里渡水泊二，过嘎沙山，有蒙户四五家。十里渡阿禄昆都伦河，路右有山，矿苗已现。二十里又渡河，三里渡水泊，十七里至喇嘛庙，有台吉房屋十余处。十里抵巴颜和硕庙。共行七十里，时三点，寓遐福寺之官仓。

巴颜和硕，山名，山中有银矿。俯临霍令郭勒。下通辽河。麓为遐福寺，俗称西庙，房屋甚夥。喇嘛五百名，哲里木盟全旗所供奉，无活佛，隶归化城之喇嘛庙及京师之马甲喇庙。有井四，深均四丈，井栏以木为之。气候较暖于达尔罕。土质黑而肥。是处均食蒙盐，每斗重四十斤，价不及银二两，因无税捐及各项花费，故价值较廉。杂货自郑家屯、即辽源州。萨吉街新辟市场。来，有行商支棚于野，获利甚丰。土人尚不知银元、铜币，除以物交换外，均以银块相交通。土产糜子、荞麦、山狸、黄羊。牲畜除牛、马外，兼畜鸡、豚，渐进耕稼时代。

离巴颜和硕四十里为土什业图王府，闻甚富足，有园囿，中建西洋房式。近因前王被弑，其福晋携其小王寓居庙中。离王府后三里许，有蒙王听讼之所，俗称后衙门，所设刑具多非刑。闻前王在世，其属员奉差出外，任其诈赃；俟其诈足回旗，寻其小过，押之讼所，上以刑具，令其所诈之赃献尽而后止。盖被杀之因，未始不由于此。

土什业图垦务，经盛京将军奏请开办，尚未蒇事。垦章以积步二千八百八十步为一垧[1]，该处以一垧析作十亩，若以每亩二百四十步计之，适合十二亩。四十五垧为一方，即一里见方。三十六方为一井。押荒银，上等地每垧二两二钱，中等一两八钱，下等一两四钱，查《热河开

---

[1]　铅印本作"晌"。下同。

放牧厂章程》,上等地每顷六十两,中等地五十两,下等〔地〕二十两。以每顷百亩计之,则土什业图上等之地尚不及热河下等之价。闻黑龙江所放郭尔罗斯等旗荒地,每垧统收一两四钱,适合土什业图下等之价。近程将军开放蒙荒,除原价一两四钱外,加征七钱,再加经费一成五,计三钱一分五厘,再加学堂经费三两,再加平色每百两四两五钱,每垧计二钱四分四厘,共加四两二钱五分九厘,每垧共合价银五两六钱五分九厘,使费等在外,实不止四倍。再此项荒价,应三七折扣,每方应缴二百五十四两六钱五分九厘,折成一百七十八两二钱五分八厘。闻卜奎领荒者,上等地每方一百八十九两,使费在内,其余利甚大。若将此项余利化私为公,于国家大有益处。所收荒价,半给蒙王,半归局销。局中经费于荒价外,加抽一成五。每百两抽十五两,若每年能放百井,统以中等核计,共得荒价二十九万一千六百两,加抽局费四万三千七百四十两。街基以丈计,取所放适中之地,设立街市,为之街基。每宽一丈,长六十丈。合南省一亩。押荒银二两四钱,所收街基荒价,仍按每垧定章核算,半给蒙王,半归局销;其所余之款,作为筑城建署之费。开放之后,五年升科,亦有三年者。每垧岁纳大租钱六百六十文,以四百二十文给蒙王,以二百四十文作设官之费。业户领荒之后,若雇人自垦,每方需银三百金;若以荒地给人开垦,俟垦熟之后,将地彼此各半平分,如榜青然;若将地定期租给于人,期或十年、十五年、二十年不等。第一年纳租一成,第二年二成,第三年三成,第四年全征。每垧岁租二石四斗,至一石四五斗。穿井一口,需百金。盖房一间,需五十金。

五月初一日,有俄武官一员带兵二名,借查办浩齐特强买牛马事为名,游历各旗,来辕谒见。该俄员名索玻连夫。肩牌金地绿边,绣梅花三颗,系铁路护军三等第一武弁,即大尉之职,驻哈尔滨秦家冈俄营。先是,三月二十日,有东来洋人十二名、通事一名至浩齐特界内,出银九十两,强买马三匹;又出元宝六只,强买牛九头;出银八十两零五钱,强买马一匹、羊二十只。闻该洋人等向库伦一带而去云。

附土什业图至齐齐哈尔城路程单二:

自巴颜和硕，至府东白带屯六十里，又至和硕庙八十里，杜尔基六十里，卧牛山六十里，贵立河一百里，五大屯一百里，札赉特王府七十里，白庙一百三十里，富勒尔基有火车站。一百四十里，齐齐哈尔七十里。共八百七十里。

自巴颜和硕，至他希马拉营子九十里，又至诺木其八十里，五家子札萨克图界。六十里，洮南府五十里，靖安县七十里，阿都营子色公旗界。六十里，索伦营子七十里，塔本木都营子札赉特界。六十里，树敦营子六十里，多耐站杜尔伯特界，以下驿站。五十里，温托珲站七十五里，特穆德赫站七十五里，齐齐哈尔五十五里。共八百五十五里。

# 东 蒙 游 纪 九

### 自土什业图至新民屯

五月初三日晨十点，由巴颜和硕起程，折回南行，二十里渡霍令郭勒，源自西北来，东南流入洮儿河。二十三里至察根拓落盖塔奔格勒。共行四十三里，时二点，宿蒙古包。

察根拓落盖，山坡名。山皆土阜，脉自西北来。塔奔格勒，译言五十家子，亦一驿马站也。麓有土屋，散居蒙民十余家，以牧畜为生。地多苜蓿，间种糜子。有井二，深不及一丈，井栏以柳条为之。

初四日晨八点，由察根拓落盖塔奔格勒起程，东南行，十五里至下铁磨营子，有井一。十里至巴音昆都伦，沿途小营子甚多。二十五里至乌台爱拉，井一，土房三四间。三十三里抵哈屯苏睦。共行八十三里，时五点半，宿蒙古包。

哈屯苏睦，即哈屯爱拉。哈屯，译言"夫人"；爱拉，译言"营子"。盖是庙为土什业图夫人所建，因是得名，营子又因庙而得名也。是庙建已二百余年，现正修理，其工匠均山西归化城一带人。夫人后裔，现尚为台吉，土人谓积福之报。庙后有大榆树，阴可蔽亩。喇嘛六十余名。附近户口二十余家。有井二，深仅二丈，井栏编苇为之。

初五日晨八点，由哈屯苏睦起程，东南行，三十五里至哈麻霍尔托，系营子名，草房十余间，前有水泊。又十五里至德隆号商铺，铺系山海关人所开，出售布匹、杂货，岁销六七万吊。蒙盐价值，旧以斗盐换斗米，今则斗盐可易米四斗。五十四里至黑衣尔素木爱拉。共行一百零四里，时六点半，宿蒙古包。

黑衣士索木爱拉，译言"两枝箭营子"，盖两索木章京所领土也。户口七家，土房二十余间，井三。味苦。离此五里，有札嘎爱拉。札嘎，译言"边界"也。

初六日晨六点半，由黑衣士索木爱拉起程，南行，二十五里至小营子，有井，有菜圃，现植高粱、荞麦，有商铺一家。三十里至沙冈，有老榆林，绵长十余里，树高约七八尺，兼产葡萄、葱、韭，有蒙民新垦地。十里至鄂博，系土什业图与达尔罕旗分界处，二十一里抵良各屯。共行八十六里，时三点，宿蒙古包。

良各屯，旧本荒土，日俄战事，本旗人之在怀德巴尔罕山西距辽阳七十里。者，避氛移此，渐成村落。户口三十余家，井二，有喇嘛，业种痘。

初七日晨八点，由良各屯起程，东行，十六里至哈拉沙罗营子，土房十余间，井一。又六里至奴那芒汉，土房十余间。八里至巴尔汗提营子，户口十余家。三十里至额尔托绰，土房二十余家。十里至察哈尔基，土房三处。渡新河，又向东南行，十六里抵郭勒茫哈苏穆。共行八十五里，时五点半，宿庙。

新河本平川地，光绪二十年锡喇木伦横决，冲成此河，土人因名新河，下达辽河，河宽四五丈，深二三尺、四五尺不等。河旁有渡船，以便水涨时，济渡行人。

郭勒芒哈苏睦，土房二十余所，喇嘛百余名，井三。土质黄沙，蒙民颇种高粱。东去二里许，有砖窑一座。

初八日晨六点，由郭勒芒哈苏穆起程，东南行，二十五里至雪难行爱拉，土房十余间，有台吉屋甚大。十五里至依玛图爱拉，户口五六家，土房三十余间，井一。蒙民颇种高粱、荞麦。蒙盐每斗值银四两，因来源不时，故价值昂贵。近海盐侵入，自辽源州来，每百斤制钱六吊。二十里抵喀喇乌苏之新苏睦。共行六十里，时二点，宿庙。

新苏睦南去十余里，有喀喇乌苏，译言"黑水"，上通锡喇木伦，下达辽河。庙本临河，因地势低洼，移建于此，故称新庙。喇嘛六十余名。庙旁有井一。

初九日晨六点，由新苏睦起程，东南行，十五里至喀喇乌苏爱拉，井一。十里过沙岭，下坡有握索图爱拉，井五。二十五里至察汗奴拉，井一，水苦。十里至阿奥脱苏睦，循河而行，十里抵公主陵瓦房，宿。共行七十里，时二点。

阿奥脱苏睦，嘉庆年间锡名慧丰寺，为达尔罕之大庙，房屋百余所，喇嘛五百余名。周围榆林绵长五里，直达公主陵，有护陵兵五十名。

瓦房、房屋甚夥，以成市集，有旅店。蒙民均能汉语，耕种一如内地。北去五里许有洼区，周十余里，系辽河旧道所潴，近已干涸为平沙。

初十日晨六点，由瓦房起程，南行，十里至敖尔巴格，五里渡西辽河，有渡船二。十五里至辽源①州。共行三十里，时九点。

辽源州无城，亦达尔罕旗地。三十年前，蒙旗开荒，名郑家屯，设吏目治之，隶昌图府之康平县。光绪二十八年升为州，添设知州

---

① 铅印本误作"源辽"。

一员。州境南北相距四十里,东西一百余里,东北至巴汉哈尔巴尔山,北至西辽河,均属达尔罕旗境;东循西辽河至怀德境,南至康平境,西接奉化境。离州治南去十余里,即博王旗境。

州境分五十乡,设州学一所、乡学三十六所。经费由灯捐、车捐。巡警军一所,步队一百八十名,马队一百二十名。经费,州治由商人按本抽捐,资本千金,每月捐一角五分;乡间按亩抽捐,每地一天约十亩,月捐一角。全境中段多沙陀,山十分之二,开垦二分之一。汉人多奉天方教,蒙人亦有奉之者。有大庙一所,喇嘛百余名,在博旗境内。

街分二道,长者二里余。户口二万余家,商铺三百余家,当铺七家。一已止当。烧锅一家,每年认捐二班,每班十四万四千斤,每斤捐东钱一百文。炉房三家。汇兑庄三家,每年出入约二百余万金。出钱票者二十七家,约计百万元。通行锦州、吉林、营口等宝及松江银,每日开盘一次,或用龙洋日本银元及日本银元票。平色沈阳平,每百两比公砝平小一两二钱,钱串每吊一百六十三文。通用私钱,兼用铜币。粮食店二十余家,旅店大小共五家,信局一家,无电报邮政。输入货以布匹为大宗,由京、津、营、锦运来,行销蒙古各旗。海盐由营口、新民府运来,趸价每百斤东钱二十二吊,零价每斤东钱二百八十文。近有日商十余名,往来贸易。斗口,清斛三十二管。土产杂粮,兼种莺粟、烟草。

设斗称局一所。粮食,每石买卖主各抽捐东钱一吊二百五十文。盐,每百斤捐钱一吊。牛、马、骡,按价值百抽五;驴值百抽二厘五,局费较正税五之一;废牛不论价值,每头捐洋一元,过路捐洋二角;羊,每只捐钱四百文。肥猪、日宰猪及冬令冻猪重百斤者,均值百抽二,局费较正税十分之一;小猪每口捐钱四百至二百文。冻牛肉二百斤,作牛一条,捐钱七吊;冻羊肉四十斤,作羊一只,捐钱二百文。过路牛、马、骡无税票者,每匹收钱七吊文,驴每头一吊五百文,猪、羊每只二百文。牛、马、骡落地税票费每张五百文,驴三百文,羊一百文。烧锅、粮行,无论骡、驴,在三十匹以内者,每年包捐银五十两;五十匹以内,八十两;五十匹以外者,一百两。各铺户领年票者,骡、马每匹捐洋二元,驴一元,屠户每头收印子者三百文。乡屯包捐,每年一次,宰牛之户分三等,一等岁捐钱一千二百吊,二等六百吊,三等三百吊。宰猪之户分五等,一等岁捐五百吊,二等四百吊,三等三百吊,四等一百吊,五等五十吊。旅店伙房均同例。其余各项货物,均值百抽二。商贩运货到栈,将货票交斗称局验收,俟卖出纳税;本地货到即行纳税。近新设河运税局,由辽河直达营口,官为营运,闻水涨时拟行浅水汽船。运脚较旱道六分之一。所征税款,以七成归局销,三成给蒙旗。原拟三成税款,博王、达尔罕两旗各给一成五,嗣因两旗意见不同,现拟定在博境各卡所收提三成归博王,达境各卡所收归达尔汗。则[①]博境在辽河下游,商货繁盛,较为便宜。尚有硝矿局一所,专收硝矿,为官家专卖品,货由蒙古运来,来源不甚旺。

十一日晨七点,由辽源州起程,南行,八里至张家窝棚,二十五里至四官营子,蒙户五,井三。为博王旗境,十五里至大井子,五里至冈子,十里至好老妇屯,十里至哈喇火烧,蒙户一,旅店一,井四。二十里至大湾子,有河,源出蒙荒,下通老哈河。五里抵小湾子。共行九十八里,时六点,宿蒙古包。

好老妇屯,昔有老妇拾金不昧,故名。从前房屋甚夥,自经战事,均为瓦砾,只博王庄头屋,俄人于此制面包,故仅存。庄头管地五百顷,现均开种。

小湾子,户口十余家,外有颓垣十余处,系蒙汉民逃亡未归者。旧有二当铺,市廛颇盛,经燹蹂躏。

十二日晨五点,由小湾子起程,东南行,十里至喇嘛窝棚,十里

_____

①　此"则"字当为衍文。

至三眼井，十里至辽阳窝棚，有俄人坟墓一区，高耸十字架，累累土阜，为战后余踪。五里至哈尔海甸子，十里至兴隆窪，小铺三四家，旅店二家。五里至田家窝棚，五里至七家子，八里至小刘家店，七里至四家子，五里抵六家子。共行八十里，时二点，宿旅店。

六家子为康平县辖境，隶达尔罕旗，有巡警军两哨，户口十余家，旅店二家。

十三日晨六点，由六家子起程，东南行，五里至槐杨树，五里至花牛铺，十里至钱家屯，五里至张家店，十五里至郝官屯，十里至孙家屯，十五里至孤树子，十里至桃儿山，五里入法库门。共行八十里，时二点，宿旅店。

钱家屯，户口三四十家，小店一家。旧有大旅店，被日兵所毁。距屯里许有马路，长十里。木桥一座，均系日人战事时运道。闻建筑时，日人沿途刊木，督人作工，日给工钱五角，费亦近万。若加修理，于旅政、农务均有裨益。

郝官屯，为达尔罕旗地，户口百十家，旅店二家，井五，有乡学一所，巡警局一所，兵十五名。蒙旗收租，每地十亩为一天，上等四角，中等三角，次等二角。有逆旅主人，年近九旬，被日本马兵踏死，其屋因日人于此修铁器冶炉，故尚存。沿途所见妇孺，服缟素者多，可见壮丁遭劫，汉人实重于蒙人。

孙家屯迤南至桃儿山，均经日兵修筑马路。孤榆子筑桥，题曰"仁义道"。桃儿山顶有关庙，旁有炮台，沟内埋地雷，为日人军事上之预备。麓均石道，亦沿坡凿平。有烧锡房屋，甚宏敞，日人于此屯兵，屋隅均筑炮台，垣周遍凿枪孔。

法库门，即发库边门，边墙内属开原县，离县治百里。外属康平县，离县治一百三十里。即博王旗界。西至彰武台边门一百二十里，东至威远堡边门二十一里，三台山环之，山脉远自长白山来，直接太行，实为控蒙要地。旧有边墙，已隐约无迹。山顶有炮台，系日人防御俄人而设。

　　设防御一员。兵额不足，且多老弱，开战时除日兵屯占外，约束公议会练巡警步队二百名，平治道路，议和后仍隶卫生局。现日人尚驻兵二百名，陆军宪兵少尉井上清太郎领之外，有军医二员，名福山谦受及守田福松。

　　户口二千余家，满汉杂处。商铺入公议会者百余家，不入会者小本生涯。一百余家。旅店大小共十余家。冬间上冻路平，每车店即大旅店。日寓车二百辆，夏秋间多闭歇。近因巡警军往来骚扰，歇业较早。平色半苏半广，通行松江、元宝等银，银价每两十吊零一百文，银元六吊六百文，钱串皆用东钱，行使小私钱。海盐每斤六百文。行销货以布匹、米粮为大宗。现日货畅行，有日本酒店二家。有斗税、牛马税等局。蒙学一所。宗教多奉天方，间有信耶稣者。有教堂一所，住英人宣教师男女二人、医师一人。

　　亩法以长七千二百步，阔五垄，合二步，为一亩。计积一万四千四百步，合南省六十亩。民间若种莺粟，每亩征税银二钱，每钱作三角五分。加票费一角；至收成取膏时，每膏一两，征税三百三十文。车捐，每车一辆日捐钱一角零八文，合东钱二百三十文。粮食、油、酒、盐，每千斤捐东钱三十吊，斗捐每冬认捐三十吊。

　　十四日晨七点，由法库门起程，东南行，十二里至四台子，旅店大二家、小四家。驻警兵十名，排长一名。八里至五台子，旅店六家。五里至小房①身，五里至大房身，旅店四家。十里至蛇山子，临柴河支流，河南隶开原，北隶铁岭，距治一百零五里，有旅店三家。十里至丁家房身，户口四百家，商铺三家，旅店大二家、小七家，有蒙学三处，讲报所一处，耶稣堂男女小学二处。驻警兵二十名，排长一名。十里至湾龙街，旅店一家。十里至灯什

――――――――――

　　①　铅印本作"方"。下同。

堡子,户口二百家,旅店四家。十里至小塔子,户口百余家,旅店十余家,小铺七八家,蒙学一所。驻警兵二十名,排长一名。十里至小坨子,旅店一家。五里至温家店,旅店一家。五里至温家台,旅店一家。五里至石庙子,路旁有石庙,方仅四尺,故名。十里至大公主屯。共行一百十五里,时八点,宿旅店。

大公主屯,跨河成市,中有木桥,为日兵所筑。撤兵时拟拆去,由公议会商人筹百元购之。刻因山水大发,下泄辽河,纡曲多淤塞,致将沿河低田漂没,桥亦被毁。水深丈余,阔二三十丈。西去炼镇塔,临辽河,有渡船可直达奉天。陆路仅八里,若水道行约三十余里,上水行舟,须一日程。

河北户口百余家,旅店一家。河南户口二百余家,商铺二十余家,当铺一家。旅店八家,蒙学一所。驻警兵四十名,队长一名。系北洋警务学堂毕业生。土产高粱、黍麦、豆子、莺、粱等类。工艺缝布、缝衭。

十五日晨九点,由大公主屯起程,东南行,十里至泡子沿,旅店二家。十里至旧门,旅店二家。有河一道,水深四五尺,阔十丈余。五里至平安堡,旅店三家。五里至兴家店,户口十余家,旅店二家。男女均能织布,日织四五十丈。每匹三十丈,售洋二元五角。五里至高台子,户口五十余家,有土阜一座。十五里抵新民府。共行五十里,时二点,寓旅店。

新名府,土名新民屯,本厅治,属锦州府。光绪二十八年升改为府,割彰武、镇安两县隶之;厅境升为府境,如直隶州制。东南界直隶阜新县,南界辽阳,西界怀仁,西北界康平。柳条边外本敖汉旗地,边内本奉天府辖境,今铁道建通,商务日繁,允推巨埠。

府无城,街市繁盛。津榆铁道车站在东南隅,有小支路系行军铁路,制其狭。直达奉天,系日人所筑。近不出票,宜收回自办。轨道加阔路基,俾津榆直达奉天。一面宜再由彰武经洮南至蒙古各旗,别筑一路,既无崇山巨浸,筑费较轻,则榆关铁路,权限日益扩张,且可夺中东铁路利益。

驻知府一员,教授、府经历各一员。设斗税局,以道员领之,凡烟土、牛马等税均属焉。巡警步队则隶府,马队则隶南路总巡。有日兵三百名,闻西八月一号撤退。有耶稣教堂一所,英国宣教师男女六人。

户口四千余家,当铺二十家,烧锅十余家,旅店、货栈均百余家,银市出票者二十余家。银价每两东钱十吊零五百文,银元每元六吊六百文,平色钱串与辽源州同。物价因战事影响,贵于京师三倍,银市均作空盘,买空卖空,每天出入数十万。输入货以布匹为大宗,输出货以粮食为大宗,近因战事辍耕,粮食亦有输入者。有日本商人三百名,无大资本,只砖厂及木植公司较富裕,其余男则沿街贩卖杂物,女或作皮肉生涯。惟日本货异常畅销,惜无爱国者运南方物件以抵制之。

海盐由锦州西百二十里。高桥及宁远州属沙后所运来,每斗重量七十斤,价本东钱一吊,加落地税二吊三百六十文,又由沟帮子验票放行。至新民府,以六十斤为一斗,再加税钱二吊三百六十文。至发售时,斗值四吊二百文,则重量减至三十八九斤矣。

按奉省盐务,旧例奉、锦各属岁颁引一万六千八百余引,每引征课银四钱七分零。康熙三十年停引后,听其运销,均未征榷。同治六年,始抽盐厘,每石征银合九钱三分零。光绪二十九年,又每斤加征四文。现定每斤合征钱十二文,以八文作正厘,分别报解候拨暨充该省学堂经费;以四文作杂款,备作成本经费、包索、运脚等项。近闻盛京将军奏请派员督办盐务,由官运销,并销及吉江两省、科尔沁一带云。再吉林省自光绪二十七年设局抽厘,每百斤征市钱五百文。二十九年收数,计市钱六十万吊余。江省三十一年十一月,拟定每百斤捐京钱四百文。又于所属珠尔毕特巴彦察罕等泡与办盐利,酌量抽捐。

# 东 蒙 游 纪 十

## 自新民府至北京

十八日晨八点三十分，自新民府乘火车向西南行，六十三里至白旗堡，驻驿丞一员。二十一里渡辽阳河至厉家窝棚，六十里至打虎山，十四里至高山子，七十八里至沟帮子，为山海关至营口及新民府岔路，若由关至新，及由新至关者，须由此换车，盖票车径从营口往还也。北去百余里，有煤矿，土人采以供火车之用。四十三里至石山站，即十三站，有峰十三，故名。山高里余，周二十里。二十四里至大凌河，源出喀喇沁威苏图山，名鄂穆楞河，东流入九官台门，绕义州城北，东南流入锦县界，一百五十八里入海。三十一里至双杨店，有双杨店桥，在锦县东二十里。十二里至锦州，午餐。共行三百四十六里，时一点二十分。

锦州府城西有锦川，即小凌河。绕城西南，复折而北，又经城东转而南流，回旋如锦，故州亦以锦名。城周五里有奇，四门，系明洪武间修筑。弘治间增筑东关，周二里余，形势若盘，俗谓之盘城。城内有塔巍然，高约百丈，相传为唐时所建云。

府治领县三、锦、绥中、广宁。州二、义、宁远。东界新民府之镇安县，西界山海关，南滨辽东海湾，北界边墙，有白土厂、清河、九官台、松岭子、高台、新台、梨树沟、白石嘴、明水堂等边门，均接直隶朝阳界。东西相距五百三十里；南北一百七十里。山岳以醫巫闾山为最著名云。

驻知府、府经历、府教授、知县、典史各一员，驻副都统、协领各一员，佐领、骁骑校各十二员，笔帖式、仓官、委官各一员。现设税局，以府员理之。设巡警马队，□[①]奉省南路巡警军统辖。又有本境巡警步队，则隶府县。

---

① 此字漫漶不清，疑为"隶"。

土产除粮食外，海滨产盐，山中产铅，沙地产木棉、莺粟，果品产香梨、出醫巫闾山。桃、出广宁。锦荔支，一名癞葡萄。药品产苍术，海错产八稍鱼及蟶。俱出宁远。近因海权全失，沿海渔户非挂日旗不得入海。闻有人拟设渔业公司，颇为日人掣肘。

商务自铁道开通，颇臻兴盛。输入货以布匹为大宗，近日有人集款设机器织布公司。洋货则日本货最充斥，闻有销英美者。输出货以粮食为大宗，制造则以皮货为特别品，如鞍鞯、箱盒之类。

午后①点二十五分，由锦州开车，向西南行，五十四里至高桥，旧设驿丞一员。三十五里至连山，有连山河，源出大虹螺山，东南流，绕连山城，东至壶芦岛，入于海。旧驻驿丞一员。三十六里至宁远州，明宣德三年，置宁远衙，筑内城，周五里有奇。明季增筑外城，周九里。康熙二年改宁远州，隶奉天府。三年属广宁府。四年改属锦州府，驻知州、学正、吏目、仓官各一员。十七里至沙河所，沙河，源出大头山，经旧中右所城，东南流入海。沙河所城，在州西南，周一里二百二十六步。九十六里至中后所，明宣德三年，置前屯卫中后千户所于此。国朝设巡检司，隶宁远州。城周三里余，门四，乾隆四十三年修。现改设绥中县，驻知县、训导、巡检各一员。十五里至前卫，三十五里至前所，明宣德三年，置前屯卫中前千户所于此。康熙二十九年，设佐领骁骑校驻防所城，乾隆四十三年修。四十里抵山海关。共行三百二十八里，时八点四十分，宿火车。

山海关隶直隶永平府临榆县，即古榆②关。关东临海，北有兔且覆舟山，皆陡绝，有路，狭仅通车。自此关西迄嘉峪，蜿蜒三千六百里，高二十五尺，厚十五尺，俱为嬴秦长城故地。唐时，置东西狭石、绿畴、③米砖、长扬、黄花、紫蒙、白狼等戍。明洪武初年，徐达始建关；十四年，兼置山海关。

---

① 此处疑有脱字。
② 铅印本作"渝"。
③ "绿畴"应作"渌畴"。

本朝于关设都司，于卫设守备。乾隆二年，废卫置县。

县治东西相距一百十里，南北八十里。北至义院口关，东北至柳条边蒙古界，各七十里；东至奉天绥中县界十里，东南及正南至海，均十里；西至抚宁县界一百里，西南至抚界戴家河，西北至抚界码礰河，各七十里。县城周八里有奇，门四，水门三，濠广二丈，旧为山海关城，系明洪武年筑，本朝乾隆三年、十八年重修。

驻知县、典史、教谕、训导、通判各一员，副都统二员，佐领防御、骁骑校各八员。绿营系总兵管辖，驻马兰镇都司一员，千、把总各一员。

十九日晨八点半，由山海关起程，向西南行，三十六里至汤河，源出汤箭寺山南，流径海阳店，又南经秦皇岛，入海。二十八里至北戴河，有支路往秦皇岛。二十二里至留守营，三十里至昌黎县，属永平府，离府七十里。县治东西九十五里，南北九十里。县城周四里，明隆庆元年筑，本朝顺治、康熙间修。二十八里至安山，山有避兵堡，下有饮马河，东流如海。二十二里至石门，亦曰石门寨，有城，明设参将驻守，本朝顺治六年改设都司，驻巡检一员。十六里至滦州，州以滦河得名，属永平府，离府四十里。州治东西距一百二十里，南北一百四十二里。城周四里有奇，系辽时遗址，明景泰年及本朝乾隆二十一年重修。二十八里至雷庄，二十八里至古冶，十六里至窪里，十三里至开平，开平县，即石城废县。明初置开平中屯卫于口北大宁河岭。永乐初，移建于此。成化初筑城，周四里。本朝康熙六年，裁卫；十四年，移三屯营把总驻此。十四里至唐山，午餐。共行二百八十一里，时一钟二十分。

午后一点半开车，向西南行，二十一里至胥各庄，二十三里至唐坊，四十二里至芦台，隶宁河县，五代时刘守光置台，俗名将台。驻盐场大使一员、巡检一员。十四里至汉沽，四十里至北塘，十八里至塘沽，复折向北行，八里至新河，三十一里至军粮城，北塘、塘沽、军粮城，均有洋兵驻此。四十三里至天津，明永乐初置天津左右三卫，本朝因之。雍正三年，改卫为州；九年改设天津府，以州境置天津县，领州一，领县六。道咸间，海禁即开，移总督行辕驻此。现铁路交通、水陆均便，成繁会焉。驻总督一员，长芦盐运使、兵备道、关道、知府、知县各一员，绿营驻总兵一员。**五十四里至杨村**，隶武清县，驻通判、县丞、主簿各员，守备一员。**四十里至落垡，二十八里至廊房**，尚有洋兵驻此。**四十里至安定，三十二里至黄村**，驻南路同知一员、巡检一员。**三十一里至丰台**，相传因岁丰作台，台高三丈，今遗址犹存。京张铁路由此分道。**二十一里至北京前门外，下车**。共行四百八十六里，时九点。

京师东临渤海，西拥太行，南控九州，北连沙漠，洵天府之雄图也。自海禁大开，津沽互市。胶州之役，威、旅均作租借地。庚子以后，京津一带各国戍兵尚未撤尽，而大沽旧有炮台，订约不复再筑，即使重整海军，业已无险可扼。日俄战罢，彼此议和，名为撤兵，实则平分东省。况外人得寸思尺，其觑隙乘便之念，讵有已时？此次随节赴蒙，历观外人踪迹，几于无地无之，则其处心积虑，目的又不在满洲矣。若再因循泄沓，恐俄人抚吉、江之背，蚕食而南；日人据辽、奉之势，蔓延而西，则长城以北，将非我有。抚兹畿辅，不更有巢幕之危乎！彻土补牢，是所望于留心时事者。

# 上 理 藩 院

## ——条陈内外蒙古

### 冯诚求 撰

敬禀者。窃维朝廷锐意振兴，预备立宪，迭承明诏，改定官制，一洗从前腐旧规随之习，藉泯列强觊觎窥伺之心，此固薄海臣民所同深钦忭者也。而我尚书大人以天潢贵胄，文章经济炫耀一时，简在帝心，擢授理藩部尚书。凡所以固边陲之藩篱，绝强邻之睥睨，一切殖产边卫等事，自当默具衡度，次第设施，岂待烦渎？但土壤细流不见弃于泰山河海，固古人之言也。

诚求自光绪廿七年间，经前署黑龙江将军萨橄调到江，历充齐齐哈尔交涉处文案、哈尔滨铁路交涉局提调，前后四年有奇。该省毗连蒙旗，而局中又兼办蒙垦，举凡政治、风俗及蒙情向背，以至外人笼络手段，略知端倪。本年三月之间，又奉委查办蒙古事宜、大臣和硕肃亲王札，充调查处随员，亲历内蒙各旗。窃叹蒙古地之膏沃，物产之繁庶，实不亚于内省，惜数千百年未经开辟，殊多遗利，而边疆大吏每借控制藩卫为名，不但不为整治，又从而鱼肉之，故蒙人谈及关外官吏几为切齿。今朝廷破除成例，特设专部管理藩封，若由部自行整顿，则八百卅万方里广漠之地，四百二十万蚩蚩未受教育之民，十年之后，必为改观。不揣谫陋，只就见闻所及，臆拟筹蒙八策，仅为我尚书大人缕陈之。

夫我国家自越南、朝鲜失据后，东南屏蔽已尽撤矣，其所以拱卫西北者，非仅恃蒙藏乎哉？英军入藏，势甚岌岌，现虽定约，一切主权已非昔比。而蒙古绵延万里，尤为外人所垂涎。查蒙人性质，夙称强悍，历观史乘所载，北鄙之警无代无之。及元帝南征北讨，骎骎乎有席卷天下、并吞八荒之概。自隶我朝藩属，分其部落，易其宗教，以迄今日，愚弱又达于极点。其蠢者，浑浑穆穆，几不复知有中国；其黠者，挺而走险，反藉外人之势，以抵抗官长之压力，如南省教民。然外蒙入俄籍者甚多，而沿边一带广袤万里，又无门户险隘之可扼，若再因循泄沓，日后情形，将不堪问。尼布楚之前事，其殷鉴也。又查蒙古沿边各部，曰科布多，曰唐努乌梁海，曰土谢图汗，曰车臣汗，均属紧要。自日俄战事以后，而内蒙东西盟各旗尤为日俄交争之点。现日人势力已及法库门以北，而彼族之素以外交见长者，亦暂以西北为缓图，而专注意于东北。该蒙东连辽沈，南接长城，万一不慎，实与京师有切肤之关系，是故整理藩属当先蒙古，而整理蒙古又当先东四盟也。虽然以现定官制殖产、边卫两司所掌论之，铁路宜筹修也，矿务宜开辟也，牧畜宜改良也，林业宜保护也，渔业宜兴举也，盐法宜整理也，军队宜训练也，学堂宜筹办也，是固然矣，而值此国帑空虚，度支日绌，试问何由筹兹巨款以兴办此众多之新政，而期效在数年以后乎？势有所不可，力有所不能也。为今之计，惟有筹蒙古之财办蒙古之事之一法矣。其法维何？则招垦实边是也。

就东蒙而论，除业已开垦及山川、牧厂、沙漠、碛地外，其可开放者，尚约五十万里；以《垦章》上、中、下三等荒价平均之，可收押租银四千万金，除半给蒙人外，尚净存二千余万金。期以五年可一律毕事，其已垦各旗之税务若稍加整顿，岁亦得数百万金。若筹有的款，以之兴办各项要政，若矿务，若畜牧，若工艺，提倡保护以辟蒙人生计，倘能办理得法，则日后获利更属无穷。至若银行、铁路，皆行政之枢纽,与各项要政相辅而行。倘虑集股为难,则黑龙江将军开放北郭尔罗斯蒙荒,每领地一晌①,二千八百八十步。须捐学堂经费银三两,以蒙地之财办江省学堂,于理殊未尽善;改为放荒一晌,搭售蒙古银行股票或铁路股票一张,每张银五元,则五十万方里一里四十五晌。可售股票二千二百五十万张,计得股本一万一千二百五十万元,以之设行筑路,何愁仰屋乎!准此行之,期以岁月,使赤卤沙陀之地悉成锦绣膏腴,酪浆毡毳之民一变耕田凿井。由是而筹办学堂,训练军队,添设州县改为行省,庶而后富,富而后教,审度情形,循序渐进,当有无难就理者。否则一片广漠,即欲广兴教育而无人入校,加练精兵而无人应募,况设官需费更不待言矣。

然则整理蒙古,当以推广开垦、整顿税务为第一层办法,开辟矿产、改良牧畜、提倡工艺为第二层办法,而以交通、圜法、度量衡三事为之关键,若兴学、练军、设行省则为第三层办法。东蒙有效,次及西蒙,浸假而推及外蒙,浸假而推及青海,浸假而推及回、藏,逮乎殖产丰饶、边圉巩固,而彼族之(眈眈)〔眈眈〕虎视者,亦将褫其魄而丧其胆矣。此固我国家亿万生灵同声祷祀,而亦我尚书大人所愿为乐闻也。不揣冒昧,谨戆所知,惟我尚书大人采择焉。

计开:

一、垦务。理财之道,取诸民间,而欲令其惟恐输将不及者,莫如招垦。查《官制草案》,殖产司所掌第一条即开垦蒙地,亦可见当务之急矣。开垦之法,以蒙荒招户领垦,收其押租银两,给予地照,由该领户自行开垦,俟其成熟,计亩升科,历经东三省将军,热河、察哈尔两都统办理在案。

①　原稿误作"响"。下同。

查《奉天垦章》，上等地每晌收押租银二两二钱，中等一两八钱，下等一两四钱，谓之荒价。所收之款，半给蒙王，半归局销，而局费则于荒价外另征一成五厘。近因粮价昂贵，垦户众多，有小户领不得地，辗转求人，小费增至原价十倍者。

黑龙江开放北郭尔罗斯蒙荒，于荒价外每地加征二分之一，又征学堂经费银三两，再加局费，平色较原额几增四倍。而荒地已将次放竣，亦足见领户之踊跃矣。

又查内蒙东四盟垦务，卓索图〔蒙〕〔盟〕已垦者十之八九；哲〔黑〕〔里〕木盟十之六七；昭乌达盟除敖汉、翁牛特、奈曼各旗外，余尚未垦；锡林郭勒则全盟俱未开垦。其中，如巴林、〔岛〕〔乌〕珠穆沁等旗，沃地甚多，有黑土深至三四尺者。姑就东四盟未垦各旗而论，除去山川、牧厂、沙陀、碱地外，尚有可垦地约五十万方里，以上、中、下三等价值平均之，可收荒价四千万金有奇，一切局费平余及额外抽捐尚不在内，实莫大利源也。

外蒙一带天气较寒，地力亦薄，可照前黑龙江将军筹办沿边荒地，试晌成熟，移民实边办法，开放时有人来领，不收荒价，只收纸笔费每晌二百文。其余由公家置办机器，自行开垦，每架约值三千元；自黑河购运。再雇工人三十名及牲畜等，岁费约三千金。第一年每架能开二百晌，每晌可收麦五石，江斛。以每石值四金计，可得四千金，除去费用，尚盈千金。第二年能开四百晌，盈五千金。第三年能开六百晌，盈九千金。此就机器一架而论，若能广置机器，再以余利逐渐推广，加以牲畜滋生之息，每年获利至数十万金。一俟某处垦熟，即行移民接垦，每户拨给熟地十晌及房屋、牛具、籽种等，作价若干，于三年或五年内摊还，十年之后不但获利无穷，沿边一带悉成巨镇矣。

其业经开垦升科之地，如科尔沁等旗，每晌岁纳大租田赋俗称。私钱六百六十文，以四百二十文给蒙王，以二百四十文作设官之费；喀喇沁等旗，则蒙人招佃耕种，计亩收租，岁供蒙王差役，不纳大租。然蒙人将地辗转售典，顿滋夥繁，有白(义)〔叉〕子、客佃种蒙地，无押契银，只将合同书画一邪叉，剪开，各执半以为凭，名曰白(义)〔叉〕子地。押契、蒙人钱乏，将白(义)〔叉〕子地例价卖与客佃，蒙人只许吃租，地归客佃，名曰押契地。烂价、将熟地当与客，限满价烂地归蒙人，毋庸备价取赎，名曰烂价地。钱到许赎、将地暂典客佃，不论何时，均可以备价赎回，名曰钱到许赎地。指证作保息借客佃银钱，限满不偿，地归债主，名曰指证作保地。等名目。及至年湮代远，佃户频更，催头互换，官府催租之役。蒙人只知收租，不知地之何在；客佃之黠者，每借水冲沙压为言，又有退租、水冲沙压，可将租额退去，然客佃藉名抵赖者不少。扣租客佃嫌租重，折扣还给。等弊。亟宜澈底清丈，业主给予地照，注明号数、亩数。佃户改换租票，上粘印花。酌收丈费，将从前马步弓、小差等费，概为革除；并统按科尔沁等旗办法，一律征收大租，除去皇差、乡约牌头敛钱纳州县，谓之"皇差"。下马点卯、春秋点卯及供张窖冰、射手、防御盗贼费。军营用草等陋规，既于国课有裨，民间亦得核实供输，反免意外之累。

办法：请设垦务行局，由部派员领之，随带书丈员、役人等，分赴东蒙各旗，按段招垦，以五年为限，将该蒙荒悉数放竣。其从前开垦之地，应派员一律清丈，以清夥繁，而重课款。至外蒙试垦一节，可首自车臣汗起，就财力所及，渐推而西。总之，生利事小，实边事大，御侮保邦，莫急于此。

二、税务。蒙地税务以烟酒为大宗。翁牛特辖境，烧酒每斤捐制钱十六文，各烧锅每年认定捐数，上等每铺认捐八万斤，中等六万斤，下等四万斤。即以赤峰一邑而论，共烧锅三十余家，以三等捐数匀计，岁得捐钱二万八千余吊。辽源州烧锅一家，每年认捐二班，每班十四万四千斤，每斤捐东钱百文，计捐东钱二万八千八百余吊。若以口外及奉、黑两省开荒新设之各州县统计，每年征收酒捐不下十万金。民间艺种莺粟，亩征税银一钱，加票费一角,收成时地膏一两征东钱三百三十文。关东口外行销烟叶处亦甚丰,每斤抽税钱二百四十文,综计每齐烟税当亦不亚于酒捐。

烟酒之外,以牲畜税为盛,有过路税,有落地税。查《辽源税章》:牛、马、骡值百抽五,驴抽二厘五,局费较正税五分之一。《赤峰税章》:牛、马值百抽三,此落地税也。又查《乌丹城税章》:牛、驴每头二百四十文,马三百文,驼一吊二百文,猪、羊三十文,牛、驼皮每百张□吊零五十文,骡、马皮四百二十文,羊皮二百十文,此过路税也。闻古北、张家等口,岁收牲畜税不下百万金,惜利归中饱,未能涓滴归公。其未开辟之蒙旗,牛羊千百成群,概未纳税。

其余如斗税、车捐、杂粮、布匹及日用之物,无一不税。每处设一税局,岁收二三万金不等,其喀喇沁、翁牛特等旗之税汇交热河求治局,科尔沁等旗之税汇交奉天财政处。乌珠穆沁、浩一特交界之冲和尔盐泊产盐甚富,且天生成盐,不假人力,惟交通不便,向用牛车自盐泊运往古北口一带,路过各州县每入一境,每斤捐制钱五文,以致脚费昂贵,蒙盐滞销。可由部招商承办,官办恐不合算,给予部照,许其专利,每年酌收营业税若干,盐税就场征纳,不论远近,每斤抽制钱十文,路税一概豁免,<small>见道可照票。</small>若以岁产三百万斤核,计可得制钱三万吊。达赉诺尔<small>即呼伦湖。</small>周围三四百里产鱼极旺,惜蒙人迷信殊甚,谓捕鱼得罪龙王,必致瘟灾。<small>从未捕捉,几有鱼满之患。前俄人拟岁缴二千卢布,请黑龙江将军给照租捕,将军未之允许。</small>若仿渔业公司章,集股兴办,每年获利约十余万金,即以一成抽厘,约鱼税万余金。

蒙地森林异于东省,其繁茂之处,则密林蔽天,土人不甚爱惜,即栋梁之材斫为薪樵;其空矿之处,则疆望濯濯,盖牛羊散牧,随长随食,未由成林。亟宜设法保护,将来建造铁路即可于此取材。闻中东铁路公司自二十六年起欠缴吉、黑两省木税,积至百余万卢布，可见木税一项亦绝大进款也。

办法：查《官制草案》，本有藩务调查会，请即饬该会设一税务调查股，将各蒙正杂各税悉数调查明晰，与地方官划清界限，由部派员整顿，务令涓滴归公，并除去票儿、即税票费。贴利即银钱贴水。等名目。至鱼盐、林木等项应如何提倡保护，亦由该会调查明确，议章兴办，务令生产日丰，则税务亦因之日旺。

三、矿务。蒙地各矿之已开者，如喀喇沁（石）〔右〕旗之老泥洼、鸡冠山、（芒）〔牤〕牛营子、霍家地四处金矿，果山子、烟筒山两处银矿，十六坟、五家子两处煤矿，中旗之乌勒格山金厂，梁转山子三香金矿，翁牛特右旗之红花山金矿，五台上、东西元宝山三处煤矿，以上各矿，不下数十处，而成效昭著者甚鲜。推原其故，有两大原因：一因矿质绵薄散见，购用机器恐不合算，而皆以土法开采，故出数微；二因地处偏僻处，交通不便，股东永不到局，任用司役层层侵扣，杨树林、承平银矿公司把头携银到局，计重二百余两者除去各项耗费，净存钱银百余两。故糜费大。坐是两大因，而欲令矿务之日有起色，难矣。亟宜设法整顿，务令地无遗利，款不虚糜，将来矿产日盛。可援照漠河观音山金厂矿办法，有股东赢余项下，酌提报效银两若干成，以为办理新政之用。其未经开采者，如巴林旗乌尔吉图山之五金矿、桂拉沁山之煤矿，矿苗皆已现；赤峰西乡之茶晶矿产晶甚佳，惜蒙王（感）〔惑〕于风水不让开采，亟宜设法疏通之。此外，如索岳尔济山、内兴安岭一带，山脉雄奇，韫藏必富，非经采勘末由臆探。昔俄国矿师某曾将古苏库尔之砂金发明表著之，倡言于政府，谓俄国若有此湖利益甚大等语，亦可见地质之富矣。至若翁牛特境内之石版，色如镔铁，若以化学分之，定含金类质；巴林境内之玻璃土，状如云母，可制玻璃；土（然）〔默〕特境内之鱼儿石，石纹类鱼，可琢玩具。其余如翁牛特之硝、套囊之碱，无非大地精华之蓄，以供世人求取者。

办法：请再饬查会内设一矿务调查股，将各旗已开之矿应如何改良，未开之矿应如何提倡，由部派员监察维持之；并宜变通矿章，使民间易于开办。若照前商部定章，各处报开矿产，须指定矿地，验明股本，方准给照开办。值此边瘠古寒苦地，试问谁掷此数十百万资本以争此不可必之微利？则永无开矿之日矣。不如令民间勘得矿苗，先行试办，俟有成效，然后集股兴办则较易为力。一俟风气大开，再行遵照定章办理。

四、蒙古马匹素称天闲良骥，索伦马队屡奏奇功，加以畜牧为生，马匹又占一大部分。然马政不修，则日见退步。考其形相身躯，不及从前之俊伟高超，而其坚忍耐劳之性，亦与前大相径庭者。推其故，有六原因焉：

一由于不知选种。古者，御马必择高大精壮，取其种良也；今蒙人则无论老弱残病，听其自便，故孳生佳种绝鲜。

一由于游牝非期。古者，游牝必于春令，且须俟三年始举一次，所以厚力强种也；今该蒙游牝之期约在立秋、秋分之间，而产马之期一年一次者居多，三年两次者十之三四，两年一次者已寥寥无几，宜其马种之日即衰弱也。

一由于产后损失。牝马孕时不善滋卫，产时不加经纪，产后亦无调养，大抵产于牧地，阅二小时驹马即能起立、移步，二三日则令走，半月后则令跑，稍不经意，往往为狼所食，而母马到葬之事十中有一二焉。

一由于饮水之关系。泉源之优劣与牧马又有关涉，故乏水源之处，马匹往往瘦劣，不仅有害卫生，盖水浊则地瘠，地瘠则草不茂也。

一由饲料之关系。蒙人无所喂养，四季皆纵马入山中，令其自行觅食，故夏季草盛则马肥，冬季草枯则马瘠。若寒暑不时，荣枯无定，而马亦受直接之影响焉。

一由于牧御之非术。蒙古马群，一人能牧五百头，牧者惟间日检点一周，不知经纪。既无马厩，又无马医，夜则暴露，日则奔放，病则不疗，是以伤亡日众，而马种亦随之而劣也。

办法：宜就旧有牧场设法改良，渐臻进步。若西人所著各种畜牧之法，今且语不到此，只能喂饲有资、栖息有所、阉割有时、疫疠有医，则滋生自息。近时畜价昂贵，则获利亦丰，若民间争相仿效，将来梦兆维鱼，可卜邦家之庆，而腾骧骐骥，亦可助战品之需也。

五、工艺。蒙古物产甚富，惜工艺窳陋，未能远销。蒙人所谓"工艺"者，有打毡、缝皮、绞绳、拈线等事，均备建造穹庐及室中卧具所用；所谓"制造"者，有奶酒、奶皮子、奶豆腐、黄油等品，奈制法不良，行销不广。亟宜广设劝工厂，使各项工艺渐次振兴，俾免弃材之虑。如牛皮可以制靴、帽及箱笼物件，牛肉大者可腌以装桶、小者装洋铁罐方能行远；羊皮及各种兽皮，蒙人向无销皮厂，可设厂自销；牛毛可织毯帘，驼绒可织褥垫，羊毛可打毡织呢；骨殖遗弃满道，若以松香鸡蛋配合可充象牙；角蹄向以壅田，可用以制器；乳油亦可装罐，兼制酥酪糕饼等食品；骨髓可以制烛；葡萄可以酿酒；粮食向用杵舂，若改大磨，工费较省；药材遍地皆是，若加焙炙，味乃精良。其余如热河之明开夜合，木理精细，配置桌面斐然可观；巴林之原勒苏草，用以编帽，光洁可爱。近喀喇沁右旗拟只股设实业公司，应为提倡奖励，俾各旗群相仿效。

办法：宜于热河、赤峰两处各设工艺学堂，先将蒙地生产次第改制精良，俾得畅行。倘能办有成效，再行推及各旗，务令商品畅销，地无遗利，以为准衡。

六、交通。蒙古河道，除英金、锡伯以外，无舟楫之利。各旗如锡喇木伦、察罕木伦、阿禄坤都伦各河，河道绵长，惜浅深；不浅处有不及拓者，六尺为拓。可择淤浅处一律浚深，俾可行舟，不但俾益交通，且于农务大有关系。榆关以外，每交冬令，则车马畅行，商贾辐辏；夏秋之间，遍地积潦，行人裹足，若将河道一律疏通，实于水陆交受其益。且更有请者，关东各大川水道，皆自西而东，故奉、吉、黑三省南北未能贯通，若自东辽河起至伊通河，仿照苏彝士河办法，集款通凿之，中间不过百里，使辽河与松花江、嫩江合流，则南省货物可由营口老辽河北上，直达吉林、齐齐哈尔等处，将来航运畅行，可夺中东铁路之利。

建筑铁路所需木石材料，蒙地取之不竭。现京张铁路业经兴办，将来张库路成，中俄商品即可由此贯输，可省恰克图一路驼运之费。若再自京师出古北口，独石口多山。取道多伦诺尔，经克什克腾、阿巴哈纳尔、浩齐特、乌珠穆沁各旗境建筑一路直达呼伦贝尔，与中东铁路相接，便东四盟商务及呼伦湖之鱼、冲和尔泊之盐，均可藉此畅行。此路前经俄国创议，曾经外务部咨查黑龙江，后因战事罢议，现正可及时兴筑，以免外人觊觎。查该路长约二千里，中无名山大川，若照寻常铁路工程，每里不过数千金，路本不过千余万，如于垦务内搭售股票，领地一垧，售股票一张，计银五元。则放荒十万方里可得股银二千二百五十万元，已能集事，将来垦务办竣，路工亦可告成。

电报，自光绪十五年始由恰克图经库伦、张家口而筑，至北京、东四盟各境，则只由古北口通热河。三十一年，喀喇沁右旗曾请北洋由热河增筑至王府一带，业经北洋派员测量，嗣被松统制寿以蒙王径请北洋从中阻止。可仍照原议，由热河经喀喇沁至赤峰，再由赤峰西通多伦诺尔，与拟设之铁路线相接，东通朝阳、锦州，与关外铁路缘相接，则消息可以灵通，商务更形繁盛。

驿路，自康熙三十一年增设藩驿站，每驿相去百里。自喜峰口至札赍特，千六百里为一路，旧驿外置驿十四；自古北口至乌珠穆沁，九百余里为一路，旧驿外置驿六；自独石口至浩齐特，九百余里为一路,置驿九。第此项驿站,积久弊生,音信濡滞,更非南省可比。近喀喇沁右旗往来公文信件,每星期均送至热河,由邮局代递较为便捷,可咨商邮传部,将邮局推广各旗,以补驿递之不足。

办法:河道有关农务,铁路有关商务,均属紧要,亟宜筹款兴举。至邮电两事,需费较轻,会商邮传部办理可也。

七、圜法。中国圜法之坏,莫如口外古北口一带,用东钱每吊九七五串、制钱三百三十文;热河、赤峰一带,用津钱每吊九八串、制钱五百文;第口外制钱,几无所见,所用皆沙壳。私钱俗称毛钱,有二路、三路之别,以钱之大小为衡。此外,尚有鹅眼、鱼眼等名目,略如钮扣套圈式样,小则过之。

平色,则古北口平每百两比库平大一钱,热河平每百两比库平小八钱四分,赤峰平每百两比京市平大三钱。商家亦出钱票,名曰欠帖,自百文至五十吊不等。热河、赤峰两处之票可以通行,其余各市集所出欠帖彼此不相通用,有打八九折至一二折者。

自巴林以上,蒙人贸易各以货物相交换,颇有太古遗风;间用砖茶作货币,即现银亦不经见,制钱、银元几有不知为何物者矣。

办法:亟宜集股设公家银行,专做蒙藩贸易。其集股之法有二:一、通行各盟旗札萨王公、台吉、塔布囊等,每旗令共认入若干股、认招若干股,每股五元,先缴二成,分期补足。倘蒙旗无现银可交,准其于所开蒙荒应给荒价内扣除。一、即于各旗所放荒地内,每(头)〔类〕地一垧搭售股票一张,若仿通商银行办法,则放荒百万垧即能将股本招齐。银行既设,亟须印半元、一元、五元、十元及一角、二角之银元票,专行蒙部。凡民间领荒纳税及官家一切用款,概用银元票,每元作库平银七钱二分,进出一律。并仿照黑龙江官钱办法,将商家所出之票,令其一律收回,概用官帖,免其辗转折扣,则易于畅行,且可敌日、俄两国卢布、手票之输入,以致银钱外溢。并可酌铸铜元周转市面,而将各处私钱概为禁绝。

八、度量衡。整齐度量衡本工部专职，近商部亦拟整顿而未逮焉。然内省斗秤步尺各处虽有异同，究属不甚悬绝。若蒙地情形，则有骇人听闻者。

京北斗积以箭升，<small>每箭合清斛一升。</small>源河镇每斗一二五，合清斛一斗二升五合。古北口一八五，热河一七五。热河以北，有二十及二二者，则至二斗二升矣。茅荆坝地以北，则以碗计。<small>以碗合清斛五合。</small>骆驼山每斗五十五斛五，<small>合清斛二斗七升七合五勺。</small>旺业店八十碗，赤峰九十碗，乌丹城百碗，是名为一斗，实则五斗矣。乌丹城以北，有粗粮每斗一百三十五碗、细粮八十四碗之别。平泉州属之木匠营子，斗口百碗，公议斗八十碗，商人进出差五之一。<small>俗出九进十一。</small>其斗式有四方上狭下广如斛形者，有上广下狭如升者，有员柱形者，形体各殊，容积亦异。

亩法，自古北口以达赤峰，均以二百四十步为一亩，惟土（杰）〔默〕特以长七百二十步、宽三分步之一为一亩；法库门一带，民间艺种莺粟，以长七千二百步、宽二百步为一亩，计积一万四千四百步，实合六十亩；辽源一带，以千四百四十步为一亩；哲（黑）〔里〕木盟之荒地，以二千八百八十步为一垧。以上所述，尚有积步可循，惟蒙人未谙算法，有以一牛每日所耕之地为一段，不详亩数者；以一牛二骡之力为十五亩者；有穷一马之力所驰之圈子为度，收租二十一斗者。蒙人行路，亦不问数，但云牛车步几天、马行几天，种种情形，几同化外。

综此八策，事虽难而实易，法似创而实因，而其间握全部之机关，可藉以振兴庶务者，莫如开垦一事。惟是蒙疆辽廓，振理维艰，种种机宜，势难遥制。拟请略仿西二盟垦务，由国家特简大臣之例，由部请旨，简放大臣一员，督办蒙藩垦牧、商税、路矿等事宜，驻节东蒙地方，仿外务部请放各海关监督之制，庶可联络一气。一面奏请饬下奉天、吉林、黑龙江将军，划清权限，将前内蒙已垦、未垦各地，悉数造册报部，由部知会该大臣分别清丈开放，所有筹蒙要政，悉归该大臣节制，以一事权。又查黑、奉两将军历年在蒙地收得荒价不下千有余万，从未为蒙古兴办一事，以后似可不必令其再行控制，俾将军只管本省，都统亦专管旗务，以免牵掣。惟事属创办，设局用人在在需款，一面再请旨饬下度支部，暂借库银十万两作为开办经费，一俟收得荒价，即行归还。大端既定，当有不难就绪者。至于人才不足，可于藩言馆内挑选气体坚实、稍明算术之学生，另立一班，或招旅京子弟亦可。专教丈量、测绘等事，数月以后，即可毕业，则人才不可胜用矣。如虑外人干涉，因应为难，则此举本为我国家自行振顿藩属起见，并无国际之交涉，且不于军界入手，即强邻亦断不至有非理之妄干。况从前各将军开放时，外人均未干涉，岂此次由部开放而转多牵掣乎？无是理也。若夫详细章程，应俟开办时体察情形，再为妥拟。

　　总之，以上各策，不仅为蒙人谋生计，实为内省周边防，苟非设法振兴，恐后日情形且有益为棘手者。列强环伺，时事多艰难，彻土之谋，曷云能已？倘能将以上各策次第布置，然后兴学校，练军备，改设行省，以理治之，瞻彼蒙藩，得此其庶能有豸乎？蠡管之言，何裨大计？然眷怀时局，实有不能自默者，愿我尚书大人进而教之，则幸甚矣！肃禀。恭叩

　　钧安，伏乞垂鉴！

# 东四盟蒙古实纪

## 吴禄贞　撰

东四盟蒙古辖境，即辽金旧地也。辽金之得以蹂躏中原，雄踞黄河以北，实维形势利便之原因。国朝长白发祥，入关定鼎，亦维科尔沁等疏附奔走于前，喀喇沁等（响）〔向〕①导内应于后。〔其〕②行军之迹，至今犹彰。是则东蒙古之关系内地，就历史上观之，讵不重大哉！况自两邻交哄，划长春府③南北路线为界，经营竞争，咸注目于蒙古一带，侦探之足迹，外交之手段，几乎无微不至。而蒙古之王公以及箭丁，咸茫然无知觉，其黠者且贪小利而忘大祸。禄贞奉命随邸节④游历各旗，耳目所在，辄为寒心。因撮其大略，以见腐败之病源，使施针砭者得以藉手焉。

## 一、蒙古之制度

内蒙古自天命朝陆续归附，世守牧地，轮班朝贡，分哲里木、卓

---

① 据《西北杂志》本改。
② 据《西北杂志》本补。
③ "长春府"，《西北杂志》本作"宽城子"。
④ "邸节"，古代以王侯府邸代称王侯，此指奉钦命巡视的肃亲王。

索图、昭乌达、锡林郭勒等盟，共三十六旗。① 各旗设札萨克，以王、公、塔布囊、头等台吉为之。各盟设盟长、副盟长、帮办盟务、备兵〔札萨克〕、理藩院侍郎②等职，小事则札萨克自理，大事则听命于盟长。三年一会盟，由理藩院奏请命大员莅盟。大小相维，内外交用，颇有德意志联邦制度。自嘉庆后，盟会既废，各王公非婚姻不复往还，其民人往往因樵采细故，结讼不休，巴林与乌珠穆沁右旗入山伐木，以为越界盗木云。于是各旗之团体解。而王公夜郎自大，俨然王制。堂中暖阁如宝座，坐褥用行龙，穹庐之柱亦雕漆蟠蛇状。元旦受朝贺，如升殿仪注。设官制，断狱讼，收租税，各旗办法参差，与内地迥别。今将其官制、租税、狱讼分(别)〔列〕③于左：

**官制** 札萨克下设协理一员或三员，秩二品，受命于天子④。由本旗贵族内选充。札萨克年班入都，则协理代掌旗务。如科尔沁左翼中旗，利用幼主，协理可久享权利。郭尔罗斯后旗，因案革职，其开荒地价，将军可与协理分入私囊。梅伦章京，即和硕金。二员或一员。秩正三品或二品，视王之爵秩为差，掌全旗事务，俗称丞〔相〕⑤。以下各员，均由札萨克自行黜陟。札兰章京，二员或四员。佐治旗务。每箭各设索木章京一员，坤都副之，视箭之多寡为准。掌地方事宜。下此则笔切齐，或有定员，或无定员。掌书写文件。此外尚有管印管兵之梅伦、管印管兵之札兰、管兵之笔切齐。昭乌达、卓索图盟各旗则设专员，锡林郭勒、哲里木盟各旗则为兼差。又有大宗正、即木坤大。小宗正，即打吗拉。或十二员，或六员，以台吉、塔布囊为之，掌本旗谱系，(几)〔凡〕⑥袭爵等事隶焉。又有包

---

① 此四盟三十六旗，即东蒙古，又称东四盟。《西北杂志》本作"四十九旗"，系指整个内蒙古六盟。

② 此处有误，理藩院侍郎与各盟职官无涉。

③ 据《西北杂志》本改。

④ "天子"，《西北杂志》本作"朝"。

⑤ 据《西北杂志》本补。

⑥ 据《西北杂志》本改。

衣章京,设长史,头、二、三等护卫,五、六、七品典仪等,有定员,视爵秩之尊卑为差。下此闲散当差,或有定数,或无定数,无薪俸,奔走札萨克府而已。长史出入王府,权甚重,或升作梅伦。护卫或以还俗之喇嘛为之。典仪或掌官仓,或掌盐池,均系奴隶出身。其政治之紊乱有如此者。

**租税** 旧制,每十五丁给地广一里、纵二十里。<sup>①</sup>近则在府当差者,由札萨克指给地亩,概不收税。其转租与汉民者,或每顷纳本色一石二斗,山坡减半。或每天蒙人不知亩法,以一牛两马所耕一日之力为一天,约十亩至十二亩。纳钱二百,或百二十,或每顷三十六吊。即大钱十八吊。<sup>②</sup>此喀喇沁、敖汉、奈曼、克什克腾、土默特、翁牛特各旗之情形也。至科尔沁六旗、扎赉特、杜尔伯特、郭尔罗斯,均每晌约十二亩。四百二十文。即大钱二百十文。此外尚有小差费,每亩自百余文至十余文不等,均视家道之肥瘠为准。又有牌费、换牌费、烧炭费、木植税、每六套大车一百文,小车减半。盐税。每车三钱。牧畜部落如浩齐特、乌珠穆沁、扎鲁特等旗。不知种植,则征牛马税,每百头抽二或三。商税则近时辽源河运开埠,以十分之三拨博王、达尔罕两旗。至札萨克入京一切费用,均征诸民间。

**刑法** 卓索图、昭乌达两盟毗连内地,改设郡县,蒙汉杂处。凡汉人与蒙人诉讼,例由地方官判断。而府县官不谙蒙语,偏袒汉人,蒙民多延不到案,故汉人转就近向蒙旗控诉。听讼时,中设札萨克座,左右设协理、梅伦各座,诉讼者匍匐于下。亦有笞责、羁押诸刑禁,甚或瘐死禁所。无监狱,只黑屋。至乌珠穆沁各旗,地近外蒙古,风气质朴,口诉无文牍,故讼事綦少,刑网亦疏。

---

① 《西北杂志》本作"每一箭丁给地十五晌"。

② 《西北杂志》本作"三十六千,即大钱十八千"。

至科尔沁各旗，则沾染东省习气，非刑綦多，有拶子、木钩子等刑，甚有毙于非命者。

## 二、蒙古之宗教

蒙民崇信黄教，深（如）〔入〕①骨髓，故每家三丁，必有一人或二人为喇嘛。各旗皆有活佛，甚有一旗而四活佛，一庙而两活佛者，聚讼于理藩院，致以金瓶掣签。积久弊生，掣签亦可贿得，而愚蒙皈依，仍视为神圣不可犯。今举其迷信及内容如左：

**迷信**　蒙人信佛，自黄童以迄白叟麾不崇拜，妇女晚年均剃度如尼。凡一切患难幸福，皆委心于佛，若有患难，即为佛谴。患病不延医，请喇嘛诵经，不治则跳鬼，再不治则布施财产、奴隶、牛马以为祈祷，甚至舍身为佛前供奉。乌珠穆沁右旗有人顶骨香炉。死则亲友以唪经为赙，葬则以唪经为资冥福。其未被鸟兽啄食者，则唪经为忏悔罪愆，蒙人以鸟兽不食如入地狱，为极大罪恶。必待饥鹰略尝一脔，唪始已。若有幸事，亦唪经以谢佛佑。家中平顺，必唪太平经。嫁娶之先，必唪经以祷告。凡札萨克驻处，必有大庙，几无日不唪经。即中赀之家，亦必二三月诵小经一次，延喇嘛一二人；三年诵藏经一次，三日或五七日，喇嘛之数，必十人以上。以贫富计。亲朋咸聚听经，否则非笑随之矣。每年须赴大庙或活佛庙磕头，不远千里而往。富贵人②或至西藏，往时必纳香火资。达赖喇嘛之待遇，以银币之多寡为差。大库伦之达赖喇嘛③，亦一锡号之胡图克图也。磕头之盛，春秋拥塞于门。常人不得入活佛室，守候于二门外。若活佛不出，则迟之明后日，即四五日，亦无怨言，反咎己心

---

①　据《西北杂志》本改。

②　"富贵人"，《西北杂志》本作"富人"。

③　此处有误。"达赖喇嘛"为藏传佛教格鲁派最高首领，驻西藏拉萨。大库伦之喇嘛首领为哲布尊丹巴呼图克图。

之不诚。若活佛出，被其摩抚或足蹴所及，不啻已登天堂。佛座板舆而出，侍者手持佛杖，杖长尺许①。上镌龙头，裹以丝绸。随诸其后。佛过处，蒙众罗拜于地。活佛端坐不动，侍者将佛杖乱击，其绸帕中额者，则欣欣然有喜色，否则有戚容。活佛既过，荷筐收布施银者至矣。若乘车时，群恐龙杖不中，不得消其罪戾，则以哈达铺道，被轮辐曳过，急捧而顶礼，亦为荣幸。蒙人项下多挂小佛，是为护身佛；手中携念佛珠，行坐时口诵手捻，②状似颠痴。晨起盥洗毕，即以小香炉焚香寸许，又微糁香末置几上，趺坐，展小经卷，低声默诵三数次毕，以绢包裹置佛前，口中仍隐隐不辍，两目似开仍合，约数十分钟，日以为常。贫人无暇念经，方以为憾事云。

**喇嘛之等级及服饰**　胡图克图共分三种，一世袭，如小库伦即多伦诺尔。③ 之喇嘛。一敕授，如大库伦之达赖喇嘛，来自西藏，死留信物。持此信物，遍访西藏及青海一带，不论久暂，以访得为度。访时先求西藏大活佛指示方向，随其所指，捕风捉影而为之。至访得时，必二三岁小孩子，能预言有访我者至，并详述前生信物。于是膜拜，迎归至该部落，由旗主申报，理藩院具奏，而后敕授，是为敕授之活佛。一本地活佛，蒙名"土不那"。无封号而自尊，以邀愚蒙之崇奉者。胡图克图以下，达赖喇嘛④一人总理庙务，禀承佛意；副者三四人不等，暖帽无纬，凉帽如笠而黄色，均缀红顶，可擅作威福。再次名威灵喇嘛一人，副者无定数。再次则苏拉喇嘛，供奔走服役。其职位较崇者，帽平顶圆形，披散黄绒；其平常者，均如秋帽，惟顶作黄色。衣服则黄、紫二色，其富者，马褂、外套皆黄缎，履

---

① "尺许"，《西北杂志》本作"丈许"。
② "口诵手捻"，《西北杂志》本作"口默诵，手微捻"。
③ 小库伦即锡埒图库伦喇嘛旗，非多伦诺尔也。
④ 误，应为"达喇嘛"。

官靴。

**喇嘛之丰富**　近边一带,多置田产。喀喇沁、敖汉旗内之庙,远置不动产于札萨克图、郭尔罗斯等旗。未开垦之区,则以牧畜为富。操作多佣工任之,或放债于王公,而责其每月六分之息。其来源均由布施而得,而僻处之销路不广,故岁有余积。不利济,不贸易,近边者略托人贸易。皆窖藏于地,秘不示人。

**喇嘛之繁盛**　各旗必有大庙,一旗或四五大庙,小庙无算。大庙之喇嘛多或七百人,少或四百人,大约一旗总在千数以外,居男丁总数①四分之一。其出家为喇嘛,家中赀财仍得十之三四,或贫无产则以衣食周济之。亦有家贫而喇嘛富者,则以庙中赀财周(急)〔济〕②之。且一入僧籍,可免差徭,故剃度日多云。

## 三、蒙古之人民

蒙古之人民约分三种:一喇嘛,最多数;二台吉及塔布囊,有权力或无权力;三箭丁。除喇嘛已详外,列如(在)〔左〕:

**台吉**　台吉皆元裔,最为贵族。塔布囊则元裔贵族之戚裔。头等台吉秩二品,次三品,最下四品,即褴褛中亦皆四品。秩稍杀者为塔布囊。每岁均轮班入京。因贵族故,常为协理、梅伦、札兰。(之)〔其〕③富者家中奴婢三四百户,牧畜数千头;其贫者亦有奴婢三四户,终身为其工作,衣食居而外,别无工值矣。

**箭丁**　旧例,会盟必严审箭丁。此次会盟,绝无一旗申(教)〔报〕④实数者,盖亦等于保甲门牌之虚文矣。其在札萨克处当差者,漫无定数;因之协理以下及闲散王公均有私奴,亦无定数;私奴

---

① "男丁总数",《西北杂志》本作"男子"。

② 《西北杂志》本作"周给"。

③ 《西北杂志》本无"之",据文义改。

④ 据《西北杂志》本改。

之家，又有私奴。私奴愈多，箭丁愈少，故每箭一百五十丁，迄无一旗足额者。

## 四、蒙古之风俗

近内地一带，颇沾染汉人习气，极力摹仿内地情形。① 近东三省一带，多采满洲制度。聘嫁皆须银块，即五十两之宝。自三四块至十余块不等。近外蒙古一带，则仍守旧有之习惯。今略举于下，以见一斑。

**婚姻**　问名纳采无聘物，以家之贫富，定牛马之多寡。牛羊之数，以九为起点，自一九至五、六九，至多不得过八十一头，盖取九九长寿之意。极贫不能具九数，则尚奇数，自一头至五七头不等，与内地对偶之意绝异。亲迎之前，堉著方马褂，帽红缨，履官靴，腰缠白绦，执弧矢，骑马而往。凡属亲朋，尾随其后。必招一台吉，以壮观瞻。鼓乐繁简，视同往人之多少为率，多或百数〔十〕②人，少亦十余人。至坤宅，佯作闭门不纳状，必俟亲朋再四说项，而后延入。入则堉以哈达谒外舅姑，外舅姑尊之上坐，享以全羊，进奶酒，宾朋醵饮极欢，信宿乃归。翌辰，坤宅送女，富以毡车，贫以大车，编柳圈为围，沿途招亲朋同往。比至乾宅，阖门亦如之。迨延入行礼，中座生火一盆，夫妇先向之拜，次及翁姑。登堂不交拜，入门不合卺。饭后则与戚友为礼，或送哈达，或送布制烟袋，并飨送亲者以酒食，亦信宿乃去。其母则必居十数日始返，临行必哭泣而别。赠嫁之物极单简，无妆奁，无箱笼，无衾绸，衣服随身而已。富者赠以车（轮）〔辆〕③、牲畜，略备四时衣履，并有媵奴婢者。新妇之装

---

① 《西北杂志》本作"风俗均仿内地情形"。
② 据《西北杂志》本补。
③ 据《西北杂志》本改。

束不异常人,惟衣履略易,鲜洁而已。未(婿)〔婚〕①之女均辫发,根束红绳寸许。至嫁日,并不梳(枞)〔拢〕,及成姻②后,始高梳盘髻。贺仪以贫富论,大约以赠牛马为厚仪,平常则羊数头、银数两、布一匹而已。平时无男女之嫌,交际极自由,父母、丈夫知之,亦毫不呵责。〔客〕③至,男女杂坐,调笑戏谑无界限,故不知贞节,尚天然人群世界焉。

**丧葬**　蒙古无棺椁衣衾,富者以木板制方柜,锐其上,著常服,缠以白布,坐尸其中。贫者以柳编筐,裸体或略蔽以布,纳诸筐中。富而贵,则择地作坟,砌以砖,颇草率。札萨克或筑〔以〕④小屋,周围不露气。富而不贵,则浮土掩之。乌珠穆沁则不许入土,即王公亦浮厝。相传埋诸土中则触怒龙王,有伤牲畜。至贫,则以牛马车疾驰荒野,俟其颠扑至地,即为安身之所。三日后返视之,已为鸟兽所攫食,则谓生前无罪慝所致,否则子孙有戚容。大有上古委诸沟壑,死欲速朽之遗意。既无供献,又无木主⑤,节序亦无祭奠,此通例也。〔至〕⑥火葬一法,惟大富贵始行之。当请喇嘛诵经毕,洁其尸,缠以绵布,涂以黄油,筑砖于葬所,架以干柴,弃⑦尸于内,投烈火中,炽为灰烬,检其遗骨⑧,送入五台〔山〕⑨。非献多金,山僧不纳。若亲朋吊唁,亦有赙襚。富者或赠牛、马、羊及布匹,较婚礼略减。寻常交际,则递一哈达而已。然无论贫富,必须由喇嘛唪经,富者酬以牲畜、金帛,

---

①　据《西北杂志》本改。
②　"姻",《西北杂志》本作"婚"。
③　据《西北杂志》本补。
④　同上。
⑤　"木主",《西北杂志》本作"灵床"。
⑥　据《西北杂志》本补。
⑦　"弃",《西北杂志》本作"乘"。
⑧　"遗骨",《西北杂志》本作"遗烬"。
⑨　据《西北杂志》本补。

即贫者亦答以一羊，最富者则于全部之活佛处各献一牛，以资佛庇。

**祭祀**　凡门首或院中树木，或蒙古包木栅以内，必悬布旌，色尚白，间有红色。旌有长方、方角诸式，大小不等，密书经卷，皆蒙字，倩喇嘛书之。家中必供四五龛，近东省及沿边并有关帝画相。富家佛像用金银制造，而铜质镀金亦夥，贫者用泥制或画相。其供佛之处多在室西隅，随大门为向。木龛华朴不等。供奉无长物，净水五杯，或炒米五碗。〔杯、碗〕均以红白铜制就，形似酒卮而略大，惟杯口稍扁厚。又设香炉一、素香一炷，另用杯盛牛油灯，颇有供旧磁及洋磁花瓶者。凡供佛之室中，必置火一盆，长明不熄。蒙居无洁净处，惟供佛屋略整洁耳。鄂博随在皆有，或一屯子共之，或数屯子共之，亦有一家私有者。石山多垒石为之，沙漠中多以柳条为之。其形圆，其顶尖，盡立方角（悬）〔蒙〕经旗于其上，①下则埋哈达一方、粮食五种、银数钱。年必一祭，祭之先宰牛羊，延喇嘛啈经，附近居民皆礼拜之，分其馂余而食之。食罢则群相角力，（余）〔胜〕②者有赏，赏由主祭者颁之。平时望见鄂博，必下马膜拜。

**交际**　蒙人之交际礼节，一递哈达，二递烟壶，三请安，四装烟。哈达以素帛或蓝绸为之，长短不一，长约一尺五寸或一尺二寸，两端有披丝，约半寸许，均视受者之分级而定。如长三尺，非王前或佛前不敢滥用。烟壶递于见面时，平等交相递送，彼此均双手高举，或双手略低，鞠躬相易，各举向鼻端一嗅，互相璧返，一如递状。尊长向卑幼，则微欠（伸）〔身〕③，以右手授之。卑幼以两手

---

①　《西北杂志》本作"巅立方角蒙经旗其上"。
②　据《西北杂志》本改。
③　同上。

接,以一足跪,敬谨领受,捧举鼻端一嗅,仍如接壶状还纳之,尊长纳壶如前状。卑幼向尊长则反是。若于王前,则双足跪,双手举,王上坐,身略俯,受之一嗅,而受之不答。递者礼毕,无言而退。素不相识〔者〕[①],则仅递烟壶,不复请安。若见尊长,则两次请安,如有递烟壶之资格,则仍递如上状。蒙人无论男女,必斜插旱烟袋于左肋,挂火镰荷包于腰后。荷包上系布一方或绸一方,色红绿。晤面时,行其应用之礼节,或请安,或递烟壶,再行装烟,用客之烟袋纳诸主之荷包装烟,燃火后,以布拭烟嘴,用双手或右手送诸客,略分等级。客受已,仍如法还之。老少尊卑,略分前后,若平等则互换云。

## 五、蒙人之生计

蒙人本系图腾社会,沿边墙一带,汉人出关开垦日多,蒙人习见,遂知出租之利少,自种之利多,乃由牧畜时代进为耕种[②]时代。如近设郡县各旗,皆农重于牧,操作一如汉人,但坚忍耐劳之性为稍逊耳。若有余地,则招佃揽青;至中等家,食则不自劳[③]矣。其附近郡县各旗,老哈河以南,农牧并重,惟所种满撒子地不耘不锄,不加肥料,岁一易地,用力綦少,收获转丰。亦因蒙旗地广人稀,牛马粪料、草根腐叶积久生肥,化瘠土为沃壤。况三四年始行耕种,地力不尽,收获自易。新垦之地,尤为美产。如洮南所属三县,汉人之外,颇有喀喇沁、敖汉、奈曼等旗移民耕种者。惟气候不齐,离海较远之区,早晚极寒,中午骤热,崇山阴暗,日光不照,四月始解冻,八月即雨雪,则绝无农业,纯以牧业为生矣。如浩齐特、乌珠穆

---

① 据《西北杂志》本补。
② “耕种”,《西北杂志》本作“耕稼”。
③ “劳”,《西北杂志》本作“劳力”。

沁等旗，早晚与正午相差四五十度，平（地）〔时〕①西北风较多，地气寒冷，全恃日力。入冬井水亦冻，春间尚以雪充饮料，取水之难，概可想见。故蒙人之生活，当春夏秋间，日事弋猎。驰②马持竿以出，竿末悉缀铜镝，追逐（猫）〔狐〕兔，百发百中；归则麕聚而食。狐最狡难获，获必上献，狼、鹿非集多人不能（逸）〔弋〕③获，虎豹近亦稀少。冬则局户闲嬉而已。

## 六、蒙人之牧畜马政附

草地不事耕种，则无疆界之分，任意游牧，择水草之肥，支棚以居，持竿而逐，一二日察视一度，清查数目。且牧畜均恋群，无奔逸。且按户有家畜，无攘窃之患；即有攘窃，亦一索而得。故余无他事，啮草卧冈，顺任自然。牧马之法，常在马上执长竿牧杖，以驱逐群（兽）〔畜〕④。其距离稍远，或险峻不能到之处，则于杖端曲处置小石抛（放）〔掷〕之，以制群畜之纵逸，故一人能牧数百头。如至傍晚或雷雨时，妇女亦如男子驰骋而往，以助其夫之不及云。牧畜之盛，推乌珠穆沁为巨擘，牛最肥特，马亦善奔驰，羊则供食品，驼则供营运。冬亦宰食，性最御寒。浩齐特、扎鲁特稍次之，科尔沁左右翼又次之。其逼近战线者，牲畜多被两战国强购殆尽，价值（踊跃）〔腾贵〕⑤，影响于千里以近。大率三年前牛马三十两者，价至七八十两；羊二三两者，价至七两。加以铁路既通，贩运自易，故价值不易减。其富者，牛马均三千头，羊万余头，驼五百余匹。贫者为人牧，不给工价，阖家食其㺄乳，亦可宰食其少数。其种满撒子地者，

---

① 据《西北杂志》本改。
② "驰"，《西北杂志》本作"骑"。
③ 据《西北杂志》本改。
④ 同上。
⑤ 同上。

亦可任意耕犁。其以盐易米、布者,亦可任意牵驾。惟驹犊须归其原主,(若)〔其〕①孳生之数,游牧百可生十之六,除食去十之二,尚可岁赢十之四。惜不知驯服调教,故野性难驯,甲户所牧,即不得为乙户所牧。且不知选种合种,是以不及高加索产之雄骏。夏热患疫,多倒毙。冬寒驱诸谷中,雪深五尺,无草可食,亦多饿毙,且饥寒力乏,亦有为狼所狙食者。

**附马政②**

蒙古马匹素称天闲良骥,索伦马队屡奏奇功,益以蒙地以牧畜为生,马匹又占牧畜中之一大部分,从前极为繁盛。近沿边一带渐次开垦,草地稀少,马政因之日颓。即产马名区如哲里木盟,亦因荒地开放,〔马匹〕③日见短绌。且其形相不及前之俊伟,身躯不及前之高超,而坚忍耐劳之性质,亦遂与前大相径庭。惟乌珠穆沁及喀尔喀左翼之马,则尚无退步云。

### 马匹日劣之原因

哲里木盟在三十年前所产之马,与乌珠穆沁不相上下,今则优劣悬殊,望尘莫及。其递衰原因有数端:

一、光绪初年,瘟疫盛行,凡牧马三五百头之家,存者十不逮一;千数以上之家,存者十之一二而已。其幸而不死者,身躯亦非常尪弱。

一、十六、七年间,秋遇瘟疠,冬苦大雪,气候不调,而马群孳生上又受一大创。

一、五年以前,冬令复大雪,草地皆为雪压,无处放青,因食料断绝(者)〔而〕④致馑死者,又往往有之。

---

① 据《西北杂志》本改。
② 《西北杂志》本作"马政附"。
③ 据《西北杂志》本补。
④ 据《西北杂志》本改。

〔一、近三年来，天时苦旱，空气干燥，泉源俱枯，因饮水不足，遂就疲败，且多有渴死者，以是马匹有消而无长。〕①

一、日俄开衅，军马多购于东蒙一带，且所购皆极佳之品。日人购者约三万〔余〕②头，俄人则十倍之，故躯高体壮之马，几致于空群。是又劣种之一原因。

一、由于不择种马，种马御马既多，精力已竭，故所生马绝无佳种。

一、由于不知配合，种马、骒马无论大小老弱，听其自便，故孳生难期发达。

### 马格

东西扎鲁特北部地方多小山，草茂水清，气候调畅，马匹因是繁殖，良马尚多。虽逊于乌珠穆沁，然较之奈曼及其南部，则占优胜地位矣。惜马格均不佳妙，身躯之最高者，不逾四尺〔，却性能耐劳〕。③ 若论毛片，则白者居其半，栗色次之，黑斑等色只十之一二而已。至奈曼等处所产之颠马，最善走，蒙古恒宝视之，故价亦倍昂。

### 牧马

牧马之家，每牧童一人，约牧马二百匹左右，专经理饮水、清检数目及照料媾交数事。夏秋两季驱诸深山，任其自觅刍秣；一入冬春之时，青草既枯，不足以供游牧，且天气严寒，人畜均不能耐，则挈回近舍之区，俾资喂养而便照料，岁视为常。又凡游牧山谷，必度溪泉之地，以供饮啜。若溪泉难觅，则别择沙（沲）〔陀〕④，开凿井地以济之。故天稍干旱，既已病渴，此牧养难得宜也。

---

① 据《西北杂志》本补。
② 同上。
③ 同上。
④ 据《西北杂志》本改。

### 游牝之期

马匹游牝,古昔率在春令,且须俟三年始举行一次,所以厚力强种也。今询诸该部,则改至立秋、秋分之间,每年仅一度秋风,而产马之疏密,则因马匹而差异。故产马之期,一年一次者居多,三年两次者居十之三四,二年一次者居十之一二,三年一次者则寥寥无闻。〔此马种之〕①日即衰弱,殆由于此。

### 妊娠之期

妊娠时日亦因马匹而差异,大抵以八个月为满足,时日愈久,则身躯愈壮。近来产期总在七月或八月者居多,极少亦须七月,盖过少则不〔能〕②育也。且牝马下驹,自四岁至十八、九〔岁〕③止,驹马视母马年岁、身躯而差异。若母马至八岁以下,妊娠之期率在七个月,罕有满足者,故所产之马多尪弱。若母马已在十四、五岁后,时日即能满足,所产者亦难膘壮。其最好之驹,乃母马由八岁至十三岁时所产者也。

### 种马

牧群(牝)〔牡〕④马亦因身躯而有差别,多者约二十头,次者十五头,再次者十头。布种年限从五岁起至十五、六岁止,过此以往,即自行蠲除。且凡为前马所媾者,他马不得通焉。倘他马有乱群之事,则前马必啮蹴竞斗,以胜负决牝马之所归。故牧马者常注意其靡乱而监督之。

### 马匹之优劣

蒙古之马以阿鲁科尔沁、乌珠穆沁、喀尔喀左翼为上,巴林、达尔罕、扎鲁特等次之,敖汉、奈曼、土默特又次之,所产之数亦如之。

---

① 据《西北杂志》本补。
② 同上。
③ 同上。
④ 据《西北杂志》本改。

其所以然者,厥有三端:

一、泉源。饮水之优劣,与体质之大小又有差异,故乏水源之处,马匹往往瘦劣,不仅有碍卫生,盖水浊则地瘠,地瘠则草不茂也。

一、草。马匹生①在蒙古,他无喂养,四季皆纵放山中,以草为养命〔之〕②源。冬令草枯则马瘠,夏季草盛则马肥。然草之多少优劣,亦因气候而异,若寒暑不时,荣枯无定,马乃受直接之影响。

一、地气。地气良否,又随经纬度数而有区别,然亦可转移,故山环水绕之区,气候常顺,地质亦常厚焉。

### 马瘟之原因

寒暑顺时,虽极寒极热,均不足为马患。或于三月下雪,伏天骤冷,因暴寒而冻毙者有之,因久(早)〔旱〕而发瘟者有之,③亦有雪深草蔽,因而饿死者。

### 产后之损失

牝马孕时不善滋卫,产时不加经纪,产后亦无调养。大抵产于牧地,阅二小时,小马即能起立移步,二三日则令走,半月后即令跑,稍不经意,雏马往往为狼所餐。母马倒毙之事,又占二十分之一二。此皆不善经营之故。

### 马群

马群有大小之差,以一人计之,约牧五百头,仅每日检点一过,不知经纪。既无马厩,又无马医,夜则暴露,日则奔放,病时不加疗治,听其自生自灭。是以伤亡日众,马种随之而劣,身躯亦因之而矮也。

---

① "生",《西北杂志》本作"之"。
② 据《西北杂志》本补。
③ 《西北杂志》本作"因伏天而发瘟者有之"。

### 马价

三年以前,马价颇低,极好之马亦只四五十两,次者自三十至二十不等。近外人采买甚夥,价值倍昂,形体稍可观,即需七十金外,次亦需五十金〔左右〕①。若三十金以下,虽极劣之马,亦不肯售。其善走者,即为特出,索价动以数百金计。闻去年库伦购马行市,自七八百金至五百金者颇为不少,堪供驱策者亦不下二百金左右云。

### 马市

达尔罕之西偏,喀尔喀左翼、奈曼、扎鲁特所有马匹,大半由马贩运来郑家屯及库伦两处销售。又有定期交易者,谓之赶集。如库伦地方,则由七月望日至八月望日为集期;若郑家屯、洮南府、布奎、赤峰、乌丹城等处,则终年不断也。

## 七、蒙人之交易

蒙人不知经商,故不知储蓄耕种之所获、牲畜之所赢,只以谋一家之温饱而已。即出其所余补其不足,大率以物易物,尚不知银币流通之妙用。至承德、朝阳及昌图、洮南、新民、肇州等辖境,蒙与汉习知用银块、银元及日本之手票、俄人之羌帖,故输入输出,货物通利。至去郡县稍远者,不过东〔至〕②赤峰、乌丹,东南③至辽源州,西至多伦诺尔。其输出货大率以牲畜为主,皮张次之,骨角、绒毛又次之,盐碱、硝磺又次之,药材、蘑菇则均汉人为之采运;输入货则以布帛为主,砖茶次之,粮食次之,绸缎、杂货又次之。近时洋货亦畅销,以美之布匹为大宗,日货则琐屑均合用,俄货则富贵家始有之。其不知贸易之道,其故有六:

① 据《西北杂志》本补。
② 《西北杂志》本作"南至"。
③ "东南",《西北杂志》本作"东"。

一则素性愚昧，不知商术。

二则银价、铜币之参差，徒滋通事上下其手，反不如以货易货之直截了当。

三则言语不通，不知市价之低昂，惟恃通事为护符。

四则有赀本而不敢营运，恐王公以上艳其富名，反多需索。惟喇嘛略有营运，然亦盘剥其本部上下而已。

五〔则〕受汉人之愚弄。常有锦、义、赤、库①及毗连一带之奸商常有邀蒙民共经商业，蒙人所出赀本不敢张扬，每年结账一次。第一年无论盈亏，辄言获利以诱之，藉求益其赀本，次年则不损不益，再次年则告以亏折赔垫，不数年本利皆归乌有，而蒙人亦无如何。因此虽有窖藏，不敢轻投赀本。

六则交通不便。如浩齐特、乌珠穆沁盐池，每年除本盟不给值外，输至赤峰、多伦诺尔等处约二万余车，蒙人亦视为利薮。而汉人颇有致富者，即通事亦多白手而至小康。蒙人绝无因此致富者，不过易炒米、布匹、砖茶归耳。推原其故，两处商场均距盐池千余里，中无旅店，虽地均平坦，略有山坝，不甚大。而沿途无食物。蒙人逐水草而尖宿，无棚帐，卧于车下。其牲畜之喂料，则随处可食。平时之饮食，则凉水、炒米外，无长物。御者驱十余车，无薪工，故易（地）〔物〕②而归，已欣欣然谓大获利。若以汉人为之，（弥）〔靡〕③不亏折。且汉人亦有驾车支棚载货物入部落以贸利者，大率以布一匹，值银一两二钱有奇。④ 易乳牛⑤一犊。仍归原主喂养，用

---

① 即锦州、义州、赤峰、库伦等处。
② 据《西北杂志》本改。
③ 同上。
④ 《西北杂志》本作"值一方二百"。
⑤ "乳牛"，《西北杂志》本作"牛"。另外，《东三省政略》卷二《蒙务下·筹蒙篇》第七十五叶有类似记载，作"易犊一头"。

至四年,牛已长大,汉人始运至关东,可售银四五十两。而蒙古(翻)〔反〕①以寄养于家,可食㧅乳为得计,亦可哂已。

## 八、蒙人之愚顽

以上种种现象,实惟愚顽,推原其故,盖有由来矣。

(一)无教育。蒙人曾习汉人文字,颇有通籍入仕版者,乃自弹冠以迄挂车,往往足不履本籍。即王公中久在京当差者,不能全作蒙语。其在本旗下等社会者,千不得一。即各王府中所称"翻译"者,能通粗浅公事,已为特色。读蒙书者,亦属寥寥。惟喀喇沁右旗设有崇正小学堂、额三十六名。守正武备学堂、额五十名。② 毓正女学堂,额五十六名。③ 中旗镇国公亦拟仿办,尚未举行。其余各旗,均不知学堂为何物。锡林郭勒盟多延喀喇沁人教蒙文。沿途所见,富家大族绝不闻庭院弦诵之声,惟喇嘛习经须识蒙字,故大庙中常有蒙师教授,大家世族欲识字者多附学焉,亦志在知字义、能书而已。若道德伦理、声光化电,则未之梦想。

(二)无功名之奖励。内地人所以刘苦致功,求进身阶耳。蒙人〔之〕④功名既不以此进,又无特别之优待,读书与不读书等,只谨守财产,终身无冻馁足矣。至到府当差,固有乐此不疲〔者〕⑤,亦有脱身不得者。近时喀喇沁学堂出身,多以功名为奖励,学生中视一顶戴亦以为荣。他旗尚无之,故疏懒成性,得过且过之积习日深,而进取竞争之念日少,于是蠢如鹿豕矣。

(三)无文学之习惯。蒙古游牧素无文化,习尚武勇。国家既

---

① 据《西北杂志》本改。
② 《西北杂志》本作"额三十名"。
③ 《西北杂志》本作"额二十六名"。
④ 据《西北杂志》本补。
⑤ 同上。

无奖劝,本旗主又不知提倡,旁人又不知重视,故有好马,人皆艳称之;有快枪,人皆争购之;至于文学一道,则绝无仅有。台吉、梅伦等家,略藏数卷经典而已。

（四）黄教之流毒。国朝以黄教笼络蒙古,固足以化残忍强悍之气,法至善也。而其流毒,亦遂成一迷信之世界,不求今世之发达,而觅来生之幸福;不务人事之振兴,而恃天心之默佑。国运既悲陆沉,人心都成槁木,致使（元）〔成〕①吉思汗之遗风烟消而火灭。

## 九、蒙人之性质

愚顽如此,而其原质固纯净,有可导之资格如下:

（一）有刚健之性质。蒙古踞兴安之山脉,故其人种躯干高大,丰颧广颡。日习骑射,马多不施鞍辔,十龄童子驰马如飞。伏处丛莽深箐之中,狙伺鼪鼯鼺鼬以为食,有事则赛马（贯）〔躜〕跤以为乐。又以地畏苦寒,大地旅生綦少,〔故〕②能耐劳苦。其所处所食之境,内地人不堪其苦,彼反甘之如饴,故能炼出刚固不挠之精神。从龙之军,各旗皆建殊勋,即粤匪之变,③僧王亦以马队能战闻,此往事可证也。

（二）有服从之性质。军纪严肃,首重服从。蒙人之视其长官,皆尊若帝天。其见札萨克,皆屈双足,有大典礼则膝行而前。各旗之视盟主,如州县之仰督抚,其命令无敢违。其中非有刑赏之羁也,而其服从也如是。不善用之,则为奴隶;善用之,则可如指臂之从心。

（三）有信实之性质。蒙古无书契,无文牍。其诉讼也,以口相述,上官断之,不留底稿,而亦无翻案。汉人之与蒙人交易也,汉

---

① 据《西北杂志》本改。
② 据《西北杂志》本补。
③ "粤匪之变",《西北杂志》本作"洪杨之役"。

赍物于蒙,不立券,仅于簿上书蒙文数目,至期无爽约。其以牲马质物也,指骒马之腹以为货,四五年后取之如携;若有死伤,由原主指他畜赔还。如实贫困,则汉人亦焚券不索,故货郎均数十年往还如戚友。台吉之家,倩汉人为打毡织毯,必俟秋稼登场而后给直,至期无弗给者。可见塞民①质直,天性未漓。若近边一带,则狡诈骄侈,畏事苟安,善则欺之,恶则惧之,②外懦内悍。此亦智识日开,人心日薄,正负相生,天演使然也。

## 十、蒙古之医术

蒙古初沿茹毛饮血之习,宫室衣服无其观念。面目〔黧〕③黑,有终身不知沐浴者。胸怀木碗,腰系刀箸,食毕以舌舐之,以衣袖(抵)〔拭〕④之,仍藏诸胸部。穹庐(毡)〔膻〕腥之气触鼻,宰牛羊不洗,饮哈塘之水,与牛马矢⑤同味。小儿初生,以雪洗之。席地而坐,穴居而处。终日扪虱而谈,即王公亦有之。其所居(之)〔处〕⑥之现象,直不知有卫生矣,遑论乎医术。沿边各旗药肆颇夥,然皆采办运他处者居多,⑦其供本旗之日用者绝少。如有疾病,多延喇嘛诊治,或针(灸)〔灸〕⑧,或施丸散。种痘〔均尚旧法,不种牛痘,然〕⑨如科尔沁左翼中旗之良各屯痘师,家道小康,至弃喇嘛不为,可见医术之发达。⑩至兽医,则各庙喇嘛均擅刀圭之

---

① "塞民",《西北杂志》本作"塞外"。
② "惧之",《西北杂志》本作"摧之"。
③ 据《西北杂志》本补。
④ 据《西北杂志》本改。
⑤ "矢",《西北杂志》本作"溺"。
⑥ 据《西北杂志》本改。
⑦ 《西北杂志》本作"然皆采办以运祁州者居多"。
⑧ 据《西北杂志》本改。
⑨ 据《西北杂志》本补。
⑩ 《西北杂志》本作"可见指运之佳"。

长，亦有起死回生者。惜知其术而不知其理，由于无学问故也。

## 十一、蒙古之兵队<sub>口外兵队、东方之马贼附</sub>

旧例，全旗之丁皆为兵，故凡索木、坤都皆治箭丁。木兰秋(弥)〔狝〕①，蒙古兵皆随扈围猎。自粤匪猖獗，②僧王率兵内剿，遂定每盟备兵千名之制，故札萨〔克〕有备兵之称。近因庚子之变，胡匪内沸，各旗均(炼)〔练〕③兵队④，如团练之制。闻按当差之例，并(亦)〔不〕⑤优给饷糈，故人格极疲弱，习气甚重，且有犯烟癖者，不过充仪仗壮观瞻而已。器械亦不整齐，枪或前膛、后膛，近年有向天津洋行采买，或向哈尔滨洋行〔采买〕，又有喇嘛为之转贩，价值较昂，而不知操练。其郭尔罗斯、札萨克图、达尔汉各旗，颇似黑省兵队。其敖汉、翁牛特，颇有内地防营气象。喀喇沁兵队能拒胡匪，现设武备学堂，原议每八十名为一班，一班卒业退伍，仍习农工商旧业，再练一班，仿常备军制度，务使〔后日〕⑥全旗皆兵，法至善也。而临视学堂，学员不足额，且察其形式、精神，去北〔洋〕⑦远甚。台吉各家，均壁悬枪械，然皆百余年老式，以火绳放之。⑧ 其新置项下，亦多木(干)〔杆〕旧式，辽源〔州〕有修制木枪店，只足以供游猎，不足以御胡匪也。喇嘛或藏有新式枪械，均秘不示人。马队之马，固不知训练，即刍豢亦似不足，随地放青，若不(堪)〔甚〕⑨措意。

---

① 据《西北杂志》本改。
② 《西北杂志》本作"自洪杨兵起"。
③ 据《西北杂志》本改。
④ "兵队"，《西北杂志》本作"马队"。
⑤ 据《西北杂志》本改。
⑥ 据《西北杂志》本补。
⑦ 同上。
⑧ 《西北杂志》本作"然皆百余年老物，木(干)〔杆〕，以火绳放之"。
⑨ 据《西北杂志》本改。

总之,蒙古可称全无兵制云。

**附**

# 口 外 兵 队

蒙古宾服,古北口防御暂疏,而兵事亦随之废弛。自庚子年因胡匪由东三省侵入蒙古,朝阳、小库伦、赤峰、平泉等处无赖之徒亦乘间而起,大肆扰乱。于是北洋始派巡防马队五营、步兵三营驻扎朝阳,分防于建昌、建平、东土默特一带,上下约二千,极力平剿。以分驻兵力单弱,颇为贼苦,因添派马军帮助。日俄开衅,辽东中立,又使马军驻朝阳、建昌、平泉等处,以防守中立,地面稍靖。若有马贼,则就近征剿。惟纪令不严,贼兵混一,从此起矣。赤峰县一带,贼匪猖獗。又热河都统招集马队三营、步队四营,①分防平泉、赤峰、围场、乌丹城一带,是为盛字军。赤峰县又自练义胜一营,分半驻乌丹,其形式在商(围)〔团〕②、客军之间。惟各军不相统属,往往〔以〕邻国为壑,苟且偷安。贼匪洞见一方,猖獗益甚。且所招军队良莠不齐,操防亦疏,保无有勾通贼匪者。惟尹得胜军号能打队,贼稍畏之,此则差胜一筹耳。

**附**

# 东 方 之 马 贼

一、马贼之起原。咸同间,发捻倡逆,③极为猖獗,内地各行省

---

① 《西北杂志》本作"步队二营"。
② 据《西北杂志》本改。
③ 《西北杂志》本作"洪杨作"。此后至"百废待理"均缺。

皆为其扰动。国家用兵讨伐，至十二年之久，始就平靖。是时军务
倥偬，百废待理，而马贼遂乘机蜂起于边外。迨粤寇（难）〔事〕
平，①捻焰复炽，加以英法两国突起争端，进兵京津，海防倍亟，斯
又国家多事之秋，未暇兼顾关内外之土匪，以故马贼日益滋蔓，寖
至阔步横行，目无王法焉。

二、马贼之沿革。同治末年，盛京将军崇实整饬吏治，招练客
勇，专以剿除大东沟及边外各巨匪为主义，北伐东征，颇著成效。
于是巨匪渐次就戮，满洲地方稍稍肃清矣。光绪初元，②立辽南、
辽北二里屯兵之制，严旅顺之（销）〔锁〕③钥，整奉天之劲旅，此间
马贼亦屡起灭。甲午之役，军队杂集。和议告成，当时在吉林招练
之勇及外来客勇如湘军、淮军、豫军、毅军，以迄于回回军、蒙古军，
逐渐遣散。其狡（野）〔猾〕者，遂挟兵器以走。此类散兵游勇，所在
皆是，久则相聚成群，大肆劫夺，由此而马贼即日甚一日矣。继之
以俄人修筑东清铁路之招工，而流氓聚集者又及数万人。其通事
之虐待、工头之扣剥，穷苦小民虽日极劳瘁，不得衣食，相率而投马
贼。〔庚子拳匪之乱，与俄人战于辽南，招募之勇，几及十万。溃败
以后，又投马贼，〕④蹂躏于敖汉各旗。各旗兵弱，不能自卫。图什
业图戕主之变，实外藉马贼之势，蒙古无赖大半混入。惟喀喇沁尚
能一战，稍称完善。日俄失和，两国皆利用马贼，日本且藉以得力，
而马贼之势焰愈〔张〕⑤。张作霖等⑥虽曰官兵，然除所（以）〔⑦管辖
区域之外，仍屡扰民间，且为辽西诸贼群之巢穴。

---

①　《西北杂志》本作"迨洪杨事平"。
②　"初元"，《西北杂志》本作"初年"。
③　据《西北杂志》本改。
④　据《西北杂志》本补。
⑤　同上。
⑥　《西北杂志》本作"现奉天军队"。
⑦　据《西北杂志》本删。

　　三、马贼之枪械。马贼枪械皆最新式，北境皆俄枪，南边皆日枪。俄枪系战争时所掠，日枪则招募时所发，亦有随时购买而得者。现满洲及外七厅一带地方，不但胡匪有新枪械，即稍可生活之家，亦莫不争出重金购之以自卫。是以匪类日多，而愈难平靖。盖民有枪即匪，匪去枪即民，民与匪固无辨别也。

　　四、马贼之出处。马贼之出处，以土著为最多，外来之流匪次之。土著如奉天省之海城、皮子窝、①庄河、新民府、宁远、辽源州、伊通州、朝阳镇、小库伦，吉林省之长春府、松花江一带，敖汉旗之下〔注〕、奈曼（族）〔旗〕②之南境等处皆是。外省之山东曹州、沂州、登州，直隶之沧州、天津及河南省人亦不少。惟土著之马贼汉民多，旗民少。蒙部之马贼，则蒙汉强半，甚至有本地团练出而为贼，王府官吏坐地分赃，台吉、喇嘛充当贼首者。

　　五、马贼伏在之地方。马贼伏匿，大抵在殷（实）③庶繁华之区，可以四出任意剿掠，及与多少贼群有关系之地方。今历举于左：

属关东〔州〕④管辖地方：

| 旅顺口之放厌沟上下 | 山东人及天津人 |
| 大连市小冈子附近 | |
| 金州城东及皮子窝一带 | 庄河孤山大东沟人 |
| 金州城北之四十里堡一带 | 土人 |

属于奉天省所管辖者：

| 复州城东一带 | 岫岩 |
| 大孤山 | 庄河 |

---

① 即"貔子窝"。
② 据《西北杂志》本改。
③ 据《西北杂志》本删。
④ 据《西北杂志》本补。

| | |
|---|---|
| 大东沟 | 通化 |
| 怀仁 | 新民屯 |

十三站以下〔四〕①区皆在锦州、营口间。

双台子

| | |
|---|---|
| 杜家台 | 小白河 |
| 田庄台 | 虹螺（人）〔山〕② |
| 胡家窝棚 | 由锦州至广宁地方 |
| 小黑山 | 由广宁至新民屯地方 |
| 奉天西路 | 由马三家至新民屯地方 |
| 奉天北路 | 由驿路至干婆岭地方 |
| 铁路北 | 大围场之药赫站一带 |
| 开原北 | 法库门、郑家屯地方 |

吉林所辖：

宽城子、伊通州、团林子

直隶所辖：

外七厅等处

六、马贼之业态。马贼分为二，即大贼、小贼是也。大贼部下常有千百成（郡）〔群〕③，其行凶之方法自与小贼不同。今先举其重大者数端：

（一）藉保护贼害之义名，征收该地方人民所定之金额。

（二）对于若干（毫）〔豪〕④富之家，用前项同一之手段以约束之，而征收其财物。

（三）设镖局，即保险贼害业。对于途上货物之多少，而征收其保

---

① 据《西北杂志》本补。
② 据《西北杂志》本改。
③ 同上。
④ 同上。

险之价值。

（四）对于无镖局保险之货物，而行掠夺之举动，或掠夺不与联络之镖局所保之货物。

（五）无论对于本国或俄国，时常急袭其护送之群兵，而夺掠其护卫之财物，如金钱、枪械、弹药之类。

七、马贼之动静及自卫策。马贼举动轻快迅速，藏身最固，莫能追探其踪迹。彼等自家动静，即附近土人亦均噤不敢语。万一漏泄，则必寻仇报复，处以诸般惨酷之刑。有"坐火车"云云者，即烧红铁板，以炮烙其臀部；"穿绒坎肩"者，乃以烙铁烧其胸背也。如掳人被杀，则谓撕票。种种酷刑，不一而足。而彼等反多设眼线，专侦探官府之举动，兵勇之一进一退，如在其掌上。又巧与官府中〔人〕①交通，探其真实内容，以为自卫之道。倘官场如行捕拿，彼等早已闻风远扬，如云行电闪，官府亦莫可如何。若百姓则畏之如虎，凡百要求，无不立应，惟恐稍触其怒。以故马贼之势日益猖獗，甚至乳哺婴儿，一闻"红胡子"之名，啼声顿止。其凶势可以想见。

八、中国对于马贼之方策。中国对于马贼之方策不外二途，曰攻伐剿捕，曰利用马贼。〔攻〕②伐之策，必视乎时与人而后有济。往往有刚勇军兵③极力主张剿除，贼势稍挫，即已报功，但兵力一弛，而贼势又起。盖马贼在近边一带巢窟滋多，根深蒂固，如举扇拂蝇，甫飞复集。兵力亦有时而穷，乃不得不移攻剿之方针而为利用之策。故有胡匪处所之官（更）〔吏〕④，或暗中通款，或外示抚绥，或收纳其桀骜之酋长，授以偏裨官秩，藉以防御外寇，驾驭群贼，只以无事为幸而已。近年日俄之战，亦皆指挥马贼为之效用，

---

①　据《西北杂志》本补。

②　同上。

③　"刚勇军兵"，《西北杂志》本作"刚迈军官"。

④　据《西北杂志》本改。

日人且颇得其力,此又其彰明较著者也。

## 十二、蒙古之家庭并嗜好

**夫妇之伦**　昔费孙云:蛮夷以牝牡之合为天赋与生俱有者,故一群之中无孤(愤)〔偾〕之男,无寡居之女。男子于所婚之女子,同妻行者皆其妻;女子于其所嫁之男子,同夫行者皆其夫。而独于再醮之妇,不得在夫家改嫁,必还至母家而后可。寡嫠之妇,叔可使嫂治床,伯不可使娣当夕,则又无礼于礼中之礼与。①室中对设长(坑)〔炕〕②,全家坐卧于上,即客至,亦招之同榻。而父子、舅姑之间,亦颇有礼节。晨起,诸妇女群挤牛羊乳酪,授诸冢妇,冢妇与冢子长跪献诸舅姑。食已,始群食。有贵客至,则先贵客而后家长。如有大典〔礼〕③,则长者上坐,子妇亲刲牛羊,或捧牛茶,或捧奶酒,次第食已,始酾饮。若有死丧,亦哭泣,〔无〕④丧服,以去帽结百日为制。惟札萨克爨,则协理以下均不剃发百日。

**主奴之制**　方部落之为射猎也,往往以食少而出于战,战而人相食者有之矣。出乌珠穆沁为索伦(略)〔界〕⑤,去图什业图界西北三百余里,有鱼皮哒子,专生食人,男女皆骑而觅食,无庐帐,〔终〕⑥日露宿。生子则缚诸树,往往隔数日,或忆之而哺以乳,或迷不知其处,或久为鸟兽攫食⑦矣。已而进为游牧,则种人之生事稍舒,因无取于相食;而斯时之力役为最亟,则

---

①　《西北杂志》本作"又恶于礼中之礼也"。
②　据《西北杂志》本改。
③　据《西北杂志》本补。
④　同上。
⑤　据《西北杂志》本改。
⑥　据《西北杂志》本补。
⑦　"攫食",《西北杂志》本作"攫去"。

系累而奴隶之，使终生为其服役，絭扰禽兽，或斥其余畜以贷贫户，使〔击〕①羚之乳（则）〔而〕②纳其羔犊以为租。主家岁时巡行部中，以察其群之息耗。且薄授③奴隶家之供养，或（措）〔指〕④偏屋为居住，以婢配奴。出则臂鹰牵犬，奔走随从；入则磨面挏乳，制饮食以为常。且所生之子孙永远不脱奴籍，其女子必俟主人选用，不用而后俟主命之指配。

**嗜好**　射飞逐走，性命以之。每于丛林灌莽之中，迹禽兽之所往，虽冒至险，历甚难⑤，必捕获。以其劳苦，故见猎辄心喜，击鲜辄指动，而肉食常不辍。至演进，民才畜用日著，知潼所〔以〕⑥止渴也，于是有奶茶、以新鲜之奶和之以茶，为夏日之饮。冬则无之，以草枯牛瘦，鲜奶较少。酸奶子以新鲜之奶和之以水，俟其微发酵，略带酸味，视为美品。且云夏日饮之，可以去热，冬则不复用矣。奶酒以作奶豆〔腐〕⑦所废之浆覆之，俟其酵霉之变其性，蒸之以铁锅，以投其精华，涂之以牛（冀）〔粪〕⑧，使闭其气味，（似）〔俟〕⑨流出蒸气，即为酒。其味酸，饮之有味，薄能醉人，惟不克耐久云。等，以供饮料。制奶油、挤奶出，盛之于器，使静约一时许。浮面生油取出，滤以布囊，使净。而后煎以文火，使色黄如腊。其佳者不亚洋品。奶豆腐、奶油既去，再熬其下沉（其）〔如〕⑩豆腐汁者，（兼）〔煎〕⑪既热，盛木使成方块，大如砖，即以花纹，切作长条或小方块，如糕。烤而食，味淡，略酸。若和以糖，（即）〔亦〕⑫可

---

①　据《西北杂志》本补。
②　据《西北杂志》本改。
③　"薄授"，《西北杂志》本作"薄受"。
④　据《西北杂志》本改。
⑤　"难"，《西北杂志》本作"劳"。
⑥　据《西北杂志》本补。
⑦　同上。
⑧　据《西北杂志》本改。
⑨　同上。
⑩　同上。
⑪　同上。
⑫　同上。

食。再以浓茶调之，以淡盐和之，则化为流质，饮之甚耐饥。奶果子以面和乳，调匀，掺糖，制成糕形，并以黄油炸之，或以奶油和糖、面，制成点心。等，以充食品。此皆富贵家无上食品也。若中人之家，则专以羊肉充饥，以羊汁解渴。至牛与驼，则定日月而择杀。近时畜价日昂，即牛羊亦不常宰割，多以糜子炒米果腹而已。食糜子炒米法：不烹，(烧)〔浇〕①以浓茶或奶茶，富者加奶豆腐、奶油，贫者则奶茶及盐而已。行旅则浇以冷水。至水族之(虐)〔物〕②及鸡鹜等，则视为不洁之物，绝不(沾)〔沾〕③唇云。

## 十三、蒙古王公及官员对于人民之虐政

未开化以前，④固纯以专制手段为政策，故王公对于官员，官员对于人民，均有绝大之等级也。于是层层压制，自相鱼肉，而平民之不自由可慨已。

王公对于官员　王公深居简出，万事均委诸协理、梅伦，而(和)〔利〕⑤权常握诸一人。凡仕于蒙朝者，均无薪俸，而其体(例)〔制〕⑥俨然君臣。协理均贵族，虽以叔父之尊，亦下等臣僚，升殿则拜跪如仪。梅伦以下，则随意黜陟，或不革职而即圈禁刑讯。闻科尔沁(左)〔右〕⑦翼中旗之札萨克，其被害原因实由贪酷所致。梅伦以下等员，遇事需索贿赂，此各部落常例也。该亲王闻某某员私囊颇充裕，则监之于后衙门，责其赃私，不与，则以拶子、木钩子等刑投之；献既足额，则复其位，视事如常，仍任其出外需索，往往有致死者。庚子事起，各旗鼎沸，该亲王知事不谐，逃

---

① 据《西北杂志》本改。
② 同上。
③ 同上。
④ 《西北杂志》本作"未开化之区"。
⑤ 据《西北杂志》本改。
⑥ 同上。
⑦ 据《东三省政略》卷二《蒙旗篇·纪科尔沁图什业图亲王争袭控案始末》改。

至（太）〔大〕①庙。而肘腋之下皆仇人，被所杀之子二人手（搏）〔缚〕②之，数其罪恶，自表复仇，（抢）〔枪〕杀之，并戕其所爱之（例）〔侧〕③福晋，后以自缢报闻。近犹聚讼不休，若为该亲王明定典刑，则全旗必大起风潮，可见上下感情之恶劣。脱令④未种前因，又安收此恶果哉？

官员对于人民　酋长既如是，其压制上行下效，必捷如影响。民人之财产，可任意取携。故财产上有被人诳骗者，不敢声诉，被长官知其富，诛求更无厌。喀喇沁，各旗之翘楚也，而其逃至札萨克图及图什业图〔者〕，问之则以避当差对。而该旗主派员岁时责其租税，按蒙例，不当差则须纳费。闻近添设索木章京，已禀请理藩院，若不善用之，徒滋利薮耳。科尔沁各旗蒙汉贸易较盛，间有丧廉鲜耻之事。〔长官闻之，〕⑤则絷其男女，荷以枷，俟欲壑既填，而后释放。博王之庄头管地五百顷，而家中之房屋等于烧锅、当铺，出则衣服都丽，舆马轻捷，其来源可想见矣。总之，蒙旗以威严为主眼，故其民多穷苦，大有敢怒而不敢言之貌。如得循吏抚绥之，皆可用以御外侮。

## 十四、蒙汉之畛域

蒙民之对于本部既如此，而汉人之移住者，则对于蒙王与州县则反成比例。何以故？口外州县既无地丁钱粮之平余，津贴亦少，每月大率四百金。则不得不多取陋规。如春秋点卯费、平均每乡百七十千。乡约充当费、每次十千。乡约告退费、每次二三十千。乡约房规、每

---

① 据《西北杂志》本改。
② 同上。
③ 同上。
④ "脱令"，《西北杂志》本作"向使"。
⑤ 据《西北杂志》本补。

卯十千。烧锅卯费①、每年八十七千。春秋查池、每次十余千不等。节寿、每次三十千。当规、每年五十千。秋审费、每乡二十八千五百。送谕帖及零星费。岁约百千。东省税目尤繁，车捐、每日一角。土捐，每亩一角。②斗秤局、牛马税局尤滋弊窦。黑省善（行）③后局，每岁可得百七十万两；呼兰一局，岁在十万金以外，无非取诸民间，较之蒙旗仅收地租，大相悬殊。其爱戴蒙王，实有为丛（殴）〔驱〕（爵）〔雀〕者。而蒙民与汉民则畛域甚严，婚姻可私行自由，而蒙妇所生子女必归蒙籍。诉讼，则诉诸州县，左袒汉民；诉诸蒙旗，则左袒蒙民。所设州县之地及镇市，必街内皆汉民，街外皆蒙民。巴林〔桥〕④跨锡喇木伦，"锡喇"译言"黄"，"木伦"译言"河"。河南之游牧不得越河，若渡河则牲畜皆议罚。近时新开之地，蒙民辄谓夺其牧场，且虑胡匪侵入。其实喇嘛、台吉为胡匪头目甚夥。黑省庆山所放荒地，凡蒙民所种满〔撒〕⑤子地及所开之井，所种之树，一律圈入，只留房屋，门外即为他人之产，不得不迁移，与（堆）〔从〕⑥前所办荒务⑦绝异。按旧例，凡蒙人所种熟地，许本人自领。房屋以外，留一方里给原主，亦可出卖。较汉屯之在俄境者，尤为酷虐，故蒙情极为痛恨。闻旗内有人向郭尔罗斯盟长呈诉，求代递理藩院。程将军闻风后，着旗主交出具呈之人严惩。盟长遂不敢伸理，因之移怨于开荒。而肥美之地，如巴林二旗、达尔罕王之西北部及辽河之上流两岸、图什业图全部，或全未开放，或开放无几，皆此不善经理之罪也。而二十七年之汉蒙交

---

① 《西北杂志》本作"卯规"。
② 《西北杂志》本作"每亩八钱"。
③ 据《西北杂志》本删。
④ 据《西北杂志》本补。
⑤ 同上。
⑥ 据《西北杂志》本改。
⑦ "荒务"，《西北杂志》本作"荒政"。

讧,因嫌疑而被伤性命、财产不计其数,实可惨焉。其所以致此者,
其故有二:

一、官场之积威。国家之礼遇蒙古也,荣之以亲王,俸银、每岁
〔共〕①十四万一千一百两。俸缎每岁共二千四百八十三匹。宠之以内廷行
走,恩至渥厚也。而所设州县,视之不及一绅士。若有嫌疑之讼
事,协理以下即可絷诸羁押,故畏之如阎罗。若将军、都统,则札萨
克亦不得望见颜色。见候补道,主人上(座)〔坐〕②,王公旁坐,一
语不合,即呵斥之。此东省之通例也。黑龙江将军以曾奏参郭尔
罗斯公,故各旗咸感之切。而俄人方噢咻之,若不变计,窃恐驱迫
而为他族所用也。喀喇沁王拟〔通电线,由〕③赤峰至朝阳,经喀喇
沁王府,因某都统顽固,未与〔之〕④商,径呈北洋,业已派人测量,
势将开办。某都统谓某王不过一绅士,何得干预外事,终阻之。可
见压制之无理。

一、蒙汉之优劣。汉人〔之〕⑤出关者,其初不过无业游民耳。
初非有殖民之思想,而愈聚愈多,所在成都邑。其中人种,以山东
为最多数,沿海各府之人。直隶次之,永平府人为多,保定次之。山西又次
之。农而兼商,与蒙人种地,其初不过榜青,既而蒙愚汉智,蒙惰汉
勤,蒙奢汉俭,遂易宾而为主。有贴价、烂价等名目。商则初负担,
继立市廛,后遂设烧锅、当铺,蒙人嗜酒,故酒业最得利。或设旅
店,兼收贩杂粮,住宿盐车,交换皮张。工艺则为之营造房屋、修建
庙宇、熔塑佛像、制作舆服、编织毡毡,苦力所得,即可自立。蒙人
见汉人日富也,由妒生憾,不自咎其终日游嬉不知操作也,而怨汉

---

① 据《西北杂志》本补。
② 据《西北杂志》本改。
③ 据《西北杂志》本补。
④ 同上。
⑤ 同上。

人之日逼处此，相形见绌，于是视汉人如眼中钉，而种族之见愈深矣！

## 十五、蒙古之富

以无意识、无学问、无经济之汉民，无国家之资本，（而）①徒手而往，满载而归，积久而立家室长子孙，拥数百顷膏腴之地，拥数十万资本之利，毂击肩摩，不可胜计，则蒙古之富可知。矧以国家之大力，佐之以新智识、新学问之人，其程度何可限量耶！蒙古之岁出入，从无报告之书，以牲畜为财产，各旗亦不自知〔其〕②总核之数。而如乌珠穆沁、阿巴噶纳尔、（河）〔阿〕③巴哈、浩齐特等旗，向所称沙漠不毛之地，不能耕稼者，而牧畜蕃茂，因之牲畜蕃殖，加以〔其〕④人民巧于古来惯习经验之法，一人能放牧数百头。则由此推测，（则）⑤岁入之牲畜必达于巨额无疑。况以沿边各旗，经百数十年之开放，久饶三农九谷之利，粮食驼运进关者络绎不绝，豆及油由营口出洋，尤不（纪）〔计〕⑥其数，无一非蒙地所挚生。即各旗岁收之租，每旗不下十余万，加以近来放荒之价，每岁实不下数百万。故王公之挥霍，喇嘛庙之华靡，闲散王公、台吉以下之坐食，皆富足有余之明证。即降而下之，凶年无饿莩，入境无乞丐，下流无穿窬，则民间之温饱无忧，亦可想见，遑论山川之宝藏森林哉！

## 十六、蒙古之贫

然而以优胜劣败之理论，其贫困而不能自存，已早露其现象

---

① 据《西北杂志》本删。
② 据《西北杂志》本补。
③ 据《西北杂志》本改。
④ 据《西北杂志》本补。
⑤ 据《西北杂志》本删。
⑥ 据《西北杂志》本改。

矣。以区域言之,如科尔沁部,幅员最大,东西八百七十里,南北二千一百里;郭尔罗斯部,东西四百五十里,南北六百六十里;杜尔伯特部,东西百七十里,南北二(十)〔百〕①四十里;扎赉特部,东西六十里,南北四百里;土(黑)〔默〕②特部,东西四百六十里,南北三百十里;扎鲁特部,东西百二十五里,南北四百六十里;阿鲁科尔沁部,东西百三十里,南北四百二十里;敖汉部,东西百六十里,南北二百八十里;奈曼部,东西九十五里,南北二百二十里;喀尔喀左翼部,东西百二十五里,南北二百三十里;喀喇沁部,东西五百里,南北四百五十里;翁牛特部,东西三百里,南北百六十里;阿巴(噶)③哈纳尔部,东西百八十里,南北四百三十六里;阿巴噶部,东西二百里,南北三百十里余;浩齐特部,东西百七十里,南北三百七十五里;乌珠(稽)〔穆〕④沁部,东西三百六十里,南北四百二十〔五〕⑤里;巴林部,东西二百五十一里,南北二百三十三里;克什克腾部,东西三百三十四里,南北三百五十七里;苏尼特部,东西四百有六里,南北五百八十里。以二万五千九百六十七里之幅员,而输出物岁不过数百万,以视内地一府县殊矣。由于蒙人愚而惰,少进取之思想,大有我躬不阅,遑恤其⑥后? 此所以日见消耗焉。

## 十七、蒙人之消亡⑦

蒙古无统计学,其户口实数最难稽核。故事,箭丁以男子十八

---

①　据《西北杂志》本改。
②　同上。
③　据《西北杂志》本删。
④　据《西北杂志》本改。
⑤　据张穆《蒙古游牧记》卷四补,同治六年(1867)木刻本。
⑥　"其",《西北杂志》本作"我"。
⑦　据《西北杂志》本补。

岁以上,六十岁〔以下〕①为及格,老疾除名。〔虽〕②各旗申报盟长,由盟长汇报理藩院,而形同具文,并无实数。而二百年休养生息,非惟未臻繁庶,抑且日见凋零。卓索图、昭乌达二盟尚有衡宇相连者,然问其谱系,大半为明季防(辽)〔边〕③兵卒所遗,且多山东度辽从龙军,其真实契丹遗种,百不得一。至锡林郭勒十旗,站道之旁有三百里无人烟者。哲里木十旗,则穹庐与土屋并处,然亦无数百家成村落者。近汉人处,蒙人亦较多,可见文明略有进步,与人种大有关系。因推究其原因:

(一)喇嘛之流毒。蒙人三之一或三之二为喇嘛,则成婚者实去其大半。即喇嘛间有还俗继续宗祀者,亦必本枝无人,始准离庙。其有男女之欲,亦不敢明目张胆娶妻生子,则生育之机闭矣。

(二)妇女之遭殃。男子既作喇嘛,则女子之数必浮于男子,而妇女无琵琶改抱之嫌,男子尚有终身鳏居之苦。实因牉合既无节序,则妇多隐疾,且产后不知调养,往往因产而死者实繁有徒,故窝棚之内,妇女无颜色。而一家常有二人共妻者。而斑白之妇,尤且稀少。

(三)婴儿之夭折。蒙人既无抚育之术,而初生之儿绝无褓褓,眠之于毡,冷则烘之以火。孩提之童,终岁不穿布裤。成童后始履毡靴,幼年皆跣足。近汉人处始知种痘,亦近年之进步。花之初生,调护之尚恐不实,矧(推)〔摧〕折之,鲜有不夭殇者。故窝棚之左右,罕见(妇)〔儿〕④女成行。

(四)卫生之不知。蒙人饮食起居,无一合度。冬则围坐腥膻

---

① 据《钦定理藩部则例》卷九“比丁”补。
② 据《西北杂志》本补。
③ 据《西北杂志》本改。
④ 同上。

之室,熏以牛粪,夏则露宿草地以纳凉。旃裘皮帽之外,绝无长物。寒暖不时,饥饱不知,是生疾病。加之医药既不精,略施针灸,或恃伥佛祈祷,传染亦不知趋避。故享大年者固稀,而壮丁亦易(渐)〔渐〕①灭。

以上种种原因,结成如此现象。大约与移住汉民较,有十与一之比较。原人种族一消减于世界,亦天然之淘汰。若不限制喇嘛,调养妇婴,讲求卫生,数十年后,靡有孑遗。有土地而无人民,固谁与保守?窃恐他族逼近卧榻,将实行其移民政策矣。

## 十八、蒙古之外感

蒙古榛狂未化,几自诩无为葛天。而东三省犬牙相错,唇齿相依,已与日俄有连鸡而栖之势。博王、达尔汉、②杜尔伯特、郭尔罗斯等部已划入铁路线内,其他各旗均与铁路毗连,外(外)〔人〕③踪迹无处不届,且巧施其牢笼手段。虽经战火疮痍,而全部梦梦。初不知险厝积薪,而事变之来,外人因地而施,故蒙人受其激刺者,其感情亦因之各异。试撮其大略如左:

(一)被战后之影响。博王一旗不幸全入战线圈内,其(地)〔他〕④如达尔罕、土默特⑤等,亦多波及。其人民迁徙流离,伤失性命财产。且既战之后,百物踊贵,度日维艰,致起怨怼者。

(二)附近铁路各旗,牲畜多被强买,由通事挟外人之强权及札萨克之压力,以贱价选其肥特,且有牲畜既购去,尚不辨〔其〕⑥

---

① 据《西北杂志》本改。
② 《西北杂志》本作"敖汉"。
③ 据《西北杂志》本改。
④ 同上。
⑤ 《西北杂志》本作"敖汉"。
⑥ 据《西北杂志》本补。

为何国。如浩齐特旗呈称：三月二十日，有东来洋人十二名、通事一名，出银九十两，取马二(只)〔四〕；元宝六只，取牛九头；出银八十两五钱，取羊二十(支)〔只〕①、马一匹，向库伦一带而去云云。则蒙民之怨恨可知矣。

（三）因外人之购求，而从中得以渔利。两国交讧之际，商贾不前，食物骤长十倍。往往枪林炮雨之后，即有愚人负担而来，易价而去。即蒙旗亦因求过乎供，致得善价。且梅伦以下从中渔利，反生幸灾乐祸之心者。

（四）因外人之优待，而被其引诱者。如杜尔伯特、郭尔罗斯等旗，其境已入铁路线，其府亦距铁路不远，往往乘坐火车得特别之优礼；至哈尔滨，则有外人为之酒食征逐，交际渥厚，以视年班之廪饩刍秣大相悬殊。虽不致为他人效力，而款关内附之诚，必因之而少减。其他开通各旗，酒酣耳热，辄谓外祸孔亟，非从前虚意委蛇所能羁縻，亦可洞见其肺腑矣。

（五）因官场之激(刺)〔刺〕而为逋逃薮者。如三喇嘛一案，其初郭尔罗斯因袭爵之费而负重累，指地为偿。三喇嘛卤莽(决)〔灭〕裂，自行开放，固属不法，使将军偿其款而责其罪，彼亦无辞以对，乃收其地而不理其债，斯铤而走险矣。挟俄人之势力，而与将军争利，以纤小之故，酿成国际交涉，而将军束手无策矣。且以不得逞威于喇嘛，而委罪于郭尔罗斯公之子，奏参革职。盖旗无札萨克，则放荒之价不必剖分。按开荒之价，一半归将军，一半归本旗，今无札萨克，则全归将军矣。此所以各旗之均有违言，而外人更得乘间而入。若不改换方针，窃恐蒙情日离，群驱而入他族之牢笼。楚逐巫臣，魏辱范雎，因睚眦之怨而祸及国家，其前车矣。

---

① 据《西北杂志》本改。

## 十九、蒙古之道路

古北口为蒙人入关之要道,而罗山以下多沙石,至石匣则由重山环绕而过,道路如羊肠,南天门尤为险峻。古北口则两山如阙,出关有沙漠气象。青石梁最峭拔,广仁岭虽高坡而土石,道均平治。由热河至喀喇沁,惟茅荆坝盘道长八里,宽二密达五十生特,高一千五百密达以上。由热河至平泉亦喀喇沁旗境,有新开坝、红石梁等处,高下约差十里。由喀喇沁至翁牛特境之赤峰,两岸熟地,间有沙石,尚平坦,锡伯河流亦可厉揭①涉渡。由赤峰至巴林英金河、羊肠河、锡喇木伦,均有木桥可渡,〔乌丹城〕②巴林石桥尚完固。四道沟梁绵长十二里,亦尚平直。距巴林大阪则有沙冈,车马难行。巴林至乌珠穆沁则一路草甸,所过之山皆土(埠)〔阜〕③,(高)〔马〕吉嘎尔巴訾哈克图尔山虽左右皆崇山峻岭,而沿缘山(间)〔涧〕④亦不甚纡折崎岖。自乌珠穆沁至科尔沁左翼中旗、〔右翼中旗〕⑤,皆越童阜,即⑥有石道,及翁木伦、和林郭勒皆绕之而过,或绝流而渡,亦水深不及马腹。而大雨之后,山水汇流,即泛滥二三十丈⑦,又无舟楫可渡,草甸亦平洼无宣泄。自右翼中旗至辽源州博王与达尔罕交界。而地势渐低,草甸平如砥,度辽河亦有渡船停泊。辽源至新民,沿途均有旅店。而夏雨⑧骤发,平地水深

---

① "厉揭",即徒步。
② 据《西北杂志》本补。
③ 据《西北杂志》本改。
④ 同上。
⑤ 据《西北杂志》本补。
⑥ "即",《西北杂志》本作"略"。
⑦ "二三十丈",《西北杂志》本作"二三丈"。
⑧ "夏雨",《西北杂志》本作"柳河"。

数尺，大公主〔屯〕①木桥被水冲毁，渡船又缭曲不得上。间有日本行军时所修马路及木桥，路稍径直平坦。由赤峰至朝阳，土默特旗境。沙石与土山相间，老哈河亦一苇可（杭）〔航〕。由朝阳至锡勒图库伦，亦沙道、土阜相间，山皆远望颇高峻，至则平衍而不知为山，间有低洼之处，行车骤升骤降，颇觉不便。由小库伦至奈曼，〔而〕②达尔罕，而扎鲁特，而图什业图，颇多沙（沱）〔陀〕③及草甸。由图什业图至洮南府，札萨〔克〕图旗境。至辽源州，又由洮南至布魁，均属草甸，低洼居多。由乌珠穆沁盐池〔北〕④至海拉尔，则直趋站道，有二三百〔里〕⑤硬沙道，平如马路。南至多伦诺尔，则略有山道。此各旗交通之情形也。其中大路有为往来站道，每站额设索木章京一员、箭丁一百五十名、马五十匹，如五（子）〔十〕⑥家子等。为理藩院咨行各旗文件及王公年班晋京必由之路。其中小路，或黑省走急递文件及华商与蒙民贸易之道，然皆无电线，无邮政，无旅店，甚有择水草而处，不克预定行期者，故行人均视为畏途。即开荒各旗，离内地太远。如奈曼各旗，其开荒在五六百里以外者，往往所获之杂粮〔非〕⑦运至朝阳、锦州不能出售，而售得之价不敌运脚之费。他日如续荒各旗地亩，若不早为之所，非惟领荒者裹足不前，即种熟之地，亦物价贱而工力贵，致弃为石田云。

## 二十、蒙古之钱法

蒙古以物易物，初不知有货币。其零星物件，亦以所有易其所

---

① 据《西北杂志》本补。
② 同上。
③ 据《西北杂志》本改。
④ 据《西北杂志》本补。
⑤ 同上。
⑥ 据《西北杂志》本改。
⑦ 据《西北杂志》本补。

无,如鸡卵五枚易盐半碗,羔皮一张易(箭)〔剪〕①子一把等。故铜币亦可置不用。惟逼近内地各旗,蒙汉杂处,则银块、(铜)〔银〕②元、军票、羌帖亦杂用,而铜币、毛钱、东钱、鹅眼、鱼眼亦因之流通。钱色之坏,钱串之短,各府县及乡村各自为市。蒙民若不知其为盘剥也者,其暗中亏折,实难臆计。〔兹〕③略举其例:

(一)在直隶境蒙旗之情形。口外七厅州县统治于都统,治法疏陋,满蒙狼狈为奸,不肖台吉、喇嘛阴为护庇,盗铸私钱,充斥街市。且道路不甚交通,故平色如喀喇沁三旗、茅荆坝以上,银之平色均视热河为准,过坝则视赤峰。每两银价自三千八百文至二千九百二十文,去关逾远则钱串逾短。土默特两旗、(则)朝阳、塔子沟,各自有平钱串,亦以一文作二文算。翁牛特二旗,则银用赤峰平,较京平大三两银价;右翼二千九百六十五文,而左翼四千零五十文,④因左翼之钱色小而杂,大率百五十千只可抵右翼百千。

(二)在奉天省蒙旗之情形。东省之钱串,以十六个钱为一百,一百六十个为一千。在奉省各旗,均行用东钱,平则均视沈阳。大率每两银价十千零一百至九千八百五十,银元均换十角,大率抵东钱六千二百余。而日本军用票及纸币,亦通行而无阻。惟蒙古之腹地,则仍用银块。

(三)在吉、黑省蒙旗之情形。吉林所属为〔郭尔罗斯前旗,改设长春府、农安县。黑省所属为〕⑤郭尔罗斯后旗,改设肇州厅;杜尔伯特旗,改设安达厅;扎赉特〔旗〕,改设大赉厅。而两省

---

① 据《西北杂志》本改。
② 同上。
③ 据《西北杂志》本补。
④ "四千零五十文",《西北杂志》本作"四千一百五十"文。
⑤ 据《西北杂志》本补。

之钱串均以五百为一千。吉省之自铸银及吉省永衡官钱局、黑省广信公司之官帖及俄人之羌帖皆通行。又闻广信公司资本五十万,发出之票近六七百万;奉天官钱局资本七十万,交易至七百万之多。

## 二十一、蒙古之沙陀

蒙古旧称沙(汉)〔漠〕①之区,自辽、金、元相继建都会,移人民,明亦建卫以资防御,故内蒙古一带绝非戈壁气象。东四盟开垦较早于西二(蒙)〔盟〕②,故沙(沱)〔陀〕③较少。惟苏尼特、浩齐特、阿巴噶、〔阿巴哈〕④纳尔逼近阿哈雅鲁逊(河)〔沙地〕⑤,始多不毛之地。其他各旗,零星沙碛,间亦有之。即以所见而论,如翁牛特〔之〕⑥英金河左岸四道沟梁、楷不奇尔沟,巴林之大阪南岸嘎嘎庙之山坡,乌珠穆沁之山那干花和阔兰沟,达尔罕之阿奥脱,皆绵亘数十里,而沙映日光,晶莹夺目。且有散石如玉,散片如云母,若以化学求之,必含矿质在内。或为泉流所冲积,涸而为散沙,乘风飞扬,辄迷人目。其童阜沙冈,则经牧畜之肥壅,雨露滋润,颇多灌木丛生。且小草滋荣,亦供刍料,几忘其为沙碛。特树艺五谷,不甚繁茂耳。

## 二十二、蒙古之草甸

两山之间必有川焉,经泉流之灌溉、云气之滋濡,是谓沟川。

---

① 据《西北杂志》本改。
② 同上。
③ 同上。
④ 据《西北杂志》本补。
⑤ 据《西北杂志》本改。
⑥ 据《西北杂志》本补。

夏时山水骤发，水沟不及泄泻则泛滥，而平地水深数尺，积久遂为塔拉。蒙语甸子。牧场最为合宜，开荒视为上等。如扎鲁特向未开荒，蒙人自种，不过拾播种之余唾，所谓(满)〔漫〕撒子地，多者不过三四付犁杖。按一犁杖即一牛两马之力，约十二亩。地广人稀，旅行数日，不见耕种之地。而耕种之地多在僻地人迹罕到之处，盖避牲畜之践踏也。今将沿途所见(搭)〔塔〕①拉，略(见)〔开〕②如左：

西北伊和塔拉，东西宽约三十里，南北五六十里。又西北隅与加尔图交界处在达尔罕旗内。略有硗沙，不得种植。中间皆黑土，野草繁茂，密于铺茵。至大根来拿附近，则沙土强半，土质带碱，连种数年，即生长不茂。总计扎鲁特全旗上等草地约四分之一，中等四分之二，沙碱地约有四分之一。上等草地每下种一斗，丰年可得三十石，中等收十六七石，下等地均弃不种，故无从核其收数。

和灼思明(搭)〔塔〕③拉，南北三四十里，东西二三十里。无沙无山，土质亦佳，(云)〔其〕④色多带黄白，黑色土亦颇不乏。据土人云，皆中等地也。

波罗和灼(搭)〔塔〕⑤拉，东西百余里，南北六十里，有河流贯注。潢河支流。沿河自生柳条，甚繁密，长约四尺左右。土色全黑，野草之肥，碧色弥目，一望无涯。周围六十里无居民，亦无牧畜，未稔何故。其南部稍有碱地，土质较逊云。

爱其木梗塔拉，南北长近百里，东西十里至三十里不等。两旁小山耸秀，涧流纵横，傍谷山坡，尤称沃壤，蒙民远近百里皆来播种，而成熟地不过二十分之一。惟地质不宜，只能种糜子耳。

①　据《西北杂志》本改。
②　同上。
③　同上。
④　同上。
⑤　同上。

锡林郭勒①左右皆属草甸,宽窄因山势而异,宽约七八里,窄约四里。既无沙土,又无碱质,培塿坦坡,尤称肥饶。湖中水天雨则涨,平时则涸。家畜成群,多在此丛山之中。

杜林郭勒之气候渐和,土质亦佳,最便耕种。

梭罗(搭)〔塔〕②拉,东西宽六十余里,南北三四十里不等。沙多兼产碱,初未种植。

其他如锡林郭勒、郭和苏台河、乌尔图、大小吉里河、鄂尔虎河、湖卢古尔河、潢河、卓克都尔河、英金河、老哈河、西辽河、大小凌河等流域,皆地脉腴厚,若一律开放,大利无穷。

## 二十三、蒙古之森林

蒙古开辟已久,故无满洲之大窝集③。然如喀喇沁部之木炭,上供杨树林等炼矿之用,下流行于翁牛特部,土默特之桃山、朝阳全郡之炭品取资焉。又如入关之白木柄、木板,岁由驼运入都,皆近畿蒙古所产。第戕伐不时,冬间烧山,故林木日少。惟深山穷谷之中,人迹罕到,稍有(桥)〔乔〕④木。逼近府第之山,为札萨克游猎之所,例禁樵苏。然听其自生自灭,故无数百年巨材。今举目所见者于左:

茅荆坝多桦木、橡树。　　骆驼山多松。　　下瓦房多杨、榆。

乌尔吉山多果木、杨、榆。　公主林多榆。　　哈克图山坳遍是。

额尔登多榆。　　　　　格格诺尔多榆、杨。　阿奥脱苏多榆。

---

① 《西北杂志》本作"厅林郭勒"。
② 据《西北杂志》本改。
③ "窝集",满语,意为山野间草木稠密的深林、丛林。
④ 据《西北杂志》本改。

# 经营蒙古条议

吴禄贞　撰

## 经营蒙古之意见

内蒙古负弩前驱，立大勋劳，故分划土地，世为藩属，使之刑赏自由、宗教自由，得优游化日光天之下。又以其山川、人物、风土、人情与内地绝异，概以化外治之，而统其权于将军、都统，俾俯首帖耳，无复为肘腋患。故内地常有乘墉伏莽，而口外数百年不复用兵。当时之深谋远虑，虽彼得复生，无以易也。向使世运无大变更，而中国长键此闭关之钥，不与外人相往还，则旧日控驭之策，行之百世可也。无如宇内竞争之大势，既日进而不已，彼白人独挟其并吞世界之野心，扩张殖民事业，一举而得澳美，再举而得非洲，四顾茫茫，几无复游刃有余之地。于是，竞争之风潮日渐趋于东方，印度、安南相率而夷为属国。唇亡齿寒，吾滋惧矣！顾忍以经营内地之弗遑，遂谓化外之地可无足轻重，取予非其所恤。藩封虽大，何堪朘削？稍识国是者，当有以知蒙古之不可不经营矣！然使国势递变，而边疆闭塞，非外人所必争，则经营尤非所要。自日俄开战以来，各国政治家之眼光，咸集矢于中国东北。初，俄人以不逞志于西之政策，挟全力东向，耗无数金钱，竭无数汗血，经营数百年，而始得攫取满洲，占有东方海港。何图一败，取素所置诸怀中者,悉举而让之于日。俄虽暂蹶,以彼数百年之雄图,岂能隳于一旦之创夷?顾东省既无可如何,其不能不稍自退逊,图取夙昔蓄心之蒙古,以为进取之地也必矣。日人既得满洲,然内怵于中国之维新,外惧夫各国之公论,俄人又(耽耽)〔眈眈〕虎视其旁,虽竭力拓殖,常有所掣而未遂。拓地不远,则已得之利不可终守,故日思西进,以恢其远略。今试入蒙古搜二国人之踪迹,其分布各部落者,何啻千百数。举其较著者言之:日人潜身内地,或业卖药,或扮喇嘛,大半皆陆军之人,有用兵之准备者;俄人则重与王公结,怀之以德,啖之以利,如札萨克图王弟,亏空俄款二十万元,不加追索,使为作伥之导,其明证也。进而检二国调查蒙古之图书:俄人蓄虑之久,计画之深,今不可得而胜计矣。即如日本参谋本部之调查,学士大夫之游记,其为吾国新译者且数见。如本年三月,(太)〔大〕尉某率工兵五十余人,测绘东土默特月余,意何为者?彼二国以东方竞争之故,其派遣如此其众,其记载如此其详,身受其难者将何以堪?此则蒙古之经营不可不亟。然使外人之侵逼虽日甚一日,而此土得失非吾国存亡所系,则经营犹可从缓。满洲为我朝发祥之地,北京为政府中央之枢,蒙古东毗满洲,南捍北京,一旦有失,不独满洲无收复主权之一日,环边三省皆为外人用武之场,进可直捣北京,下扰齐豫,而黄河以北无宁壤矣!丁兹时艰,纵不为祖宗坟墓计,顾念自身衣食之所,百年为戎之叹,其能忍此终古乎?以此之故,蒙古之与国家,实有辅车相依之关系。其经营之计,虽欲稍缓于内地不可。然使冲要之地为外人所盘踞,藉保护为名,极力干涉,则经营亦非易易。蒙古边界,固屡蹙于俄;其内部行政,亦多为日俄势力所及。然干涉行政之权,不载于条约,与东省情形不同。虽千九百三年《中俄密约》载有蒙古行政不得变更一条,然以此约不正当之故,英、日、美三国起而抗议,俄人向美使承认新约(谓)〔为〕捏造而无其事。但使实力经营,主权在我,则无可要挟。然使外人即不干涉，而窥察各部，挟全国之力以图之，则经营亦多束手。虽为日俄必争之地，顾两国自开战后，元气未复，非休养数年，必不敢再开衅端。日以经营满洲，俄以戡定内难，皆不遑他顾，而又互相牵制，隐戢其无理之要求，则时不可失。是故，由前三者之说，则蒙古经营之不可缓如彼；由后二者之说，则蒙古有可经营之事机又如此，及今不图，后此已矣。审时度势，非复设郡县、守旧法所能补苴，是非统筹全局、百废俱举不足以振内治而御外侮。否则，枝枝节节而为之，非特中央之主权不固，而外人之阻力尤深，是可虑已。禄贞不揣谫陋，谨就管见所及，条陈如（右）〔左〕。

# 政 治 之 改 革

凡一代兴王崛起，其修订法制，无论安内攘外，莫不有涵盖一世之概。国朝之驭蒙古，以其民俗悍犷难驯，非怵以兵威，不足戢其隐患。故以〔察哈尔都统、〕热河都统、东三省将军辖东四盟，（察哈尔都统、）绥远城将军辖西二盟，①利用旧日王公，以约束蒙民，使畏王威者，复怀王之德，而地方又无扰乱之虞，故设札萨克管理旗务。世运递降，古制不足以维持时变，而立法之精义复名存而实亡。热河都统等权位相埒，各不相谋。又视其地辽远僻陋，为兼辖之事，不屑措意，于是将军、都统之制敝。王公衣租食税，不亲民事，大权往往旁落于梅伦之手；又以听命盟长之故，近则咨呈将军、都统，远则申详理藩院，徒费案牍，无裨实事，于是札萨克之制敝。于此而不图更张，不惟无以系藩民之心，且以速外侮之来。夫因时

---

① 　内蒙古六盟，其东四盟为哲里木盟、卓索图盟、昭乌达盟、锡林郭勒盟，西二盟为乌兰察布盟、伊克昭盟。察哈尔都统管辖察哈尔八旗及四牧群、阿尔泰军台和锡林郭勒盟的军务，与西二盟无涉。

制宜,先贤有训。即如口外七厅州县之设,固起于汉民出关众多以后,为国初定制所无,第在当时,蒙汉交讼,藉此平理民事,未始不足以振内治。自西力东渐,国际之交涉日繁,似此理民之州县,亦闲置而无用。惟详察世变,因时转移,以革旧制而筹新政,斯理藩之道,不致失措。虽然,有不能不审度者:人民知识蒙昧,无议政资格,不足语于自治,一也;地方辽阔,僻处极边,不可与内地施同一之政治,二也;俄蟠其北,日逼其东,强邻虎视,非平和可以抵制,三也。综此三因,故不能以改革本部之政策,行之于藩属,而当别筹所以处置之方,约而言之,有二要义焉:一、当与主治者非常之权力;二、当以军法行政,使对外则随机应付,无或迟误,对内则各旗众庶皆成劲旅,外可御侮而内无畔离之忧。俄之于高加索,英之于印度,日本之于台湾,皆用斯策控有外藩,故能扩张国权,称雄宇内。此其意实开国之宏规所熟筹而虑及者,第以时势不同,则方法必异,世变日多,则职务益繁,断非隔绝之疆吏、委任属员所能遥制。故今兹所言,犹是当日设将军、都统之原意,而官制之组织则迥然异矣。试略举大要如左:

一、设总督一人,承朝旨总理全部陆军,执行民法,办理交涉,有特权;掌拓地、殖民、授产并一切行政要政等事,进退属官;有事得出镇要隘,指示前敌后路之准备。其原辖之将军、都统,均不得干预。惟改革伊始,事务尚简,拟即令理藩院大臣充之。一俟全部度量后,设立都会,应特简知兵大员常川驻扎,以资控驭。

一、设军政总长一人,受总督节制,统领全部陆军,掌屯田兵及移兵、征兵、退伍兵召集等事,进退属员;平时与民政总长会商行政机关,[①]各分权限,遇有警变或关于军事,得有节制民政官、民政长之权。开办之始,宜与民政总长驻扎近地。热河为行宫所在,又

---

① "行政机关"疑误,似应为"行政事宜"。

为内地与蒙古交通之孔道，暂可据为根据。部下各盟设军政官，掌各盟军事；各旗设军政长，掌各旗军事。外有书记官、书记生，掌军事之记载；翻译官、翻译生，掌往来之通译。其他详制，俟随时酌定办理。

一、设民政总长一人，掌行政、司法一切事务。承总督之命令，会同军政总长商办地方行政事宜，进退属官。部属内设七局：总务局掌外事、行政、法务等事，警务局掌警务、保安、卫生等事，学务局掌教育、劝学等事，财务局掌主计、会计、税务等事，交通局掌庶务、邮务、电务等事，殖民局掌屯田、农商、招殖、权度等事，土木局掌土木营缮、经理等事。外各盟设民政官，掌各盟民事；各旗设民政长，掌各旗民事。惟各旗大小不等，宜以幅员之广狭，定员数之多寡。如达尔汉旗，地最绵长，应设民政长二人。余可类推。又各旗华离交错，如平泉左近有一地，属喀喇沁左翼，在右旗左旗之间，绝不连续左翼，临时核夺交换，以便管理。其详细办法，应俟开办时察看情形，再行布置。至于旧有之札萨克，则仍其名而分其权，不失富贵；惟遇有地方重要事宜，均向民政官长咨询。梅伦以下等职，亦仍其旧，惟民政官长有进退左右之权。以上官制。

蒙古衰颓之因，大半根原于阶级之悬绝。此制之起，虽各国所同，自群智日进，而主奴之制遂日趋于破坏，使长此不变，则毒害国家，遂及于全体之国民，有百害而无一利。贫民以自处卑下之故，虽有才能，无由自显，于是苟且偷安，莫肯勤动。尝见科尔沁之各屯，所居宏敞，家亦殷实，而村落萧索，无蔽荫之树。及叩其故，则答以地非私产，无旗主之命。以是知人非自有之产，虽鞭斥加之，而亦不得出死力从事，断断然也。贵族则不耕而食，不织而衣，苟图温饱，无复留意学问，由惰而愚而贫而弱，人种因之渐灭。此理甚微，其害滋大。夫人无贤不肖，惟凭世袭之秩，以定等差，不惟阻平民进取之志，实亦长贵族骄惰之风。浏览历史，明是者昌，昧兹者亡。欧废门阀而雄踞世界，美放黑奴而国益富强，改革之功，从古然矣。故观于蒙古台吉与奴隶之弊，不能不筹所以限制之。谨酌拟办法如左。

限制奴隶办法四：

一、限制包衣额数。王府包衣①本有定制，而闲散当差迄无定额，其人大半游手好闲，强者仗势欺弱者，仰食无求，皆世间分利之蠹。宜立定制，不得有闲散当差之人。如实奔走不敷差遣，按日给工，则包衣之额不减而自减。

二、台吉限制奴数。台吉之家皆仰食于奴，故以畜奴为富；且以奴隶为媵嫁之物、布施之品。宜悬为厉禁，不得广蓄奴婢，以人类畜，致相馈遗。如有奔走之事，亦令按工给值。

三、广脱奴籍。凡庄头及佃户，本非奴隶可比，而蒙古贵族既贫，即仰给于奴，以为分所应为；其奴之富者，往往不堪其扰。宜令一律脱去奴籍，与平民同等。如其主恃势勒索，准旧时之奴向地方官控告讯断。

四、子女得自主婚姻。向例，奴婢所生子女，先尽主用，然后乃得婚嫁。且所订婚约，往往由主命压制之，殊失家庭乐趣。以后奴之子女，主人不得干预，并不得收作姬妾，亦不得强为媒介。

改革台吉办法四：

一、台吉须谋生。好逸恶劳，人之恒情。台吉安居坐食，相习已久，一旦欲其从事劳役，势必扞格难行，惟有于膏粱醉饱之中，隐寓劝惩勤惰之意。昔希腊上世贵族，有能服劳役、习技艺者，国人荣之。此风倡行，故学术之发达，陵轹古今。今宜仿其意，废蒙人出外谋生之禁，凡台吉有能为农工商贾或一技之长者，即予奖励；其惰不事者，经官长稽核，或罚俸，或谴责，科以应得之罪。庶人

---

① "包衣"，满语，汉义为"家的""家人"，指给使的奴仆、长史、典仪、护卫。

思振作，而游民日少矣。

二、台吉须纳税。台吉向不纳税，如满洲圈地，例不纳粮，而得食其佃户所纳之租。在当日立法，不过权宜一时之计，非谓可行之久远无弊也。今宜令一律纳税，使知贡赋为国民应尽之义务，割财产之一分，即以保其余财产之安全。斯人人裕公共之德性，而个人之私益由此愈巩固矣。

三、台吉须当兵。蒙古素称尚武，故从事军戎，尚有同袍敌忾之心。自经数百年之骄养，而疲弱遂无以复加。不有倡之于上，彼平民者无丝毫权利，平时趋苦役，战时荷戈矛，谁非人情，宁忍堪此？此罗马之改革所以趋于军事之余也。宜令台吉一律当兵，并为酌定年限。其嫡嗣必满征兵之年方得袭秩，子弟亦派入国防兵队，使人人以入兵籍为荣，则箭丁自踊跃以趋矣。

四、台吉须入学。自强迫教育盛行世界，强国几无人不向学。蒙民开化较晚，改革之初，未可遽语及此。台吉分地较高，生计亦裕，其儿童学龄届满，自应受强迫教育，研究汉语，兼习科学，以养成普通知识，并示以世界之大势，使成人后可以为改革之前导，树自治之先声。以上阶级制度之改革。

蒙古货弃于地，矿蕴于山，沙漠延亘，垦务未兴，无租税之可言。其口外七厅州县续放各地，赋制未平。未开荒各旗尚待清丈，租税所入，必量地后始可定则。故兹言制度改革，租税一项，暂从阙（始）〔如〕。

## 兵 事 之 必 要

日俄战争既停，两国各设重兵，分划长春府南北路线为防御地。此疆彼界，各挟其全国之力经营域内，有抗不相下之势。然势均力敌，皆不能越所分划之线，竭力规画，必致蔓延西出，出其谲诈猛骛之技,以遂其捷足先得之计。将来部署已定,苟有衅端,东方之大势必为之一变。更由满洲趋入蒙古,而东四盟首当其冲。是故,今日之满洲,既已成为昔日之朝鲜,则来日之东四盟,必成为今日之满洲。中国而不欲自强则已,苟欲自强,则边防不可不固。欲固边防,则满蒙之得失,实与中国有莫大之关系。满洲虽分隶日俄宇下,然主人之名义具存,非尽一无可为;蒙古不亡,尚可徐图进取,隐遏其南下之势。故今日之经营蒙古,非但注意蒙古,实将以蒙古为防御地,而为恢复满洲之先声。然日俄既以势均力敌之故,蔓延西出,其兵力之盛,气魄之雄,必有突过寻常者。我乃欲引而东向,杀其凶焰,断非空言徒手所能操其胜负。虽然,知己知彼,兵家之箴。不知敌形,不可以定我之战线;不知敌势,不可以定我之兵力。请先言敌形:日之经营蒙古,必由奉天西出,(先)〔以〕①制其北偏;俄之经营蒙古,必由黑、吉西向,以肆其南侵。何也?〔盖〕②日在东方之势力,不及长春以北,使疏于防俄,令俄得循哲里木盟南下,抄击其侧面,则日本经营蒙古之范围缩,已得之奉天危。是以日人经营蒙古,若小库伦,若朝阳,皆纯然入蒙古之道。惟郑家屯③当满蒙门户,扼哲里木喉舌,东北控制黑、吉,西南横断全蒙,土地肥沃,可屯重兵;商旅众多,可济军需。向西北出,平坦如夷,则得进兵之利;老哈河、辽河汇流其东,则得转轮之便。其后援则北有长春,南有昌图,可以翼蔽左右。由此而规取洮南,包围黑、吉,使俄人不敢西南下。然后引兵西向,徐图侵占,横截昭乌达、锡林郭勒、卓索图各盟,为所欲为,无后顾之忧。更一面进取海拉尔,入西伯利亚,截据铁道,以断俄人东方之道;一面下热河,突

---

① 据《东三省政略》卷二《蒙务下·筹蒙篇》第二叶改,宣统三年(1911)铅印本。
② 同上。
③ 郑家屯,今地属吉林省辽阳市。

山海关，协力内向。举亚洲北段，悉属于日人范围，而京师根本重地，亦伏于肘腋之下，则中国之危，不仅藩封尽撤已也。蒙古迤北全线皆毗连俄疆，初，俄人用兵东方，独逾数万里经营满洲者，固不但以扩张海军为首务，抑将包举吾全国。得于蒙古，遂其不劳而获之计，故进取之途，必出渤海，以凌我大陆。其由恰克图进张家口，不过为最后之补助道耳。不幸战败，南满割，旅顺陷，黄、渤两海，权力非其所有，由满洲进取之道被塞于日人，故经营之方不得不变，而主道则成宾中之宾，其补助道反为主要。何也？俄人经营蒙疆，除天然阻隔外，西由伊犁、新疆，东由满洲。今西阻于英，久不得遂其野心，东又为日所蹶，势已无可如何，不得不以退步为进取之策。惟库张一道，既无他人之干预，又系广漠之高原，进退自如，纵横无阻。且可直接扰害京师，蹂躏北直，取大沽口出渤海，环击日本，以遂其初志。然出此计，必须预布势力于东四盟，以防日人之阻害。使哲里木为日所有，则黑、吉之师不能西来，而库张用兵之道或有横截之虞。环览形势，欲于东四盟与黑、吉联属之处谋一根据地，无有逾于洮南者也，得之则退可捍卫黑、吉，进可东扰奉天，西撼蒙疆，再由海拉尔入锡林郭勒，循而南下，东向赤峰，西向张家口，三道合进，则日在东蒙之势力不能逾卓索图、昭乌达（而）〔以〕①西，而侵东之计，始可畅行无碍矣。是敌形有如此者。

请再言敌势：定国威之强弱，必觇其兵力之多寡。日俄和成，撤兵之文见于条约，为各国所公见。乃今游览满蒙边地，见夫兵弁之出没各处者，或为驻扎，或为游弋，殊足骇人耳目，其意可长思已。试举其近驻之兵数：其日本，在长春一联队，昌图一联队，铁岭、开原附近合一联队，奉天约一队以上，新民一大队，山海关一大队，法库门一大队，营口约一大队，统计兵力约三万人，其驻朝鲜境

---

① 据《东三省政略》卷二《蒙务下·筹蒙篇》第二叶改，宣统三年（1911）铅印本。

内与鸭绿江左右者尚不在内。其在俄罗斯,哈尔滨约四万人,海参崴约二万人,齐齐哈尔及昂昂溪车站共约五千人,沿铁路各站共约万人,色公旗约二百人,新城①约数百人,无定所,满蒙国界约十数万人,合奉省内地共计约二十万人左右。至于临时之调遣,后此之敷设,事变万端,瞬息千里,日本海轮舟之航路近在咫尺,西伯利亚铁道之运送迅如疾风,尤不可得而计其数。是敌势有如此者。

　　然则,我国将如何? 制敌之策,练兵为上,争地次之。有制敌〔之精兵〕②,而后进可以战;有制敌之地势,而后退可以守。故今日处置蒙古之事,必驻重兵于郑家屯以拒日,驻重兵于洮南以拒俄。至兵力之配置,须量敌兵之多寡。但以今日国势,欲练兵之数足与日俄相当,此必不可得者也。进求其次,自洮南而西与东南毗连黑、吉一带,接壤俄疆,必设有常备兵三镇、屯田兵三镇;自郑家屯而南与奉天接境一带,必设有常备兵两镇、屯田兵两镇,而后可言边防。惟一时措办,以库款之绌、将校之难、器械之乏,万难及此。必须分期训练,陆续增置,但五年之内不可不完足此数。始则每镇开办以一标为基础,三年而成混成协,五年而全军具。再从内地与蒙古联属各地极力经营,以资接济,一旦有事,无援绝粮尽之忧。诚如是,虽不可决胜疆场,或亦可稍杀强邻窥伺之心。虽然,事变之来,倏忽无常,我不开衅,不能禁人之不以衅挑我;即无直接之衅,而间接之衅不能禁其不生。但开衅之由不一,则准备之法必殊。一、对于与日开衅,在蒙古应有准备:以山海关至新民府左近沿辽河西一带为战线;其第二线以朝阳府为适中地,南则建昌、平泉、喜峰口,北则阜新、小库伦、彰武、郑家屯、科尔沁右翼中旗为要

---

　　① 　新城,指新城府,今地属吉林省扶余县。

　　② 　据皮明庥等编《吴禄贞集》(华中师范大学出版社,1989 年 8 月)第 9 页补。《东三省政略》卷二《蒙务下·筹蒙篇》第二叶作"之兵力",宣统三年(1911)铅印本。

冲;第三线则驻古北口、热河、赤峰之间。然蒙古,日俄之所共争者
也。其与日开衅,不能不防俄人之蹈其隙,故又当驻重兵于洮南,
以抗俄人在黑、吉之师。二、对于与俄开衅,在蒙古应有准备:以
黑龙江为战线,洮南府为最要兵枢,大赉、①安广、②(搭)〔塔〕子沟③
为后路,新城府、郑家屯两处应驻重兵,以资左臂之助。更有当注
意者,一则洮南军需与军队之接济不可疏忽,二则恰克图不可无最
大之兵力。三、对于日俄开衅,我国必不能再守中立,当分屯重兵
于哲里木、卓索图两盟,严守界地,不得听外人之兵侵犯蒙古一步。
然天下事言之匪艰,行之维艰,苟其兵力完足,不惟可以免强敌之
觊觎,且可保东方之平和。但常人虑浅,往往怵于目前筹办之难,
忘百年久远之计,苟延旦夕,一意敷衍,一旦衅端既开,计无复之,
惟束手以待毙。与其开衅之后割地偿款,即不然举数万里之藩封,
听其日事朘削,必尽而后已,何如竭一时之困苦,以期一劳而永逸。
是以欲蒙古终为我有,不得不练重兵;欲练重兵,当有一切之预备。
屯驻镇隘,何处宜大兵,何处宜小队,则军区之分划不可不筹。饷
糈设备,必量地之所产,分道转运,则粮道之计画不可不筹。军需
之接济,军队之援应,资山道以运送,既迟时日,又糜款项,则铁道
之计画不可不筹。兵贵神速,消息不灵,则军令之宣布、警报之通
告,彼此恒不相应,则变通之计画不可不筹。盗贼充斥,易启兵戎,
苟善用之,则可练成劲旅,则马贼之安置不可不筹。国事方殷,财
政支绌,必使兵皆常备,似此少数之财,何以求众多之军,则屯田之
政策不可不行。蒙民疲弱,无可与为,非大有振作,缓急无可相需,
则义务兵之法律不可不行。

---

① 大赉,原哲里木盟扎赉特旗地,清光绪末年设治。今属吉林省大安县。
② 安广,原内蒙古哲里木盟科尔沁右翼后旗地,清光绪末年设县,县治在解家窝
铺。今属吉林省大安县。
③ 塔子沟,即建昌县,今为辽宁省凌源县。

# 移 民 之 政 策

二十世纪之世界，一生计竞争之世界也。生计占优胜者，其民族强；生计占劣败者，其民族弱。故近世纪帝国主义之勃兴，由于各国户口增殖之结果。英名儒玛耳逊①著《人口论》，谓人口增加率系循几何级数而进，而食物增加率系循算术级数而进，二者比例以求，则将来必有人浮于食之患。故东西各国，无不以广求殖民地为膨胀母国民族之急务。英人之取印度、辟澳洲，德人之经营中央亚细亚，法人之占安南，美国人之县菲律宾，日人之占台湾、夺朝鲜，俄人之开辟西伯利亚，虽由野心侵略使然，亦迫于生计竞争之问题，不得不广求属地，以为本国民族移殖之尾闾也。故今日地球之上，一草一木，一沙一石，莫不各有主人翁，无复有未经开辟，可以据为己有之新天地矣！然天厚中国，独于长城以北有二百万方里之蒙古，自开辟以来，地力物力未经发泄，是以供数千万人之生活，此固中国民族归墟容纳之最善场也。察蒙古东四盟，如卓索图东西土默特二旗，上地较多，每亩可收十余石以上，下地亦收四五石。哲里木上地最多，各河岸尤为饶沃。其余若喀喇沁、昭乌达，虽山地较多，而亦非属不毛之地，以此土计算，每方里至少可养五十人。今视察各盟，如卓索图已开荒者，户口稠集之区，约十余里一村，村三四十家不等。哲里木偏东，约二十里一村，村数十余家不等。迤西至昭乌达，约五六十里一村，村数家不等。至沙漠之地，则有行一二日不见一户者。以东四盟之幅员与其户口比较，大约方五十里一人，有土无人，曷胜浩叹！且自日俄战役以后，日以战胜余威，欲为长足进步之计；俄以新遭败衄，欲为桑榆补救之谋。

---

① 玛耳逊，今译作马尔萨斯。

蒙古一隅，实为竞争之要点。徒以地利未兴，生殖不繁之故，二百万方里之地，适觉阒其无人，边防何由而固？失此不治，则西北之藩篱去，而京、晋之腹背虚矣。此则欲弭边患，而不得不行移民之政策者，一也。且以中国东南人满之故，沿海沿江之民以生计难谋，只身冒险，远赴重洋，虽非洲炎热之地，美洲苛禁之场，皆趋之若鹜，屡遭外人之惨虐而不顾；其在内地之游民无业者，或流而为游勇，为盐枭，为会党，不惜身罹法网，伏莽蔓延，隐忧方大，是皆由于无适当之生计有以致之。而蒙古则荒田之开垦、森林之培植、工艺之振兴需人甚多，足以消纳无业之游民而有余。俄人之流徙罪囚，以开西伯利亚，胥是道也。此则欲消内忧，而不得不行移民之政策者，又一也。故移民一举，足以弭边患，足以消内忧，足以变不毛为沃土，诚一举而数善备矣！今请言开垦之办法，其要有四：

甲、招之内地者：

一、收纳旧勇。自新军制行，而绿营之老弱概在淘汰之中。解散之丁，多以生活无策，流为盗贼；其留者，又不谙纪律，为兵大蠹。此种兵卒，大半久羁异域，无顾恋之私者，苟得择地安插，彼等已获谋生之路，必不致起反抗之势，是无用之民皆化为有用矣！

一、招集穷民。蒙古汉蒙杂处，其未开荒之地，尚不乏出关谋生者。一旦用新法拓殖，获利不可限量，且贫无聊赖之人，必多出而应募矣。

以上所举，有当注意者二事：一准携带妻孥，以坚其久住之心；一须出具保结，以杜其侵骗之计。

乙、取之本土者：

一、教导土人。蒙民久事游牧，习于驰骋角逐之娱，逐水草为生；即稍有耕种，亦仅守撒子之拙术，不大施以人力，一旦欲其立苗溉种，鲜不畏其事繁而力劳。是宜令与汉民杂处，使彼习见夫田功之收获倍蓰于游牧；更一面广为劝导，指地给种，则稼穑之事由此繁矣。

一、安抚马贼。衣食足而后礼义兴。民之为贼，虽不同出一途，而迫于生计之艰难，往往然也。苟宽其自新之路，给予土地，勤者有赏，否则以军法从事，将卖刀买犊之风，不难复见。

此四种人操业不同，品类亦殊，会而集之，其配置之法有二：

一、屯田。凡行军险要之区，边防吃紧之地，与夫广漠之原，宜行此法。

一、杂住。凡山地之险窄，沙陀之干燥，溪谷之错杂，与夫地势偏僻之区，宜行此法。

虽然，苟非预为规画，使居住者得所藉手，外来者不致裹足，则开垦之事，终有名而无实。今酌拟办法如左：

一、内地设招垦局。直隶之天津、正定，江苏之上海，湖北之汉口，各设招垦局，由理藩院派员经理。更咨照各省总督协力劝导，凡志愿往蒙者，悉赴局具结，听候给照。火车、轮船均减半价，以示优异而广招徕。

一、本地设土地调查所。无论已放荒、未放荒，各旗一律开放。更测其气候，察其宜于植物何类，或宜于谷，或宜于菽，或宜于森林，继将其地分为树林区、草区、高邱区、沙碛区、炭泥区，约共有若干，以定分划之法。

分划之法附：并管理员之组织。

原野既经区画，乃设为村落。其设村落方法：东、南、西、北、中央各相距五里，其事务所置于中央，以次鳞比，递以为之。乃作道路，定其方向。惟达中央之路，其幅员宜宽，以便交通。

每村约可置三百家，每家约五人，男子三人，女子二人。其种子、耕牛、耕马，由中央事务所借给，以二十个月清算归结，再行借给。其农产所获之利，以半给耕者，以半入官，阅三年征租。而给地之数，每男子一人，以五十亩为度。

中央事务所置监督长一人、副长二人、部长四人、分管四乡村,掌户口、风纪、宗教、卫生。部员八人、管发给征收牛马、农具、种子事。医一人、巡查若干人。并置农事试验场一,以为指导。其东、西、南、北四乡村,均受中央事务所管辖。每村各置村长一人、事务员四人。又各置大旅馆一,俟初来者居住。

五十村之中央,置总事务所一、监督一人、副监督二人、部长八人:

(一)司户。管理户口。

(二)司工。管改良地面一切工事。

(三)司给。管给发农务必需等件。

(四)司征。管征收租税。

(五)司契。管土地契约。

(六)司技。管一切种畜之法。

(七)司计。管一切度支。

(八)司察。管理巡警。

部员十二人,医二人,巡查若干人,约每村十一人,站岗三人,午前一人,午后一人,夜一人。村内巡游三人,同上。村外原野二人。午前一人,午后一人。又置农事试验场一、农事讲习所一、裁判所一、监狱一、救济会一、为农民私自组织,每村设分会,(只)〔凡〕天灾、地变、疾病、灾厄,以互相援助为旨。奖励会一、择其成绩之良者,赐以银钱、物品、褒状。农业陈列场一。择种畜之佳者列设于此,以谋发达而供参考。

所移之民,须查其性行善良,先行暂订契约,以其地开垦之难易,预定以相当之租税,俟其成工验查之后,再订真契约。其开垦畜牧地面,须照事务所派定,既经派定,则不得让于他人。派定地面经一月而不动工,则暂订契约归于无效。其初、二、三年所获农产,不征其租税。每家借给牛或马一匹、鸡十羽、羊五头,其所借给皆牝畜,十家给以一牡畜。

开垦既有成效，则农具、种子、肥料概须自办。且于移民之先，既测其气候、土宜，并筹其道路之远近、经费之多寡以及种植之法，莫不绘图说明，印刷成书，遍散内地，以启人民向往之心。

屯田之计划附：以参酌地方情形，按军事上之准备为旨。

（一）屯田兵者，兵农相兼之制，平时给与兵屋居住，教以兵事上之训练，暇则往事开垦耕稼。

（二）屯田兵按军制编成步、骑、炮、工、辎各兵种，配置于东四盟吃紧之地点。

（三）屯田兵招集各省之有志愿者，移至蒙古，其家族可并移往。

（四）屯田兵所得荒地，暂行不取地价，使充兵役七年之后，一律加赋。

（五）屯田兵之服役，以二十年为限，充常备军七年，豫备兵五年，余为后备。至四十岁后，则编入国民军豫备后备役中。战时或当事变时招集之，平时则于农隙闲暇之时行演习、召集及简阅、点名等事。现役中死亡或以他事故免去兵役，可以其家族中适当之男子续充兵役之残期，若无适当之男，始可免役。

屯田兵若违背召募之条件，而无正当之理由，无故不履行兵役之义务者，免去兵役。

（六）屯田兵服役之年限虽满，当战时或事变，或临时演习，或举行观兵式，其本人无论在何处，必须应召。若在外国、远省、交通不便之处，准其延期。

（七）屯田兵满役退休，可以任其自谋生计，但有事时须应召集。

（八）屯田兵既得官产即军家，以后之子孙皆有当兵之义务，惟残疾不在此例。

（九）当兵年岁以十七岁起，至四十岁止，是为兵役时代。

（十）凡屯田兵有无故求免兵役，或犯罪削去兵役时，仍当夺回官产，驱逐出境。

生产之要义三，曰土地，曰劳动，曰资本。人民集区划定，必投之以资本，而后开垦之事尽。今更拟办法如左：

一、设立满蒙银行，以资劝助。

一、国家酌加津贴。

一、劝资本家或集股开垦，或独力购办。惟地方之指定与营缮之配置，皆须交官长限制。

此其大略也，至详细章程，俟开办时再行详订。

# 宗 教 之 改 革

自蒙古尚黄教之旨，俗骛于净寂，以娶妻为非，以战斗为戒。在国初，羁縻藩属，利用此无为之教义，固足以戢其犷悍之气。乃其弊也，孤阳盛而种不蕃昌，竞争息而人无进取，遂使二十四部之颛愚一循冥冥之幻想，徒渴望于未来，智识不增，而仪式具成，驯至违戾创教之古义，习焉而不觉其非。举一国之人，胥弱以不能自振，印度其前鉴也。夫初民知不可以理谕，不可以情动，不可以诚道，惟其观感于大造之神圣，莫知其极，故怵之以曰明曰旦之照临，而来世祸福之说，恒足以褫其魂而慑其心。是以设教之始，必有取义，但意在补救当时之人心，其旨不能无偏于一是。延及末流，非顺乎时势，为之扶济其偏，其习寝成为俗尚，其害遂中于国家。抱守残缺，土耳其所以日削也；破坏旧教，欧洲各国所以昌盛也。况夫强邻〔逼〕处，疆事孔棘，而乃听此无为之教义，养成藩民疲癃之习，举二百余万方里土地，垂手而授之人。手足既僵，心腹其疾，循是不变，恐不十年，其为戎矣。然以人民数百年之所崇尚，欲一旦改弦而更张，其事匪易。故宗教之改革，仍相乎人心之自然，而施其补救。从积极方面求之，不外以教育增进其智识，而激发其进取之气。从消极方面求之，厥道有三：

曰废喇嘛娶妻之禁也。夫男女居室，人之大伦。草昧之初，恣意嗜欲，与禽兽相若，虽至紊渎纪常，戕贼生命，皆所弗恤。有杰者起，欲振励其逸居无教之行，因以未必之希望，易其目前之娱乐，未始不可以矫正一时。然其抑制过中，初非人情所忻愿，使率天下之人而群奉斯教，吾立见宇内人类无复有一族之孑遗矣。彼蒙人之生殖日减，虽他因甚多，究其受禁娶妻之影响者实最甚。印度如来，日本宏法，皆以有妇之僧宏大佛法，是教旨之与娶妻本无所谓违反也。乃不根原之求，徒节取不近人情之奇行，以范围庸众，致使黠诈之喇嘛，倡为妇女与活佛交接为莫大荣幸之妖言，以饱其无餍之欲望，积习成风，秽不可言。与其阳美以禁戒之名，而阴遂其禽兽之行，何如显废其禁，各成室家，不惟佚行可剔，种类可繁，久且以恤其妻子之私，而人亟于谋生。举半之间民，一旦而悉事力作，无有逾此策者。

曰喇嘛宜加考验也。大抵初民常态，每好逸而纵淫。平民日事力役，不赡其生。喇嘛则安坐间食，差徭不加。又其箭丁之家，有一为喇嘛者，其家之妇女皆可为之荐枕席。以此之故，为喇嘛者日益众。至于供俸不足自养，流为盗贼。喇嘛多一人，即力役少一人，长此相循，后患何极？听之不可，禁之不能，惟有于万不得已之中稍示限制。其已为喇嘛者，虽不可限制其全数，然如少数之达赖喇嘛[①]，则必令其研究经典，兼习汉文汉语，以为改易风俗之乡导。盖经典辞单意微，论尤过高，苟其通晓汉文，探讨古先圣贤之哲理名言，必恍然于吾道之大，非他教所得及，而思有以革其惑世诬民之旧习。后此之为喇嘛者，则限以一定之资格，设官守理之。凡欲

---

① 达赖喇嘛，似为"达喇嘛"之误，下同。

为喇嘛者，必年在二十岁以上，通晓经典，无讼案者，始得注册。积劳次升，必经地方公禀而后许可。比及升为达赖喇嘛，则非已通汉文者不能。苟循斯策，吾见中土之文化日播于藩属，益激发忠君爱国之忱，非但黄教之流毒不戢而自灭已也。

曰喇嘛有其当兵义务也。驭藩之道有二，曰正用，曰逆制。俄之于可萨克，正用者也；本朝之于蒙古，逆制者也。当此列强竞争，无兵不足以制胜，则逆制不如正用之为得。可萨克之剽悍，俄利用之以成劲旅。蒙古兵威之盛，夙著名于历史，远非可萨克所及，乃自受黄教之感召，昔时雄武刚健之风，一变而成卑屈柔顺之俗。若不推究本原，而漫欲复其尚武之习尚，吾虑信教之徒，方以违背戒战斗之义，扞格而不相入。宜令贵族、平民有为喇嘛志愿者，当其注册之后，限以当兵义务二年。则彼方以冀为喇嘛之故，不能不奋身以受军事上之教育，久之而习于性成，虽杀伐非其所尚，而体魄强健，可以捍御外侮，守服从之习惯，不致游身法外。是昔日之喇嘛病民贼俗，无以复加者，而今而后，庶其免矣。

以上所述明之蒙人之所崇尚，虽加以势力，未能破其迷信，无如补救之方，舍改革宗教别无善策。彼西人方挟其国势之力施行国教，以为扩张主权之地。今虽耶、希二教[①]信从者少，然已不能无稍有所动矣。夫西人以蒙俗绝不相入之教劝导土人，尚不无丝毫之效力，吾但即其教而稍示改革，其成效固可预言也。此改革宗教，为改革蒙古之第一要义。

## 教 育 之 必 要

教育之施，视人民之程度而异。英之于爱尔〔兰〕，日之于北海

---

① "耶希二教"，即基督教新教（耶稣教）和希腊正教（东正教）。

道，非别有畛域也，而施教之方与本部稍有异尚者，盖自由之教育，可以施诸自治之民，而不可行于未开化之族。考之历史，蒙古屡为中国患，使今而以精神之教育率尔提倡，一二枭杰者流，习闻独立平等之绪论，势力苟充，必致反戈相向。马太教波斯（争）〔征〕战而见灭，德巴授马其顿兵法而受祸，古有然矣。窃以为施教育于蒙古，必要之学有三：

一、汉文。小学汉语为要，高等小学、中学汉文为要。盖言文之统一，与国家常有（蜜）〔密〕切之关系，蒙人以其文近西藏，故末流之佛派得盛行于全属。若后此新进全通汉文，将中土之文化与世界之学术悉随以输入，既可以开下流之锢蔽，又可收书同文之实效，斯两得之。

二、理化。凡格致之功未至，则外来之迷信益深，一经实验，证以种种之物理，斯旧日无凭之信仰至是而恍然若失。欧洲学人于宗教不无微辞者，岂其理想过人？缘物质之文明日益发达，故神鬼之幻谈不足以惑之。使蒙人从事斯学，则黄教之妖妄不攻而自破矣。

三、实业。平原宜农，山国宜工，量地方之宜，酌加相当之学科，今之言教育者，尝哓哓于是矣。蒙古广漠无垠，非适农耕，即适畜牧，又多产矿物，苟得殖民之家相经营，则荒草丛林皆可辟为锦绣之场。兴农业以劝播种，设工学以广制造，不早自图，吾虑强敌之乘后矣。

以上三者，虽皆为必要之学科，而入手之方，则尤以汉语汉文为最要。苟行试办，宜先于京师设两种速成科，一召致蒙民子弟年少颖异者习汉文汉语，一募集内地学人习蒙文蒙语，皆旁涉科学，教以普通知识。学成以后，派赴蒙古各处，为兴学前导。行之数年，成效可立见矣。虽然，有不能不注意者：蒙人知识暗昧，未可遽语高深之学，又地远难制，不可不集权中央。宜令蒙古域内只设中学与中学相当之校，其高等以上学术，须来京就学，以示尊崇京师之意。其军事教育,亦只设目兵学校,一切将校,皆须取之内地。俟办理有绪,教育盛行,然后教授兵事学术,畀以相当之知识。此当注意者一。蒙古教育既与内地不能一致,苟不详察其风尚人情,必不能施相当之教育。故处置蒙古之法,宜统归理藩院办理。若教育听命于学部,军事听命于练兵处,其余各部又听命于相关之部,各部既无专责,而又互相牵制,徒凭臆测,贻误大局,莫此为甚。此又当注意者一。扛千钧之鼎,乌获①不(一)〔以〕为勇;穿七札之甲,由基②不以为神。以蒙古之人格施教育,不能不如是也。

## 设立银行之必要

开边殖民,非筹绝大之赀本,则不足以营绝大之事业。不投赀本而欲收开边殖民之效,是犹春不耕耘而望秋冬之收获,不可得矣。日人之经营南满洲也,已筹有的款四亿万元。俄人之经营西伯利亚及东三省也,专指法人之借款而言,已有一万三千兆。长袖善舞,多钱善贾,故能绰有余裕,为所欲为。蒙古数万里之地,以中国不能振兴之故,每岁反津贴数十万,为一大漏卮。然富源未辟,宝藏未开,日俄垂涎已久,俱欲〔越〕俎代庖,攫为己有,则中国今日非筹绝大之赀本,以实兴开边殖民之事业,则蒙古数万里之地,非吾中国矣。然以今日中国库款支绌之故,欲筹此数千万之母财,以应殖民地之取给,其亦难矣。然则欲求一变通办理之法,挹彼注兹,使财政得以流通而无滞,则非急设以满蒙大银行不可。日人开辟北海道,设有劝业银行;俄人经营东三省,则设有道胜银行,故能(化整为散)〔化散为整〕,化小为大,以供殖民地之急需。今请言

---

① 乌获,战国时秦国力士。
② 由基,即养由基,春秋时楚国大夫,善射,能百步穿杨。

经营蒙古之所以不能不设银行者,其故有五:

一、立银行足以便移民而兴垦务

蒙古土旷人稀,夙无农业,非草甸即沙陀,虽极沃壤,一任荒芜。若欲振兴蒙古而辟利源,劝农开垦,此为急务。然奉天、黑省、热河、察哈尔各处,办理蒙荒历有年矣,迄今未见大效者,固由办理之不善,亦由国家之毫无补助有以致之也。中国国民向乏冒险精神,稍足衣食者,即多苟安乡里,自图逸乐。故汉人之徙居蒙古者,其初多系乞丐起家,现时之自愿出关者,大抵贫民,故俗有闯关东之谣,乃贫极无赖之表称也。至蒙者既系贫民,则购地之金,以及筑窝棚、买牛马、制农具、安家室之类费用二三百金不备。内地若有二三百金,则必在乡里称富翁,而不肯远出数千里外矣。故移民之法,宜仿泰西各国农业银行及日本劝业银行之制,凡移民之至蒙者,察其民果能勤朴耐劳,则贷以资本,使能从事开垦,而本利按年抽还,是则移民与银行两利之道矣。此银行之不可不设者一。

一、立银行足以行国币而塞外货

蒙古向无钞币,现则日俄币制渐渐侵入。奉天省全用日人钞票,故(兴)〔与〕奉接壤之蒙古一带,如东西土默特以及法库门、辽源州等处,多用日币,推之日人军用之手票。俄人之羌帖,吉、黑两省遍地皆是,故与吉、黑接壤之哲里木盟一带,羌帖亦渐渐畅行。以外人所费无几之纸币,而侵夺蒙古地方之实利,为害何可胜言!若立银行,则发行钞票,办理得法,蒙古自必乐于信用,可以抵制外币之侵入。而且钞票之利,有二万元之赀本,可以营十万元之事业;有二百万元之赀本,可以营千万元之事业,塞外货而辟利源,计无过于此者。此银行之不可不设者二。

一、立银行足以兴屯田而固边防

边防要塞之区,须兴办屯田,寓兵于农,始足以固边防而资镇慑。惟屯田之制,牛马、农具、籽耘,皆须官为设备,费用尤为浩繁。

其款项较移民为更钜，非设立银行则赀本不足以周转。屯田之举办既难，即边防亦难巩固矣。此银行之不可不设者三。

一、立银行足以兴工艺而开利源

蒙古物产既富，特以制造未兴之故，遂觉异常贫乏。近日德商、俄商俱于附近蒙古之地购买羽毛、皮、角及牛马等类价值极廉之货物，一经制造，贩运入口，获利倍蓰。考蒙古出产，以牛马、皮革、毛、角为大宗，可以织绒、织毡、制革；其余若土木类之制碱炼硝，织物类之绵（有）〔布〕、丝绸，食物类之牛羊肉、牛乳、黄油，农产类之面粉、豆油、麻油，酿造类之麦酒、高粱米酒等，皆宜用新法制造，可以收莫大之利益，而挽已失之利权。惟兴办此等事，由国家自行开办，固有银行以为之援应；即由人民自立会社，亦须有银行以为之补救。赀本既足，则开辟已然之利源，其盈余自可操券而得矣。此银行之不可不设者四。

一、立银行足以维钱法而兴商务

蒙古草昧初开，尚无钱法。其交易之最重者，则用生银，其次则用牛，次则用羊，最下则用布，犹是上古之遗风。以故蒙古数万里之地无一商埠，数百万之众无一商人，则由无钱法之流行为之障也。若立银行，则银元、铜元俱可流行无滞，百货辐辏，商贾群集，商务始可盛兴，而蒙民亦知自谋生计，不至视向时之游手好闲而自弃其生产力矣。此银行之不可不设者五。

# 银 行 之 计 画

一、银行应由官办之原因

查泰西各国银行种类不一，有由官设者，官自放与农家，各省、府、州、县设局以辖之。有由公家设立者，即土地金融协会，有田业者约束行之。有由民商集股者，即不动产银行，由民商集股开办。大旨不外官办与民办之分而已。论银行，自以民办为宜，而蒙古风气未开，业商者尚未有人，银行岂能遽设？内地虽有赀本家，若国家不先筹重资，而徒望民间集股兴办，将必裹足不前，终无成立之日矣。加以移民事业与政府有绝大关系，非急设银行，则诸事皆难举办。故此银行之设，不得不由国家先筹重资，以为倡首。俟银行成立，信用既多，则陆续招股以为补助，民间自必乐从矣。

二、筹借资本之方法

大凡办事以前，必须预筹资本。兹当库款支绌，自不能不从权办理。拟请将奉天之官钱局资本八十余万，吉林之官钱局资本近百万，黑省之广信公司原本五十万，现约近七八十万，俱行归并，作为资本。又奉天所入，每年将近千万；吉林所入，每年约五百万，黑省亦如之。而三省纷言办理新政，所办事件，上者不过有名而无实，次则徒有奏牍，并名而无之，惟交涉局皆有报销甚钜，为新政最尊重之端，余皆敷衍而已。与其任无谓之挥霍，何若提此款项，以为办理银行之资本，尚不足以挽利权而便民生乎。果能合三省之力组织之，虽千万，不难致也。再由户部陆续补助千万，俟银行既成，再行召集民股，则实利既充，而利益自不难坐致矣。

三、设立银行之区域及推广之办法

拟设满蒙总银行于京师，奉天、吉林、黑龙江各大埠及东四盟垦荒繁盛之区俱设分行。俟各处垦务均有起色，再行推广于西二盟及外蒙古各处。

四、纸币之制造

纸币镌印汉、蒙、英三色文字，其款式与户部奏定纸币章程一律，以免纷歧。

五、纸币之流行

日俄纸币侵入蒙古，漏卮甚大。今拟蒙古地方，凡外人购买货物及铁路交通之赁金，俱用满蒙纸币，以行抵制。且与内地各省户部银行联络，以利通行而免迟滞。

六、存款放款之办法

甲、存款。往来存款，于商家银行最占重要，而农业银行则为有险无利。盖存款无期者，不定取款之日期，农业银行所放贷之款，概按年摊还，收回不灵。若收无期之存款，放与收回不灵之款，遇有索存款者，即将不能筹付，遂至倒闭。今拟变通办法，凡蒙古王公、台吉、喇嘛、箭丁，以及内外绅商及移民之有余赀者，皆准存款，惟提回款项，须按长期办理。

乙、放款。商家银行，款有时支绌，可由他行代借款项，以为周转之资。至农业银行则难于办到，盖农业银行以放长期低息之款为目的，若所借之款息高期短，即不便经营矣。查蒙古喇嘛放债有六分之息，即汉人设肆贸易，春间赊物贷款，秋间以收获之粮食偿之，其出入有九与十一之差，已暗有二分之息。若贷与低息长期之款，则农业必大可兴。惟借款居小额者，可定为短期放款。若田质开垦之改良、新开农路之修筑，以及大森林之培植，则非借与长期放款不可。

七、农业负债之救济

在商工业，负债之增加，本可喜之现象。盖商工者依信而行，信之者广则商工必兴，商工兴则负债必巨，故英美商工负债多有，职是故也。至农业则不然，其播种或肥料所需之款，收回最速者，亦须半载；若开垦、排水、灌溉等改良农业所需之款，至少亦非数年之后不得收回其已散之资本。况农业岁有凶荒，秋成常多不实，故农业负债偿还之期难定，或遂无偿还之期。然他时教育普及，风俗改良，统计学明，则生计必丰而日用亦裕；天文明，则灾祲或可趋避；农学发明，则兴利亦有秩序；机械学精，则多田亦可省工。且农业之金融机关既备，低其利息，长其还期，自可徐图农业之发达。农业既盛，商工业亦必随之而兴。而农业之所孳生者，自可善价而沽，不至有壅遏难行之患。故有银行直接、间接以改良之，不惟农债可以减轻,而农业亦必日趋于兴盛矣。

# 铁 路 之 计 画

气机电动,瞬(夕)〔息〕千里,交通之机关愈便,(交)〔文〕明之进步愈速。伟哉,铁路之功效可谓至大矣!然善用之者,则足以富国利民;否则,为亡国之媒介,为他国之利用。如西伯利亚铁道开通,俄人遂一跃而成全球第一之强国;中东铁路告成,遂为亡东三省之实象,亦即酿日俄交战之大惨剧。往事姑无论,且先论外人之所以经营我东方铁路,与满蒙有密切之利害,而我可以借镜,而吾更可以子之矛攻子之盾矣。

一、京张铁路。张家口者,为东西蒙古之要路,他日俄国敷设横断蒙古铁路时,在所必争,故俄人觊觎此间敷设铁路之权已非一日。近由北洋奏请自办,此权幸不致落于他族之手。倘归诸俄国,则俄人当直使接续蒙古铁道。盖俄人欲胁迫京师,便利无逾于此。及一朝有俄自圣彼得堡出一号令,则数十万之精兵不出旬日,可自西伯利亚铁道之伊尔古茨克分设支线,可以横断蒙古,直达北京。其关于中俄利害之关系颇为重大,可知也。

一、恰张铁路。此线路本为俄商贸易之旧路,亦即自西伯利亚之伊尔古茨克分支,过恰克图、库伦而出张家口。俄于二十八年三月从事测量库伦、恰克图间九百里路线,复由库伦至张家口间一带测量,及癸卯年三月始行竣事。近又在恰克图附近驻兵有一镇半之多,商人约六百名,则其在内外蒙古之(野)扩张势力,其故可思也。

一、布洮铁路。此线路长不满六百里,平原草甸,无山阻隔。黑龙江及零星支流,俄人已从事测量,极力要索敷设之权。若一入俄人之手,则东蒙四盟全在掌握矣。

一、爱珲铁路。此线路由爱珲至呼兰，而新城，而辽源，以接至新民府关外之路，固可分中东铁路之利益，而无重兵以保护之。则一旦有事，俄人由哈尔滨横夺我路权，日人由长春横夺我路权，皆可拦腰截断，且有开门揖盗之虞。

然则，从闭关自守之主义乎？无论他人电车迅速，而我敝车羸马以应之，有缓不济急之势。即自固吾国，而无铁道以联络之，则幅员虽广，他人牵制之易如反掌。况重门洞开，辇毂之下尚宿重兵，卧榻之旁久经鼾鼻，乃犹偷安旦夕，则蒙古决非我有矣。若以库款支绌，无力经营，是何异病入膏肓而吝惜参苓之费，坐以待毙也。今将不得不修铁路之利害，条列如下：

一、我不自造，他人必代我为之。如俄人之中东铁路，百计要求而得之；日人之奉天行军铁路，无待我之允许而以兵力经营之。与其人借箸而筹，何如忍痛自医，犹不失主权也。此宜急修者一。

一、经营蒙古，非设重兵不可。即设重兵，则往来运输，非交通便利不可。否则孤悬一军于数千里外，接济不灵，一旦有事，既不足以资捍卫，且他人兵数之权力倍我，行军之迅速倍我，而我徒恃一旅孤军以相抗衡，无论优劣不相等，即拿破仑复生，亦不足操胜算也。此宜急修者二。

一、世界文明之发达，与交通有绝大之关系。蒙古之蔽塞，已见以上所论。若交通既便，则财政、人种、商业、工业均臻富强。而人自为战，与铁道有动静交相养之哲理。此宜急修者三。

一、蒙古之矿产，混沌以来，未经开采，实因交通未便，故至今藏宝于地。若一兴铁路，则运输易而成本轻。况外人垂涎已久，岂容久闭。一旦干涉，更生轇轕。此宜急修者四。

今拟修筑铁路之最注意：

一、应由内渐向外修筑。盖由内向外则以逸待劳，由防守而进取，如水之就下，无不虞之患。由外向内则喧宾夺主，有节节内逼之势,如城之受围攻然。是以京张铁路、榆新铁路均得东西控制蒙古之意,宜由此二线接出东西相向作抛物线之形式,则东西互相联络,足以拱卫京畿。

一、对于敌国铁路重要之区,应有相当之兵力。近日欧西以铁路取人国之意已早发露,故铁路所至之处,即兵力所及之处,往往于要隘处建设炮台,驻扎重兵,以为行军之预备。若有相当之兵力,则泰西各国几于全球皆通,而各有相持不发之势,一有轻重,即兵祸随之矣。故(宜)现在已有铁路之要区,宜多练兵以镇之;其将来敷设之处,总视兵力所及,再行扩张线路。

一、路线勘定,应受练兵处认可。查内地路政,各国极力干预,有志之士纷纷请求收回自办,固属有识。然无兵力以护路,则自办与他国代办直五十步笑百步耳。况蒙古已在日俄肘腋之下,不啻戒严,自宜以军政为主。如有勘定路线,须由练兵处察看情形,必于军事上有利益而无防害,始可允准施行。

一、轨道应与关内外同,而与他国异。查各国轨道,自为制度,所以便国内之行动,而阻他国之攘夺也。故世界铁路之轨,俄为最宽,五尺三寸。原以求异于欧洲。日本在东省所筑造铁轨,亦按本国之三尺六寸为制。今既自建铁路,宜按关内外四尺八寸之轨道,使临时得以通行,而他国之车难以径驶,不独于财政有种种利益,且于军事有莫大之关系。

一、线路之预定次序及兵力之准备。所谓次序,宜由张家口经多伦诺尔至赤峰,由赤峰至建昌,而平泉,而热河,为第一期;由建昌而朝阳,折至平泉,由平泉入冷口①,接(添)〔滦〕州,由赤峰而至锡埒图库伦,为第二期;由锡埒图库伦至朝阳,由朝阳接新民府,由新民府出法库门,至辽源州,由赤峰奔站道,至洮南,为第三期;

---

① "冷口",系长城隘口,在河北省迁安县东北约七十里。

由洮南至布奎，由辽源州接新城，为第四期。至于恰克图、库伦至张家口，则须再三留意。

盖铁路之建设，视兵力之弱强为准，为国内谋交通，非为他人门户也。若无兵事之准备，倒行而逆施之，则爱珲直达新民、法库，直趋张家口，不过俄人作向导；辽源至洮南、新民，至赤峰，不过〔为〕日人作接应，在我实有损无益，此不可卤莽从事也。

# 交 通 之 计 画

道路者，公共之产也，国家藉是以为灌输之脉络，社会藉是以为交通之机关，货物藉是以为出入之利便，人民藉是以为适宜之卫生。是故欧洲人之得新地也，未营宫室，先营道路。其纵线横线之所至，宽逾数丈，其直如矢，行者有便利之心、爽垲之观焉。以道路为主，室屋为宾，未闻有以私产而敢犯公产者。其居处所在，必莳种植物，丹楹素壁与翠干苍柯相辉映；而路道间列树整齐，绿阴幂屦，日光潏宕，云影迷离。以一方居住之人物吸养呼炭，而一方之植物常吸炭吐养，相抵换而足于用，则一方之空气常新鲜，而不致有恶浊之患。故一望其国，葱葱郁郁然，若可称为世界之公园者，则国势必盛，而文明之程度亦若于此标其现象焉。环顾我国，人人无公用道路之观念，遂无公治道路之议论。蒙古则为尤甚，以道路为无益己事而不治，以树木为无益己事而不植。凡王公之家，市镇之间，轮奂羃革，壮异其居。而至道里间，所出入无不倾斜险侧，汙浊洼湿，凹凸黑暗，粪屑泥汁，酝酿黏和。晴则坌涌十丈，飞粪扬尘，渗口入鼻；雨则滑溚沾泞，（泞）泥淖三尺，黏衣著履，至敝不涤。且挖沟渠于衢路之中，以为倾泼污秽之所；拥粪山于门庭之外，若诩其家产牲畜之富。过者刺鼻蹙额，脑气为之不清，心辄欲吐呕；居其庐者，如入鲍鱼之肆，久而不闻其臭，气质且与之俱化。是以行旅裹足，土地闭塞，民情愚昧，商务不兴，工艺不讲，皆由交通不便所致。经营之法，自以讲求交通为要，而交通之要，自以筑铁路为第一要义。惟兹体重大，非旦夕所可奏功，先以修站道、设电线、立邮政、添旅店、辟商埠、修航路等要政次第举行焉。

一、修站道

入关之初，亲征罗刹，平定噶尔丹，岁时巡幸奉天及木兰秋狩，皆由蒙古出入，故各处设站，移三藩叛卒以为站丁，分设站官，甚重要也。自跸路不修，而王公之贡道、东省之驿递俱废弛不治。迨中东铁路既兴，商贾仕宦无人不〔以〕迅速为乐，蒙古之站道遂益无人顾问。但既有旧道可循，即无烦探险而开辟，计里而勘测。且沿途碎沙黄石，俯拾即是，宜修平坦，宽广约三丈，两旁砌明沟以泄水，筑木桥以利涉，栽树以蔽阴。取道必直，勿纤曲以省工。其有土阜，则越之而过，坡度不得过十五度。如茅荆坝，则盘道加阔，凿石加平。开办之始，宜由京至古北口，而热河、平泉、建昌、朝阳，责成马军；由热河至乌丹城，责成都标练军；朝阳以至小库伦，责成外八营；由赤峰至朝阳，责成尹得胜军。农隙之时，再拨团丁助力，每十人抽一丁。至巴林以下，次第兴工，则扩广站道，行程较便捷矣。

二、设电线

大北公司电线尚未收复，而吉、黑两省之消息关键反操诸外人之手。宜别辟线路，由热河通赤峰而洮南，以达布奎为干路；再由布奎通新城，而辽源州，而法库门、小库伦，经阜新而接朝阳已有之线；又由热河接围场，而（名）〔多〕伦诺尔，而张家口。其余盐池及锡林郭勒并西二盟，由张家口及赤峰分设支线。凡军民两政官衙驻所，须设分局，以便交通。

三、立邮政

蒙古既无文字，几无书信。然其开通者，往往自设驿马，由贡道或间道行走。如喀喇沁自设邮政,十日一往返京中,较之热河邮政由山海关转遵化州进京尤为直接。赤峰之人欲阅一报纸,辗转费时,民情因之固陋。宜由电局代收邮信,如无电局,附入旅店,按道路之远近以取邮资。初办时,取价不妨稍昂,俟风气渐开,再为减费,以广招徕。

四、添旅店

自关外至赤峰均有旅店,间有一二荒僻处,均以杂货店为旅店。奉省辽源等处,则以开荒之故,旅店甚多。惟未开荒之处,则虽有驿路,并无旅店;显官则尖宿于烧锅、当铺,旅人即卧食于蒙古家,不须给值,故站道之旁无富蒙。惟不谙蒙言,则猛犬守户,人不得入,往往蜷伏车下。且行人所煮行粮,蒙人亦随意取食,故行旅甚苦。宜依大庙及札萨克驻所,或(种)〔择〕水草肥处,大率五六十里筑一旅店,凡电局、邮政咸隶焉。一则往求既稔汉蒙稍无芥蒂;二则农商渐有进步,可以成聚成都;三则外人藉端游历,阳得尽宾至如归之交际,阴得以侦察其举动而报告于中央;四免骚扰驿站之弊;五可为行军时之豫备。

五、辟商埠

如赤峰、乌丹城、多伦诺尔及东三省新设各州县,均百货萃集,蒙古输出输入,成一大市场,而外人之货物,亦因之侵入。宜于以上等处设税关,凡土货之输出,轻其税;洋货之输入,重其税,庶出入不致倒置而商业日益扩张。且预定开垦之区,先招内地资本家广开市场,以便利用。

六、修航路

蒙古非无水利也,第无人修理,则春冬涸无涓流,扬沙眯目;夏秋则雨水暴涨,人庐湮没,且无舟可渡。及今不治,则他族必越俎代谋。如西辽河之河运,日人初拟攘夺,嗣由将军协商达尔汉旗先事筹办,乃戢其谋,其已事也。今宜择辽河上流如武烈、英金、锡伯、西喇木伦、大小凌河、洮儿河诸河，均可量水力大小制船量轻重，则运费省于陆运有六一之比较，且于农田大有裨益，而渔业亦可试办矣。

# 工 艺 之 振 兴

蒙人文化未开，智识浅陋，饮食器用皆属天然，加以怠惰性成，人皆无事业思想，是以出产虽富，而工艺全无。今欲整顿蒙古，宜注重工业，以裕（则）〔利〕源，否则利权又为他人攫取矣。如骨角、羽毛、皮张等皆蒙古之特别产，而德商礼和行派人至赤峰、小库伦、朝〔阳〕、建〔昌〕等处，俄商于张家口收买。察哈尔四旗、西二盟各部价值之廉，出人意表。一经制造，贩运入口，易我金钱无算，何可以道里计。若我能开办公司，则编我固有之产，以抵他人之攘夺，岂独挽回利权，抑且可竞争于世界。然则欲蒙古之富强，非讲求工艺不可。今先列入手之大纲：

一、蒙古久安固僻，脑筋不动则不灵，宜立工艺学堂，择聪慧子弟瀹之以学术，教以粗浅工艺，其目列下。使之自谋衣食，然后徐图进步。

二、蒙古移住之汉裔，勤俭质朴，颇多储蓄，即喇嘛、台吉亦多盖藏。惟蒙汉之畛域既严，商贾之团体不结，致资本与劳力不能合而为一。宜令破除界，①集合公司营机器之制造。

三、蒙古上等社会不乏开〔办工业者〕，如喀喇沁王创立兴业公司之类。而购买机炉，兴造厂屋，成本既重，一时亦未必获利，若半途而废，殊为可惜。以后若有此事及无力兴办者，由银行补助之。

四、蒙古与内地本有直接之关系，惟蒙汉隔绝既久，且言语不

---

① "界"后似脱一字。

通,致生阻隔。今既铁路、轮舟交通便利,应将蒙古工商缺乏,求过乎供,登报示知内地绅商,俾有志之士及资本家挟其学术、赀本,招集工匠,广设公司,由国家保护而轻其税,则工商之发达,定当一跃千丈。总之,蒙古弃货于地,美不胜收,若加以人工,便成良器。今将易办各业分类列后:

(一)土木类

甲、制碱公司

蒙古满地皆碱,如奈曼之汤团甸子、东西扎鲁特之南部老哈河左右岸、巴林、乌珠穆沁、达尔汉等四旗尤佳。汉民以土法取之,除去三千人年得三十金,碱税三千金外,尚有盈余数万金,不过供内地面店、染房之用。查外洋碱最缺乏,以化学制成,成本极重。若广集资本,提炼洁净,仿照外洋新鲜模样,则本轻利重,工省物美矣。

乙、炼硝

蒙古硝质甚富,东省设局收买,早著成效。沿途所见崩裂之岸,地质中夹硝质厚五寸余。惟采不得法,出数未旺。若精于调查之人,择地建厂,集资开采,加以锻炼,有裨军火不浅。

丙、炼瓦

丁、烧砖

蒙古镇市及大庙附近,均设有砖瓦窑。喀喇沁部有抟土为器,如缸、盆、盂、罐之类,颇见销行。日人在新民府设立机器砖瓦公司,尤为获利。若仿行之,将来移民日多,蒙民进化,由窝棚而为栋宇,销场必畅。

戊、玻璃

蒙古交通不便,玻璃尤属名贵。而玻璃沙随处皆有,锡喇木伦及阔兰沟尤佳,若以机器制造,实开蒙古未有之利源。

己、柳条

沙陀中柳阴丛长,老哈河旁以及各支流之两岸柳林延长数十里,如奈曼之树筒,尤其最者。蒙人编以为篱,用之不竭,即供炊爨,或喂牛马。若仿内地制造柳条器,如筐、筥等品,或箱笼等类,实变无用为有用。

庚、橡木

茅荆坝左近多橡木,若以化合法制造,更臻美术。其他树胶、树皮,亦可以化学研究而制成材料。

辛、雕刻木具

蒙古多桦木、明开夜合木,纹理坚细,颇供美观,若仿照外洋器具加以雕刻,行销自远。

壬、木植品

凡舟车宫室之用及日用器具,无一不取材于木植,宜广集赀本,招募内地工匠,由粗浅而精美。

(二) 织物类

甲、绵布

东土默特略产棉花,汉民均能织布,商人亦多手拈绵线。惟不以机器制造,工费而期缓,故外货输入甚多。蒙古专以布匹为贸易,多来自山东。宜自立公司,以机器制之,若擘麻作布,尤为坚韧。

乙、织绒

蒙古杂采牛、羊、骆驼毛为之,不及陕甘口外之蒙部,近时输出生货,俄人于哈尔滨收买,设立织绒公司,大为获利。若仿行之,立厂制造,绒愈细愈轻暖,于行军时尤多利便;并织哔叽喀喇,以作军服。宜于赤峰、多伦诺尔等处,由公家先行立厂,以为全国军用品,输入各地,尤为利不外溢。

丙、织毡

本蒙古擅长品,现蒙人惰不事事,多倩汉人为之。若集公司,则工省物美,既便行李包捆之用,又为居室妆饰之品,且于蒙古日用之宜。

丁、织毯

赤峰一带购买毛毯重四斤者,价只二千五百文,较诸洋毯同一重量而价在十元以上,则价值之低昂判若天渊。虽工艺略分优劣,而织毯究属略粗浅之工,若开办公司,则固有之出产何至为外人所攘夺。

（三）制革类

甲、军用品

革囊、靴带、鞍鞯及其他之军用品,为一日所不可无。近日天津设立公司,而一厂所出,何能供给全国? 且一旦有警,蒙古有用兵之事,则运输必多不便。皮张之出产,近在蒙古,不如由公家设厂于赤峰、多伦诺尔等处,就近取携,最为便捷。

乙、日用品

凡日用之器具,蒙古以山道崎岖,多以〔革〕为之,所以耐久而合用。特制作质朴,且碱质未去,殊不雅观。若一切改良,则非特移民多适用,亦可遍销各部。

丙、硝皮

丁、缝皮

近蒙古一带多以此为业,而蒙人多不能。如近东省,则就硝于沈阳为大宗,其余多就赤峰、朝阳等处。至缝皮一项,亦不如西口之佳,同一皮统而价值有别。若集公司,招女工为之改良,则声价自增十倍矣。

（四）食品类

甲、牛羊肉

蒙古以牛羊肉为食品,烹饪既不得法,委弃且视不甚惜。间有冻牛、冻羊、冻猪列入贡品,输入内地,惟未加盐味,只可御冬。若仿外洋咸制装罐,既为行者糇粮,且于行军最为要品。

乙、黄油

多为蒙妇所执事，制造甚粗。但其价廉，故多输出内地。若再精制，仿合外洋口味，则可夺外货之输入，且为行军之食料。

丙、牛乳

亦属蒙人女子所执业。挤时手不洗净，既挤后，牛乳头亦不洗净，殊于卫生有碍，故味膻而行销不远。若先培养牝牛，再将机器分析乳中水质，蒸熟，和糖，盛罐，则可以饷远而持久。

（五）农产类

甲、面粉

俄人在哈尔滨设立火磨公司，颇获利。闻赤峰汉商亦拟设面粉公司。盖面粉为人生所必需，麸料又可以供牛马喂养，一举两得，必不可缓。

乙、豆油

营口豆油榨房为出口之大宗，每一间油房有二百台之榨油机，其机器用骡驴牛马。压榨之油，输至南方及满蒙一带，糟输入日本。而其豆大半出于蒙古之开荒地，若就地建设油坊，用机器制造，既有牲畜之力，且昼夜不辍，则出产多而销场旺矣。

丙、麻油

大麻、小麻，开荒处随地皆种，且有一种野麻在达尔汉旗滋生甚繁，故麻油为日用必需。日后开荒既广，出麻日多，若设榨油公司，亦必获利。其苏子油为贫家所用，究不宜于卫生。

丁、杏仁油

蒙古以杏仁榨油，出数虽不甚多，而其质香洌。蒙古山间遍生杏树，往往斫以为薪。若善为保护，集公司榨油，则可化无用为有用。

戊、绵子油

南方产棉之区多设棉花榨油公司，既为肥皂原料，又为抹机器之用。东土默特间产棉花，若逐渐推广，出花既多，榨子为油，大与机器有益。

己、面包

为日用所必需，将来移民日多，致用日繁，就地制造，较诸近日所食餑餑，实为有益卫生。

（六）酿酒类

甲、麦酒

西人谓麦酒为有益卫生，而蒙古种麦亦多，将来农业改良，出产较旺，以之集公司制酒，且可抵外人之输入。

乙、高粱酒

蒙古以烧锅为大宗商务，制造之法由于口传秘诀，无学术之考验。今若考其发酵之时，度蒸气之温度，则味腴而品佳，以机器代人与牲畜之力，尤可减轻成本。

丙、米酒

烧锅之家间酿江米酒，味亦不减南方，惟以之自娱或饷客，不甚发售。若移民既多，商务日进，输之以学理，制之以机器，最为合宜。

丁、果酒

果品无一不可酿酒，蒙古沙土最宜果木，若以之酿酒，定可流行。

戊、蒲萄酒

蒲萄本出胡种，近日蒙古多不知艺，惟达尔汉山中尚有天生之蒲萄，可见物土之宜。今若广植以酿酒，可抵外货之输入。

己、黍糖

喀喇沁一带颇有以黍和糖及牛乳制成团饼，饷客颇佳。若广为制造，除去膻味，可作饼干以行远。他如芦粟之梗及萝卜，均可炼糖，若仿造之，亦可减台湾之输入。

至若乌拉草之可织扉，德勒苏之可编帽，苇可织席作帘，麻可绳，牛粪废草之可为纸，皆化腐臭为神奇者，亦须极意讲求。又若冶铁、炼钢、提铅、(鑠)〔熔〕金等工，俟矿产发达，亦可次第施行。

# 牧 畜 之 改 良

国初于察哈尔一带设养息牧场、爱里岗牧场等，[①]养息牧场在今辽宁省彰武县一带，距察哈尔一带甚远。爱里岗[②]其地在内蒙古锡林郭勒盟北面，今属蒙古国。设官隶于内务府，故蕃殖之数，局外人无从核实。蒙古向以牧畜为专业，地又富于芳草，平原旷野，几可饲养百万余头。特其牧术均由数千百年之习惯，虽竦聪擢明，听无声而视未兆，容有独到之处，而无学术以绵衍之故，其法或不传，而其现象亦日形退步。前论所载既如此，若不讲求卫生，讲求孳种，则输出之数日少，难与他族争利，且与军事、民生大有影响。今条列改良之法如左：

一、选种

泰东西各国往往购他国良种与本国之种配合，逐渐改良，而弱种自然淘汰。又时其配合之期，不使过度。日本设种马牧场及种马所八处，广岛设种牛牧场，由国家经理，设场长、技师、技手、书记，以掌理其改良、蕃殖、育成及其试验等事宜。师此意，择牲畜壮盛之区，如乌珠穆沁、阿巴噶、阿巴噶纳尔、东西扎鲁特、科尔沁之西北部，各设种马、种牛及种驼牧场，择蒙古之善牧者，输以学术，责其考成。马则择亚拉伯种，牛则择西藏、印度种，驼则择阿拉善种，与之配合，逐渐推广于各旗，则孳生何可限量。

---

① 此处似有误。

② 疑即"达里岗崖"之误。

二、节饮食

日本参酌德国牧制，凡驹犊下地，即离其母，不使见。见则有<sub>舐犊之爱</sub>由人挤乳，按时量食，逐日增加。至其长大，亦由人饲养，每日草料若干，水若干，盐若干，均有定数。放青所食之草，必先种植之，每日放青，亦有定点。宜师此意，勒令蒙古人割草与食，草未枯时割留，堆积以御冬，则不必草长始马肥，而严冬无饿毙之患。

三、多作厩

凡作厩之法，高度、光线均有定率，则吸养吐炭，空气交用。且下铺草以安眠，作斜坡势以泻矢。蒙古人无宫室，遑论畜类？宜令一律作厩，高大合度，上覆以草，即以御寒，则自无冻死狼食之患。且毡毛不为风日雨雪所侵，毳毛必细而柔润，无论皮裘毡毛，价值必倍于曩昔，尤为获利无形。

四、慎卫生

饮食既时，有厩以庇风雨，而厩内粪除不净，即生微生虫，透入毛孔，易生疾病。且腱骨受病，难任奔驰。宜令牧人扫除厩粪，且日洗刷牲畜皮毛之污，以水濯后，以布揩之令干，则自无肺病、鼻嚏之患。所以如是者，以畜病既鲜，则人病自无，保畜兼所以卫人也。余详《马政篇》。

五、预避疫

人事既尽，而又有寒暖风雨之不时，则疫生焉。瘟疫时行，旬日传染，一群千百，概行倒毙，往往束手无救。宜饬兽医细意检查，凡已病之畜，速令离群，无使传染；重者解剖，以备医事之考验，掩埋以免疫虫之孳生；其轻者速行疗治。

六、广医术

蒙古间有兽医，不过相传之秘诀，知其法而不知其理，故不能推广精求。宜于牧场旁建立兽医学堂，延聘精于兽医者充当教习，择聪颖子弟来堂学习，卒业后发行医术。其旧时之兽医，须经考验，方得充任。

七、节劳力

蒙古之驭牛马也，往往鞭箠横加，狂奔窜跃，汗流浃股，涨脉偾兴，力竭腹饿，亦时不知爱惜，故途间时见倒毙。以后宜令御者磬控纵送之度，不得任意鞭策。即农家耕犁，亦时其休作，载物须节其重量，则行用之期久远矣。

八、时剪毛

驼绒价值最贵，羊绒亦利用甚溥，近日输出外洋之数颇钜。惟蒙古不知剪伐之法，驼绒待其自落，污秽蒙茸，故岁出绒毛虽多，概同贱值出售；若稍昂其价，则商贾相顾，莫行购买。推原其因，以剪毛之未得其方，非掺以澳洲之毛，则不可用。若以之制造上等呢绒，其色泽不佳。若于春间剪去，则为良品。羊绒可于春秋和暖时剪去二次，则绒毛愈剪而愈柔润，大可获利，且于血轮肌肉隐有裨益。

# 森 林 之 培 植

俄国虽经战败，其于欧洲募集国债，无不云兴雾涌而应者，岂非以俄之富耶？盖其全国森林伐而售之，财力即足以豪宇内。而日本全战全胜，卒至不索赔偿，以结和约，非日本兵之不足战也，实以俄踞有森林之富，足以老师持久也。回顾我国，自周官虞人失职，山泽之间，斧斤滥入，林（不）〔木〕培养保护之法，久已不甚讲求矣。故国家兴造建筑，辄有乏材之叹。如城楼巨工，则购诸南洋；铁路枕木，多来自日本。蒙古已开辟之区，几年牛山之濯濯，即依近札萨克驻所及山坳水边，虽间有天然林木，亦皆拱把之材，民人器具原料，颇有告匮之虞。以后移民开垦，由窝棚而改为宫室，则所用之栋梁楹(桶)〔柱〕何可胜计。又电线之杆、铁路之枕木、浮桥、堤防、埠头、工厂、车辆、浅水汽轮及其余一切机械器具,无不仰给于林木。若不能就地取材,姑无论购诸外洋,漏卮甚大;即远道运送,价值亦钜。此林木之培植,尤新政之要术也。蒙古童阜秃岩,触目皆是,平沙潴泽,不植自生,而遭野蛮之(推)〔摧〕折、牲畜之践踏,几至荒漠不毛。惟人迹不到之区尚有孑遗,殊为可惜。况满洲之大森林,经数千里铁路之用料,三四年来,火车之柴薪尚取之不竭,用之不尽。蒙古同是地脉,而一盛一衰,优劣如此,殆天时人事之不合与? 今拟保护之法三:

一、禁烧山

蒙古于冬间或春仲放火烧山,以资壅田之粪料,往往昼夜,原不可向迩,而林木颇遭殃及,且蒙古口衔烟管亦多延烧。其开通各旗,曾出示永禁,而地方辽阔,不免阳奉阴违。宜令农务警察实力稽查,禁止烧山肥田之举,如再延烧,定行重问。则林木之保护者一。

二、禁樵采

蒙古炊爨,除牛粪外,一以野树作薪,常见带花之果木、嫩叶之榆柳积堆灶下。以后矿山开探,则石炭自多;农业既兴,则枯干自裕。宜令农务警察禁止樵采,不得任意采伐。其有樗栎庸材,亦必待其长成,始行砍伐。则林木之保护者二。

三、禁烧炭

喀拉沁各旗民间,多以烧炭为业。虽王府中有领牌、传牌等费,逾限有罚,以示限制,而民间出钱后,即不问其所烧若干。以后宜令该民户另寻别业,不得再以此为业。且御寒之具,自有矿煤焉。用此木炭,即有必需木炭之处,宜择应烧之木:枯木、损木、危险木、障碍木、枝条等,以无伤生机为要。则林木之保护者三。

培养之法有七：

一、广林苗

宜择空野，先将畦地疏通，用足勘平，先施肥料，次撒种子于其上，每畦约一合许，上面用筛筛黑土覆之，继覆以黄土，以不见种子为度，厚约一分，俟苗长成，移根他处。十年之后，自可成林。

二、疏灌（水）〔木〕

天生之森林，往往密不容足，故生长之度，以排挤而妨其发达。即有强干，亦多枝节横生，不能扶柯直上。其弱者往往阳光暗郁，空气阻滞，虽壮旺之木，亦为之枯槁。宜就原有之森林剪伐间株，以疏其气，则干直而茂盛。人力所种之林，则必宽密合度，使两树不相背触，且侧挺旁枝，亦极宜删削。

三、时斩伐

俄人斩伐之期以五十年为限，日人斩伐之期以三十年为限，此易生之木然也，若贵重难长之木则不然，总以木力长大之度，以定斩伐之期。以后若有非时斩伐，无论为官为私，一律科以应得之罪。

四、去害物

天然之森林丛生若簪，其中雨露之偏枯，地力日光之不足，殆生种种害木之蠹，吸去皮内滋膏，木即枯槁而倒毙。若删去无用之枝叶，剔出蠹虫，则生量自长。宜如南中之培桑树，视为性命之物，时时拂拭之，斯无夭折之弊矣。

五、设官制

森林之官以德为备，各国莫不行之，日本尤简而易效。日本有大小林区署长，监督森林，设林业、林务、庶务、主计等课。宜仿此意，每旗各设大林区长，各区设小林长，掌官有、私有之关于森林等事，以辅警巡。盖种树不难，栽成为难，若无巡警，则往往被山野之民所盗伐，而设官之不容或缓者也。

六、设学堂

内地颇有仿照各国建立农林学堂，以讲森林之学。蒙古崇山峻岭，凡谷种所不宜者，林业无不发达。而无学理之试验与据学理之试验，其成绩自判。今宜择地兴学，灌输以文明之学术，则林木不可胜用。

七、助资（木）〔本〕

近时德国于我胶州广兴林业，由国家资助，内地人士颇有闻风而起者。将来移民开垦，不乏开通之士，如有人择造林地而财力不逮者，由银行借款资助之，以地产作抵，轻息长期，则各处向应，自能佳气葱茏矣。

总之，森林之效用，于社会之利益，今举其效验如左：

一、多增雨量

空气温度之高低，致水蒸汽之增减。故夏时外部旷野之空气入林内，则温度骤减而杀饱和力，饱和所余之水蒸汽，凝结为雨而降。蒙古雨量过少，多致赤地千里。若广植森林，蒸汽和而雨多，于农田大利，而于卫生亦有益。

二、扦止流沙

山顶脊骨之处，如有森林覆被，则苔藓落叶必至丛生，而雨后水流有所扦格，雨水不至暴流，土砂无从冲下。蒙古已开荒各旗汉民之勤，往往山角高瘠，不能播种，人力之锄松，风力之飘扬，雨流之冲刷，数年之间，腴壤而森森露石骨矣。今若广植森林，则自无以上等弊。

三、保存地（方）〔力〕

林下能聚湿汽，而杂草落叶积腐败为污泥粪土。污泥粪土者，土质之最腴者也。近时蒙古新（阙）〔辟〕各地，伐去森林，接种五谷，无不十分畅茂，职是之故。

四、涵养水源

森林枝桠能接太阳光线，不至直射于地，于是落叶、苔藓生诸林内，一降雨时，蓄水多量，无使急激直流，而枝叶则阻遏蒸发，林内逐渐流出，时无所间。故山涧之间，草木滋荣，水流活泼。蒙古之大川多发源于山间，而雨来则十丈横决，雨息则一泻千里。若泉源处有森林罨住，沿堤有森林保护，则水流自缓，而航路自臻平顺。

五、阻缓风力

凡风力之来如浪，一掀一折，若前途数遇挫折，则猛力渐减，此防风林所由设也。蒙古秋冬间大风扬沙，群生畏苦，由于赤地千里，无物当之。若距离数十里植一方里之森林，以次推广，则风之浪触于林而懈，渐远渐小，而寒度减，而生量增，非特改革气候，且可改良沙质。

且林木之利，如奈(漫)〔曼〕、敖汉、老哈河一带等最宜树木，而杂粮次之。试以每亩种二百四〔十〕株之榆，以十五年后每株售出三元，以现时之价计之。若运至他处，尚不止此数。可得七百二十元之谱。以平均计之，每年可得四十余元。乃汉人(扭)〔狃〕于近利，惟高粱、小米是(值)〔植〕，每亩可得二石谷，每石三元余，岁不过六元左右。以此例彼，损益何啻霄壤。若分别宜谷宜木之区，划定农区、牧场，一律补种，自古北口起，顺山脉以达内兴安岭索岳尔济山，蜿延绵长数千里，则林业之振兴何可限量耶！

# 沙陀之改良

平沙莽莽，一望无限，巉岩土阜，联绵起伏，如大洋中之岛屿，仅露其顶。至则一片平原，四垂接天，其间盐湖、沼泽散如脉络。又如数百里全无滴水，夏日大雨后，涸可立候，日光所以炎热如烧。冬期冱寒，凛(烈)〔冽〕肤裂。秋末风至，草木全拔，非所谓瀚海耶？如巴林、奈曼、敖汉、乌珠穆沁、科尔沁毗连，零(腥)〔星〕沙陀，往往如是。又见夫锡林郭勒盟之伊哈雅尔逊，则尤甚焉。然而天无弃材,有人则有灵。法兰西人之经营亚佛利加,何尝不于一种荒漠不毛之地辟成新世界乎? 东四盟之沙漠,较诸西二盟略少,较诸新疆、青海之大戈壁则尤少,若较诸亚佛利加之沙漠,则尤渺乎其小矣。若由此起手,将沙陀一律改良,而推诸外蒙古及西部之阿拉善,岂不懿哉! 今拟办法如左:

一、筑井

沙陀之间,或河流灌注,或低凹积潦之处,均乱生草木,高不满四五尺,而其质坚硬如铁线。<sub>如德勒苏等。</sub>久之,而鸟兽羽毛所粘之种,散种而为媒介,(寝)〔寖〕假而生各种花草、果木、药材。至其根叶之腐烂,受水蒸汽之氤氲,则可化散沙而为粘质,积久而为沃土。此天演之进化也,然此必百年而后行。欧人由此理想,多凿地为井,令其井水自沸出,昼夜不息,上接空气,(不)〔下〕压浮尘,渐成黑土。加以鸟兽之媒介,则自生草木。今宜仿行,机器所凿可深至一百二十尺,即美洲大陆,无过八十尺而不出水者。夫机器所凿,经十四小时即成,所费亦不甚巨。间里而凿之,三年之后,葱然成蔚蓝天矣。

二、防风林

沙地空旷,往往多风,性尤燥烈,使草根、散沙飞扬半空,又露新鲜之沙。其法:十里种以防风林,以当风之猛势,风被林遮,力缓而不能上卷,层层而隔之,虽千里风,至末而不能起一纸。窃见北人种地,率皆以芦苇、粟秸护其西北方面,虽效用甚微,而其理想则一也。今宜多栽森林,则木材既可致用,而土质亦易改良。

三、开哈塘

蒙古之水泊随处皆有,其中有大川之泉源,伏流于沙中;有积水潴泽,被气候之干燥而浅不盈尺。其已涸之区,则因泉流下注,挟沙而行,水去而沙留,积久而湖流多拥塞,变为大陆,其低洼处则为哈塘。今若加以人工,迹泉源之来龙,两旁多栽柳树,则两岸之沙得以护住，不随水而下。再于低洼之处挖成深泽，则水有所停蓄而不直下。日本箱根山巅有大河，是其明证。今若于哈塘筑深，中央之泥即为四周堤防之岸，于岸滩多栽树木，自无干燥之患。而大雨时行下流，亦无横决之虞。且左右划为农田牧场，皆得有所灌溉。春间罱湖泥以肥田，秋夏濯清流而饮马，冬间坐冰床而行驶。一经改革，吾知漠北荒凉不难变为江南风景焉。

四、收碱质

碱之所在，其质介沙土之间，草木之根叶能化沙而为土，若一生碱，草木受碱气而不长，积久，土复为沙，而碱亦不生。若收尽碱质，如海滩之沙，去碱气而即为良田。蒙人不知采碱，令其自生自灭，则沙漠仍为沙漠。若采去碱质，则可获利。其薄不能取者，则开沟以泄之，（糁）〔掺〕灰以收之，种树以吸之，总使碱地皆化为沃土而后已。

五、省土宜

沙陀既由草根尘灰而成泥，惟成泥之初，上幂薄层之土，下层仍属沙质。此时即种五谷，未必不生，特不畅茂耳。而春夏之耘锄，秋冬之干燃，而无所覆，即有微根粘土，而一受风力，即将上层卷去而仍露沙质。宜植林木及果木，使根入土既深，风不能倒，则沙有所庇护而粘质交相养矣。

# 矿 产 之 开 采

内兴安山脉，东南直趋热河诸岭，内达山海关至古北口长城，诸山蟠旋于翁牛特、喀喇沁诸部；西贯克什克腾旗，而达于多伦诺尔；东北出阿巴噶纳尔之东南，至默尔哲岭及阿尔噶灵图山；西北走喀拉坎山，横跨阿鲁科尔沁、浩齐特两部，北连苏克苏儿山，绵亘扎鲁特、乌珠穆沁两部；又东北为索岳尔济山，耸立于满蒙交界，蜿蜒延袤殆数千里,郁亘古扶舆磅礴之气,积而为金类、石类、非金类、非石类诸矿产,不知几万(万)〔方〕里。其间汉人踪迹所到之区,间有土法开采,而商办力薄,官旗税重,遇水辄止,故出数不旺。至不通汉民之处,迄今封禁,而外人之探察,时有所闻。及早不图,恐他人将攘臂而争矣。又或外人勾结汉奸,私自授受,酿成国际交涉,如霍家集等。吁可畏也。今拟有秩序之办法如左:

一、立矿产调查局

凡著名矿产已、未开采,如平泉之密云乡、(落)〔涝〕泥洼子、鱼儿崖,建昌之红旗杆,朝阳之小白塔子,建平之金厂沟梁,皆产金;承平之烟筒山、王槽子,均产银;平泉之大小烈山、十大分,赤峰之东西元宝山,皆产煤等处,应聘矿师分道履勘,辨山色、石纹、草木,辨矿苗、矿脉,钻矿穴,取矿子,化矿石,以验其成色。凡未开或已停者,必使精确可凭,然后给照开采,毋任西人之游手无赖妄相羼杂,虚糜巨款。

二、劝已采者改用机器

查承平银矿淘沙,挖沙全用人力,孤山存有机器,反置而不用,一由于成本无多,二由于事务员不知矿学,故因循敷衍,工费利薄。又查东西元宝山煤矿开采自嘉庆年间,矿层颇厚,而一遇水即停工,将此井荒废,重挖他井,近用戽水器,始免此弊。可见机器利便,亦为土人所欣用。若顺势利导,劝用机器,如用空气压力凿井法,则运物灵便,吸进生气,呼出炭气,而工人无烦闷之苦。更用美国汽机车架凿煤钢镰,一分时可运动六十次,一器可兼十余人工作。又用斜层辘轳平路引重汽机,则三四十秒即可起运一次,所用工人实多。至于镕铅、提银等炉,可向英美名厂订购,择善而从。

三、(观)〔劝〕谕土著富户合力开采

朝阳、承德各属及东三省久居之土著,尽多殷实富户,亦颇用土法开采,惟贪小而不知远大,情势涣散而自相倾轧,以致负气勾引外人。如建昌刁民勾引法人，私立合同，霸占冰沟煤窑等事。应令土民通力合作，小股附大股，极力兴办，则不致半途而废，更不至引外人续办，因嫉妒而反多荆棘。

四、劝集内地资本家开采

口外矿产久经著名，宜令高等土地调查员将各旗矿产实力调查后，报告内地，使内地资本家闻风兴起，集资购机开办。官场为之保护，更定奖励之法，以劝诱之。惟不得影射外人股分，如有不敷，由劝业银行补助之。既有一二人获利，则艳羡者自纷至沓来。

五、减轻税课

近热河设求治局，专务收括，未闻为民间兴利除弊，如建昌煤矿冰沟年课二千六百两，薄罗扣沟年课六百两，铁杖子、龙凤沟、杨树沟各二百两，五道岭、掐道沟、边家沟各一百两，平原煤窑同兴一千六百二十两，大小烈山各四十两，十大分一千八百四十六两，庙儿梁四百两，宽城子①五百两，苏子沟一百五十两。以上均由县转缴，其他直接交热河者，尚不知其数。另有供王府山分钱，每煤一筐供中钱二十文，每年仍供煤二三百筐。查各国税则，大率二十取一，今层层剥蚀，商力困矣！且缴费多则价值贵，价值贵则销路滞，民间必仍以树木作炊，而制造厂愈无力兴办。亟应因地制宜，审其山川，核其成本，计其销场，再定其税额之多寡。如矿产竭，则一面停征，以示体恤，亦藏富于民之一道也。

# 马 贼 之 安 置

马贼介于满蒙之间，巢穴深固，党与繁盛，非特妨害治安，且将

---

① "宽城子"，原内蒙古郭尔罗斯前旗地，今属吉林省长春市。

为日俄两国攘夺蒙古之绍介。何则？日俄战时，各利用马贼以为虎伥；现虽议和，而两国竞争之心终未已。其所以迟迟撤兵者，阴固为占领利权计，阳必借马贼为说词，方深愿马贼猖獗，复有事于东方，乃借代平内乱之名，实行其瓜分鲸吞之主义。凡马贼所到之区，即为其兵力所到之区，亦即为权利所得之区，而有马贼之蒙古地方危矣！且（即）〔既〕用马贼为向导，以自相残贼我同种，而无马贼之蒙古地方亦危矣！今马贼出没哲里木（盟）、卓索图、昭乌达三盟，而锡林郭勒尚属干净土，若东省之警察严，则窜入蒙古之势力圈，日益膨胀，而未开荒各旗亦必波及。各旗既无兵力以自卫，则马贼直入无人之境耳！且好勇斗狠又蒙古之本性，以马贼投之，如磁引铁，将合蒙古群不逞之徒黏成一片。若不早为设施，吾恐狐鸣篝火之祸，即能于垄上辍耕，以之逐鹿中原则不足，以之殃鱼池沼则有余。果能如上所议，移练重兵，先从极力剿抚马贼下手，既可御强邻之外侮，又可保地方之治安，斯一举而三善备矣。其安置之方列左：

一、降抚头目

马贼之胁从者，固有流民，大半皆属土著。如辽河东西一带，凡富厚之家及本地绅士之有势力者无不通匪，甚有指挥贼匪，坐地分赃，并为通风报信情事，以故马贼愈肆无忌惮。今宜广用侦探，严密察缉，择其头目中之桀黠者妥为安抚，或拨充弁兵，或予以相当职业，藉之解散众势，互相约束。（即）〔既〕有可畏之兵威，又有可奋之功名，自足以革面洗心。正本清源，无逾于此。

一、收纳枪械

马贼所用枪械，近奉者用日枪，近吉、黑者用俄枪，均不惜重金购买，极为快利。即稍足自给之家，亦几于无家无枪。今欲迫令就我范围，非勒交枪械不足以断净根株。并须向民间分段严搜，一律收出，庶兵器尽弛而桀骜不靖之气自消。

一、严惩奸宄

马贼剽掠啸聚，慭不畏法，往往甫就招抚，旋又返覆无常，盖其横蛮之性使然也。今既用上所议，曲为抚绥，倘犹有滋生事端、故违法禁，则惟有执法严惩，杀戮无赦，待野蛮之人正不得不用此野蛮之手段。

一、移编屯田兵

马贼之敢于猖獗，半因饥来驱人而千百成群耳。今既实行屯田政策，宜分派此辈于移民队，编入屯田队伍，则散其党与，情势涣分而无力，且田亩所入足供取给，必自求温饱，而不复以身试法矣。

## 盐 法 之 改 良

初，内蒙古全部均食蒙盐，近时，哲里木盟邻近奉天各旗均食营口运来之海盐，而达尔汉、图什业图之西北、札萨克图尚食蒙盐，其他锡林郭勒本为产盐之区，卓索图、昭乌达均向盐池贩运，且推广及多伦诺尔、围场、张家口以迄西二盟各旗。惟查盐池多凭天日晒干，行运甚拙，今条列改良之法于后：

一、采盐之改良

盐泊约周围三十余里，西北隅约宽五里，淡水过多，故出数不旺；东南隅凸处盐质较厚，惟淤滩多泥淖，往往陷人，非素业捞盐者引导不可。而乌珠穆沁、浩齐特旗人据此为专业者，不过二十余家。凡盐车到池，令捞盐〔者〕导入池内淤滩二旁，掘小坑贮盐水，蒙人以木斗入（冰）〔水〕中淘之，盐拉满斗，即装入车内，往往运至他处再晒。如遇风烈，则（糁）〔掺〕入泥沙，盐色不净，不能行销汉民移住之区。如遇雨水，则泊中水多，不能捞盐，且味淡不能食。总之，蒙人行事均信天而行，不施人力，故产额不多。宜令凿深咸泉，仿四川盐井之法，四围多划盐田，以管通之，贮盐勿深，俾日光所照，一日成盐。再仿江南吕四场之法，煮水为盐，提炼洁白，则质轻而味美，运输可致远矣。

一、运盐之改良

蒙盐运出多任牛车，沿途无旅店，卧宿车下，汉人多不能耐。且由通事愚弄，往往以盐一斗易米一斗。如奈曼略远，由汉人转运，斗盐易银三两。赤峰为蒙盐产区之中心点，近因（根）〔银〕根紧迫，不能囤积，故商业日见萧条。今宜在赤峰、多伦诺尔各设立官盐局，附入银行内，以银行之资本营运之。道路既交通，则陆运自捷。总局设统税，则盐厘自轻。有银行提倡之，复招商分运之，则价值一定，视道路之远近为准。又在辽源州、洮南府各设水运官盐局，亦仿上例办理。一由乌珠穆沁、锡喇木伦转辽河，以达辽源；一由乌珠穆沁过索岳尔济山，下洮儿河，以达洮南，然后分运科尔沁西北各旗。再由营口运锦州所产之盐入辽河，以辅蒙盐之不足。

一、盐税之改良

蒙盐属乌珠穆沁右翼、浩齐特左翼，故设员监督，正副各一人，每年一易。浩齐特则无定期，无贩盐。一车纳税三钱，每岁共得四千余金。运至监督驻所，则节节抽税。如赤峰已税，运至平泉则又税，故盐价骤涨。宜在哈那希拉、系地名。达巴逊诺尔译言"盐泊"。设立盐业调查所，管理采盐、煎熬等事及关于气候调查分析、发卖、会计、津贴两旗等事。又统计各处税额，而于出产定一统税，任其所之，不复留难，则销盐之数当可倍蓰矣。

一、盐业之调查

图什业图有盐泊，高赖河、公古尔噶河水内均含盐质，西二盟鄂尔多斯亦产盐，惟土人多不知其处，或无法采煎。今宜派员分途考查，试验其盐水之分量，设法开凿，则辟天赋之利源为无穷矣。

禄贞述经营蒙古事例既终，似言之尤有未尽者。计画之道，不可不周；措施之方，宜有次第。窃谓今日整饬蒙古，外患日迫，内力不充,头绪纷繁,条理不易。然于万难措手之中,筹提纲挈领之策,则非重设军队,不足以收蔡藿不采之威;非有改革政治,不足以收指臂相资之效;非广行移民,则生聚不盛,地利无以振兴;非多设银行,则赀本不充。诸事皆难措办,必先从此数者著手,其余兴革各事始可次第举行。惟内蒙古东(西)四盟逼近东省,有外交上所最宜注意者:科尔沁各旗为奉天管辖,易启日人干涉之渐。(鄂)〔郭〕尔罗斯后旗为(吉)〔黑〕省管辖,易启俄人干涉之渐。秖糠及米,痛甚剥肤,是则外交上所当急固吾圉,以无滋他族实逼处此者也。以上所陈经营蒙古之策略,尽于是矣。虽然,以蒙古地域之广漠,蒙汉人情风俗习惯之殊异,日俄窥伺之迫切,宜多派新学有得、能耐劳苦之士,或分地,或分事,为精细之调查,始可操措施建置之要。否则,郑昭宋聋,防边制敌之道,必不若是之疏矣。禄贞游历时促,考察未周,所言或有不能详且尽者,姑就见闻而撮其大略如此。

# 筹 蒙 刍 议

姚锡光 撰

## 序

　　春秋以降王霸[①]分，儒者高语纯王，大都远绝事情而莫由振拔。逮西哲出，一破中国王霸之藩，人类之祸益棘。夫古之灭国以兵革，今之灭国以农商，文野固悬绝矣。独其私己族以亡人族，终且激他族以自亡。故尝以谓中国纯王之道，实合内外而绝其私；而究其所行，虽孔孟不能无霸术以持其变。惟其义主保民而无内外，故其术始之一国，极之天下，民且自生自殖，以共乐其天。汉宋诸儒斥功利以弱吾民，实非孔权孟术之义。有王者作，必将始于保民，而先于无我。环球之大，庶几一息以即于安。呜乎！此人类生灭之大关也。我朝之御蒙古，众建以分其力，崇释以制其生，一绝匈奴、回纥之祸，其术可谓神矣。顾乃不思同化之方，变居国以严藩翰，遂至强邻交迫，肩臂孤寒，求若汉唐之衰，北骑一兵而不可得。居平深忧太息，谬思泱泱万里，必能资固有之物力，育新造之人民，乃周览遗篇，辄谓沙砾苦寒，无能广生殖以成新域，私窃痛之。庚子以还，日俄战棘，高远之士又或高谈建省，绝无根本步骤

---

①　"王霸"及下面"霸术""霸业"之"霸"，石印本、《满蒙丛书》本均作"伯"。

之方，行者乃或莽裂乖离，以怒其族。嗟乎！孤舟绝海，寇仇皆骨肉也。今既区汉族，复怒蒙民，彼行幕者，尚何国之不可奴哉！此可为痛哭者已。

戊申夏，客都门，始闻左丞姚公再游朔漠，著《筹蒙刍议》，而未以示人。求而读之，三日夕三复，则狂喜作而叹曰：咄哉！姚公其建国之才乎！自古英雄特患无土无民耳。夫括已成之利，创无本之谋，皆不可言治法。尝慨箕治平壤，孔慕九夷，其志皆痛故国之不可为，锐思一辟新天地，以范模天下。其法皆必利其利，殖吾民以民其民，则两利并育而民益滋，而伤传记之莫由证索。独管氏相齐，毅然官山海，笼盐铁，以植富强。制国币轻重之权，运轨里连乡之法，工商秩秩，雄服诸侯。武侯之治蜀也，正轨道，肃传邮，兵垦渭滨，魏民无扰。其策乃类殖民，故能攘外尊王，以成霸业。而其精微奥曲，皆不获详，驯致英俊之才沉埋①故纸，千百万华侨之众奴役他人，盗蹠鼾吾卧榻。乌呼！岂非天哉！公之筹蒙也，制乌珠穆沁之盐，经始内蒙，以为根本；附建银行，通国币，辟道路，利农商，吸巨农巨商之力，资劳力以辟新原，合蒙财以求矿业；廓然画兵区，新内治，以乡官治赋税、兵警，就地利，建学校，辟工场，使州县统蒙汉而督其成；以赋税属银行，一绝官蒙之贪虐。其精微所萃，尤在听蒙赁荒，官无弋获，汉蒙交易，国乃升科。而其妙用微权，则在厌蒙人之私，上下无失其富贵，使汉蒙相乐，油然并冶②于智强坚定之术而不自知。至哉言乎，千古殖民之道尽此矣！夫人者，万物之母，固天所使以生万物，而即以生其生，而其用莫大乎土。是故有一地之土，必能养一地之人；有一地之人，必能生一地之财。得豪杰以制其权，皆可本山川形势以制国域。所虑血食者浊，谷食

---

① “沉埋”，石印本、《满蒙丛书》本均作“沉霾”。

② “冶”，《满蒙丛书》本作“治”。

者清,清浊失常,匪愚则弱,刚柔之过势,辄相杀而不相存。调血谷以剂其平,各赡其欲以饫其求,乃可相智相强相助而不相害。世有孤存一族而可长保者哉?惜乎东西人之未及此耳。且夫竞争之世,非战伐莫可保民,国即无能自保,固皎然已。顾其为用也,无一不始于财,不财不兵而曰保民,虽孔孟不治。而其事则无一不始于农,农焉而后,若工若商,财乃环起迭生,吾民乃可渐推渐积,国势且将磅勃宇宙而莫测所终。然而其道必自政教始,政教之术必将与时地为变通,虽圣人,不能执一法以治天下,此固大同未至之所为也。然而其义且将亘万古穷地球而不变,故其始也,必先握天产之大,操一国食货之权,然后可以运吾民而保吾国。天下养人之物,靡不赖人以生,独盐之为物,天地辄自生之,若婴乳焉。其用实足操万利之原,取诸天成,以制一国之大权,而于人无虐。海滨之斥卤,至无用者也,而盐出焉。龙江之呼伦贝尔、蒲宁、兰肃、敦煌、青海、卫藏之盐池,蜀中之火井,地皆县隔山海,天辄自生自长,以强其地之民。今蒙古之盐,且丰美若是矣。精而博之,塔藏之金,于阗之玉,吉林之奇木,环海之巨鱼,皆天各产其地,以畀吾自保,特非建国之才,不能各制其域以奠其疆,即无能相助相援,势且俱归沦灭。得其才而假之权,盖无一地不克立郡县,慎封守,以雄天下也决矣。况乃江河流域之大,擅环球孕育之奇,全乃旦夕忧贫,无能相保以求乐利,尚何言哉!尚何言哉!痛乎患莫大乎无实而张其名,势且速亡而不可救。齐之寄军内政,蜀之北出而魏始震惊,皆此义也。公筹蒙之术,就东四盟推测句稽,已成未取之财,决以至微,数且逾三百万,故先谋内二省,一镇赤峰,以遏东道之冲;一镇色尔贝山南,以扼张库北来之道,而皆以保漠南,卫京师。推而行之,经始土谢图膏原,用花马池盐建外三省,以制北徼。内专民垦而错以兵屯,外树兵屯而晕之民垦。协蒙财,辟内外二铁道以达伊犁,使穷边万里皆有猛虎在山之势。而其至精之识，尤在征节候，察雨旸，辨井渠，明土物，以抉其幽微，故能征外蒙屯利而坚其必效。盖其深思遐览，撷东西拓土致人之术，以图吾存，靡不决之实验。齐蜀而降，寄军内政之精，未有过于此者，则何王霸之有！至不得已，乃请设全宁副都统，分内政于盐垦之中，以一标卒振其民而使之不觉。虽辟荒先后皆以精思交错其间，然其范愈微，其心则愈苦矣。筑室至今，乃竟寂焉。万国公法，荒土不辟，则失其权，边患方殷，瞻乌谁屋？嗟夫！绕朝之赠，秦岂无人？固不仅为作者涕洟以道者已。

光绪三十四年戊申秋七月，桐城陈澹然剑潭序于陆军编译局。

# 目　　录

拟设全宁副都统说帖<sub>光绪三十二年丙午七月上练兵处王大臣</sub>

## 附录

姚锡光奏请拣大员专办内蒙垦务所

# 卷　　上

## 查覆东部内蒙古情形说帖

### （光绪三十一年乙巳八月上练兵处王大臣）

　　窃锡光前于五月初十日奉劄开"前据喀喇沁郡王呈称筹办该旗练兵及学堂等项事宜，请由本处派员次第兴办等情。查蒙旗情形各不相同，所有拟办各事，本处碍难遥度，兹派员先行前往考察，据实呈覆"等因。承此，当于四月十八日起程前往，二十六日抵该王旗，先行察阅学堂，校视操练，并严密询问蒙汉各户暨曾往来各部官民，将该郡王所呈各节反复考察①。兹得其实在情形，应即驰回具覆。查该王原呈扼要在"即蒙财以治蒙兵"一语，蒙财大纲，胪分三项，曰地租，曰烟土税，曰盐厘，更推广而至官银行，又推至未垦旗分之放荒、收牲畜税各节，诚为谋虑周至。目前以急就法经理蒙财，亦实不外此数端。惟须事有统宗，行有次第，顺序以施，乃无窒碍。查该郡王原呈系专就其本旗而言，自是该郡王职分所限。惟以东四盟论，凡蒙古三十六旗，断无专就一旗举办之理。即谓先行经画该旗，以为榜样，特亦只地租一节尚可枝节而为。然此事如治乱丝，断难仓卒办理。而蒙古可收之近利，实首在盐业、银行两事。盐业以植大利之根，银行以吸交通之益。惟必通筹全局，乃有办法，断非句于一隅所能集事。锡光此次凡驻该旗几及一月，嗣往

---

　　① "考察"，石印本、《满蒙丛书》本作"推究"。

翁牛特旗及该喀喇沁部中、左两旗并土默特等部详细查考，且于东四盟蒙古①亦得大概情状，而于蒙盐及已垦、未垦各部诹察尤详。窃谓蒙盐一宗，宜收为国家专卖品，而不以抽此区区厘税为计。盐业既成，则银行即附于此。官盐总、分各店之中兼设银柜，举办既易，信用更坚，可久可大，实可握全局利权，而为经营蒙古并举行新政根本。至地租一节，亦入款大宗，固事在必行，特必从清丈入手。此须节节进办，非可资为近利。苟办有成效，则官盐销场之赢余，与直隶所属口外府厅州县凡东四盟已垦蒙地之地租，即此两项，以目前论，周年所入，照至少之数核计，总有银三百万两以外；而银行余利，尚不在内。以后一切新政办有成效，则国家所入自应岁有加增，更未可限量②。若烟土税一节，喀喇沁右翼旗内种烟见尚不多，而热河都统见已按亩收税。特种烟之利颇厚，似可姑于官税以外酌收学堂捐，暂为津贴该旗办理学堂经费，以救其目前之急，免致已办各学堂废于中道。若放荒一事，自为当务之急，然不可倚押荒款项以为大宗入款，转生阻力。至牲畜税一事，可于小库伦、喇嘛庙等处暂行试办，至能否收有成数，尚难豫计。此锡光驰入蒙境后，按该王原呈地租、盐业、银行、烟土税、放荒、牲畜税五端查考之大略也。兹除学堂情形另呈外，谨将句稽研证所得各节胪陈如左：

一、地租

查该郡王原呈称该旗东西约五百里，南北约二百里，面积近一万方里，当为田五万四千顷；山川、民居、庙宇、沙碛略居其半，则田亩之耕者约二万顷。而分有主租田、无主租田、最上田，为三大纲，统计地租每年可得七万八千两等情。兹查该旗之宽并

---

① "东四盟蒙古"，石印本、《满蒙丛书》本均作"东四盟蒙古全境"。
② "限量"，石印本、《满蒙丛书》本作"限以成数"。

无二百里,其全境面积亦不止五万四千顷,原呈误算。而山川、沙碛尚不止居其半。兹以该旗为准,以例各旗,区为地亩、租项、办法三宗于下:

## 地亩

查喀喇沁右翼一旗,截长补短,凡长五百里,宽一百里,面积有五万平方里。每一平方里化作五顷零四十亩,兹面积五万平方里应共积二十七万顷。山川、民居、庙宇、沙碛作除去十分之九,以至少之数计之,仅以一分作为耕种之田,此必有盈无绌,当有田二万七千顷。以喀喇沁一旗为比例,东四盟蒙古凡二十部三十六旗,见在已经开垦者凡十二部二十一旗,大小旗分牵算,当共有平方面积五百六十七万顷;亦以至少之数计之,只以十分之一作为耕种之田,应有田五十六万七千顷。如仍恐其中有不足之数,再以六折计算,尚应有田三十四万零〔三〕〔二〕[1]百顷,实较全数面积只合百分之六;而以百分之九十四为山川、民居、庙宇、沙碛及不足之数,则所估耕种实田三十四万顷,自必有盈无绌。清丈以后,必大涨溢。

东四盟已垦各旗开列如后:

卓索图盟三部五旗:喀喇沁部三旗,土默特部二旗,所附唐古特、喀尔喀、小库伦三小部分在外。

哲里木盟四部十旗:科尔沁部六旗,郭尔罗斯部二旗,杜尔伯特部一旗,扎赉特部一旗。

(乌)昭〔乌〕达盟五部六旗:专指已垦旗分。翁牛特部二旗,奈曼部一旗,敖汉部一旗,半垦。克什克腾部一旗,半垦。喀尔喀左翼一旗。半垦。

共已垦十二部二十一旗。

东四盟未垦各旗开列如后:

---

① 据石印本、《满蒙丛书》本改。

（乌）昭〔乌〕达盟三部五旗：专指未垦旗分。巴林部二旗，扎鲁特部二旗，阿鲁科尔沁部一旗。

锡林郭勒盟五部十旗：乌珠穆沁部二旗，浩齐特部二旗，阿巴噶部二旗，阿巴哈纳〔尔〕部二旗，苏尼特部二旗。

共未垦八部十五旗。

### 租项

照以上核计，已垦蒙地十二部二十一旗，至少亦应有垦孰之田三十四万顷，自应按则①征租。查照则例及围场租银，折中定数，以每顷征银四两计之每亩四分，每年应共征地租银一百三十六万两，而围场及承德府、滦平县、丰宁县并口北三厅尚不在内，此六属与围场幅员甚大，亦应征地租至数十万两。则统计直隶口外地方，北尽东四盟蒙古之全境，除未垦地外，必可征地租银至二百万两上下，断无疑义。

查国初热河田亩科则，凡民地，每亩上则征银六分，中则三分，下则一分五厘；园地，每亩征银上则二钱五分，中则一钱二分五厘，下则六分二厘五毫。见在围场征租定例，上地每顷五两五钱，中地四两五钱，下地三两五钱。兹照新旧科例，高下地亩折取中数，每亩四分，每顷四两，已为至少之数。

### 办法

国用倚地亩税为大宗，中国历代皆然。即东西各国地租一项，亦为不动产税中之一大入款。此为国家经常款目应收之项，固无疑义。特蒙古田地尚难率尔起科，一须先行清丈，以清地亩；一须调和业佃，以剂蒙汉；一须禁革陋规，以除民累，而后有征租之法。蒙地当日赁汉民开垦，其地多以段计，非以亩计。且其王府、贵族、箭丁各招各佃，事无统宗，以本旗之人，莫能知其本旗所垦之地有

---

① "则"，石印本、《满蒙丛书》本作"亩"。

若干顷亩。加以岁月久远,人事变迁,其中侵占隐匿,殆不可究诘,此须履丈以清其源。蒙古地亩租项县殊,大要剔分两种:一曰榜青,一曰白地白租。榜青之产,照地亩所入,业佃各半。白地白租之产,照地亩所入,业一佃五。此相县太甚。照榜青田亩,则地租应征诸地主;照白地白租田亩,则地租应征诸佃民。如因陋就简,不能立有一条鞭办法,则事多窒碍,地租将不可征。此须设法调剂,以期其平。口外州县,吏治之坏,已无复加,民间地亩虽无纳粮之名,然地方官非法诛求,名目繁多,不可殚举。每地一顷,其官差浮费约摊至二、三、四、五两不等,民间所出,已不啻正课。若再定官租,是直无异重征。非以重典澄清吏治,严汰陋规,则地租亦不能办。此须禁革以救其弊。以上三者,皆非能刻期奏效,前两层须有经分缕析手段,以区疆理之宜;后一层须用风行雷厉手段,以速阴霾之去。至少须期以三年,乃能田亩清,课则定,民乐征输而国收美利。其清丈及定租简易办法,容续拟订。

至征收钱粮,弊窦所丛,内地州县已成积重难返之势。口外新订地租,断不可再令州县循例征收,移内地之弊政,以重累边氓。此盖另有办法,官民皆便,而宿弊一清,容另①拟订。

一、盐业

查该郡王原呈称"蒙民食盐产于乌珠穆沁,而喀喇沁为贩卖要道,每年经过者,五六万车不等。其贩卖以米易盐,若以本属商民集股包销,缴纳盐厘,每车收银三钱,则盐厘一项,可得银二万两之谱"等语。查该王旗尚非蒙盐贩运要路,且川泽之利原系国家所专有,可比照东西各国办法,定为国家专卖品,即以为经营东部内蒙古入手地步、立脚根基,将来收效极大。兹区为盐产、厘税、蒙情、盐利、办法五宗于下:

---

① "另",石印本、《满蒙丛书》本作"续"。

## 盐产

查乌珠穆沁盐池不假人工,自结盐块,取无尽而用不竭,洵为天然美富。外来贩户缴银六钱,装盐一车,该旗主岁可收银五万余两,约在九万车上下,[①]此外旗蒙古前往缴银购贩[②]之例。若其本旗蒙古,并不缴银,只须自有车牛,即可自行装运,出境售卖。岁销之盐,以十成计之,外旗蒙古前往购贩者约在七成,其本旗蒙古自运者约在三成,则该本旗自运之盐,每年当有三万车上下。姑取少数,合共运盐十一万车,以每车装盐八石计之,凡八十八万石,此为每年销数。其销路为热河、察哈尔两都统所辖境,食地甚广,似每年销数尚不止此。其如何短绌,目前尚无可查考。见姑以年销八十八万石计,以立大较。

该旗盐池北面直达外蒙古车臣部,似亦应为该盐销路。见已另派密员前赴该盐池查考其北路情形,应俟该员回时续呈。

## 厘税

查该池盐行察哈尔境内者,近从贩户包厘,本年系认缴银七万两,北洋五万两,察哈尔都统衙门二万两。闻明年已豫认缴银十万两,北洋八万两,察哈尔都统衙门仍二万两。其热河境内系设卡于巴林桥、乌丹城、赤峰等处,每石抽厘制钱五百文,每斤五文,其岁抽若干,不能知其共数。然以察哈尔岁只抽厘二万两为比例,则热河盐厘每年至多亦不能过五万两。

## 蒙情

蒙人贩盐南来,东路多半以赤峰县为市场,向系以粗粟易盐,每粟平碗三碗易盐堆尖二碗。见虽仍以粟盐互换,然各照市价准钱交易矣。其买卖出入,全藉翻译。特号称翻译,实即牙保,代为

---

①　"五万""九万",石印本、《满蒙丛书》本均分别作"六万""十万"。
②　"购贩",石印本、《满蒙丛书》本均作"购办"。

买卖,取利甚大。买主、卖主不予见面,翻译为之居间,是以其利甚大。若外旗蒙古人赴乌珠穆沁旗贩盐,自带车牛,不得入境。此该旗新定办法,意在勒令贩客雇该旗车牛,亦专利一法。出该旗境,乃可任便。凡蒙人贩盐,长途行运即支帐卸车野宿,并不下店,且亦无店可投。

### 盐利

蒙盐专卖,须将该旗旗主所收价银每年五万两照数发给,其北洋、察哈尔、热河每年所收厘税约共银十五万两上下,亦须如数提还。照蒙盐岁销八十八万石,以每石价制钱四千文、每斤四十文计。合售制钱三百五十二万吊①,内除去一成半作运费、包绳等用,共五十二万五千吊;又除去一成半作总店、分店薪资、火食一切费用,共五十二万五千吊;又每年提出四十万吊为陆续修建总店、分店盐仓、屋宇之用,限年截止。通共除去一百四十五万吊,尚净余制钱二百七万吊。以每两合制钱一吊三百五十文计,应化银一百五十三万三千三百余两。其中又除去发给该旗旗主盐价并提还北洋、察哈尔、热河盐厘约共银二十万两,计每年净赢盐利银一百二十三万两上下。

### 办法

古者山林泽薮之利,王者专之,本非就封之国所得私有,此千古通义。东西诸国,除奥大利〔亚〕以外,无不尽笼盐利,以为国家专卖品。盖以一人食盐甚微,周岁所费有限,而国家遂据为大利,此有所赢,转可轻农民之任负而恤其力,此其用意至精。我朝深仁厚泽,凡盐运司所掌,断不欲夺商人引地而收其利。特此项蒙盐本无引地可言,与内地商业迥不相同,任民自销,本非通法,自应收为国家所有。得此大宗入款,而一切苛细之取求转可蠲除,似亦最为良法。其办理次序:一、须优待乌珠穆沁蒙民,仿淮盐运船专业之

---

　① "吊",石印本、《满蒙丛书》本均作"缗",下同。

例。此项盐车领运，准乌珠穆沁旗蒙民专业，准道里远近，订定车值，俾食其利。一、东与奉天所食海盐、西与归化城运食花马池盐明定界限，以免侵犯而畅销路。一、设督运局于盐池监守池场，以杜偷运；而起运诸事由其专司，别订条例，以资遵守。一、设总店于赤峰，以为东路销盐总汇之所。一、设总店于喇嘛庙，即多伦诺尔厅。以为西路销盐总汇之所。一、各府厅州县设分店，而隶属于东西两总店。一、各府厅州县之四乡集镇设支店，而隶于各所属之分店。一、无论总店、分店、支店，俱售零市，以便民食。特分别零、趸两种价值，趸价以卖铺户，使稍有利可图，以畅销路；零价以卖门市。一、量去盐池道里远近，以定价目。惟高低牵算，姑以每斤制钱四十文为准，察看销场，再行加价。一、总店、分店、支店以三年为通，折中订定额销数目，以为经理人功过奖罚分数。一、经理人少给薪水，而优分红利，以为奖励地步。以上凡办法十，苟管理得人，则岁入将年溢一年；而总店、分店、支店基础既立，则银行之设立[①]，亦有所资藉矣。

一、银行

查该郡王原呈称"如开官银行一事，亦大足为蒙兵用饷之助。盖蒙地少见银，皆用极破碎之票，若有官银票，照外国兑换纸币六成准备法发行，必能畅用。此不但周转公款，即于兴商亦大有关系"等语。查各国银行办法，实即公私银库为公私经理财政，不有银行，则公私皆无交通之路。斯开设银行，自为经理，地方第一要义。兹区为市情、设立、交通、劝业、储蓄、归结六宗于下：

**市情**

蒙古地方直无圜法可言，所用皆鹅眼、沙壳，自滦平以东皆是。率

---

① "设立"，石印本、《满蒙丛书》本均作"设"。

从口内流衍而出，百文之长，不过三寸，且尚不可多得。以银换钱，银价尚仿佛口内，惟所换只三成小钱，七成即本村本市铺家自出钱票，而所出钱票又不能通用，一出村市，便须折扣。折扣甚大，有仅作五成用者。且见银亦少，无可流通，是以民间贸易多半以粮食交换，拙滞笨重，莫与伦比。商贾不兴，率由于此。夫患气之来，恒乘虚而入。以无圜法之地，而猝遇有圜法之国，无不从风而靡。其圜法之力浸灌而入，势将横出旁溢，而莫可救止，于是财政之权归其掌握，地方精华皆所吸收，则不必兵力，而已足制地方死命。此等端倪，见已发露。查俄罗斯见于库伦设道胜分行，发行罗布纸币，业通用于库伦一带外蒙古地方。日本见在东三省，其兵力所至，即其纸币推行所至，民间亦俱通用。将来日本银圆、纸币流衍而西，俄人罗布纸币流衍而东，以灌入内蒙古，势所必至。且其战局定后，又难免其不于内蒙古城镇要地各设正金、道胜分行①，以角国力而争利权。届时则我国之应付更将棘手，是我正宜乘日俄纸币见尚未经灌入之时，先设银行以为抵制，则内蒙古利权尚自我操，而凡百新政，皆以此为根据。至设立资本，则无需另筹，其法②如下：

### 设立及交通

官盐店总店、分店、支店所在即官银行总行、分行、支行所在，则官盐店与官银行如孪生之子，相依相辅，可同时设立，即同力滋长。斯推行之速，不可端倪。特盐店、银行虽在同门，仍各异柜，各清各帐，则两相维系之中，方无互相侵夺之虑。蒙地本少见银，可即资官银行钞票，以赴官盐店买盐。且责成当铺，凡民间持官银行钞票赎当者，与见银见钱一律使用，则出票以后，

---

① "道胜分行"，石印本、《满蒙丛书》本均作"道胜等分行"。
② "其法"，石印本、《满蒙丛书》本作"其创始办法"。

势必风行。而于户部造币局或北洋银圆局搭铸银圆、小银圆、铜角，运储总分各行，以便民间兑换。凡持票上柜，任其取银、取大小银圆或取铜角，无论旦晚，立时兑付。其银与大小银圆、铜角之兑换，悉照市价，不稍侵欺。至取见取票，概任兑换者之愿，不许揹搭。如是则信用自坚，而推行必广。斯发行之票，必有五成常在民间，正可腾出见银，以资别用。而于京师、天津各设分行，以便交通，则商业之汇兑可为画拨，实于商民大便，而兑费所入，亦属大宗。

### 劝业兼储蓄

查各国皆有劝业银行，所以利农工商之小资本家，而为之接济也；有储蓄银行，所以利农工业之各劳力家，而浚其利源也。此两种银行，皆与蒙古地方相宜，而足为开通地方之一大助力，应即稍寓其法于官银行之中，以开大利。盖官银行钞票既行以后，恒有五成钞票常布在民间，即有五成见银可腾作别用，应即以此五成见银为劝业之用。东部蒙古未垦地方尚有三成，则垦荒自为生产大宗，其业一。蒙古地方出产系骨角、齿牙、①皮张、绒毛、牛羊肉及脂油、乳汁之属，又遍山细草，兼出药材，东境且出紫衣棉花，皆属工艺原料，须劝民间自设各种小工厂，造成各种用品，其业二。田地日辟，粮食日多，工厂既兴，货品日裕，须恃商民为之运行，方有销路，其业三。苟有劝业银行以为之后援，于是各种小资本家或小公司不忧废于中道，尽弃前赀，则农工商各业发生之速，不可思量，而银行收其余息，亦属两利。至农工商等业日进，则一切劳力家皆有资生之策，其日工所余，凡自银圆一元以上，就近支行皆准其存储，按日生息。此各国储蓄银行通法。以利苦力，俾有余财；而涓流细水汇成江河，银行之吸收，亦实为巨利。凡此办法，皆附属于官银行之

---

①　"骨角、齿牙"，石印本、《满蒙丛书》本作"骨牙、齿角"。

中,逐渐推广。至劝业、储蓄两种银行章程,细如牛毛,应取各国办法,参以蒙古情形,另订妥章①续呈。

### 归结

地方之有银行,如人身之有血管,血管通则百脉灵,而骨干自健,肌肉胥丰,理固然也。东部蒙古地方,有银行以通其机关,于农业、工厂、商贾皆能速其进步;而迤北未垦之八部十五旗,苟非沙砾不毛,将不转瞬皆成耕桑之土。土日辟而人日聚,则销盐愈多,而钞票之流通愈广,于是银行之力日益涨。银行之力益涨,则提倡农业、工厂之力更日加。两两相需,如环无端,而全盘皆成活著。自是而东蒙铁路及矿山开采,与凡百大工厂事业,皆可倚银行作领袖,为集股之担承,百业俱举而利不可胜言矣。

以上地租、盐业、银行三端,即每年盐业、地租所入,至少亦有银三百万两以外,而银行余利尚不在内,实为经营东部内蒙古一定不易之法。特其次序,则首在盐业专卖,为第一步。盐业既立,而银行随之,为第二步。其地租一节,条理极繁,成效较缓,而入款亦巨,为第三步。计其岁时,盐业、银行苟决计举办,则一年可具规模,三年可期成熟。地租一事,三年可具规模,五年以外乃能完备。若次序错紊,倒从地租入手,则徒滋镣轕,而事必无成。若从放荒入手,则尤属倒行,徒生阻力。是经营蒙古计画,非从盐业专卖无著根地方,应以全力持之,争此一著。诚朝廷主持办理,必无阻碍,可为豫断。为大局计,以勿游移畏阻为要。至烟土税、牲畜税、放荒三事,应否举办,别详概略如左:

### 一、烟土税

查该郡王原呈称"喀喇沁每年烟土重量在百万两以上,价值银二十四五万两,若照价什一抽税,以少数计,应得银二万两"等

---

① "妥章",石印本、《满蒙丛书》本作"专章"。

语。查该旗虽出烟土,殆未必有百万两之多;沿途见民田所种莺粟并不过多。且热河求治局四项税中,烟土税实居其一,履亩定则,由州县抽收,民间已照数完纳,势难重征。特种烟之利,远过五谷,且系害人之物,理应以征为禁,多取之而不为虐,暂可按种烟地亩加抽学堂捐,以助该旗学堂经费。特抽捐一节,尚非该郡王力量所及,无论该部贵族、蒙民或认种汉民,苟非由部院或督抚各衙门主持,则势必抵抗。须酌量派员此项委员,州县佐领等官皆可。前往协同履亩酌抽,以定规则。每年收支各数,须报练兵处及直隶查核①。

一、牲畜税及放荒

查该郡王原呈称"游牧各旗无地税、烟税可收者,可以放荒,可以收牲畜税,饷足则多练,饷绌则少练,十年之间,必有可观。并请以喀喇沁右翼一旗为嚆矢"等语。该郡王具此血忱,公忠爱国,自堪嘉尚。惟查内蒙古牲畜买卖,率以每年八月东集于小库伦,西集于喇嘛庙,俟其会集之时,派员前往监视,即收税项,原可试办,特岁可收税若干,见尚无可查考。至其平时零星买卖及外蒙古牲畜贸易聚集之处,尚须另查。若放荒一节,断不可以收取押荒经费为宗旨。窃谓垦荒一事,宜任蒙汉自为交易,官设农政局于未垦各旗,其宗旨以提倡垦辟为主,不以收取押荒为主。国家大利在土地垦辟以后,而不在目前垦放之时。兹拟蒙汉交易定为四种办法:一、蒙地汉垦,垦孰以后,地面均分,各半执业;一、蒙业汉佃,立限垦孰,视田所收,业佃各半;一、蒙收押荒,汉为永租,酌定租粟,仍岁缴纳;一、准通买卖,土地过割,一如内地,自业自耕,亦殊直截。官为定此四种办法,任蒙汉自为交易,交易既定,由汉民赴局挂号,局只稍收挂号经费,每顷一两,以充局用。三年以后,乃行清丈,税

---

① "查核",石印本、《满蒙丛书》本作"查按"。

契升科。似此最简而易行，垦辟较易。若责缴押荒，乃准开放，则蒙人有空白失地之惧，汉人有多费折本之虞，势将畏阻不行，必致荒无从垦，银无从收而后已。闻东西放荒办法，率从已垦之田揸收押荒，实则放出真荒寥寥无几，是佃户先已纳价一次于蒙民，而又需缴价一次于官吏，则佃民吃亏甚大。其在蒙民，则未经收价之田，收租必多，而一缴押荒，则租入须减，是蒙民折耗亦巨。此放荒一事，只可谓之孰地勒费，不可谓之荒地押荒，所以蒙汉闻之，几如谈虎色变。此放荒所以绝少成效，而徒滋苛扰，转生绝大阻力也。要知垦辟以后，国家利入且十百倍于押荒，区区目前押荒银两，何足计数，有较然者。今经营蒙部，以垦放便捷为一定主脑，岂可再蹈覆辙？是以垦荒一事，可任蒙汉自行交易，无庸立放荒名色，而转致无荒可放也。

通查东盟①全局，盐业、银行、地租三项乃大利所在，亦政策所资，而理财、练兵及举行一切新政，皆于是乎藉，自应以全力经营，以立不拔之基。其喀喇沁烟土捐亩税以外，暂可按亩加抽，以济该旗学费之穷。牲畜税一项，姑从小库伦、喇嘛庙试办，徐图推广之法。惟放荒一策，事在必行，然必蠲除押荒之银两②，乃能迅副垦荒之实际。此皆此次东行所详悉考证而得者也，特事体重大，百度权舆，而无事不与地方有关系，非通达时局、谙练吏治，且习于理财、练兵之员，兼有地方之权，不足以肩此任。窃惟东四盟蒙部地方，东拱陪都，南屏畿甸，山川险塞③，纵横几二千里。我朝开国之初，以东三省为重地，以榆关为咽喉，若柳条边门迤西而北，滦源流域以东，虽附肘腋，并非要区，顷者时局迁移，今昔异势，东北边事

---

① “东盟”，石印本、《满蒙丛书》本作“东蒙”。

② “押荒之银两”，石印本、《满蒙丛书》本作“押荒银两”。

③ “险塞”，石印本、《满蒙丛书》本作“险阻”。

纷起叠乘,辽西防维难须臾缓,及今图之,业属徙薪之计,并非未雨之谋。地虽一隅,事关全局,因革损益,制贵因时,治忽安危,理无中立。此锡光所为胪举东部全蒙大势,而以上备钧裁者也。所有遵查喀喇沁郡王原呈各节,肃此覆呈。再,此次说帖以限于篇幅,其一应节目,尚有未能详尽之处,应再续陈,合并声明。恭叩钧安,伏乞垂鉴。

## 续呈实边条议以固北围说帖
### (光绪三十一年八月上练兵处王大臣)

窃锡光前奉钧劄,查考喀喇沁郡王原呈所称"理财、练兵暨学堂"各节,业于七月十八日遵将查得情形呈覆在案。惟是经营蒙古一事,体大思精,细目宏纲,非一事一言所能罄尽。兹再拟就实边条议四道,以阐前禀未尽之蕴,恭呈钧鉴,以备采择。窃维患气之来,恒自虚而入,故古人筹边之策,最重实边。实边云何? 即西人之所谓澎涨力也。澎涨力有三:一生齿之澎涨力,一财产之澎涨力,一政治之澎涨力。而财产之澎涨力亦有三:有农业之澎涨力,有工业之澎涨力,有商业之澎涨力。而各种澎涨力实互相为用,无民间生齿、财产之澎涨力以为国家之后援,则政治之澎涨力无自而生;无政治之澎涨力,而民间生齿、财产之澎涨力又无自而保;无农业之澎涨力,则生货不多而工商无本源;无工业之澎涨力,则孰货不成而农商无运用;无商业之澎涨力,则销货不广而农工无交通。此数澎涨力者,盖国力之所以充。西人生齿、财产之澎涨力咸臻极盛,所以横出旁溢,能从己国越数万里而侵入人国,如水流在地,稍有低洼之处,即奔腾倾注于其中,而其国家政治之澎涨力亦随以俱大。此皆从至实而来,非侈言长驾远驭也。夫中国人民生齿、农业之澎涨力亦称极盛,其在本国,则附边城迤北一带,东西数千里,南北六七百里,皆内地之生齿、农业所流溢而出;其在外国,则美洲、澳洲之大陆及南洋群岛，多半恃华民所开辟，又皆中国之生齿、农业所流溢而出，并不藉兵力之保护，甚且有无限之艰阻困阸，乃能只身行千万里以自谋生殖，其力量不可谓不大。特商业殊无团结，工业绝少萌芽，所以澎涨力远逊西人而辄为所陵驾，国力亦遂受其弊。然其生齿、农业之澎涨力，固大可用也。夫新开之地，无不先从农业入手为第一著。盖必农业兴而后草莱辟，榛莽芟，于是人始有栖止之所、周行之道，烟户稍聚，工商诸业乃有所附丽。此自然不易之理。美、澳诸洲无不先从农业极意经营，此其明效大验。我国蒙古地方何以异是，自应从民间固有之澎涨力尽力扩充，于其未有之澎涨力尽力提倡，实边之道，胥在是矣。窃维我国历代以来，开边之策，率主兵力，而无民间之澎涨力以继其后，往往一蹶不振。观于汉唐盛时，其鞭策所及，亦殊辽阔。汉开西域，营轮台；唐于西北两边亦曾开金微、幽陵、龟林、燕然、北庭、龟兹诸都督府；然皆旋得旋失，守弃不常。盖孤城远戍，力薄形单，其势原不可久。古昔诸儒痛言开边之非，实有所惩，语非无道。不知见在西人开拓之雄，恒以实力之澎涨为主，不以兵力之所至为主，而兵力之澎涨，亦自在其中。今者我北徼孤露极矣，先宜充实内蒙古，而推其力于外蒙古土谢图一部说见后条议各节。以为之基。漠南全境宜立统治之法，漠北诸部宜筹开辟之方，锡光所谓实边者此也。窃以化学之理以比例游牧、耕种两种：游牧者，化学中之所谓流质也；耕种者，化学中之所谓定质也。以物理言，流质固仅具形声，定质乃堪成器皿。然则游牧之必不可长，而耕种之必不容缓，固深切而著明矣。自乌拉大岭以东，西伯利亚全部入俄人之手以后，而游牧日微，耕种日广，其明征也。夫游牧者宜于封建，而非可以大一统之治治之者也。耕种者宜于郡县，而可集权于中央以治之者也。事理较然，殆无疑义。兹拟实边条议，谨缮一通，上呈钧座，有无采录，恭候裁决。祇请钧安，伏乞垂鉴。

# 实 边 条 议

（光绪三十一年八月上练兵处王大臣）

### 议一：东蒙地方制置

　　窃惟热河属境见凡二府一州五县，南枕边墙，北连朔漠，西控三厅，东瞰辽沈，盖神京之肩臂，而陪都之上游也。慕容氏之和龙，<small>今朝阳府境内。</small>北魏之安州、<small>今承德府治及滦平、丰宁等县地。</small>营州，<small>今朝阳府平泉州建昌县境内。</small>辽之中京道，金之北京路，<small>今平泉州境内。</small>喀喇沁中旗地之大宁城，<small>即辽中京、金北京旧址。</small>明初廓而张之，为大宁卫城，元之上都路，<small>今承德府西境及滦平、丰宁县境内。</small>大宁路，<small>今朝阳府及平泉州、赤峰、建昌、建平县境内。</small>明初之兴州、<small>今承德府滦平、丰宁县境。</small>大宁、<small>今平泉州境。</small>全宁、<small>今赤峰县境。</small>营州<small>今朝阳府建昌、建平县境。</small>各卫所，其州军郡县，错综境内久矣。夫疆邑井然受治于有司，并非雪窖冰天为亘古荒落之区也，特隋唐之间没于库莫奚，前明永乐以后弃于朵颜三卫，此数百年间为王灵所不及，郡县之治乃中辍耳。窃谓王者设险以守其国，必能限带于藩篱以外，乃能奠居于堂奥以内。我朝龙兴，威灵远播，东极黑龙江，北环外蒙古，悉主悉臣，为我环卫，是以柳城<small>朝阳境内。</small>以西，临潢<small>赤峰迤北。</small>而南，既非内地，亦非岩疆。譬如人身，腋胁所在，痛痒虽关，以视肩背股肱，捍卫任负，着力之所缓急，固迥不相侔，故自开国迄今三百年来，噢煦覆育之意多，而力征经营之意少，盖有由也。顷者今昔殊形，冲僻异势，东北两边，自俄罗斯西伯利亚铁道成而全局一变。自日俄交閧，胜负和战，皆于我有绝大关系，而全局又一变。恐战事告竣以后，将东三省利害，我与日俄共之，向之视为内地者，今不啻岩疆，而东四盟蒙古适当畿辅、奉、吉腰膂之间，此实堂奥之忧，并非边隅之患也，似应亟[1]

---

[1]　"亟"，石印本、《满蒙丛书》本均误作"极"。

为经营，建设重镇。斯内于京师有磐石之安，外于奉吉有建瓴之势，时势所趋，所宜急起直追，不可前却徘徊，坐失事会者也。夫汉辟河西而关中始安，唐镇陇右而长安始固，明弃开平、大宁诸卫而边墙以外窜为戎薮，识者非之，曾不数传，果受其弊。今者东四盟蒙古境域实即我朝之河西、陇右也，亟宜扩汉唐之远图，勿蹈前明之覆辙。顷以中立之故，提督马玉昆所部屯驻朝阳，孤戍客军，乃一时权宜，非可久长。而热河之驻防旗兵、古北口提标绿营、东四盟各部落之蒙古箭丁，坐食而嬉，实不堪用，断难恃为折冲御侮之备也。时局所乘，利在通变，谨拟三策，备胪于左：

第一，应如新疆开设行省成法，将热河、口北两道所辖二府三厅六州县益以迤北境地，画至外蒙古南界止，西循三厅边境，顺山河天然形势，亦北指外蒙古界为西线，别设直隶、山北行省，以资控制。

直隶、山北行省仍兼辖于直隶总督，别设巡抚，凡吏治、财赋、兵政、汉民、蒙部皆所专辖，以归统一。

设立行省宗旨：其对外意见，原隐然为监制奉吉、屏障畿疆而设，所应设立军镇，自以东面为重，北面为轻。东面足为奉、吉声援，北面特车臣部后路。巡抚应驻赤峰，即于赤峰迤东而北，设立军镇，则外而奉、吉之交可资策应，内而东四盟南北之会差亦适中。且赤峰迤北而西，为〔乌〕昭〔乌〕达及锡林郭勒两盟蒙古，其境地多未垦辟，锡林郭勒盟全境未垦。兹封疆大（史）〔吏〕驻节赤峰，益以军屯，渐扩而北，则人民辐凑，气象殷阗，将毡毳之乡渐成邑聚，挛牧之壤尽易田畴，不出十年，将称乐土。

行省既设，财政为先。地税之清厘，蒙盐之专卖，银行之设立，为入手三大宗，而经营矿业，提倡工艺，裕课益民，为利尤溥。凡此设施，区画以渐，有人有土，断不忧贫。此其大纲，条目所在，别有专篇，兹不备具。

山北地方辽阔,每一州县幅员辄数百里,几与内地一府面积相埒。若增置县邑,徒滋烦扰,既费官帑,抑且厉民。拟参用东西各国郡市町村各法,以归简易而省官力,别有内政区画一篇,列后。兹不备具。

山北开辟未久,民气敦朴。蒙古箭丁原充兵役,汉民生计仅资,习于勤苦,亦不同内地浮靡文弱习气,相其质地,最宜为兵,苟教练得人,可成劲旅。立法之始,径可画作兵区,行征兵令,不分蒙汉,一律签役。其征兵法令,条目甚繁,别有专篇,兹不备具。

山北疆域,东控全辽,南屏畿甸,经营之始,姑设新兵一镇,以奠基础。推其究竟,总须新兵三镇,方资控扼。应于赤峰迤北而东设一镇,建昌、朝阳之交设一镇,围场境内设一镇,声援相接,犄角可资,应俟布置得宜,经费稍充,刻期推广,以巩疆宇。其中或用日本北海道第七镇屯田法,抑照内地军镇一律编制,均候体察情形,届时酌定。

以上乃第一策,规模稍阔,收效亦宏。苟经理得人,此诚磐石之安、苞桑之固也。若以事属大举,经始为艰,寓创于因,徐图进步,别设第二策如左。

第二,择通晓练兵、理财、吏治之员。简派督办垦练事宜兼热河都统,而直隶于练兵处。练兵、理财如无地方之权,则财无从理,兵无从练,故必兼热河都统。既兼热河都统,斯为地方官,即易为成例所限,文法所牵,故拟直隶练兵处,方能破除拘孪,不致为理藩院及各部成法所束,乃能别开生面,而事有可为。

照以上办法,则权限所及,自不出热河辖境两府一州五县及卓索图、(乌)昭〔乌〕达两盟蒙古以外,其口北三厅及哲里木盟四部蒙古、属盛京将军。锡林郭勒盟五部蒙古,属察哈尔都统。自非事权所及。

惟财政大宗当以蒙盐专卖为第一,入款胥仰为开练新兵之饷。盖马贼之纵横,东省之逼近畿辅,边境之延长,俱东急于西,非若察哈尔境,仅为外蒙古库伦后路,相距尚远,且南接边墙,地段亦较短缩。特蒙盐产自锡林郭勒盟之乌珠穆沁部,隶于察哈尔都统,应将蒙盐一节专案提出督办,为东道练兵专款,斯百度权舆,方有措手地步。

哲里木盟四部蒙古境地,仅十分之二三错入奉吉边境,而袤延于盛京、吉林边外,直接热河边境东北隅者,凡十之六七。盛京将军既鞭长莫及,将为瓯脱之地,则害气易中。似应将哲里木盟蒙古境地,凡原出东三省边境以外者,一律画归热河管理,则热境东拓而北,一旦有事,方足遮断奉吉西上而南之路。其锡林郭勒盟蒙古部落值热河全境北面者,亦应画归热河管理,以通声援而免牵掣,又不仅乌珠穆沁盐业提归督办已也。

如以上办法权力所及,尚足练新兵一镇。先以一协开办,以渐推广,俟成镇后,再视物力盈绌,以为进止。特兵队驻所仍宜注重东路,建、朝之交,屯驻一协;赤峰迤北而东,屯驻一协。而督办以半年驻热河,半年驻赤峰,经理兵队,兼督北面垦务。

其地税、银行、矿业、工艺、内治、征兵,一切仍如前第一策办理,特规模较小,收效较微,乃权力所限。此特以为建设行省先步,乃一时权宜试行之计,俟事机稍孰,仍待扩充,非可倚为定法也。

以上乃第二策办法,范围收缩,已难厚积其力以赴事机。若再剖觚为圆,力求卑近,请言第三策如左。

第三,练兵、理财区而为二,理财一人,由练兵处奏派,并以补热河道,而别派镇统或协统以司练兵。

理财与吏治相表里,如无地方之权则呼应不灵,故必兼热河道,以资实行。

由练兵处奏设筹饷局于热河,中分五股,曰地税,曰盐业,曰银行,曰矿务,曰劝工,即奏派该员督理而总其成于练兵处。尽所收入以为境内开练新兵的饷,视收入的饷岁得若干以定新兵开练若干,此则枝枝节节为之,固不能一气呵成。而兵区之分画,征兵之实施,蒙汉之同役,与夫内治之改弦更张,恐均非其权力所能举办。特地税、盐业、银行三端,苟得练兵处主持于中,而又济以风力强干之员,尚克收成效。至热河道处都统统辖之下,其意外之牵掣,固亦势所必然,特地租、盐业、银行诸务,皆特别开办之事,向非都统所有,此并不侵都统权限。且此乃练兵处奏明特派之员而兼管热河道,俾藉专辖地方之权,以济特别应办之事,与寻常热河道却有不同,矧新政所关,练兵所系,又与寻常地方事件不同,则都统似尚无所用其牵掣。抑或别加崇衔,以隆体制,俾免掣肘,亦无不可。

以上乃第三策办法,收缩愈小,动力愈微,责效观成,亦必有事倍功半之虑。然得尺则尺,得寸则寸,苟尽一分力量,究有一分进步,较安戢无为,任失事会者,固天渊也。特原始要终,总非兼有地方事权,无论大小,不能有济。若仅负空名,并无实力,主客殊形,则成败立判。虽百其员以效驰驱,亦无当于事,是直谓无策。

议二:蒙古部落处置

我朝抚绥蒙古,分建札萨克、台吉、塔布囊以掌旗务,画疆而理,实即封建之制也。而热河一道,又设承德一府,滦平、丰宁、平泉、赤峰、建昌、朝阳六州县,顷又升设朝阳一府,析置建平一县。而口北一道分设三厅,山西边外增设七厅,此又郡县之制也。窃维封建与郡县二者不能并存,而封建之法尤不宜于今日之世界,势分力薄,不相统一,不足捍御外侮,其势不能久存,自非易封建而郡县,不能为治。然欲易为完全无缺郡县制度,非收回各札萨克土地、人民之权不可。其收回各札萨克土地、人民之权若何?道在柔和利导而得其欢心,非谓强取豪夺而致生阻力也。其柔和利导之法若何?第一,其王公、台吉、塔布囊须不失固有之富贵;第二,其上流蒙古人须予以登进之路;第三,须裕蒙丁之生计;第四,蒙古与汉民准典卖田土,一如内地田地过割办法;第五,不论蒙民、汉民,同受治于地方官；而其扼要之方，在化畜牧为耕种，易水草而宫室，乃能易封建而郡县，则各蒙古札萨克土地人民之权不必言收回，自无不收回；而国家练兵、理财之方，设险守国之道，乃有所措手。兹胪举其略如左：

第一，蒙古王公、台吉、塔布囊不失富贵。

蒙古王公、台吉、塔布囊凡两等，一世袭札萨克之王公、台吉、塔布囊；一不管旗务，非札萨克之闲散王公、台吉、塔布囊。世袭札萨克之王公、台吉、塔布囊，有管本旗土地、人民之权。不管旗务，非札萨克之闲散王公、台吉、塔布囊，无管本旗土地、人民之权，而各有其私产、私奴才，如采邑然。

蒙古各旗分建之初，纯为封建制度，札萨克如古诸侯，其各贵族如古大夫。各旗之中有官地，有私产，官地及其本部箭丁，永为世袭札萨克所管理，如古诸侯之公家然。私产及私奴才，则各自管理。有札萨克之私产可以分不袭爵之众子。及私奴才，有各贵族之私产及私奴才，有各喇嘛官庙之私产及私奴才，有各喇嘛私庙之私产及私奴才，除札萨克所管之官地及自有之私产以外，皆非札萨克所统治，如古大夫之私家然。因是上行下效，推之各箭丁，亦各自为计。盖枝柯盘结，根本已伤，所谓君国子民者，早亡其实，而仅存其名，则内蒙各札萨克之失其统治力也久矣。其致此之由，大半由于土地之垦辟、蒙汉之杂处，蒙古各旗所以分裂者以此，国家所以得设置郡县者以此，将来得徐收其土地、人民之权者亦以此。然则国家处置蒙古之方，当以推扩垦植为第一机括。

经理蒙古，自以优存其王公、台吉、塔布囊固有之富贵，并俾以格外希冀之富贵，即以收其土地、人民系属之权力为一定不易办法。盖自已设郡县之蒙古地方，蒙汉之交涉，受责成于地方长吏，其各札萨克久已视为畏途，而其内容之中，又分裂已久，号令亦不能尽行于部落，故其视土地、人民之权也甚轻，则国家之收回也甚易，自不待言。惟其所护持者，见有之权利；所希冀者，格外之富贵。诚如其所愿以偿之，则阻力自消，而推行极易。兹举其节目如下：

故有之利权有二：一为随札萨克之官产，一为每岁摊派其蒙丁之公费。希冀之富贵有二：一为蒙地矿产之利，一为朝官仕进之荣。

随札萨克之官产，已不啻其世袭之私产，应无论官产、私产，凡向为札萨克所掌者，应一律给与管业，并准其任便典售蒙汉，或分给与子孙。惟不准典售外国，犯者革爵罪之。其闲散之王公、台吉、塔布囊所有私产，办法亦同。

至每岁摊派其旗下蒙丁公费，原为班兵放卡巡哨，并例贡年班使费，及府内办公一切经费，顷练兵既由国家主持，则蒙古班兵自应停废。蒙丁统归地方官管辖，则府中办公经费亦可省罢；土地之权既归国家，则例贡亦可奏请蠲免；而年班则奏请延展期限，改订轮次届班，仍由所在地方酌给津贴，而宽免其一切使用。如是则岁摊其旗下蒙丁公费，自可全行免除，立为定制。

蒙古矿产为绝大利源，乃为成例所限制，且为官吏所把持，既绝其入股之阶，复隐有夺地之实；而官吏经办，又本绌弊丛，莫睹成效。蒙地诸矿无法开办者以此，蒙人所觖望者亦在此。今若官为提倡，而准蒙古王公贵族尽数入股，则蒙地无不开之矿山；而王公有可贪之巨产，则系恋之心多，斯旁骛之志少，而税课所入，国家亦实收其益，似所亟宜开放，以系其心。

蒙情所向，最慕朝官，请文自侍郎以上，武自总兵以上，可酌用蒙古王公，而文职自七品以上，武职自五品以上，准参用[1]协理台吉、塔布囊等员。此途一开，则蒙古上下心志移而全体解，而土地

---

[1]　石印本、《满蒙丛书》本"参用"后有"其"字。

之开辟，全境之归流，不终日矣。

第二，蒙古上流人予以登进之路。

蒙古人向只作本旗旗官，至管旗章京止，无登进朝官之路，而其倾慕朝官之心，有异常热诚，至谓其二、三品官阶不如一监生。诚使将蒙古人一律归地方官管辖，其出身仕途一律与各州县汉人无异，则内向之情，如水赴壑。朝廷似亟宜因势利导，吸收无量数之蒙民，直隶于国家统治之下，同化之力，似无过于此。

第三，须裕蒙丁之生计。

蒙丁生计之窘，厥有四端：一、本旗徭役之烦重；一、地方境域之荒凉；一、宗教迷信之耗费；一、喇嘛重利之盘剥。

蒙旗徭役厥有两端：一、班兵轮值，箭丁任之；一、府主役使，奴才任之。皆无薪饷工资，即其旗下官员，亦无俸给。既占其有用之身，遂绝其资生之路，此数百年来所以蒙户日凋而逃亡日告也。

凡民间生计，皆以交换而得，孟子所以言通工易事也。蒙地限于成例，垦辟不多，人迹荒凉，不成市廛，工商不兴，无从交换，耕牧余暇，安坐以嬉，贫困之由亦半出此。

秋成以后，比户嗥经，僧众之权，且可勒派，见款销糜，莫此为甚。平日又无工可做，不见一钱，禾稼未收，资生之谋惟仗利债，而喇嘛实为蒙户债主，通计月息约合三分、五分，或至加一、加二以上不等。秋收所入，除还债嗥经抵用以外，赢余无几，不待来春，又须恃借贷度日矣。

诚使治以郡县，易以练兵，则无所谓轮值之班兵，亦自无府主之役使，斯徭役去，而此身皆可食力之身矣。垦辟日多，农业日讲，人户日聚，工作日多，则无时非可食力之时矣。蒙汉杂居，学堂渐立，徐浚其智，以药其愚，宗教之迷信不攻自破，则嗥经之资，重利之债，亦日轻减而消耗节矣。似此则有害于蒙民之生计者日以除，而有裨于蒙民之生计者日以广矣。

征兵之新令行而入伍者有饷,生计一。汉民之赴垦多而蒙民习于农业,生计二。工业之大利兴而生产日富,生计三。矿山之宝藏辟而工价日翔,生计四。交通之经途便而营生易谋,生计五。则不必言蒙民之生计而生计自饶,固无疑义。

或谓蒙民之生计在畜牧,不在耕桑,今多致汉民,易水草之饶为陇亩之用,是夺蒙民之生计,何谓裕蒙民之生计?不知见在万国交通,游牧生涯断无持久幸存之理,西伯利亚垦种之速,率其明征也。恐不出五十年,游牧之风将绝影①于地球之上。何如早自为计,而蒙古生计尚可曲为谋也。且游牧之俗,剽悍转徙,植根不深,乃蕃落之豪,断不足言立国之道。试观此方数万里之区,自汉以来,种族攘据,更代起灭,历二千余年,而境地荒凉,绝少进步,则游牧之不足恃为生计,已可概见。然则言经营蒙古者,自以开通为生计,断不以闭塞为生计,固较然明也。

第四,准蒙古与汉民典卖田土。

土地、人民,国家所恃以成立也。有土地无人民,与无土地等。有人民而转徙无定居,去就无恒性,亘古榛莱,不可以声名文物治者,仍与无人民等,即与无土地等。然则国家之所利,一言以蔽之,曰土辟民聚而已。土辟民聚,入手之方,莫急于农业,必有农业之基础,乃可图工商之进步,而后国家政治乃可施其条理,而后国防区画乃可有所编成。此自然不易之理,而此皆为蒙古性质之所短。时局迁移,古今异势,为北徼立不拔之基,作固圉之计,非化行国为居国不可。欲化行国为居国,非利用内地农民不可。利用内地农民,非准蒙汉得典卖田地不可。

或谓蒙汉得典卖田地,恐蒙民尽失其根据,是将大害于蒙古,

---

① "绝影",石印本、《满蒙丛书》本作"绝景"。

则又不然。人类之生活,智识以互换而成,能力以交用而尽。蒙古割其部分之地,半以予汉民,即不啻汉民售其耕种之长,隐以贡蒙古;而蒙古徐以其荒凉寂寞之区,化为邨社桑麻之境,而蒙古土满之患,与汉民人满之患,皆潜消于不觉,而国家膨胀之力,亦自周匝于边陲。是则蒙古利,汉民利,而国家之大利亦自在其中,所不待言。

至开放之法,只须宣布法令,任汉蒙自行典卖,自行交易,而不必官为放荒,事乃简而易行。闻东省之放牧场,西边之放河套,皆取民间已经开垦成熟之地,勒收押荒银两,实未放出荒地一亩,徒使未垦之地,人转视为畏途,而莫利耕种,致生无限阻力。盖押荒银两者,一时之微利,而土辟民聚,藉以实边者,经国之远图。诚使宽其衔勒,操纵有方<sup>①</sup>,使向日不任租税之土地,不供徭役之人民,而榛芜日薙,土质日良,气候日新,稼事日广,出产日滋,人户日益,筹边之策,何利如之? 岂区区押荒银两所可比拟! 似至计深谋,断不以彼易此。

国家不取押荒,不收地价,而明布法令,任蒙汉自行典卖,则人必争趋,而蒙情亦顺。就中于地价内,准其提取二成,以一成归旗主,以一成归喇嘛庙,定为成数,而令其自报垦之日起,扣足五年,乃行清丈升科,复宽限三年,乃令税契。似此办法,殆不过十年,将内蒙古一带苟非沙砾不毛之地,断无不耕之田。即推之外蒙古,亦何不可一律办理?

再于蒙汉典卖以外,复有分地一策。蒙人出地,汉民出力,期以五年为成熟程限,垦熟之地,业主、垦户各分其半,皆为永业,官给执照,照例升科,亦一办法。

又如有大资本家,或以独立,或集公司,愿购大段土地至十百

---

千顷，试用美国大农办法〔者〕①，则尤利于国家，应准禀明，官为料理，蒙人得价，赀主兴农。特官为主持，除届时升科纳税以外，不取豪末，则开辟尤易，自宜悬格以待。照以上办法，则蒙古旗主及喇嘛庙得地价提成之益，蒙民得地价之益或孰地之益，并谙习耕种之益，汉民得垦地之益，而边方②充实，患气不生，理财治兵，皆有所措手，其无疆利赖之益，则国家收之。亟宜迎机利导，以扩宏图。

第五，不论蒙民、汉民，同受治于地方官。

同立于一土地之上，而区别两种人民，受治于两种官吏，非特五洲万国，无论本国、属地，无此办法。且畛域区分，势必猜嫌互起，讼狱繁兴，迭起愤恨。兹蒙古各部已开作府厅州县之处，应无论蒙民、汉民，皆受治于地方官。此于政治上关系，乃有画一之方；于社会上关系，方具同化之力。

无论为蒙为汉，概以其见住为断，一律编入户籍，日后设立市会，推举村正，法具后。亦不分蒙汉，一律选任。其户婚、田土、钱财、债负一切词讼，句提③讯质，以及田亩过割、钱粮征收，无分蒙汉，均惟地方官主之，则事有统宗，治法乃无纷错。

蒙户向分隶于本旗各佐领之下，是各佐领即各蒙户之地方官。今则岁月久远，各蒙户之迁徙逃亡，多已不可究诘。且每一佐领下，蒙户率分散于数百里内，各佐领下地段，有事传唤，力且不逮，何论管辖？是各佐领下册籍空存，久已无法统治，固已穷而必变，则一律受治于地方官，而以见住为断，自为一定不易之法。

以上五条，皆言安置蒙古方法，务使上而王公，中而贵族，下而丁壮，罔不各得其所求，而使其土地、人民收回于不觉。夫国家岂

---

① 据石印本、《满蒙丛书》本补。
② "边方"，石印本、《满蒙丛书》本作"边防"。
③ 句提：捉拿，拘捕。

利其土地、人民,而设方法为巧取之策哉?盖东北两边,强邻逼处,非合散而无纪之蒙古,总集其势力,以人为形胜,建此无形之长城,不能巩固皇畿,奠我疆圉;即蒙古亦实式赖之,乃能以息以生,长承覆育。是为国家计,势有必然;即为蒙古计,亦理无或二也。日本不收回诸藩土地,不能启维新之业。我今不收回蒙古土地人民,不能为锁钥之谋。究之日本诸藩,迄今与国同休,常享①爵禄,于诸藩亦何尝不利?我之蒙古,何以异此!矧出以②柔和之方,持以积渐之法,使其蒙归还土地、人民之福,而不失尊荣安富之恒,所以为蒙古谋者,亦至矣!制贵因时,法难泥古。国初利在封建,故不嫌任其自治;今日利在合并,故势必收其主权。利害所形,无所用其顾虑,使列圣而处今日,穷变通久之方,恐亦不外此已。

议三:内政区画

管子治齐,作内政,寄军令。伊古以来,无内政不修而能言强兵者。东蒙诸部,当北魏及辽、金、元数朝,曾建立陪都,分设郡县,特疏节阔目,纲纪不完,治法与内地迥异,故亦无成绩可言。我朝龙兴,建为藩卫,设理事丞倅,以绥蒙汉。嗣以汉民出关佃种者多,乃分立州县,以理讼狱。然有治侨寓汉民之权,而无治各旗蒙古之权,亦无辖蒙古土地之权,是以休养生息垂三百年,国家率以宽大处之,从未(著)着意区画。顷时艰日棘,经营蒙古,势不可缓,自无因仍故辙、长与终古之理,此内政之所以不可不讲也。兹专就东四盟蒙古言,有已开垦旗分,有未开垦旗分;有已设州县地方,有未设州县地方。其卓索图盟两部五旗,及昭乌达盟之翁牛特部两旗,敖汉、奈曼、喀尔喀各一旗,为③四部五旗,是皆已经开垦旗分,而亦

①　"常享",石印本、《满蒙丛书》本作"长享"。

②　石印本、《满蒙丛书》本无"以"字。

③　"为",石印本、《满蒙丛书》本作"凡"。

为已设州县地方。其哲里木全盟,科尔沁、郭尔罗斯、杜尔伯特、扎赉特共四部十旗,亦皆已开垦旗分,且地极肥饶,而全境错入奉、吉、〔黑〕州县中者,约十之三;其伸出奉、吉、〔黑〕州县外者,①约十之七。又昭乌达盟之克什克腾部一旗,亦伸出热河全道州县北面以外,是又皆已经开垦旗分,而为未设州县地方。至昭乌达盟之巴林、扎鲁特、阿鲁科尔沁凡三部五旗,锡林郭勒全盟凡五部十旗,则皆未开垦旗分,而为未设州县地方。兹言经营之法,其未经开垦旗分,亦未设州县地方,只有提倡农业,奖励垦务,俟土地辟而人民聚,有设立州县地步,乃有下手方法。此已于第二策内"准蒙汉典卖田地条"详细言之,所贵切实施行,舍此以外,断不能别有捷法。若已经开垦旗分,尚未设州县地方,亟应画出地段,设立州县,与见在已设州县各旗分,照后拟各条,受同等之治。其已经开垦旗分,且已设州县地方,自应以为经营蒙古根据之所。其内治办法,即为日后新开各地榜样,一切条段,由此类推。兹厘为行政纲领、财政机关、巡警设施、赋税收纳、讼狱句提、地方自治、征兵番召、教育经理②八大纲,备胪其略如左:

一、行政纲领

内地行政之权集于州县,凡词讼、钱粮、缉捕、巡徼、邮驿、建造、修治、教育诸政,皆萃于有司之一身,此断非一人之精力所能周匝。且以州县孑然之身,孤寄于向未习履之地,是非利病,率多隔膜,势不得不假手书差,以为臂指,百弊之生,率由此起。而不肖长吏,因缘为奸,更无论矣。今蒙古地方百端肇造,自应将历来之州县积弊一扫而空,宿垢既去,新机乃生。其道在减轻州县之责成,而行政之权、分设机关,参用东西各国州郡村町之法,俾之相维相

---

① 据石印本、《满蒙丛书》本补。
② "教育经理",石印本、《满蒙丛书》本作"教育设施"。

制。斯州县既无丛脞之忧，亦无作恶之地，则书差之弊，不去而自除。蒙地州县，地方辽阔，应将全境分作若干乡，每乡之中有若干市镇、若干村庄，每乡设乡长一人，乡副二人或三人，有公所一区。每市之中设市长一人，市董无定员，亦有公所一区，大市镇分两区，城市亦如之。每大村设村正一人、村副一人，就近小村附之，约以百家为准。凡编查户籍、分别年龄，年龄与征兵、入学皆有关系。协催田赋、掌管过割、升降赋则、筹备公款、料理征兵、管编治安巡警皆其所有事，责任綦重，必给薪水，以资养赡。每职三年更换，即使连续，亦只以六年为度。

乡长、乡副、市长、村正、村副虽给薪水，而仍为名誉员，地方官所当优礼，与向来地保、社首等人迥不相同。每届更易乡职之时，先三个月传知该乡该村，令有田一顷以上或商业资本值三百金以上，及曾由中学堂以上毕业者，定期会集，投票公举。地方官亲临监视，取其票数多者，由地方官具详上司。其乡长、乡副、市长、市董由本府给札委用，村正、副即由本州县给札委用，均须册报大吏。

凡选举乡职，不分蒙汉，一律选用，惟以投票多者为准。

如选举之人实有劣迹，不堪任用，地方官可驳使另举。惟所驳之人必有劣迹可指，方得另选，而地方官却不得示意公众，令举属意之人。

地方乡职既举，巡警成立以后，而征收钱粮、讼狱句提又另拟办法，另见赋税收纳、讼狱句提条。则州县除供本署服役外，一概差役可以全裁，著为令甲。其署内句当文书，别延品端而能办公牍之佐贰，并参用地方之士人有品行学问者，以充文案；则一应办公家丁，及各科书吏，皆可裁撤。狐兔既去，方可言治。

地方官所延用文案，却不随地方官为去留，定以六年为期限，每届三年，更易其半；苟非届满之年，并无过失，无论换官与否，不得无故更易。有过犯或不任公事者，不在此例。如勤慎从公，有功可录者,准地方官详送上司,考验得实,本省佐贰官得超补拔署,士人得拔委局差,俱定为例。

凡州县一切陋规既须革除,而又不经征钱粮,无平余浮收可以赔补,自应除廉俸外,宽给衙门经费,以资公用,并加津贴,以赡私计。公费仍须核实详销,津贴则无庸具报。衙门经费,各国所谓官厅费。

或谓选用乡职,延用士人,得无启地方把持之渐且开内外勾结之门? 不知非也。见在州县除一身及宾客以外,所用绅董、书差,何一非本籍人? 绅董有事权而无责成,书差则直把持而又跋扈,何如选自公论,限以年分? 领薪资则有担承,惜名誉则有顾忌,即有不肖者错出其间,固可以法绳之,非特较用书差不可以道里计,即视用绅董亦较受驱策而易令守法也。

二、财政机关

全体财政以盐业、银行为机关,近而劝业、储蓄悉寓其中,远而铁路、开矿亦由之起。其大概规模条件,业具前牍,兹不具述。

盐、银两业为人生日用所必需,而布于全境城市集镇,为官私出入所利赖。是即官私之各总分银库,而全局皆处活泼之地,则地方一切内治之振兴与实业之提倡,皆有所措手矣。

三、巡警设施

巡警自军事警察外,其地方巡警则有司法警察、行政警察、保安警察。[①] 凡都会及府州县治,应用司法警察、行政警察,专以官款举办。[②] 其乡、市、村镇,应用保安警察[③],则专以地方公款举办。其警弁由乡长、市长、村正延用,惟仍必听官警察总局[④]、分局号

---

① 石印本、《满蒙丛书》本作"巡警自行政、司法及军事警察外,其地方巡警则曰保安巡警"。

② 两"警察",石印本、《满蒙丛书》本均作"巡警"。

③ "保安警察",石印本、《满蒙丛书》本作"保安巡警"。

④ "警察总局",石印本、《满蒙丛书》本作"巡警总局"。

令,受巡警官考查。

城乡巡警设立周匝,则一切官民交涉、传呼拘提①诸事,均任于巡警。斯差役自不须下乡,而四班官役可以省撤。

其在凶徒地棍,凡已犯案、未犯案或有重要案件,皆由官设之司法警察局购捕。其保安警局之巡警②,亦应协同密拿。

## 四、赋税收纳

赋税收入以土地税为大宗,办理向无善法。内地办法,系由州县签差催征,设柜收纳,于是有值路粮差、分乡柜书等名目。官之平余,多则数万金,少亦数千金出其中;书差数百人,即数百家之糜费出其中。加以粮差下乡之滋扰,粮户入城之旅费,民间直已焦头烂额,而国家所入,较民间所费,能及二分之一,已属多数。今经营蒙古,征收赋税,断不能再蹈覆辙,则改弦更张,自不待言。

口外州县向无钱粮,今定则征收,自应扫除内地积弊。应以稽征造串③之权属于州县,送单,即易知由单。④粮户应完钱粮,详载其上。催征之役属于村正、副,收纳之处属于各乡就近银行支店,拘提欠户之役属于巡警,则事轻易举,而粮差、柜书之烦扰乃可破除。

其法,于收钱粮时,州县先期造成易知由单并收银券票,⑤将各乡易知由单连同印簿发交各乡长,即将是乡券票并存根,亦连印簿,移送附近是乡官银行支店,于时乡长以各村易知由单并印簿转发各村,村正、村副乃将易知由单分送各粮户,各粮户乃照由单所

---

① "拘提",石印本、《满蒙丛书》本作"句提"。

② "保安警局之巡警",石印本、《满蒙丛书》本作"保安巡警"。

③ "造串"及下面"串票"之"串",石印本、《满蒙丛书》本均作"券"。

④ 易知由单是旧时征收田赋的通知单。也称由帖、由单。单上开明田地等级、人口多少、应征款额和起交存留各项,发给纳户。始于明正德初,清代随之。(古代官吏在征收钱粮以前,按田地等级应收若干的数目,列单刊印,发给纳粮的人,让他们容易知道应缴的数目的通知书,称为"易知由单"。)

⑤ 旧时缴纳钱粮的收据。一般为一式两联或三联,故名。

开本户应完银数，从官定平色，赴附近银行投纳，银行乃将券票掣交粮户收执。

口外秋收约在七月之杪，迟亦不出八月初旬。州县应将易知由单及串票、印簿等，于七月初十以前造成；以七月二十日为限，由单须发交各乡长，券票须移交各乡附近银行支店；以七月底为限，乡长须将由单发交村正；以八月初十为限，村正、副须于三日以内将由单送交各粮户；以十月底为限，各粮户须将应完钱粮扫数投交附近银行掣领券票。

村正、副于送给由单后，每十日赴银行查对已完、未完各户，开单具报州县，即一面赴各粮户家催征一次，凡具报八次，催征八次。至十月底，仍有未完各户，即由村正一面开单具报，一面送交本村巡警严催，仍每十日开单具报，再由本村巡警严催三次。已至十一月底，如仍有未完粮户，则州县据报开送驻城巡警局，按户拘提①押缴。

每至岁杪，各银行支店将代收钱粮共银总数连同票根，并注明已收、未收印簿，移还州县，并一面将代收总数若干、已完若干、未完若干具报总行，汇报大吏，听候拨用。大吏将银行报收数目及各州县具报完欠数目，并调各乡田亩钱粮完欠征信册，三面比对，则民间完欠收存之实数，一目瞭然矣。

照此办法，州县虽失钱粮平余，然凡署内钱粮、幕友钱粮、家丁之耗费，倾镕解纳，上司衙门书吏之需索，以及粮差、柜书、户吏之蒙蔽把持，失察之处分，并上官择肥之噬，同寅抽丰之苦，皆可销除。心地清明，腾出此有用之身，以尽心民事。而公费津贴，又如量以予，并不使无米为炊，似亦于州县无所不利。

五、讼狱句提

州县讼狱之弊，在传唤、句提、收管、审断总其成于一人，于是

---

① “拘提”，石印本、《满蒙丛书》本作“句提”。

积压、羁禁、凌虐、枉纵诸病皆由此起。兹拟传唤、句提专属之于在地巡警,收管之权专属之于管狱官,典史吏目,宜优加津贴,并宜慎选其人。惟审断之权专属于州县。凡州县有应传唤、应句提之人,送其案于巡警,令传提人证到案,应禁押者由管狱官收管。人证既齐,由管狱官带人证到署,请州县审讯。巡警官有传唤句提之权,而无收管审讯之权;管狱官有收管之权,而无句提审讯之权;州县有审讯之权,而无传唤、句提、收管之权;互相监制,互相考查,同一案件而每月由巡警官、管狱官、州县三面册报,则凡已结、未结各案与各等案情无所讳匿矣。

凡有关罪名之犯应行解勘者,州县最畏为大累。兹凡应解省解司各案,均由在地巡警副长押送,则州县解送之费、寄省之费,自然销免。命盗案件,州县尤所畏惮,兹凡密探、侦察、捕拿诸事,皆责成于巡警,则州县一切购线、县赏诸费,亦自销除。

视此,凡足累州县者既一概豁除,则恃为爪牙之差捕自应一概撤除,而后吏治澄清,可言政理。

## 六、地方治法

一国之中,海陆军队、外交政策、军事警察、钱币权衡、财政统计,此全国主权所在,非一州一邑所能为,更非一乡一里所得问矣。若夫地方教育、地方保安、地方修筑、地方实业,其中经营区画,则任地方自为之,不过官董其成而已。此东西各国所谓地方自治。然此实为全国之内容,于治乱安危关系极大,此地方办法所以不可不讲也。

我国内地公益诸事,如各善堂之类,何尝非绅董经管而统属于官,然其事体段既不完全,法律又不美备,所以一经干豫于官,而必遭侵蚀。苟使委托于〔绅〕①董,亦必见把持。虽若于国事无关②,

---

① 据《满蒙丛书》本补。
② “无关”,石印本、《满蒙丛书》本作“无关系”。

然①政治上实受绝大景响。今日欲修明内政，必自地方办法始。

地方之治，胥赖有治地方之人。每一村，择有资财田产或中学堂毕业者为举主，公举村董十人或六人，再于村董中举村正、村副各一人。每一邑分若干乡，就一乡各村董中村正、副亦在内。又公举乡董十六人或十二人，再于乡董中公举乡长一人、乡副二人或三人，以治各乡各村之事。凡事评议于乡董、村董，取决于乡长、村正。乡长、村正责成甚大，故必给薪水，期任三年，即必更举。其乡长副、村正副力有不逮者，乡董、村董助之。城市办法同。

每大村连附近小村，约以百户上下为一村。

地方之治，须有治地方之财。其应用公费，约取给于两种捐为的款：一曰田亩捐，照其地亩所纳税课加收十分之二，随正课一律交纳，并载入由单。此项不缴者，不给正课券票。此款即存本乡银行支店，以待支用。一曰进款捐。其进款所入，岁在百金以内者不抽，余统抽百分之五，以为地方公用。于每年正月下旬，由乡长、村正会同警察官收取，亦统存银行待拨。

每村分田亩之垦废、地质之腴瘠、粮户之过割，以造作田粮册。视户籍之迁徙去留、丁口之生死增耗以造作户丁册，及学龄、兵年之是否及岁，与夫实业工厂开场歇业，皆由各村正报告各乡长，层递上达，以为百事根据。

凡建设学堂、保安警察、劝励农工、修理道路、疏浚溪流、保护森林，皆蒙古地方刻不容缓之事，亦为官家日后税课所自出。其一切用度，皆取给于地方公费，如力有不及，由公家酌给补助，而责成地方自办。

每岁十二月，由乡长主席，凡乡副、乡董、村正副、村董皆会，地方官亲临监督，集议本乡各村来年应办之事、应抽之款，公同决定。

---

① 石印本、《满蒙丛书》本无"然"字。

经地方官允许，详报大吏，立案订定之后，其有阻挠以害公益者，罪之。

每一岁终，各乡将其地方官收之款、田亩税则、粮户完欠列为上册，乡用之款、入款若干、支款若干、存欠若干列为下册，刊为征信录，以报告本乡岁计。

七、教育经理①

蒙古地方生计极绌，所以启智慧而疗愚蒙者，自以学堂为急。惟五洲万国，官立学堂与私立学堂皆居少数，其所恃以教育普及者，则专赖公立学堂。然必有地方自治之法，而后有地方公费的款；有地方公费的款，而后有公立学堂。此自然不易之理，故以列于②地方办法专条之内。

东西各国，凡公立学堂用款，约居其地方经费十分之七，所以文明日进也。兹应将地方公费画二分之一为地方教育经费，而于官设盐务银行周年所得赢余内提出百分之五，专以补助教育经费，俟民间实力充足，再行截止。

蒙古新开地方，其教育步骤以多立师范学堂、广储小学堂之师为第一步，师范生不分蒙汉。以全力普设小学堂为第二步，皆由地方官监督，责成乡长督率村正合力普设。

于师范学堂、小学堂以外，别设浅近农业学堂、浅近实业学堂，蒙汉学生参互收入，以为蒙古生计特开先路。

浅近农业学堂，尤以开通赤峰迤北未经垦放之蒙古为急，此学堂应即立于赤峰县附近，而严令锡林郭勒全盟各部蒙古及巴林等部蒙古，并推及外蒙古车臣汗部，一律备具学资，遣送学生来堂入学，责每旗至少须送四人。此学堂切须官款多为补助。

---

① 石印本、《满蒙丛书》本作"教育设施"。
② "以列于"，石印本、《满蒙丛书》本作"列"。

　　顷查蒙古物产有可资实业者数事，境产葡萄可酿葡萄酒，而牛羊原蒙古土产，则牛羊肉、黄油、牛奶，一切罐食物，以及洋烛、洋胰子、织绒、制皮等各厂[①]，与制骨角等器具各种工艺，皆蒙境所利赖。而喀喇沁右翼东南隅俗称东川。至土默特部境内，皆出有紫衣棉花，可织紫花布。皆应设学堂工厂，指授造作，化天生物为人工物，运出销售，则蒙古地方必增绝大生计。此等学堂，可纠合数州县力量，设为公立学堂，其随附工厂，亦可为公立工厂，即作数州县之公立产业。

　　八、征兵番召

　　征召兵役，无不与内政相表里，而乡长、村正实为征召机关，征兵令行，则一镇管之中，某地属某标区，皆有定分。此一标区，凡跨有几州县境，共有若干乡，则每一乡之中，派签若干兵役，届时画有定数，檄下乡长。

　　每乡公所所在，即定为征兵签验所。每届征召新兵之时，即由乡长传知各村，由村长先将所辖及岁壮丁册报。届点验之时，乃由村长率领，赴签验所诊验，其合格而当签者即为入伍新兵。此皆恃乡长、村正以为枢纽。

　　国家有大军旅，有所征发，传呼点集，亦由本标区长官下其区内各乡长，按所应点集者居址，转行各村，自其村正、副追召，刻期集赴。若事起仓猝，期限迫促，乡长副、村正副独力不支，则乡董、村董应公同传达，不失期会，以补乡长〔副〕、村正副力之所不及。

　　内治方法乃茧丝牛毛，事最细密，亦极繁重。以上所举八端，特其纲领，若节目所在，则须逐条抽绎[②]，期无遗义，方得详尽。

---

① 原作"各等厂"，据《满蒙丛书》本改。
② "抽绎"，石印本、《满蒙丛书》本作"䌷绎"。

以上所言方法，专为治理已垦辟之蒙古业经设立州县者而言，其未经垦辟、未设州县之蒙古地方，以东四盟言，尚有全境十分之三，应于其扼要地方设立农政局，极力提倡，多方奖励。约亦不过五年，则规模必有可观，而内治之方，亦无难推行一致矣。

### 议四：漠南北通筹

方今谋国之道，首重国防。国防者，对外而言也，视敌之所在与我之所急，不得不谋自固之道，于是筹边之道生焉。国家宅都燕蓟，逼近边墙，恃内外蒙古为我藩卫，形势所在，本所必争。今者俄人全力东注，极意经营，西伯利亚铁道纵贯东西，军镇相望，伺隙南牧。日本惧俄之逼，投袂而起，交讧于我境内。顷以骤胜之威，恐未必以东三省主权完全归我，而松花江以北，俄人又未必甘心弃置，束甲归巢。具此两端，则东北两边局势俱急，假有蹉跌，为祸之烈，非特疆场之间一彼一此已也。然则对于东三省言，则东面为急，而东部内蒙古适为之障。对于西伯利亚言，则北面为急，而外蒙古土谢图一部又最当其冲。然则国防之所在，其形势盖可知也。特是以局势言，则外蒙古之防维尚急于内蒙古，以步骤言，则必先经营内蒙古以为根本，乃能推及于外蒙古。而其扼要所在，则非易游牧为耕种，国家不能守其土地，有其人民。其设施之方，则以民垦树之基，以兵屯补其缺。内蒙之地专用民垦，外蒙之地参用兵屯，而后画井分疆，设兵置戍，乃有措手之地，而国力始不虞不给。兹将先后缓急之序，胪其大略如左：

### 一、疆理之区域

内外蒙古区域辽阔，东起东三省，西抵伊犁，南起边墙，北抵俄罗斯境，周回凡数万里，皆分旗置翼，设札萨克统驭之地。其幅员几埒于腹地十八行省，具若大土壤而草昧经纶，似几无〔着〕手之处，不知疆宇虽广，而因天然形势区分界别，则人事之条理因之，而因革缓急之道见焉。此疆理之法，当为首务。

漠南诸部为内蒙古六盟，及察哈尔蒙古、西土默特蒙古、阿拉善厄鲁特①分布于直隶、山西、陕西、甘肃边外，北界外蒙古，宜姑分为东西两省。以直隶边外承德、朝阳两府共六州县及口北三厅为东省，从三厅西界画一直线，北抵外蒙古，凡东四盟蒙古、察哈尔左半皆隶焉，是为东省。直线以西，以山西、陕西、甘肃边外诸部，凡察哈尔都统所辖之察哈尔右半、绥远城将军所辖之土默特蒙古、西二盟蒙古、新设口外各厅、宁夏将军所辖之阿拉善厄鲁特旗②皆属焉，是为西省。

漠北诸部，东起车臣部，西抵札萨克图部，北极唐努乌梁海，宜暂区为东、西、北三省。车臣、土谢图两部为东省，赛音诺颜、札萨克图两部为西省，科布多、唐努乌梁海为北省。漠南东西两省，凡已垦辟之地，尽设州县，一如内地。其未垦辟之地，设农政司，仿照日本北海道之拓殖使办法。漠北三省，设屯垦司，参用日本第七师团驻北海道。屯田办法。

一、经营之次序

漠南北各部，虽拟画分五省，然幅员周〔回〕数万里，草昧经营，势难同时并举，自须分别冲僻缓急，以定后先次序，盈科后进，步骤井然，则国力乃无坐困之虞，而措施始有顺应之势。

以地势论，则内蒙古之图维，自应先于外蒙古。以人事论，则垦辟之布置，自应先于练兵。

内蒙古之中，扼要在东部；外蒙古之中，孔道在土谢图。而内蒙古西部又为土谢图之孔道，则拟设之漠南东西两省，自应同时并举，以赴事机。

漠南诸部蒙古，见在业经开垦者已及十之七。盖东四盟壤境，

---

① 　"阿拉善厄鲁特"，石印本、《满蒙丛书》本作"阿拉善厄鲁特蒙古"。
② 　"阿拉善厄鲁特旗"，石印本、《满蒙丛书》本作"阿拉善厄鲁特蒙古"。

除西北锡林郭勒一盟外，其余三盟几已全数放垦。西二盟已垦鄂
尔多斯全盟，而察哈尔蒙古、西土默特蒙古、阿拉善厄鲁特①亦均
已全数放垦，其未垦者，不过东之锡林郭勒一盟五部，昭乌达一盟
之巴林、扎鲁特、阿鲁科尔沁三部，西之乌兰察布一盟五部而已。
风气已开，推行甚易。诚使国家奖励有法，提倡得人，不出五年，漠
南诸部凡可耕之地，可全数放垦。土地既辟，人民自聚，则理财、练
兵俱有所藉手可举，以郡县之法治之，其滂渤横溢，可计日以待。
而漠北之经营，亦即此为基础矣。

　　漠南拟设两省，开办之始，非有财力之凭藉，必不能有为，应皆
以盐业为立定脚跟之地。东部藉乌珠穆沁盐池之专卖，而银行即
附于盐业之中。斯魄力愈厚，于是矿业工厂之利亦因以孳生，则东
部之财政固有资藉。西部应藉花马池盐新地之销场为入手地步，
将新开蒙地之销售场与河东道旧引地画分界限，河东旧引地仍听
商销，蒙地新销场概归官卖，益以土默特之土药地亩税、土默特土药
出产甚旺。察哈尔大道之商货征收税，则以西部之财济西部之用，而
建立省分，固自有余，不至如新疆之仰协济于东南诸省，始能成立。
若是则漠南之设立两省，苟善自经营，固不忧无米为炊，致虞颠
蹶矣。

　　东部大吏宜驻赤峰，东控奉吉，北监放垦，兼行盐运。西部大
吏宜驻色尔贝山之右、锡喇木伦河之阳，值喀尔喀右翼旗之东迤
南、四子部落迤西，以扼赴库伦大道，左驭察哈尔右半，右俯（郭）
〔鄂〕尔多斯，内抱西土默特，外控乌兰察布全盟四部，且为将来张
库铁道所必经，特去阿拉善旗较远，可仿照江苏徐海道、安徽皖北
道例，设要缺道员，以资控制。照以上各节，漠南之经营布置，址基
早立，途径可循，改弦更张，尚不至无策。若地处极边，而荒寒未

---

① "阿拉善厄鲁特"，石印本、《满蒙丛书》本作"阿拉善厄鲁特蒙古"。

辟，令人智勇俱困者，其漠北各部乎？漠北各部，以土谢图最居重要地步，实为全国北门锁钥，则经营布置自当从土谢图部始。

土谢图一部，向为漠北会宗之地，北匈奴单于庭在其境内，而色楞格河左近为唐回纥建牙之所，元和林故都亦即在今色楞格河南，盖有元之岭北行省一大都会。今库伦值元和林南，北去和林约七百里上下。群山之中，开一大平原，河流萦带，地脉温和，北去恰克图凡十二站，而哲布尊丹巴呼土克图驻焉。其站道，直走漠南察哈尔，入张家口。然则经营漠北各部次第，自以土谢图部称首；土谢图部内，自以从汗山而北一大平原称首。库伦南枕汗山北麓。汗山以北（太）〔大〕平原地，水道交萦，土称上腴，最利兴垦。诚使布置有方，奖励有法，耕者得利，势必争趋；则溢而东，可推至车臣部界；扩而西，可推入赛音诺颜界；折而北，可入唐努乌梁海界。不拔之基，此为先务，而设官置吏，理财练兵，乃可著手。

一、屯垦之方法

兵屯、民垦，各有所宜。漠南诸部，自宜民垦；漠北诸部，兼用兵屯，自是一定不易之法。

漠南诸部，凡附近边墙六七百里以内，与东接奉吉三四百里以内，应全用民垦办法，以归一律。惟漠北诸部，寸土未辟，而距口太远，即在关外居民，恐亦难有此力量只身前往，自应以兵屯开其先。兵屯既兴，人烟日聚，草莱之地已成陇亩，则附近诸处民垦争趋，乃画出段落，使兵屯、民垦两不淆杂。除留备兵屯以外，任蒙古人自行租与汉民，或竟典卖，或蒙地汉力，孰地均分，各自管业，俱任其便。再由官为多方提倡，风气既开，蒙汉皆有利可图；且知国家宗旨所在，则十年之间，必有成效可睹矣。

土谢图一部最居重要，自应以全力经营，屯垦并举；而东西各部，苟事机顺应，亦应因利乘便，任其垦佃。窃考雍正三年土谢图汗札勒多尔济等经理额尔德尼昭等处屯田，因乏相宜谷种，遣人购之俄罗斯国,得旨嘉奖。又考雍正年间北路大兵由科布多移驻乌里雅苏台,屯田积谷,垂三十年,此可为漠北屯田有效之证。又近年新疆客民于阿尔泰山垦种,库伦蒙民于库伦后山垦种,收获颇丰,此可为漠北民垦有效之证。矧加以国家之奖励,俄人西伯利亚垦佃之榜样,而我国内地原患人满,以耕求食之民,只得有地可耕,不远万里,推轴而至,则漠北诸部不难革毡庐转徙之俗,为阡陌交错之乡矣。

库伦向驻班兵,更番值戍。请变通成法,易班戍为屯兵。每年挑壮兵五百名,并其家属,一并资遣。抵戍以后,分为五屯,每百人一屯,每屯相去百里,每人给田百亩,以十年为期,可区分五十屯,其延长及五千里,每一兵屯四围任民垦佃。其法盖以兵屯为中心点,以民垦为旁晕,每岁附益,晕而愈大。期以十年,每一兵屯将成都邑,则屯与屯之距离,遂历久愈短,终至相连。则五千里之疆圻,鸣吠相闻,胥成乐土。具此基础,愈推愈广,年复一年,而万里长边可同内地,衽席过师,无以易此。

照此以上办法,兵民杂处,蒙汉相依,则蒙亦知耕,民知尚武,将无论为兵为民,为蒙为汉,胥融洽浑化。则兵区之法可行,征兵之令可布,岂惟土辟自致兵强,屯垦之效乃以大著。

## 一、交通之图谋

我国疆宇之大,远出东西诸国之上,而西北一边错入俄境,尤为辽阔。不有铁路,则于边防、商业、垦务、矿产,举极艰阻,费十分之力,收得半之效,已属过望。欲便交通,须筹铁路。以见在国家物力而倡议北徼铁路,不待智者,已嗤其妄,夫何待言!然顷者京张铁路已定议开办,自必须接续出关,至少通至库伦方能收束,且方能抵制俄人,绝其觊觎。窃以为西北铁路费重道长,固极艰巨,然苟有经画之方,亦自可渐推渐进。其法在以铁路之利,筑未修之路,是为滚进法。见在京张铁路之资本,即津榆铁路之余利,是已著有成法。窃查张家口至库伦并达恰克图,乃华

商、俄商出入<sup>①</sup>通道，以运行商货较津榆为多，<sub>东三省出入货物运由营口</sub>
<sub>轮船者多，运由津榆铁路者少。西北无水运可通，故胜于津榆。</sub>而自天津由张
家口出库伦入俄境，亦较由营口经哈尔滨入俄境路亦较短，则运费
必较轻。诚使由京张铁路接续出边，不患不夺俄筑东方铁路之利
权而收厚利。且筑成一段即收有一段之利，是以滚进法陆续接修，
固有确实把握。特势缓期旷，非别筹资本，相与兼行并进，难收捷
效，则惟以蒙古之财修蒙古之路一法，参伍互用，以期于成。

以蒙古之财修蒙古之路之法奈何？查东西各国，铁路修建之
始，无不官私合力，以收众擎易举之效。而限定年分，归路国家，或
由国家届时购回，或官私分管，办法不一，而以全国之力办全国之
路则同。其中股本，则以贵族为多。今统计内外蒙古各部共一百
九十九旗，王公世爵不下四百余家，其中饶有资财者，约有全数之
半。诚使国家<sup>②</sup>择最殷富而晓事理者数人，派充西北铁路会办，以
锡之宠且坚其信，令其专集<sup>③</sup>王公股本。且此段铁路已有京张铁
路以为根本，又系商业通道，将来收得厚利，亦众所共睹，本非凿
空，自非不足取信。则以渐而入，前者得利，后者争趋，取信日坚，
则自各旗台吉、塔布囊以下股实之蒙户，与久居蒙地、有大营业或
为大地主之汉民，皆相观入股，公私合办，得有赢余，照股均分，按
年支拆。其应得之利，愿否仍入接修铁路股本，各听其便。与滚进
法相辅而行，以官私合本之路并力经营，则数千里长途，可刻期进
筑矣。

从京张铁路接造，至库伦而北，直达恰克图，是为干路。告成
以后，乃计画支路。支路须分南北两道，北道由库伦接造，而西入

---

赛音诺颜部,达乌里雅苏台,再分两支:从乌里雅苏台折而西北,入唐努乌梁海为一支;从乌里雅苏台西接至科布多,折经塔城抵伊犁为一支。南道由察哈尔西北绕贺兰山东南折入边墙,抵凉州,出肃州,经哈密,抵迪化,再西过库尔哈喇乌苏厅,会于伊犁。则西北之气大通,雄藩重镇,星罗棋布,而东西货物转输灌溉,且收百倍之利,国家岁入,数亦相埒,更何患土地之不辟、征调之不灵、支路之支路不能旁通四达哉!

# 卷　下

## 呈覆经画东四盟蒙古条议
### (光绪三十二年丙午六月上练兵处王大臣)

　　窃锡光前于三月十九日随同肃亲王自京起程,迄五月二十一日回京,时历三月,经行之地,除古北口外热河之南、山海关外新民府之西以外,余皆东部内蒙古地面,凡历哲里木、卓索图、昭乌达、锡林郭勒四盟之地。锡光所经行者为喀喇沁、翁牛特、巴林、乌珠穆沁、浩齐特等旗及科尔沁左右翼两中旗,其派员前往查考者为东土默特、敖汉、奈曼、克什克腾、喀尔喀左翼等旗,及科尔沁之右翼前后旗、左翼前后旗。其以地偏西北,去东道差远,为经行所未至,且查考所未及者,仅锡林郭勒盟内之苏尼特、阿巴噶、阿巴哈纳尔三部。计方域所至,南抵边墙,北尽内蒙古边境,东至东三省西境,西历察哈尔及阿巴噶、阿巴哈纳尔两部东境,周回及五千余里。兹由锡光经行所体察并委员考查所报告,分东部内蒙古地面,以潢河下游即西辽河。为界线,区作南北两大界画,潢河以南为已垦之地,潢河以北悉未垦之地。已垦之地,利在升科,而其要当从吏治入手。未垦之地,急在实边,而其要当从开放入手,而垦务、盐政实为理财从入之方,近效远图,皆基于此。兹分已垦、未垦两大界为经，以垦务、盐政为纬，谨分条胪列如下：

## 一、潢河以南已垦地方州县蒙旗情形

潢河以南，南抵边墙，除热河之承德一府，丰宁、滦平两县及口北三厅以外，为卓索图盟五旗、昭乌达盟南五旗之地。其旗分则喀喇沁中旗及左右翼两旗、土默特左右翼两旗，以上五旗属卓索图盟。翁牛特左右翼两旗、敖汉旗、奈曼旗、喀尔喀左翼旗，以上为昭乌达盟之南五旗。凡十旗，为已垦之地，中惟土默特左翼旗及敖汉、奈曼三旗内尚多未垦之地。皆隶于热河都统，久经设置州县。

热河都统辖境凡一道两府，承德、朝阳。除承德府专治及丰宁、滦平两县以外，凡平泉一州，建昌、建平新设。两县，上三州县仍属承德。朝阳、阜新新设。两县，此两县皆属朝阳府。共五州县，皆设于蒙旗境内，以理蒙汉民户事务。此五州县皆以理事同知、通判兼管，故蒙汉民户皆受统治。平泉州设于喀喇沁右翼及中旗境，建昌县设于喀喇沁左翼境，建平县设于喀喇沁右翼东北隅及敖汉旗境，朝阳县设于土默特左翼境，阜新县设于土默特右翼及奈曼、喀尔喀左翼等旗境，汉民则无论土著、行商，蒙人则无论官员、箭户，皆受地方官辖治。

以上蒙境，租放垦辟历百余年，设官分治垂四五十年，其成熟之地，理应按则升科，以济地方治理经费。乃国家并无丝粟之征求，而民户实受敲剥之痛苦。盖州县所苛敛于平民者，既数倍于应纳之正供，而王府所勒派于蒙人者，更甚于官吏之于民户。此（非）〔应〕严为限制，若使于官衙、王府诛求以外，再定官租，俾纳正课，是则无异重征，则民力有所不堪，恐无以济国家之用。兹先将州县之例规、王府之勒派，撮举大概如下：

### （一）州县之例规

热河境内例规之弊，各州县不必尽同，然所称平、平泉。朝、朝阳。建、建昌。赤赤峰。四大缺，其非法诛求，亦大略相仿。兹类举其名目如下：

每年有常数之各乡例规：

各州县每一中乡，后皆以中乡例规计，大乡则加，小乡则减。每年春秋两卯。每卯卯规，津钱后皆以津钱计算。九十千文；乡约应卯赴城，率支旅费三十千文上下，亦向乡户摊算。每卯房规，十千文；乡约充当，年初上卯费十千文，年终退卯费三十千文；摊派秋审费，二十八千五百文；兵米车差费，二十三千五百文；罪囚过境递解费，土称红差。一百千文；岁科试费，岁摊十九千文；考试虽停，费仍如故，后同。摊修考棚费，十七千六百文；续摊考棚费，九千二百五十文；再增摊考棚费，十二千三百二十文；送谕帖、告示、零星等差费，一百千文。以上皆有常数之各乡例规，每年每一中乡在津钱四五百千文上下，大乡倍之，至一千余千文，小乡递减。州县分乡愈多，敛费愈重。每一州县约分四五十乡至五六十乡不等，全境每年例规，视分乡若干及大乡多寡，自四五万千文至五六万千文不等。

每年无常数之各乡例规并杂项例规：

州县下乡，凡验命案，每起公馆等费四五百千文不等；凡验盗案，每起公馆等费一二百千文不等；每一州县摊派兵米，约二千石上下，每石须赔贴二十千文上下。此款专由商人赔贴，不以乡论。近城摊交草，有号草规费。此款亦不以乡论。每年当规，约四五千千文不等，由当行总交。此外若遇特别大差，或派夫或派钱，则临时从各乡摊派。

每年有常数之烧锅例规：

每一烧锅每年春季卯规，五十八千五百文；秋季卯规，二十八千七百五十文；每次双寿规，三十千文；每年有至做寿七次者。门房随封，十五千文；正捐羡余，九百四十余千文；烧锅正捐，每斤津钱三十二文。每年认酿酒八万斤，名曰一牌，合津钱二千五百六十千文，是为正捐。州县令其每钱三千文缴银一两，折成银数八百五十四两，再令其每银一两伸缴津钱四千一百文，照现今赤峰银价，每正捐一两可得羡余钱一千一百余文，则正捐一牌八百五十四两可得羡余钱九百四十余千文。州判、县丞、典史、巡检等衙门,每署每卯八千五百文。都统衙门科房,每年规费银二十两,作钱八十二千文。州县房书规费,每卯十千文。春秋季查酒池户房规费,十一千文,又零用四千文,又结费四千文,又领票费八千文,每卯送谕帖差费二千文。以上皆有常数之烧锅例规,每年每一烧锅除正捐以外,须纳例规在津钱一千四五百千文上下。每一州县境约有烧锅四五十家不等,率敛费至六七万千不等。

每年无常数之烧锅例规:

每一烧锅,新官到任,三十千文;门房随封,十五千文。新开烧锅领照费,自一百余千文起,至银三百两或四五百两不等。以上皆在常年例规以外。

以上各项例规,尚属有名之款,每一州县每年约收十万千文至十二三万千文不等。除由商缴各规外,其余率以乡派,由书差责令乡约、牌头包缴,而乡约、牌头则任意敛诸花户,又倍于缴官之数。故人率谓口外每一州县,全境有名例规直二三十万缗不等,良不诬也。其无名例规,则在寻常词讼,尤为民蠹。兹陈其大略如下:

寻常词讼无名之陋规:

每堂期收民词一张,需费五六千文不等。每一堂期,大州县收词约及百张,则收费至五六百千文。每月六次堂期,周年七十次堂期不足,即此一项,已及四万千文上下。至收词批准以后,则有原、被两造之抄批费、差传费、堂费、结费,息讼则有和息费。种种名目,随事高下,以索价值,又十倍、数十倍于递词费,至少周年亦及三四十万千文。而格外之需索,因事之敲诈,与民间之奔走官衙,羁留待质,一切费用,尚不在此数。

以上皆地方官之陋规,苛敛汉民。其王府之勒派蒙人,更甚于州县。兹陈其略如下:

（二）王府之勒派

蒙户自词讼以外，与州县无交涉之事。州县所苛敛者，专在汉民；而蒙户所受之勒派，则在王府。王府之需索蒙人，则较州县之横敛汉民为尤酷。

有蒙民与汉民之词讼，有蒙民与蒙民之词讼，蒙民与蒙民有互控于王府而翻控于州县者，有互控于州县而翻控于王府者。特自词讼以外，蒙民与州县无交涉之事，而王府之勒派蒙民，有每年有常数之勒派，有每年无常数之勒派。

每年有常数之勒派：

蒙古部属，有箭丁，有奴才，凡班兵更番，箭丁任之；王府差使，奴才任之。其不值班兵、不充差使者，须出岁费。其岁费按户摊派，即如喀喇沁右翼，户分三等，上户十千，中户八千，下户六千或四千。以津钱计，后同。西土默特差费最轻，每户收东钱八千文。约合银一两。其余各旗，以此类推。而蒙户除供王府差费以外，则每蒙户数家，又须贴轮值班兵一家经费。此外则旗主年班赴京之摊派，每次自银五六千两起，至银一二万两止，为数不等。其余每年例贡三次之摊派、需用牛乳之摊派、官仓储备之摊派、喇嘛津贴之摊派，名目种种不一，由管旗章京分派各佐领，各佐领分派各蒙户。以上诸费，皆缴纳王府，其一切应征召供使令诸役，则皆自行赍粮以从事，官无俸廉，役无工食。然此尚为有名之差费，其无名之差费，尚不在此数。

每年无常数之勒派：

蒙部凡王府一切用费，无一不派诸蒙户。如府有大丧则治丧之经费，府有婚嫁则婚嫁之经费，无不随时摊派，以至猝遭大差过境及贵宾来临，与夫本府演剧开筵及采办食物、用物、玩物诸价值，甚至府中讼事，如争爵、争差等事。一切讼费，无非派诸蒙户。其法，王府责成管旗章京，管旗章京责成佐领，佐领勒派各户。其猝不能缴钱者,则驱其所牧牛羊而去,以抵见钱。若蒙人有讼事,互控王府,则府员之私押凌虐,颠倒谲张,非贿不成,尤较地方官为甚。故蒙人动辄弃产逃亡,率以此故。

观以上州县苛敛、王府勒派之弊,自非澄清吏治、优恤蒙民不能培蒙汉之元气,俾得留其有余之力,以供国家之租赋。澄清吏治,自在慎选廉明之吏,俾之司牧。凡一切门丁书差,择其著名为民害者,置诸重典,则颓风庶几可挽。尤在宽筹津贴,不令廉吏有捉襟见肘之虑,而后可定为常法。至优恤蒙民,尤当为王府代筹财政以为先步。潢河以南,放垦已久,理应清丈升科。升科以后,宽提成数,以给王府,务使其不匮于用,而将其旗下岁定差费及随时摊派之费永远革除。且练兵之权既属国家,则蒙古之班兵自可停截;裁判之权悉归有司,则府员之指索自尽捐除,如是则蒙民自可腾出有用之身,以图生计。蒙汉俱安,皆能宽留其力,而国家之赋税,乃有征取之地。不然,州县之婪入,王府之横摊,既已竭泽而渔,此外若再加课赋,势不至弱者逃亡、强者抗令不止。此事如治乱丝,宜宽以时日,徐求条理,以为潢河以南已垦旗分察视情形,以区画办法者也。

一、潢河以北未垦地方蒙旗情形

潢河以北亦分两界,南为昭乌达盟之巴林、克什克腾、阿鲁科尔沁、扎鲁特等旗,北为锡林郭勒盟之乌珠穆沁、浩齐特等旗,其东则为哲里木盟之左右翼两中旗,即达尔罕王旗与土谢图王旗。皆为未垦之地,即黑龙江将军程德全所奏称"索岳尔济山左近荒芜寥旷,人迹罕见,迅宜速派大员,专司垦辟"者也。查是处蒙旗,东、北两面皆扼俄人内向之冲,兹陈其形势如下:

东扼俄人西上之路:

俄人于我东三省界内,以哈尔滨为都会,正值松花江、嫩江合流之东,嫩江合松花江东下经流之南,南由伯都讷渡松花江而西,

则直入达尔罕王旗，科尔沁左翼中旗。径趋扎鲁特、阿鲁科尔沁而至
巴林，或由扎鲁特南折而至奈曼、敖汉等旗，可出建平、平泉而趋热
河。北绕黑龙江省，度嫩江而西，逾大赉厅、洮南府，以直趋土谢图
王旗，科尔沁右翼中旗。再逾达尔罕王旗西北境，入乌珠穆沁、浩齐特
等旗，可循东北大道，以趋多伦诺尔厅，或由达尔罕王旗南折，入扎
鲁特，则西至巴林，南向热河，与前道同。上年日俄之讧，俄人即由
伯都讷渡松花江而南，从达尔罕王旗界内轶入辽西境，即以辽源州
即郑家屯。为根据地。于时日军以法库门为根据地，而我辽源州、法
库门之间，遂日有战事。迄今此二百四十里中，疮痍满目，盖其明
证。此我利害所关，最为迫切，正宜经营此东北各部蒙旗，以固
东道。

　　北扼俄人南牧之路：

　　自西乌珠穆沁、东浩齐特之交，有通行大道一条，西南经克什
克腾而至喇嘛庙，即多伦诺尔厅。直达独石口及张家口，东北出内蒙
古界，入喀尔喀车臣汗部而至呼伦贝尔，俗称海（诺）〔拉〕尔。是为口
北商路东大道。俄人见拟从满州里车站中俄交界第一车站。接造西
伯利亚支路，即循此东大道，经车臣汗部西南行，入乌珠穆沁、浩齐
特之交，穿克什克腾，达喇嘛庙，以趋张家口。此道业经测量，见于
各俄图，历历可证。此项支路若果敷设，则横截我东部内蒙古之
腰，而近畿长城以北无安枕之日矣。上策伐谋，我于潢水以北，锐
意经营，以断其支路南下之道，则北徼安而畿甸乃安。

　　见在西辽河即潢河下游。以北，东面最居重要。其重要所在，须
南扼辽源州，即郑家屯，正值东西两辽河会流西岸。北扼洮南府，即科尔沁
右翼前旗，正值索岳尔济山之南。此皆地当孔道。特辽源州、洮南府，南
北相距六百余里，声援不能相接。查该府州距离之间，有新河一
道。在达尔罕王旗境内，上游从潢河分流向东北行，下游折而东南并入辽河。新
河之北与吉林之伯都讷城东西相值，而适处洮南府、辽源州之中，

此处宜择地控扼，以通洮南、辽源之气，则东面之藩篱乃固。特此东面之后路，为扎鲁特、阿鲁科尔沁、巴林、乌珠穆沁等蒙旗，千里空旷，人烟寥落，若不亟谋实边，即使洮南府、辽源州及新河以北布置得有规模，而后路空虚，则前路孤县，万一有事，其势亦将坐困。则潢河以北实边之计，尤为先著。兹将潢北各旗，分方域、人户略陈梗概如左，以备筹策。

各旗方域之广袤：

索岳尔济山以南而西，平原千里，成大陆地。东西扎鲁特，东西纵长百二十五里，南北横阔四百六十里，凡五万七千五百方里。阿鲁科尔沁，纵百三十里，横四百二十里，凡五万四千六百方里。巴林左右翼，纵二百五十一里，横二百三十三里，凡五万八千四百八十三方里。克什克腾，纵三百三十四里，横三百五十七里，凡十一万九千二百三十八方里。西乌珠穆沁，纵三百六十里，横二百一十里，凡七万五千六百方里。东乌珠穆沁，纵百七十六里，横二百一十五里，凡三万七千八百四十方里。东浩齐特，纵九十五里，横三百一十里，凡二万九千四百五十方里。西浩齐特，纵七十五里，横三百七十五里，凡二万八千一百二十五方里。达尔罕王旗，科尔沁左翼中旗。纵百八十里，横五百里，凡九万方里。土谢图王旗，科尔沁右翼中旗。纵百三十五里，横四百五十里，凡六万零七百五十方里。计凡十二旗，总凡六十一万一千五百八十六方里。

各旗蒙户之见数：

各旗地阔人稀，恒行百里，不见一人。见除克什克腾业经放垦，辟为田畴，渐成村落外，其未经放垦之巴林左右翼两旗，同游〔收〕〔牧〕。见仅蒙民二千五百余户；阿鲁科尔沁一旗，见仅蒙民二千余户；东西扎鲁特两旗，同游〔收〕〔牧〕。见仅蒙民二千余户；西乌珠穆沁一旗，见仅蒙民二千三百余户；东乌珠穆沁一旗，见仅蒙民一千余户；东浩齐特一旗，见仅蒙民七百余户；西浩齐特一旗，见仅蒙民六百余户；科尔沁左翼中旗，达尔罕王旗。见仅蒙民五千余户；
科尔沁右翼中旗，土谢图王旗。见仅蒙民四千余户。计共未垦之十
一旗，总凡见有二万零一百余户。

　　蒙部方域人户之比较：

　　潢河以北，索岳尔济山以南而西，各蒙部方域，除克什克腾一
旗业经放垦不计外，其巴林、乌珠穆沁等部，凡十一旗，共有面积四
十九万一千三百四十八方里，凡有蒙民二万零一百余户。两相比
较，约在二十四方里有奇，方占有蒙民一户，无怪日行百里，不见居
人。若恃此二万零一百余户不农不工不商不兵之蒙民，以守此决
决周回五千余里之疆土，恐为事理所必无。强邻逼处，深入堂奥，
眈眈然环我东北隅内蒙古周遭虎视。此东北隅内蒙古向为腹内安
乐之乡，今成边陲重要之地，万有不虞，敌之乘我如入无人之境，户
阃之忧，莫此为甚。蒙人生计，以驼、马、牛、羊为四大宗，各部衔
接，并无间土，理应牧群相望，乃称富庶。顷驰行终日，间见羊群数
起，牛群已少于羊群，马群除乌珠穆沁以外，已不多见。若驼群，尤
为罕觏，周行三月，仅见小群数起。且马、驼殊极疲瘦，较以刍秣喂
养者不逮远甚。引重致远，率赖牛车，而载重不及内地大车六分之
一。不独穷边无御侮之方，抑且临事无征发之备，苟非亟思变计，
急谋实边，则患气之来，恐将乘虚而入。兹略陈办法如左：

　　东北内蒙实边之计画：

　　实边之策，莫善于放垦。放垦之计，〔莫〕①远过兴屯，屯则以
兵，垦则以民。兵垦之费，如屋宇、农具、牛种、初耕食粮一切经费
皆须出自官，所费不赀。民垦则一切经费皆民自备，且可薄收垦
价，以济急用。照见在国家物力，断无以举此兵屯繁费，则放垦为
救时良法，自不待言。

---

　　①　据文意补。

　　查顺治七年定例，每蒙丁十五名，应给牧地二十方里，合地一百零八顷，则每丁应受地六顷又二十亩。今放垦办法仍应恪循此例，每旗凡有蒙丁一名，留地六顷又二十亩，给作恒产，为耕为牧，悉听其便。其余地段，尽数放领。则蒙人生计既予宽筹，而地力所赢，不虞弃利，将千里长边、榛莽之区悉成沃壤，无形之长城，莫过于此。所有放垦大致计画，谨举其略如下：

　　（一）放垦之区画

　　潢河南北两界，以巴林桥为孔道，巴林以北，寸土未辟，当务之急，自在耕垦。则天时、土质、水源，俱关农政。考察所经，请言其略。

　　天时之变易：

　　北徼以外，风高寒早，人所稔知。特稼穑之期，尚及四月。故雍乾之时，西北用兵，外蒙古尚藉屯田以充军食。矧在内蒙古地方，去寒带尚远，其节气在巴林一带，清明亦即解冻；乌珠穆沁北境，则谷雨解冻；巴林一带，至白露、秋分之交方见霜；至乌珠穆沁北境，则处暑、白露之交便即见霜。自解冻以后至见霜以前，皆为耕种、收获之期。巴林一带，凡有耕种之期百四五十日；乌珠穆沁一带，凡有耕种之期百二三十日，此一季正稼之期，已绰有余裕。正稼收获以后，尚可薄种园蔬，以收余利。则天时之宜，已可概见。

　　北徼以西北风为常令，特芒种以后，亦常有西南风、东南风应时而至。南风一至，即溽热如蒸，甚雨立至。故东北边外，大雨时行，即在五、六月间，农田得之，如沃热汤，禾稼怒长。故边地播种虽较迟于内地，而收获之期，则亦不甚相远。盖由播种至成熟，不过六七十日，滋长速力甚大，故亦不虞霜早也。

　　边地早晚气候较午刻相差远甚，早间视寒暑表，最低时降至四十度，高亦间有升至七十八度者；晚间最低时亦降至四十度，高则间有升至八十度者，平度恒在五十度上下。午刻则最高时升至九十二度，低亦不下于六十度，平度恒在八十六度上下。正午与旦夕时恒相差至四十余度，太阳高弧，热力极大，空气皆为所蒸，故午间甚热。耕稼成熟之速，亦由于此。

土质之腴瘠：

巴林桥以北，土质约分三种：曰黑土，曰沙土，曰纯沙。黑土最腴，是为上等；土多沙少者次之，是为中等；沙多土少者又次之，是为下等；纯沙之地并非沙漠是为漏土，直不可耕。

巴林一部，地多黑土，殆居七成，此为上腴，余亦中等。阿鲁科尔沁一旗，沙、土各半，地居中等；黑土上地，仅及三成；下等地质，亦居一二。札鲁特一部，土质腴美，比于巴林。西乌珠穆沁一旗，东南两面，黑土之腴，居其大半，余亦中等；西北较寒，中下等差亦相错杂。东乌珠穆沁一旗，胜于西部，上中参半，约及八成；下等质品，只居其二。东西浩齐特两旗，地质差同，土少沙多，类多下等，苟及中资，已称腴美。科尔沁左右翼两中旗，上壤之区，居十之五，中等三成，下居其二。历览各旗坟埴所分，虽区三品，农功所播，无不可耕，腴瘠较然，此其大略。

巴林左右翼、阿鲁科尔沁、东西扎鲁特、科尔沁左右翼两中旗，此七旗，凡种大小麦、高粱、小米等稼皆宜。东西乌珠穆沁、东西浩齐特四旗，则种小米、油麦、乔麦等稼为宜。

水源之赢缩：

耕种所资，尤在灌溉。人工收泄，以利农功，则水源重焉。因地制宜，蒙地言耕，尤居重要。

潢河以南各蒙部水源，宜分三大部。自克什克腾南界，有山脉绵亘而下，连山东趋，因势北转，直至东北与索岳尔济山支麓相联属。此山脉以南，为克什克腾、巴林、阿鲁科尔沁、东西扎鲁特等旗，为一大部，是为南部。此山脉以东，为科尔沁左右翼两中旗，为一大部，是为东部。此山脉以北，为东西乌珠穆沁、东西浩齐特等旗，为一大部，是为北部。南部诸水皆南流，入潢河及下游西辽河，此宜开浚水道,多作堰坝,俾山泉下注,及冬雪春融,夏潦时涨,有所归宿,随时节宣,以收水利。东部诸水则东入嫩江及松花江与辽河,其节宣之法,应与南部同。惟北部地既高仰,山皆土阜,间有沙岭,山泽之气不通,以是绝少源泉。而水皆伏流,故掘土及丈,每得甘泉,水泉不深。是宜取法日本,开井汲泉,令水上升,凿池其旁,引入沟浍,则收水之利,不啻山泉。盖东、南两部,以开浚水道为利;北部一隅,以开吸①井泉为利,此其大端,因势变通,以求完备。

天时、地质、水源,皆无不宜,则放垦斯可决行。而开放之次第、招徕之方法、蒙古王公官民之优给,皆非可卤莽从事,兹陈其略如下。

开放之次第:

东北蒙部,东腴于西,南腴于北。东以科尔沁左右翼两中旗为腴,南以巴林、阿鲁科尔沁、东西扎鲁特为腴,故开放之序,以自东而西,自南而北,于势为顺。东南两面开放既竣,而求垦者方麇集不已,则推而至西北较瘠之区,亦所甘任,故开放之始,当从东南两面入手。东南以郑家屯即辽源州。为根据,以放达尔罕王旗科尔沁左翼中旗。之地;东北以洮南府为根据,以放土谢图王旗科尔沁右翼中旗。之地。则造屋材料及籽种、农具、牛只之购买,与夫银钱之兑换,食物、用物之备置,乃有取求之所。以辟此新地,若不循序以进,则阻碍难成,其机必窒。巴林开放,其倚赤峰县也亦然。如是则不出二年,而达尔罕王旗、土谢图王旗、巴林左右翼同游牧。凡四旗,可以全数开辟。迨村市粗有规模,乃从达尔罕王旗以西上扎鲁特,从巴林以东下阿鲁科尔沁,则不出一年,亦必全数放垦,则成孰之地成折矩形,已包围于东西乌珠穆沁之外。再从达尔罕王旗、阿鲁科尔沁、巴林分途入乌珠穆沁以西上浩齐特,则共不出五年,南抵潢河,北至车臣汗部,东迄东三省边境,西尽克什克腾、浩齐特西

---

① "开吸"误,石印本、《满蒙丛书》本作"开汲"。

隅,可邑聚相望,鸣吠相闻。内力既充,外忧自泯已。

招徕之方法:

新地垦辟,以资本家为重,而劳力家次之。美洲及澳州开辟之速,立臻富庶,其源盖出于此。我长城以外,垦辟业垂百年,而地方繁盛之机滋长甚缓,盖劳力者多率山东无业流民,侵灌而入,有如满地散钱,无从提挈。根柢不坚,华实曷茂?兹拟仿美州大农办法,派员赴长江一带及广东并南洋各岛,招有资本之家,集合公司,则开兹新土,期以巨万见金,吸入东蒙,则不数年间,芜秽之区将成都会。实力既充,以御外侮,乃有凭藉。

查热河都统所订放荒办法,每人领地不准有逾三顷,以为限制。如是则所招皆劳力者辈,资本之家断不拦入[①],此于地方发达,实生无穷阻力。又查奉天新设洮南一府,市廛繁盛,而府治以外,弥望荒芜。盖皆东三省流民闻风而至,而资本家转裹足不前,洮南垦务之艰阻,正坐此病。新地放垦,正宜别开生面,以畅新机。

蒙古札萨克官民之优给:

蒙地开放,自以优给蒙人为首务。特开放之始,有酌提荒价之优给;升科以后,有画分租银之优给,宜分两截办理,其办法亦迥不相同。

蒙古土地,有札萨克管领之官地,官地必授袭爵之札萨克。有札萨克管业之私地,私地可以分众子。有本旗共有之公地,有蒙员领受之官地,有同世业管领者,有随官缺转移者。有蒙丁领受之牧地。领地之人既不相同,则荒价优给,自应分别给予。

应行提给之荒价,札萨克所有官地、私地,自应以给札萨克。本旗共有之公地,自应以给该旗,以存备该旗公益之用。蒙员世业之领地,自应以给该员。蒙员随缺之领地,则应半给见职人员,半

---

① "拦入",石印本、《满蒙丛书》本作"阑入"。

归该旗公款。蒙丁管理之领地，自应以给蒙丁。如该蒙丁所有之地，仍以给该丁，则荒价自无庸给予。随其人之所有，而给以应提之荒价，则事理乃得其平，而无所偏颇。至升科以后，给以应分之租价，则不拘此例。

蒙丁既恪循顺治七年定例，每丁给地六顷又二十亩，则所给已优，自可任其自食。耕牧之地升科以后，自无庸再有给予。其租银酌提成数，可以专给札萨克、蒙员，以作公费俸薪。

王公世爵与札萨克原两截事，王公原有定俸，而札萨克乃真正旗主，其所领旗分，原隶于所袭之札萨克，并非隶于其所袭之王公。故给分租银，只可谓以给札萨克，不可谓以给王府、公府，则名目始正。且分给租银，原系从实言之，而普天之下，莫非王土，升科之租银，以官家而下，输蒙旗旗主，于名亦为不顺，当为该札萨克所不敢受。故只可谓为给札萨克之公费，赏蒙员之俸薪，不可谓分给地租。如是则朝廷乃尊，而体制始合。

东三省放荒成例，系以荒价五成给予蒙旗，此数较西二盟办法已优，兹不妨格外从宽，或竟加给一成，提予六成，以示鼓舞。其升科以后，赏给公费、俸薪，亦可特示优异，提全旗租价之半，分成给予。特设官以后，凡一切行政之费、征租之费、养兵之费、教育之费，皆自朝廷任之。札萨克除年班例贡以外，别无费用，而所入公费实远过其向来入款，亦应于宽大之中，立定限制，无论旗分大小，凡札萨克公费至多不过银三万两，协理台吉俸薪其单缺者不过银二千两，双缺者不过银一千两，其余以此类推。而大小蒙员应得俸薪，即径由该管衙门支发，无庸移交札萨克转发。

以上各条，皆放垦要务，乃专指潢河以北、索岳尔济山以南而西、东部各蒙旗而言。惟潢河以南，即西辽河以南。直抵边墙，虽已全数放垦，设立州县；而热河之敖汉、奈曼、东土默特、喀尔喀左翼四旗及小库伦一喇嘛旗，与奉天之科尔沁左翼前旗、冰图王旗。左翼后旗，现称伯王旗。凡六旗，未垦之地，尚居大半；土默特左翼旗未垦地，只三分之一，应由将军、都统迅筹开放，不令奉、热之间有瓯脱地。留此罅隙，再择明干强武之员联络镇守，则奉省西疆，即热河东道，亦即畿辅北门。设险守国之道，以人为形胜之方，其在斯乎？其在斯乎？

（二）蒙盐之措置

蒙部经营，自应从财政入手。蒙盐色味俱佳，实为天然美富，向不隶于盐政，非盐运司所管辖，亦非商人引地所在。自可仿各国见行盐政之例，收为国家专卖品，以植①财政之基。兹将池产、销场、厘税三大宗胪陈如左，而办法即在其中。盐业既成，而银行即因以成立。操蒙部之财权，即握治蒙之要领，命脉所在，似所必争。

盐池出产之衰旺：

盐池在乌珠穆沁右翼之西北、浩齐特左翼之东北，地名哈那希拉，池名达（尔）〔布〕逊诺尔。作长圆形，以步弓丈量，计周三十五里，有似大头鱼形，首西北而尾东南。西北一隅，池面较宽，水亦甚深。而出盐皆在东南，东南水浅，淤滩甚多，泥色深黑，转从浅处结成盐粒，其淤滩凸处，又皆结成片盐。盖该池夹在高阜之间，卤质甚旺，其中必有卤泉，而四围淡泉亦随处皆有，均流入池内，全凭日光热力晒结成盐，故浅处出盐最旺，实与淮北盐滩晒盐无异。特以咸泉所汇盐滩，出自天然，无庸人力。若遇霖潦盛大之年，水气过多，日力不能穿透，则出盐较少。每年出盐时期，自清明起至霜降止，约八阅月，而以秋初结块最厚，盖是时日光最烈也。

蒙人捞盐，有二十余户倚为专业。每于盐车到时，由捞户引入池滩，捞盐者著皮裤，以木斗入池中淘之，盐粒满斗即装入车内。

① 原作"值"，据石印本、《满蒙丛书》本改。

今日捞出盐若干车,明日结成如故,如终岁不捞,亦不见溢。

蒙人捞盐,随捞随装,必待盐车来池始往捞取,此非善法。若归官专卖,应就池建多数盐仓,盐车到池,就仓兑运,捞盐者不论有无盐车到池,日须捞盐若干石,收入仓内。盖既结成盐,一日不经捞出,反阻日光射入之路,即一日不能续结盐粒。其不捞不溢之故,实由于此。故应就池建仓收盐,令盐户每日捞出结成之盐,以开日光下射之路,热力所蒸,则续结之盐,日出不穷,愈捞愈结,随结随捞,则出产可增数倍。苟销路能日推广,而池产不虞匮竭矣。

该池由西乌珠穆沁、东浩齐特两旗主各派蒙员驻池管理,除该两旗蒙民赴池运盐不缴官费外,其他旗蒙民或汉民赴池运盐者,每车须交官费银三钱,此银系缴旗主。每车一联,约十车为一联,盖一人执鞭所管也。须纳车轴一根,折作价银一钱,此银系管池蒙员所得。又每车须纳布四尺,此布系捞盐户所得。锡光到池查察,面询该蒙员等,每年运出之盐若干车,旗主收银若干两。该蒙员等讳莫如深,不能得其确数。嗣从沿途探知,该蒙员等岁收车轴银至二千两,以车每联十车。缴银一钱计之,则运出之盐,岁至二万联,凡二十万车。以每车五石百斤为一石计之。当得一百万石,是为现在从池运出盐数。

销路幅员之广狭:

盐产之销路,即内地盐法之所谓引岸也。销路不清,则产出之盐殆成弃物。兹先胪举蒙盐从来之销路,以征固有之大利。

西南之销场:

蒙盐西南销路,系从东浩齐特东北隅引而西南,循商行东大道出克什克腾,抵喇嘛庙,从内地包厘商民收运,分销口北三厅,并入张家口,销宣化一府全境,其贩路且灌入热河西境。而蒙人盐车所至,则以喇嘛庙即多伦诺尔厅。为总汇,以盐易布而归。

东南之销场：

从盐池东南出经棚、土城子、石巴尔台，皆在乌珠穆沁及巴林境。过巴林桥，抵乌丹城，属赤峰县。入市场。否则再南抵赤峰县，由贩户分运至平泉、建昌、建平、朝阳及热河等处销售。蒙人盐车所至，则以赤峰为总汇，以盐易小米而归。其交易，则约以小米三平斗易盐二尖斗。而贩户运入南路，其售价则盐每斤约在津钱一百文至一百三四十文不等。

东路之销场：

由盐池出东西乌珠穆沁，南经达尔罕王旗，北穿土谢图王旗，分抵八家子、郑家屯、即辽源州。洮南府等处，经蒙汉贩户接售，分销科尔沁、郭尔罗斯、杜尔伯特等蒙旗及东三省西路，销地甚大，销数亦多。

以上销路，为向来蒙盐所运售，锡光上年五月出关，见古北口、喜峰口、冷口等口外，如热河及（湾）〔滦〕平、建昌、平泉、朝阳等州县，尚全食蒙盐，并无他盐灌入。今年三月，出古北口，历经附边各州县，则热河及建昌、平泉等州县，海盐已滔滔灌入，直占销路六成；而朝阳境内竟全销海盐，蒙盐已绝迹不至。似此海盐涨力之速，一二年间，蒙盐东南路销场将全夺于海盐，而莫能御制。

本年五月，东往科尔沁调查，知八家子、郑家屯、洮南府向为蒙盐销场总汇，见已全数夺于海盐。凡哲里木盟各蒙旗及东三省西界，殆已无颗粒蒙盐入境。北路至车臣汗部南界，向由蒙人自运自食，并无市场，而其运路，则西抵库伦，皆为蒙盐所至，特不能知其运销确数。

西南销路则向由口北三厅，且运入察哈尔左右翼八旗东境，而见在亦为花马池盐所侵灌，则蒙盐销售范围势将日蹙。

官收厘税之成数：

蒙盐南运，向只由察哈尔都统收纳盐税，数亦甚寡。嗣于光绪二十九年、三十年间，商人包售口北三厅及宣化一府全境所食蒙盐，于是北洋始收蒙盐盐厘，与察哈尔都统衙门应收盐税，一并由商人包缴。热河自都统锡良设求治局，定四项税办法，土药亩捐及煤、盐、烧锅曰四项税。于是始有盐捐。此蒙盐税、厘、捐三宗所自始。见在税、厘、捐三项，北洋收厘最巨，察哈尔盐税次之，热河盐捐又次之。自光绪三十年间，商人包销口北三厅及宣化全府所食之蒙盐，包缴北洋盐厘银五万两，察哈尔都统衙门盐税银二万两，共七万两。今年换商接充，包缴盐厘银八万两，盐税银三万两，共十一万两。盐厘缴直隶盐运司衙门，盐税缴察哈尔都统衙门。

热河盐捐，每斤抽制钱五文，以赤峰为总汇，即由赤峰县抽收，解交求治局。而贩户贩运南来所至地方，各州县仍须抽收五文，亦解求治局，实不啻重征。然地既散漫，且假手州县，百弊所丛。锡光本年行抵热河，面询都统盐捐收数，据谓每年只万余金。收数之微，实以热河为最。

综观以上，池产、销路、税厘三项，则蒙盐专卖，乃有办法。盐业之利，在销场不在盐池，切须照原有销场，如内地盐法之引岸，画清界限，不令海盐侵灌而北、花马池盐侵灌而东，是为第一要义。至乌珠穆沁、浩齐特两旗，上而旗主，下而蒙民，向收盐池之利，自应从优贴补，以慰其心。旗主向取贩户每车盐费三钱，须询明该两旗从来岁收若干银两，不妨如数豫行赏给，前一年冬即将下一年应给银两豫行给予。则较其派员零星自收为胜。该旗主自无不愿之理。若该两旗蒙民向有贩卖之利，然须行千数百里以易小米、大布，利亦甚微。兹以运价之利加数偿还，凡起运所用车牛，尽数从该两旗蒙户价雇，务令其所得之价较其自贩之利所差不远，则蒙户当必乐从。并先行以蒙文出示晓谕，且豫从盐池先给以运价之半。尤不妨变通，即给以小米、大布，从廉作价，以抵运费。则蒙人上下之心胥安，斯事乃轻而易举已。其直隶岁入之盐厘、察哈尔岁入之盐税、热河岁入之盐捐,共银十二万两,亦应如数解还,则四面兼权,专卖一节,殆必无窒碍难行之处。盐业既立,则银行之成立,自在其中。盐、银两业相辅而行,斯财政操纵之权,全局咸归条理。

再圜法之弊,见钱见银之缺,殆无逾蒙古地方。口北通行钱四种,曰二混,曰三路,曰鹅眼,曰鱼眼,四种皆属私钱。特二(分)〔混〕、三路尚略具钱形,而鹅眼、鱼眼则投水不沈,脆薄如纸。蒙人有终身未见制钱者,有终身未见宝银者。即此四种私钱,且不能多得。民间所用,大率村落小铺所出钱票,名曰给帖,互相抵换,稍一转移,便须折扣。是以百物腾贵,商贾不通,不亟为谋,(将)日俄纸币势将乘虚而入。锡光至郑家屯,即辽源州。已见日本银行之一圆纸币、一两银票通行街市,而俄人之罗布票流衍于江、吉各城,已西抵洮南府,此即为内蒙古东路门户。我若不急为抵制,不数年间,恐日俄纸币通行于内蒙古东境,不可阻遏。日本之倾覆朝鲜也,大半藉纸币之力,是事为祸至烈,并非细故。特蒙地辽阔,商业零星,我尚无从设立银行,是以拟于盐业之中,即附以银行基础。凡盐业总店、分店、支店设立所至,不必另筹资本,即以盐业为担保,皆就中附柜出票,并兑换见银、银圆、铜角。而择繁盛市面数处设立总店,以为枢纽,且为兑外埠会款,以通脉络。此不居银行之名,而操发行纸币之实,以豫为抵制。此等时机,稍纵即逝,务期早定成谋,勿失事会。至此等大小银行成立以后,百脉既灵,而劝业银行即寓于其中,此于垦务之进步,亦大有关系。而道路之开通、工厂之布置、路矿一切要政之招股集赀,皆可以银行为保任担承之地。财政既通,百务具举,则银行者,蒙部经营之母也,而盐业者,又银行成立之母也。行远自迩,登高自卑,发轫之图,端在盐业。

窃锡光此次随同调查,以东事最急,故率为国防起见。而以上所陈各节,俱从内政言,非为国防言,盖内政实与国防相为表里。

潢河以南已设州县之地，从吏治著手，以期政成人和之效。潢河以北未设州县之地，从开放入手，以收地辟民聚之观。不有人，焉有兵？垦务者，人所萃也。不有财，焉有人？盐业者，财所归也。能理土地固有之财，而后可以致人；善用人民生财之力，而后可以守土。此东部内蒙必言内政，而后可言国防者也。今观东方局势，异日有事，南而辽河西岸，北而松花江、嫩江西岸，皆为吃重之地。则我国防第一线，南起新民屯，<sub>新设新民府。</sub>迤东而北，至郑家屯；<sub>即辽源州，以上皆辽河西岸。</sub>再迤西而北，至新河北岸；<sub>达尔罕王旗境内，此值松花江西岸。</sub>再迤东而北，至大赉厅；<sub>此值嫩江西岸。</sub>再迤西而北，至洮南府，<sub>此值索岳尔济山南麓。</sub>亘千余里。此第一线者，西蔽东蒙，外临辽沈，攻守皆宜，最为扼要。而非有第二线以为之援，则第一线遂有孤露之忧。国防第二线，南起朝阳，迤东而北，至小库伦；再迤东而北，至奈曼东境；<sub>今新设阜新县境，以上皆潢河以南。</sub>再迤东而北，至扎鲁特东境；再迤东而北，至土谢图王旗大庙，<sub>以上皆潢河下游，即西辽河以北。</sub>是为第二线。特非再有后劲之援，则第二线仍觉单薄而不可恃。其后劲之援，南则热河所属之平泉、建昌、建平、赤峰诸州县，北则东西扎鲁特、阿鲁科尔沁、巴林、乌珠穆沁诸蒙旗也。故南则澄清吏治，以伸民气，即以壮辽西之声援；北则亟图开放，以代移民，即以厚松花江、嫩江以西之实力，则节节为防，我有棋布星罗之势，敌无乘（瑕）〔暇〕蹈隙之能。一旦有事，则潢南可循平、朝、建、赤诸邑，潢北可从巴林、阿鲁科尔沁、乌珠穆沁诸部分道建瓴东下，飞挽有资，刍秣有备，番休更代，士气常新，组练征呼，后援不匮。西至浩齐特、克什克腾等部落，咸有警备，以塞东大道南下之冲，而后国防可言，根本可固。所以经营东蒙①，即以为瞰视全辽、拱卫畿疆之本也。见在渡巴林桥而北，壤地东西千数百里，未设一官以资统摄，似

---

① "东蒙"，石印本、《满蒙丛书》本作"东部"。

亟宜如黑龙江将军程德全所请,派驻大员督办放垦、盐业诸事,并管理外交,无任外人任意出入,如入无人之境。事有专司,而后诸务可举。至于要塞之防维、兵区之布置,别有规画,再容续陈。所有随同调查东部蒙古情形,谨举大端,上呈台鉴,敬乞钧裁。

## 私售大段重要蒙地情形说帖

### （光绪三十二年丙午六月上练兵处王大臣）

#### 一、密探得三喇嘛售地情形

三喇嘛者,系内蒙古敖汉札萨克郡王之弟,向与马贼往来,且屡梗开放蒙地之议,积为豪棍,哲里木盟蒙古各部咸畏之。日俄战事起,俄人唆使招徕马贼,遂日与俄狎。适是时,黑龙江开放郭尔罗斯前旗①蒙地,自该旗指出应放地段中有不毛地亩百顷而朒,佃民呈请黑省知会该旗,换给上地,已指定地段拨换矣。而三喇嘛以是时适至该旗,遂夥唆该旗持议抗阻,因私将该旗膏腴上地约长四十里、宽不及十里裹长之地,售与俄罗斯,闻得价数十万罗布。

窃查郭尔罗斯前旗蒙地,北枕嫩江,南拊柳条边,东扼长春、伯都讷各城,西控东盟蒙古各部,为金黄龙府地,实扼奉天、吉林、黑龙江咽喉。②故俄罗斯以重价购此四十里延长之地,而藏三喇嘛于哈尔滨,尽力保护。此为见在蒙地交涉重件,应无论如何为难,必须责成该旗自行向俄人赎回此项地段,而密济该旗力之所不及,俟地案了结以后,三喇嘛再作另案惩办,方免棘手。

---

① 应为郭尔罗斯后旗。因张穆《蒙古游牧记》误将郭尔罗斯前后两旗札萨克世系颠倒,光绪朝《大清会典》沿其误,致使理藩部误以为该两旗名称颠倒,行文欲更正之。至宣统二年(1910)东三省蒙务局派员调查哲里木盟十旗时,方弄清究竟。

② 如前注三所述,此处旗名虽亦误,所述之地理位置理应为郭尔罗斯后旗,然却随旗名误为前旗。

### 一、密探得已革郡王乌泰售地情形

乌泰者,前承袭科尔沁右翼前旗之札萨克多罗札萨克图郡王,以重案夺爵。庚子事变以后,乘黑龙江将军交替之际,捏造将军行知开复印文,复营求俄罗斯东方总督主持干预,以图开复。且领俄人枪械,为招蒙兵,图走辽西。幸以俄人屡败,无暇兼顾,事皆未成。而乌泰遂将兴安岭迤南要隘重地自立合同,售与俄人。此项售出地段,尚不能知其宽长界限所至,闻地甚长大,得价亦属不赀。见正遣其死党来京坐探消息,俟三喇嘛售地一案了结以后,所得便宜,闻三喇嘛售地一案,俄人已用强梗手段,出头理论。伊即援照办理,见尚伏而未动。

查三喇嘛及乌泰两人皆东蒙巨蠹,此患不除,东事将不可问。闻上年夏秋之交,该两人宣言达赖喇嘛将至哈尔滨,并向俄人铁路借用其东方总督坐车,俄官已通饬铁路旅馆照亲王礼加等接待。而我附近各蒙旗、各派蒙官及附近各寺喇嘛皆云集哈尔滨,一时至为喧动。是此两人,务必设法擒治,特必俟地案了结,俄人脱手,不视为奇货。尔时,不过一差役力量便可拘捕,现只宜不动声色,以慰其心。

窃惟哲里木一盟为科尔沁、六旗。郭尔罗斯、二旗。杜尔伯特二旗。等部共十旗,定制隶于奉天将军,而去奉天窎远,实有鞭长莫及之势。见在日俄战事以后,俄人计图西向蚕食,该一盟三部十旗,正当其冲,乃为我将军、都统四不管之地,莫任其患,恐隐忧之切,将深入腰腹。上年冬间,署黑龙江将军程德全奏请于索岳尔济山左近专设大臣,管辖放垦,以通东西之气等语,即指此地言之,最为翔实。似宜即于索岳尔济山之南科尔沁右翼前旗地方,姑设副都统衙门,别加崇衔,以隆体制,使之经理放垦,兼管交涉,以为实边地步,徐图理财、练兵等事,专遏俄人西展之路。则吉、黑两省乃有辅车之依,而畿辅北门方有重关之固。其锡林郭勒一盟,却值索岳尔济山之西,亦去察哈尔都统驻所绝远,向几视为弃地,似应一并隶属,以期一气呵成。则腰膂之间,方免空虚,患气不生,实为无疆之益，而事尚简而易行。是为大概办法，谨承垂问所及，胪陈崇鉴，以备筹策。

## 蒙古教育条议

### （光绪三十二年丙午八月复学部）

查蒙古地方辽阔，风气不同，欲兴教育，自应由近及远，逐渐推广，方有著手之处。就直隶、山西边外言之，须分为已开垦旗分、未开垦旗分。已开垦旗分之中，又当分为二段：近边墙各旗，开辟最早，蒙汉杂处，蒙民习俗已与汉民不甚相远，汉语固无不通，而读汉书、识汉字者，亦间有其人，是为蒙汉杂居之旗分；至离边墙稍远各旗，蒙汉自成团体，各住一区，每岁除租谷交涉以外不相往来，其中通汉语者尚不乏人，而识汉字者已千不得一矣，是为蒙汉不杂居之旗分。以上概指已开垦旗分而言，其间虽人户疏密不同、贫富各异，如认真劝导，集款兴学，尚易藉手。若未开垦旗分，东自潢河以北，西自十一厅以外，广漠万里，人烟甚稀，无论内外蒙古，恒行百里，不见一人。除喇嘛庙宇以外，绝无庐舍，居则毡幕，食仅羊肉，逐水草而居，以游牧为生。虽有贵贱之分，而无智愚之别，上自王公，下至箭丁，专事诵经，不知生产，非特无款项可筹，抑且无聚落可依。照此情形，自须分别办理，以收[①]因地制宜之效。兹姑言内蒙古已垦旗分如下：

### 一、近边蒙古概略

直隶、山西边墙以外，为察哈尔左右翼八旗蒙古、西土默特左右翼八旗蒙古。[②] 此两部蒙古在内六盟蒙古以外，分隶于察哈尔都统、绥远城

---

① "收"，石印本、《满蒙丛书》本作"取"。

② 此处有误，西土默特蒙古非八旗制，仅为左右翼二旗，时由归化城副都统管辖，隶属于绥远城将军。

将军，①不置札萨克。及内六盟四十九旗蒙古，而承德一府，该府有专辖境土如直隶州、滦平、丰宁两县及围场一厅，又在各蒙古旗分以外，计其壤境，约及内地五六省疆宇。

围场及承德一府专辖境土，与滦平、丰宁两县，原系喀喇沁、翁牛特、察哈尔等蒙部壤地，后经分画而出，专属流官，不属蒙古。

见在直隶边外已垦旗分，为察哈尔左翼四旗及卓索图盟之喀喇沁中、左、右三旗，土默特左右两旗，昭乌达盟之翁牛特左右两旗，克什克腾、奈曼、敖汉、喀尔喀左翼各一旗，共十五旗，皆已分设府厅州县，与札萨克同域而治。札萨克专治蒙民，府厅州县专治汉民，并治蒙民之讼狱。

边外州县原系以理事同知、通判兼管，故并治蒙民讼狱。

口北张家口、独石口、多伦诺尔三厅设于察哈尔左翼四旗境，而多伦诺尔厅东境则跨有克什克腾旗，承德府属之平泉州设于喀喇沁右翼及中旗境，建昌县设于喀喇沁左翼境，建平县设于喀喇沁右翼东北隅及敖汉旗境，朝阳府属之朝阳县设于土默特左翼境，阜新县设于土默特右翼及奈曼、喀尔喀左翼等旗境，共凡三厅一州四县。加以承德府、专辖地。围场厅、滦平、丰宁两县，此一府一厅两县境，不在蒙古境内。分隶于热河、口北两道，而内辖于直隶总督，外辖于热河、察哈尔两都统。

其山西边外已垦旗分为西土默特左右翼八旗，②察哈尔右翼四旗，乌兰察布盟之乌喇特中前后三旗，四子部、茂明安、喀尔喀右翼各一旗，伊克昭盟即河套内之鄂尔多斯全部七旗。之杭锦、达拉特两旗，共十八旗，凡分为十一厅，与札萨克同域而治，以分理蒙民、汉

---

① 　原作"归化城将军"，误。
② 　此处有误，西土默特蒙古非八旗制，仅为左右翼二旗，时由归化城副都统管辖，隶属于绥远城将军。

民与蒙汉之讼狱。

山西边外原设之西五厅，曰归化厅，曰萨拉齐厅，曰托克托城厅，曰和林格尔厅，曰清水河厅，分设于西土默特左右翼八旗蒙古①境内。新设之西二厅，曰五原厅，设于乌拉特一部、杭锦、达拉特两旗境内；曰武川厅，设于四子部、茂明安、喀尔喀右翼三旗境内。原设之东二厅，曰宁远厅，曰丰镇厅；新设之东二厅，曰兴和厅，曰陶林厅，是为东四厅，分设于察哈尔右翼四旗境内。是为十一厅，皆隶于归绥道，而内辖于山西巡抚，外辖于绥远城将军②；而东四厅者，又兼受辖于察哈尔都统。

直隶、山西边墙以外已垦旗分，南北横阔七八百里，东西纵长二千五六百里，约及内地两省面积而有余。至东三省迤西之哲里木一盟，为科尔沁左右翼六旗，各中、前、后三旗。郭尔罗斯前后两旗，杜尔伯特、扎赉特各一旗，凡十旗。此一盟者，东西横阔五六百里至七八百里不等，南北纵长至二千里上下，约及内地一省面积而有余，而地极膏腴，与东三省相伯仲。见经奉天、吉林、黑龙江次第放垦，设置州县，大概东南两面，垦辟者已及八成；西北两面，荒芜者尚居大半。是以地等插花，有极繁盛之区，有至秽僻之域，参差错杂，不能齐一。此则于直隶边外、山西边外，又别一区域。

以上专言漠南内蒙古，已垦旗分大概居内蒙全境十分之七，蒙境教育自当于此植立基础，再图推广。

一、教育宗旨

教育宗旨所在，视国家利害方向所在以为转移，此五洲万国前古后今兴学设教一定不易之公理也。盖视此等人民，受此等教育

---

① 此处有误，西土默特蒙古非八旗制，仅为左右翼二旗，时由归化城副都统管辖，隶属于绥远城将军。

② 原作"归化城将军"，误。

之后，是否为我用，抑反不为我用而别自为用，则国家利害分焉，而教育宗旨判焉。

蒙古部族原世界至强之部族也，我朝列圣相承，抚绥怀辑，柔而育之，以有今日北徼之宴安，此盖得圣人之权。然蒙古部落虽分，户口亦寡，而其各旗之札萨克仍隐然有君国子民之资格，则今日之兴学设教，其为各部札萨克代教其部民乎？抑为我国家养成国民，同任赋税，同执干戈，相与浑化于无迹乎？此一至大之问题也。论者每以蒙古愚弱为病，夫教育者，所以易愚弱为明强也。试问其明强以后，是否足资其力，以限带我疆宇乎？抑转使我肘腋之下，增无量之隐忧乎？此又一至大之问题也。有此两大问题，利害相形而思虑生焉，思虑所积而宗旨在焉。

窃谓今日定蒙古教育，莫良于蒙汉同化之一法，此于国家有利无害，于蒙古有利无害，于汉民亦有利无害。似蒙汉同化之教育定，而教育之宗旨即定。

蒙汉同化则互相携手，同为国民，以御外侮。即使其中有一二枭桀之材，蓄非常之志，然有两种人互相牵掣，则其气自消，转足收为国家之用，是以于国家有利而无害。蒙古之贫弱，由于不知自营生计，今有蒙汉同化之力，则汉民之耕种、工艺、经商各等生活之法，皆蒙民之所取资。试观喀喇沁等蒙汉杂居诸蒙旗，较巴林等未经开放诸蒙旗，其蒙民之衣装、饮食、居处，优裕数倍。况受同等之教育，则蒙民生业之发达更可想见，是以于蒙古有利而无害。前者光绪十六、七年间，热河境内金丹匪乱之役，实由蒙汉积愤而起，而互相嫌怨，至今未泯，宿根不除，随时可以暴发。若具同化之力，则主客之嫌亦自与之俱化，是以于汉民亦有利而无害。

上年及今岁春间两次出边查考蒙古，见州县与蒙古王府各立学堂，蒙古王府亦仅喀喇沁办有蒙小学堂、武备学堂、女学堂各一所。州县学堂中无蒙民，蒙古学堂中无汉民，既无同化之望，而州县主意专以藉名科敛掩饰耳目为事，原①非有心教育，其腐败情形，自不待言。至蒙古学堂，则率以提倡兵操为主，而其授课所引譬，暇日所演说，则时以恢复成吉思汗之事业，牖其三百万同胞以相鼓舞，而我朝圣武神功，阒未一闻，则其心盖可想见。若外国教习之别有主意，乘隙而来，更不足论矣。是非设有专官，为之主持一切，则学堂愈增而流弊益不可胜言矣。

一、筹款计画

蒙古地方瘠苦，筹款最难。然经营教育，势不得不需经费，则筹款自难或缓。大概未开垦旗分，直无款可筹，兹不具论。其已开垦旗分，则有应从汉民筹集之款，有应就蒙旗筹集之款。其应从汉民筹集之款，则分先经筹定之款与有待续筹之款。

先经筹定之款首需清查，特其中亦分二项，有一次茺捐之款，有常年额捐之款。一次茺捐之款，曰绅富捐，曰乡户捐，率以乡计。每一州县约分数十乡，有大、中、小乡之不同，大乡有认缴捐银至千余两者，以次递减，至小乡缴捐银四百两止。每乡或照亩派，或照户摊，总总不同，惟缴官则以乡论。乡户捐则按户认捐，除极贫外，则自每户一两起至五两止。以户缴，不以乡论。此皆一次茺捐，为早经呈缴在官之款。其常年额捐之款，有在市之铺捐，有在乡之亩捐，亦有收取学费，令每生每年缴米三石二斗，每月缴菜钱六百文者。其筹款种种不同，要皆为先经筹定之款，此须清查每一州县见存之款尚有若干，用去之款共及若干，岁入之款可收若干。凡有官吏浮支侵蚀者，则应追缴。

如平泉一州，前岁茺捐之款至四万余金，而仅于州署设小学堂一所，学生不及二十人，即以书办王姓之子管理。若此之类，似皆应澈底清查，以求实际。

---

①　“原”，石印本、《满蒙丛书》本正作“然”。

其有待续筹之款，则烟土亩捐与烧锅捐尚可加抽。烟土亩捐系由州县收缴热河之求治局。系四项捐内之一项。烟土种植原系害人之物，多取之而不为虐，每亩可加抽津钱二百文，业户、租户各任其半。烧锅捐即系酒捐，蒙地销酒极多，如热河境内，凡有大烧锅至二百余家，小烧锅尚不在内，四境称是。苟能为稍减州县之陋规，每家加收津钱一二百千文，亦各烧锅所至愿。集此加收之烟土亩捐与烧锅捐，岁入可成巨款。此外之粮食、杂货、牲畜、皮张一切税捐，与木捐、车捐、斗捐，可照常征收以外，酌加一二成，专指为学堂款目，与先经筹定各款相辅而行，则经费当不忧不给。

以上各项皆系从汉民筹集之款，见拟无论蒙汉，受同等之教育，则学堂所收学生，自应不分蒙汉，斯蒙古亦应一律筹捐，以免偏重。

蒙古学堂向系其王府随时酌筹经费，原无所谓的款，兹拟概由官办，非有的款可指，则教育基础不固。查蒙古可筹之款约有两项，曰蒙租捐，曰仓谷捐。蒙租捐者，无论其王府、蒙官、箭丁，凡其已垦之地岁收之租项，抽其租入百分之三，如每千文抽三十文，或每谷一石抽谷三升。每年扣自租户，令随亩捐同缴。仓谷捐者，每一蒙旗有从其部下岁捐之仓谷，每年可抽其捐入三分之一，以为教育经费，著为永例。此在已垦之旗分，于蒙古上下尚无大损，而蒙民就学之资，有所藉手矣。

以上所筹款项以办学堂，皆系官捐官办之法。若谓教育普及，则乡村学堂应由绅民自行经理，而官督其成，则可将铺捐、亩捐两项给还民间以为经费，令于乡村自办蒙小学堂。而官收之加抽烟土亩捐、烧锅捐及加抽之粮食捐、杂货捐、牲畜捐、皮张捐、木捐、车捐、斗捐，与蒙租捐、仓谷捐等项，则由官管理，以为官办中学堂及各种学堂用度，并为民间自办学堂之补助金。则官民之间所资办学经费各有专属,似于事亦较省便,此应临时酌量办理。

## 一、教育行政机关

边墙以外蒙古界域行政机关本极复杂,下则州县与札萨克,同有地方之责,各具出奴入主之嫌;上则督抚与将军、都统,皆膺疆寄之司,尤有二君一民之惧。互相牵掣,即互相隐忍,是以官民之间,蒙汉之际,纷歧错出,状如散沙,百务不兴,正坐此弊,盖其行政机关之不能统一也久矣。今于蒙古地方提倡教育,其成立与否,尤视能统一与不能统一为断。苟统一而不复杂,将为有宗旨之教育,则学校之成立,即寓干城作育之基。如复杂而不统一,必为无宗旨之教育,则风气之开通,正为他人入室之地。特是教育统一之意,必藉行政机关之统一以行之,乃有以赴其程而不歧于中道。兹将蒙古教育机关区为三级:一为最上级之行政机关,一为次上级之行政机关,一为中级之行政机关。下级行政机关即统于中级之中。机关既灵而精神始振,兹举其略如下:

蒙古教育上级行政机关必身握地方政治全权,而作教育之总机关,乃能提挈全纲,大开生面。盖教育行政特地方行政中之一端,如无地方行政之全权,而仅以教育行政分权独立,即使官秩阶资并崇大吏,而有位无民,则呼应不灵,枝节横生,势将坐困。故非操地方行政之权,必不能作独立教育之计。是于蒙古,欲定教育行政最上机关,非先定地方行政最上机关不可。顷者,蒙古地方行政机关至为复杂,已具前条,欲图统一之法,非另行编制不可。而蒙古地方行政机关若何另行编制,此乃方今政界中最大问题,见在尚未能县拟。兹姑因陋就简,权即目前成法,拟订办法,则凡已经开放蒙地所隶之省分,去督抚治所相距既远,自应姑以所隶之将军、都统为最上级教育行政机关,而各于将军、都统治所设学务长官,如内地各行省提学使,为次上级教育行政机关。

学务长官,其一切权限,应与各省提学使同,外受辖于将军、都统,内受成于学部。凡教育行政诸事,除详报将军、都统以外,可径达学部。其各州县官立、私立学堂之一切支用,应均受稽核,而教育行政及官立学堂各种经费、所筹捐款及附加之税捐等一切款目,可径下州县及税捐委员,收集报缴,订立考成。与夫所属一切学堂之学规、课程、用人、行政,无不总其大成,是为次上级行政机关之枢纽。

学务长官以下,应于各府、指有辖土之府分言。厅、州、县设监学官一员。此项监学官与内地提学使所属之视学官不同,盖蒙古地方州县吏治弊坏已极,而蒙汉人民程度亦低,既与内地风气迥殊。故内地各省所派之视学官,只为所属官私学堂之督察,而于经费度支、兴学捐款、学堂管理、聘用教习,悉①任官绅之自为,并不干预。而此项监学官,则须将府、厅、州、县所有教育之筹款权、财政权严切考查,并将编成法、管理法,以及聘用教习权切实主持。而州县官,凡关于教育经费所经征、税务委员,凡关于教育款目所收取,皆须与附近之监学官会同管理,则理财、用人诸节目,乃得一气呵成。下分掌于监学官,上受成于学务长官,斯教育宗旨乃得一承学务长官之指授,而不虞他歧。至学务长官,本属应设之幕职,及监学员以下应设之属官,蒙古地方既与内地情形不能尽同,自应视学部编定之规制,变通办理。是为中级教育行政机关之枢纽,而下级行政机关亦即包括于上、中两级所属僚吏之中。

一、蒙古教育预备

以上行政机关已具大略,惟蒙古地方辽阔,将来监学各员及各学堂之管理员、教员仔肩甚重,而需材极多,此非培养于平时,难资取求于临事,自应专设蒙古师范学堂,以为蒙古地方教育基础,是尤为机关中之机关。此项师范学堂应设于热河或赤峰,而分设于

---

① "悉",石印本、《满蒙丛书》本作"历"。

归化城,俱直隶于学部,即由学部奏派大员,前往管理。姑订学额三百名,将来推广至六百名及九百名止,以专供内外蒙古渐次开设学堂之用。其中恒以学额三分之一,从大学堂师范馆内选择优等学生前往学习,不足则从外省师范学堂或中学堂内选送,名曰学员。此项学员,须有志外界、热心教育、诚笃不变者,方充斯选。其在大学堂及外省师范学堂、中学堂内所学程度已高,一切科学当已足用,至选入蒙古师范学堂以后,则以补习蒙古语言文字及蒙古地志为主,并就近为蒙古旅行,作实验研究地步,尤须确知蒙古教育宗旨,期以二年至三年毕业,或一年速成,以济急用。速成者须随时补习蒙文。将来专备监学员及管理员,并各学堂教长及教员之用。其余学额三分之二,则就蒙地考选,不分蒙汉,只须操履端方。汉人取文理优长、学有根柢者,蒙人取精于蒙文、粗通汉文者,入堂肄习三年或四年毕业,如须豫备者,年限不在此内。以备将来各科分教之用,而听指挥于管理员及教长、教员。视此则教育人员成就以后,自一气相衔,将来可收臂指之效。如是储材,不三五年,则蒙地教育名家自翘然杰出已。

此项师范学堂经费,须察度情形,由学部及蒙古地方兼筹,方克成立。

一、教育行政区域

内蒙古区域应分为五大段:第一区为直隶边外各旗境,第二区为山西边外各旗境,第三区为东三省西界各旗境,第四区为内蒙迤北而东各旗境,第五区为陕甘边外厄鲁特蒙古各旗境。第一、二、三区为见在拟设教育行政区域,第四、五区为尚未拟设教育行政区域。第一区域值畿辅北门,地居重要。以府、厅、州、县言,则热河道属之承德一府、围场一厅,辖于承德府之平泉、滦平、丰宁、建昌、建平、赤峰六州县,辖于朝阳府之朝阳、阜新两县,口北道属之口北三厅。三厅名见前条,兹不复具。以蒙旗言,则热河道所属境,即卓索图盟之喀喇沁中左右三旗，土默特左右翼两旗，昭乌达盟之翁牛特左右翼两旗，克什克腾、敖汉、奈曼、喀尔喀左翼四旗，凡十一旗，皆隶于热河都统。其口北道所属境，即察哈尔之左翼四旗蒙古，皆隶于察哈尔都统。此两都统所属流官、蒙旗同治之境土，应为一教育行政区域，而设一学务长官于热河，以分承热河、察哈尔两都统教育行政之机关，而内受成于学部。

热河、察哈尔虽分两都统，特只能为一教育①行政区域，故只能设一学务长官，以总挈两都统教育枢纽。

第二区域值畿辅之西迤北，与第一区地相毗连，故亦居重要。以府、厅、州、县言，则归绥道属之口北十一厅；厅名俱见前条，兹不复具。以蒙旗言，即西土默特之左右翼八旗蒙古、②察哈尔之右翼四旗蒙古及乌兰察布盟之四部六旗、伊克昭盟之一部七旗，凡二十五旗，中惟十八旗见在可施教育，说见前条。皆隶于绥远城将军③；而察哈尔右翼四旗，旗务仍受辖于察哈尔都统。此一将军、一都统所属流官、蒙旗同治之境土，应为一教育行政区域，而设一学务长官于归化城，以分承将军、都统行政之机关，而内受成于学部。

至第三区域，则值畿辅之东迤北，与第一区尤唇齿相依，故亦居重要。特其地形与东三省相出入，实别一区域，与第一区、第二区情形迥不相同。以目前论，尚不能具独立教育机关，只能分隶于奉、吉、江三省教育行政以内。而其中情势尤极复杂，盖黑龙江之新设大赉、安达、肇州三厅，即杜尔伯特、扎赉特两旗及郭尔罗斯后旗境，皆逼近黑龙江省城，自应与黑龙江同一教育机关。吉林旧设

---

① "教育"，石印本、《满蒙丛书》本作"教习"。

② 此处有误，西土默特蒙古非八旗制，仅为左右翼二旗，时由归化城副都统管辖，隶属于绥远城将军。

③ 原作"归化城将军"，误。

之长春一府,即郭尔罗斯(后)〔前〕旗境,亦错入吉林西界以内,自应与吉林同一教育机关。奉天旧设之昌图一府、新设之辽源一直隶州,即科尔沁左翼三旗东面地,亦近附奉天西界,自应与奉天同一教育机关。以上流官、蒙旗同治之境土,皆应分隶于奉、吉、江三省教育行政以内者也。惟奉天新设之洮南一府,即科尔沁右翼前后两旗境,南去奉省既极弯远,实有鞭长莫及之势,应于奉天别设提学副使,分驻该府境内,以资管理。抑或割隶黑龙江,洮南府距黑龙江近于奉天。较易统辖,否则俟科尔沁右翼中旗及科尔沁左翼西北境全行放垦以后,别画疆界,奉天新垦科尔沁地斜伸东北,地极弯远,原应别画疆域,方便行政。与地方一切行政另立机关,以资统摄,均应详核办理,方于东方学界,可期画一。此则第三区教育行政机关,以区域情势之殊,应与第一区、第二区办法不同者也。

以上第一、第二、第三蒙古教育区域,率为已垦之地,若第四区,则尚为寸土未垦之地,其情形与前三区又迥不相侔,教育自无从措手。第四区南抵潢河,即西辽河上游。北抵喀尔喀外蒙古南境,东抵索岳尔济山西麓,西抵西二盟东境,皆未经放垦,自未设立州县。其蒙旗,则为锡林郭勒盟之乌珠穆沁左右翼、浩齐特左右翼、苏尼特左右翼、阿巴噶左右翼、阿巴哈纳尔左右翼各二旗,昭乌达盟迤北之巴林左右翼、扎鲁特左右翼各二旗,阿鲁科尔沁一旗,凡十五旗,锡林郭勒全盟,昭乌达盟半部。千里荒凉,恒行终日,不见一人。须俟放垦以后,农业稍兴,蒙汉杂居,渐成聚落,乃可徐图教育。此为内蒙迤东最北之区,乃教育行政暂所不及之地。

至第五区,为近边极西境域,值陕甘边外,乃厄鲁特蒙古阿拉善部,此在内蒙古四十九旗之外,而地属漠南,且附边墙,辖于宁夏将军,故亦当与内蒙古例论。是区东至宁夏边外,南抵甘凉,北接外蒙古喀尔喀札萨克图部,西至古尔鼐及额济纳土尔扈特部。盖自古用兵之地,以贺兰山为塞。是部自为一旗,见其全境已多垦辟，且有吉兰泰盐池，出产极旺，贩运甘陕，独擅大利，是宜别派专员，前往查察，与内蒙古各旗境统一教育。

以上五区，除承德府、围场厅、滦平县、丰宁县四属以外，皆漠南各部蒙古，虽有内蒙古、厄鲁特蒙古及设札萨克、四十九旗、内蒙古、阿拉善厄鲁特蒙古皆设札萨克，以为旗主。不设札萨克察哈尔、西土默特皆编为八旗，辖于将军、都统，无札萨克。之不同，然同属近边，棋布直隶、山西、陕甘边墙及奉天西界以外。若绝漠而北，或逾巴里坤而西，则为喀尔喀四部外蒙古及厄鲁特蒙古各部，地方辽阔，土旷人稀，绵邈晦蒙，远甚于内蒙古。然库伦、乌里雅苏台、科布多、塔尔巴哈台等城镇，为我将军、大臣驻节之地，换防兵丁所集，商贾所趋，已间成繁盛之区，似已足经营教育。特该城镇除蒙古外，其汉人率山西商民，更代往还，不挈眷属，殆无及岁学童。蒙古仍行庐毡帐，转徙无常，似举办学堂尚非易事。应俟近边蒙地教育办有端倪，再行派员前往各城镇察视情形，相机办理，见尚未能拟议。

以上六条，只举大纲，至条目所在，则因地因时，随方布措。若经营有法，数载以后，地辟民聚，边宇渐充，则教育之方，又将随地方行政机关与为转移。此特始基，继长增高，以待异日再行订定。

丙午秋仲，学部李右丞家驹衔尚书荣相国庆命来谘蒙古教育。盖时有条陈学部，请设提学大臣于库伦，掌内外蒙古教育者，相国疑之，以锡光方从肃邸自东四盟诸部旋，故遣右丞谘以决焉。夫蒙古行国也，性如金类中之流质，必待凝成定质，乃可制为器皿。盖行国人民非与他种人民化合而成居国，不可以言教育，理至明也。此说于上年实边条议中已详言之。以居无庐舍，食不粱粟，广漠万里之部族，而设官置吏，遽命提学大臣，孤立万里以外，谓以大兴教育，天壤之间，讵有是事？特水有导源之地，木有植根之方，而科盈条达，可立以俟。蒙古教育固非不可为也，知其膝理所在，自迎刃而解已。右为条议六则，纳诸右丞，藉覆相国。自记。

## 上练兵处王大臣笺
### （光绪三十二年丙午三月）

　　十八日谒辞。十九日下午一点钟从肃邸出都，是夕住孙河。二十二日抵古北口。二十五日抵热河。自石匣城去密云县五十里。至古北口两住站，皆马军门玉昆供帐。出口至热河，两尖两住，皆有滦平县供帐。热河都统发银四百两，交滦平县领办。抵热河，住试院，仍都统备办供应，均固辞不获。马军门候见肃邸于热河，而都统有会商垦放蒙地诸事，在热河约须住五六日乃得行，即前赴喀喇沁王府矣。顷拟查考之法，分三大段：第一段，自热河起，至赤峰县北之乌丹城止，以清丈升科为主。都统意见亦同。盖是段大半放垦熟地，可轻定科则，薄收课赋，以充军实。拟派员分查田土腴瘠、岁收丰歉、蒙租收数、官吏科敛，四面比较，为将来科赋张本。第二段，自乌丹城起，北至乌珠穆沁折而东，至图什业图王府止，以开辟车行大道，分设尖住官局为主。盖是段皆未开草地，莽无居民，行人无食宿之所，牲畜无刍豆之备，不假力蒙古，势即坐困。拟先开官大道一条，以乌珠穆沁为中心点，即为运盐官道，官设尖宿局舍，为盐车人畜栖止之所。而售盐、放垦、兑易银货，皆寓于此官局之中，一气呵成。其商车经过，亦准投息、造饭、喂秣。不数年间，大道两旁将成无数市镇村落，田野开辟，鸣吠相闻，南北之气大通，地价且将日涨。见先从测量路线入手，为路工张本。第三段，自图什业图王府起，至黑龙江边境止。是段大半垦放，应如第一段变通办理，且力扼东北孔道，以为边防根本。以上所拟，以三大段情形不同，故查考之法亦异，大概则分已垦之地、未垦之地以为归宿，将来办法，即据为纲领。其第二段，地最袤长，即上年程将军奏称索岳尔济山左右地落也。此次蒙古之行，各国均极注目，而某两国尤甚，闻已各派秘密侦探前来踪迹,以是严防,究尚未得要领。又前在京于濒行时,探闻某国使馆派有九员,并带有中国人,分途前往蒙古,且各挟有多金作运动费,此事由英国银行人漏泄。不知是否运动蒙部,抑此次密探查办踪迹,抑或别有宗旨,沿途检察亦皆未有见闻。至盐业银行,乃此间大利所在,尤为财政入手地步。见正分途详细考察,俟抵喀喇沁王府再行续陈,先此密闻。敬叩台安,祗乞垂鉴。

## 再上练兵处王大臣笺
### (光绪三十二年丙午四月)

前谒辞出京,二十一日抵古北口,二十五日抵热河,曾将拟分三大段查考办法驰陈大概。在热凡住六日,四月初一日行,初四日抵喀喇沁王府,肃邸即此候晤卓索图盟王公。锡光仍切查蒙租、垦放等事,以备将来升科计画。此间约须住十日上下,乃得北行。前在热河,与廷用宾都统接晤数次,观都统意,主张升科,志在急办,且谓业经出奏矣。锡光以其意甚锐,未与有所可否。窃谓蒙古已垦之地自应升科,此是一定不易之理。特同是升科,而其中办法则迥不相同。锡光意在求安蒙部各旗主、蒙丁及租客、佃户之心,俾之浑然相忘,咸有得所之乐,不以国家订课田赋为苦,则蒙人无丧其乐生之心,汉户亦各收耕凿相安之益,斯事乃有济。盖蒙境王公所畏者,在失富贵,土地失而富贵去矣。蒙丁所畏者,在失生计,蒙租去而生计窒矣。汉户所畏者,在吸膏血,私敛不能除而公赋且加迫,则膏血尽矣。必去其所畏,而升科乃有办法。要而言之,不使蒙人有失产之惧、汉户有加赋之虞,则非特升科可行,从此经营蒙古,斯无棘手之处。其办法,在一面履丈清查,热河官界中尚无此种相宜之人,若任意派员,必大为民间扰累。一面严汰科派,总为民间省虚掷之钱,留有余之脂膏,以上供课赋,似为一定不易之理。至田亩之过割，蒙民与蒙民、蒙民与汉户、汉户与汉户，一任其自为典卖，而受税契于官，事乃简而易行，而人情亦顺。总之，此等事任可详审纡徐，切勿操切造次。顷者，热河所拟升科奏牍，盖以蒙人自愿报效为名，实与收回蒙古土地无异。其收回之法，又非用和缓手段，使之迁移于不觉，而直率从事，恐于蒙古事件将生绝大障碍。即放垦一端，蒙古未垦之地尚多，即以内蒙论，其已垦者不过三分之二。亦逐节胥成阻力。此于边事甚有关系，特陈大略，以备钧裁。窃谓办理蒙地约分两端：于已垦之地，勿以夺产为升科；于未垦之地，勿指放荒为大利，则蒙境将无不放之荒，即蒙地将无不税之土矣。此中情形，一俟回京，再行详陈，以备筹策。此间启行后，过巴林桥便入草地，即所谓未垦之地。沿途察视情形，再呈大略。手上，藉叩钧安。

## 再上练兵处王大臣笺
### （光绪三十二年丙午四月）

　　前于热河及初抵喀喇沁王府，曾两次上笺，想早达钧览。见正查考蒙租轻重、王府差徭并蒙丁生计，俟有端绪，再行续陈。惟自出京以来，于盐业、钱币两事尤所注意，诚以此为经营蒙古财政入手之地。且近利所在，乃开通北圉、慎固边防之绝大关键。窃查日本之覆朝鲜，即以设立银行、发行纸币为第一步，而购买民地、给发筑造铁路工价皆取给于此。是不啻以朝鲜之财筑朝鲜之路，而日本因以握朝鲜全国之脉络，其计固至巧也。国家不经营蒙古则已，苟经营蒙古，正宜握财政权为立足地步。特日本之在朝鲜，系全用不换纸币，不换纸币，亦准为会兑见银出境，特在境内不能以换见银。此盖全用对待属地办法。国家之于蒙古，视日本之于朝鲜固迥不相同，自不能用不换纸币。惟既不用不换纸币，自必先筹见货为备换金。欲筹见货为备换金，自以专卖蒙盐为第一著手之法，指盐业为无形之保人，以发行兑换之纸币，民间无不信从之理，则盐局设立所至，即纸币推行所至，不出二年，将大小银行可遍设于蒙古地面。即使盐业无余利可资，而银行存兑、纸币发行，其为利固已大矣。将来经营蒙古路矿之成，即恃此银行为根据。盖银行者，乃路矿之起点，而盐业者，又银行之靠山也。然则欲经营蒙古，不能不争此盐业，固较然明矣。

窃锡光前于上年五月出关，见口北皆食青盐。即蒙盐。此次北行，见永平盐业经灌入，其滦平县、出口即是。承德府境内，永平盐销路已占青盐十分之六，则平泉、建昌、朝阳近边州县可想而知。青盐售价，最贵之处，至制钱实数一百五十文上下；最贱之处，在制钱实数五十文上下。而永平盐恒跌价五六文至十余文不等。且青盐近日来路亦乏，故货少价腾，是以永平盐浸灌而入，速力甚大。特民间尚喜食青盐，诚能售价不高于永平盐，而来路足资民食，尚可规复销路。夫理财犹治水也，堤而汇之，涓流细水，可成江河；决而放之，则巨浸洪流，将成沟浍。青盐大利，若弃而不收，其销路一任为永平盐、奉天盐、花马池盐分道侵夺，此中大利，将各为其官私上下所分，而国家之一大宗利权将销归乌有，而银行亦无凭藉可办，此事于经营蒙古关系甚大。

至圜法一端，口外直无官钱。兹寄呈此间通用钱数十文，以备钧览。其换价，每两半苏半广平，比京平几至加一。松江银换鹅眼钱，实数二千二百文上下至一千八九百文上下不等。是以百物腾贵，支兑艰阻，莫与伦比。上年出口尚未有铜圆，此次滦平、承德一带已间见铜圆使用。每一铜圆可作通用小钱十五文至二十文不等，民间亦颇乐用。特来数甚少，不敷发行。似可饬知造币局加铸尽发，并行热河都统筹款周流兑领，以先吸收此宗大利。大小银行，将来如果成立，再以纸币、银圆、铜圆相与转换，乃定价收销私用小钱，则官收巨利，民间尚不吃大亏，方是通法。然铜圆发行不过一时暂利，而经常之利则在银行，利入大宗，尤在纸币，而存兑次之。

此须盐业有所归宿以后,乃有办法。

至升科一节,熟审利弊,徐办则可行,急办则必不可行;详慎则可行,操切则必不可行。其中节目,前函已陈大概。此间即日起程,过巴林桥,邮寄更难,而蒙古驿站恐稽迟愈甚,一切函牍,届时再设法驰寄。专此密陈,敬叩钧安。

附笺:同日。

再,累日在途,详询姚令煜见在朝鲜情形,而知日本设谋,固厚积其力于朝鲜,其不逞之心盖待时而发也。现值日俄和局既定之后,而日本驻兵朝鲜有见役兵四师团,日本最讳言在朝鲜兵数。作久驻计,而于龙山及仁川、平壤广建仓库,屯粮储械,以待征发。从其对马岛对岸之釜山,过韩京直达我安东县对岸之新义州,铁道既成,以为兵站经线,自其东京至我安东县,不过六日程耳。其间以去韩京十里之龙山为中心点,龙山平原坦旷,外包群山,凡周四十里上下,日人竭力经营,仓库林立。复从仁川海口伸筑海岸,亦多建仓库,其上修造支路,汇于龙山。复从元山、甄南浦两海口敷设支路,均达平壤。而龙岩浦与我大孤山隔江相望,尤为逼近,一旦有事,其陆军既可由釜山兵站经线直趋安东。闻于新义州将作铁桥,渡鸭绿江,抵我安东县。而于仁川、元山、甄南浦、龙岩浦分道济师,皆有铁道支线,皆有仓库储备,悉从枕席上过师,无稍留滞,可作临时百矢俱发、迅雷不及掩耳之势。夫日本仅为镇服朝鲜计,断无庸费此绝大力量,是其意固必有所在,可揣而知。且其尤可恶者,其海军省起朝鲜之元山浦,而釜山,而仁川,而甄南浦,而龙岩浦,折入租我之大连湾旅顺口,更绕抵我之山海关、大沽口、燕台,直名为其海军之北清防备线。且其在朝鲜陆军驻所趋重西北,而于仁川、甄南浦、龙岩浦倚为海陆两军联络之所,以备分道运兵济饷之用。百计图维,不遗余力。夫日本如此布置,其统监府既岁费一百八十万金圆,而四师团久驻,尚不在内,加以建筑诸款,计其岁费不赀,断无能取诸朝鲜之理，亦无能作持久不发之计。是其必有最优之后望，以作取偿之地。其取偿所在，恐不能不处心积虑于我。所幸者，其实力尚未充满，数年之间不能遽发，是以其政界、兵界各官，犹时以甘言狐媚，蔽我耳目。我正宜及此暇隙之时，迅筹布置。彼厚积其力于朝鲜，我厚积其力于东隅蒙古，以相抵制。尤应力筹海军，争此活着，我力自图强，彼尚或有所忌惮，而不敢遽发。建威销萌，似宜图之于早。每念及此，中夜不寐。并以上闻，以备筹策。姚令煜说（贴）〔帖〕一扣一并呈览。又此肃陈，再叩钧安。

## 再上练兵处王大臣笺
### （光绪三十二年丙午闰四月）

　　前抵热河及喀喇沁王府，叠上笺言，谅均蒙台鉴。续于四月十八日随肃邸起程，二十日抵赤峰县，住三日，北行，二十六日抵乌丹城。是处地势奥衍，土脉膏腴胜于赤峰，乃有元鲁王建牙之所，甚据形胜，留一日乃行。二十八日过巴林桥，桥跨潢河，即西辽河。石工坚致，略似芦沟桥，亦为塞北孔道，过此即入巴林旗境。闰四月初一日抵巴林坂，亦名大坂。住大喇嘛庙。巴林，原辽之上京临潢府地，土脉之腴远胜喀喇沁、翁牛特诸部，惜寸土未垦，除喇嘛庙外，无房舍。肃邸于此候晤昭乌达盟各王公。锡光即此与肃邸分道，兼程赴盐池，约会于科尔沁部之图什业图旗。自分道以后，凡所雇蒙古牛车或马车，皆日给工食，护送蒙员亦量给品物，蒙人甚欢忭。闰四月初三日自巴林坂西北行，初七日过巴林北之大山隘，有东西山脉大干，亦要塞地。遂入西乌珠穆沁旗境，土脉亦腴美可耕。过此遂遇风雨，且牛车迟钝，住毡帐中，烦闷欲绝。至闰四月十三日始抵盐池，住二日，乃折回。行二十日，抵鄂博图地方之大喇嘛庙，去乌珠穆沁王府约六十里。闻肃邸即于此庙会晤锡林郭勒盟各王公，东行尚不过三日。锡光拟即此住二日，稍整行装，并换车辆，牛疲已不可行。即二十三日兼程东行，追从肃邸于图什业图王旗。

查盐池跨西乌珠穆沁、东浩齐特两旗界，蒙名〔巴〕达〔巴〕逊诺尔。穷日之力，循岸丈量，池周三十余里。水涨时至五六十里。水面结成盐冰，水底率成盐粒，随取随结，取之无尽。而盐色明洁，有若水晶；味至鲜美，远胜海盐，稍加制炼，可装瓶作洋盐销售，运行通商各埠，并销俄境，实为无穷美利。

是池在两山间，四面皆高，水无下口，蕴酿郁积，遂成斥卤。池之西面有泉数泓，系淡池。引而东流，以泽卤地。积卤得水，蒸以日光，遂结为盐。日光愈烈，出盐愈多。故产盐之期夏起四月，秋迄八月，而五、六月间产盐尤旺。应于池边建设盐屯，夏秋两季为取盐期，随取随结，随结随取，屯积待时，分起输运。

查销盐之数，原无总汇之所，故确数无从稽考。特销盐地方东迄吉、黑边境，西抵口北三厅，南抵边墙，益以宣化一府，北尽车臣汗南境，周围及万里以外。若归官业专卖，成孰以后，除去一切经费，每年岁入总在百万两以外。经营蒙古之方，必从财政入手，舍盐业专卖一法，殆亦别无凭藉之处。

查巴林一部两旗、乌珠穆沁一部两旗，地颇膏腴，气候虽寒，而计每年耕稼之期尚及一百二三十日，小米、大麦皆及成孰。而日本、俄罗斯人岁来调查，似亟宜放垦，尤急须设官，以免外人窥伺。盖此两部四旗之地，面积约及十六万方里上下，断非此区区五六千户蒙古所能为国家据守，而外人之来，直如入无人之境。其凡未垦各部，皆可以此类推。至开放次第、升科方法，容回京续陈，兹不赘渎。

此次至盐池，北去外蒙古车臣汗部不及百里，已逾东大道而西约三十里上下。东大道者，乃由张家口北出多伦诺尔厅，东北经克什克腾部，又东北出入于浩齐特东界、乌珠穆沁西界，直抵外蒙古车臣〔汗〕部界，折而东稍北，至黑龙江之卜魁城，直北行稍东，即出车臣汗北界,直抵俄罗斯西伯里亚铁道。闻此线道早经俄人测量,拟作支路,直趋张家口。此路测线,于俄人所绘地图班班可考。而见在俄人由此东大道经行查考者,岁繁有徒。即此盐池,亦均有日本、俄罗斯人前来看视,似亟宜经画布置,以防未然,而固京畿肩臂。

此行外人最为注意,一路均有外人侦察。前行及赤峰,有外人二十余名先后而至,盖俄、德、英三国人。因多方探访,其英、德两国人亦俄人雇来,以作耳目。而日本人尤属狡捷,其来者率改作中国装服,以是无从辨识。至乌丹城,尚有一美国人先后偕行。至过巴林桥以后,乃不见外人踪迹,或别雇中国人侦伺亦未可知。其间可疑之端,容回京再陈一切。

此函系由乌珠穆沁之鄂博图地方雇蒙古人专送喀喇沁,由其旗下邮局递京。过此东行,道路愈远,无从邮送,约在一月上下可抵黑龙江省城。然已附近铁路,不出两旬,当可回京。拟再函后,均容回京面陈。肃此驰上,敬叩台安。

## 再上练兵处王大臣笺
### (光绪三十二年丙午闰四月)

前于闰四月二十日抵鄂博图地方,肃上一笺,谅蒙钧鉴。休息二日,拟即东驰,见正束装,明日晨发,通计一月上下,可偕肃邸抵齐齐哈尔省城矣。此次经行以来,见塞北东蒙地方应以巴林桥为大界画,桥横潢河,即西辽河上流。为南北孔道。潢河以南,大较为已放垦之地;间有未垦之地,不过二三成。潢河以北,则为全部未垦之地。是以一渡潢河而北,食则羊肉,宿则棚帐,乘则牛车,骆驼并不多见,且极疲瘦。马则龁草,牛羊皆然,无麸豆。以是马有驰力而无常力,驰半日即须换马。日须牧放,不可调练。非蒙古人导引,无从询问路径。非但言语不通,且行数十里恒不见一人,无从问路。非特行旅艰难,且人食料、马喂料及然料并木料、石料均无。万一东北方猝有兵事，则兵站部之设置、炮马队之经过，将生绝大阻力。锡光在途，竟百思不得良法，是非迅为设法经营，一旦有事，势将束手。

　　窃谓为东北边防计，东北边防实即京畿肩臂。非为陆军豫筹一绝大仓廒不可。盖潢河以北，亟须招徕无限农民，以垦此数十百万方里之地。数年以后，余粮栖亩，而人有糇粮可购，马有豆料可资，则①无形之仓廒，莫大乎是。此赵充国屯田湟中，所谓枕席过师，不战而服先零者也。似非从移民实边入手，别无办法。矧以我领土言之，此内蒙古一带尚是腹地，并非穷边，且逼近京师，朝廷不縻一钱，可坐收租税之地十百万方里以为藩卫。似当务之急，莫此为甚。顷以潢河以北蒙古见户与地方面积相比较，约在二十四五方里始摊有蒙古一户，断非此区区人数能为国家守此岩疆。且即以畜牧言，于日行数十里中，不过见牛群、羊群数起，且并无大群，而马群则尤不多觏，是其地之旷废可知。则于酌留畜牧之地以外，全数开放，自无疑义。且交通既便，生计自宽，此于蒙古有益无损，尤可概见。潢河以北为巴林部两旗、阿鲁科尔沁部一旗、乌珠穆沁部两旗，凡三部五旗，再东则科尔沁右翼三旗，即上年冬间黑龙江将军程德全所奏之索岳尔济山左右旗分也。此数部者，为各将军、都统鞭长莫及之地，有如闲田，一任外人往来出入，一无觉察。似应特派专员，内以经理盐、垦之宜，外以严杜窥觎之隙，以为东北重镇。俟办有规模，其浩齐特以西四部，相视机宜，再行推广。

　　若潢河以南已垦之地，居十之七八，经理升科，非从澄清吏治入手不可。如所称平、朝、建、赤四大州县者，其所派民间之差徭及陋规各费，每县每年至津钱五十万缗上下，此尚为寻常之款，而贪黩之吏非法诛求，词讼之费多方索诈，尚不在内。其蒙古王府，取

<hr />

① "则"，石印本、《满蒙丛书》本作"而"。

求于蒙丁者与此正不相上下，似无论汉民、蒙民，皆应宽留其力，而后国家之赋税乃有征取之地。不然，州县之斢入，蒙府之横摊，既已竭泽而渔，于此之外再加课赋，势不至弱者逃亡、强者抗令不止，则地方之吏治，蒙府之权限，非清厘整饬，无下手地步。此事如治乱丝，宜宽以时日，徐求条理；若求速效，所损必多。

已垦之地，以严课吏治为主；未垦之地，以尽数开放为主，此其大端。若一切条目及财政经理之方，与国防要塞所在，容俟回京，再行续陈。再，塞北兵事关系，以蒙古与东三省之交尤关重要。故行抵赤峰，吴监督禄贞分路绕行东道，察视行军及国防形势所在，约会于齐齐哈尔，亦拟回京再陈一切。谨此驰上，敬叩钧安。

## 遵拟设立全宁副都统说帖
### （光绪三十二年上练兵处王大臣）

窃查索岳尔济山左近各蒙旗，东扼吉、黑两省西道之冲，为哈尔滨渡江松花江。西上所必经，北控车臣汗部外蒙古南牧之隘，为满洲里车站入俄境首站。支路南来之孔道。俄人拟从其满洲里车站接修铁路，穿车臣汗部，入内蒙古乌珠穆沁、浩齐特两旗，又南穿克什克腾部，抵多伦诺尔厅，至张家口。此道业经丈量，有俄图可证。而其地横跨哲里木、昭乌达、锡林郭勒三盟之交，袤延数千里，弥望荒芜，蒙户寥落。恒行百里，不见一人。去奉天、热河、察哈尔各将军、都统治所极远，有鞭长莫及之势。且值此东方多事之秋，一任外人出入窥伺，如入无人之境，而我官吏直无从觉察，万一有事，凡兵站之转输、刍粮之购备，亦直无从措手。上年，将军程德全奏请于其地简派大员经营垦放，俾得南与热河、东与东三省、西与归化城及西二盟声援相接。所请实为近今局势当务之急，拟请姑设副都统一员，将哲里木、昭乌达、锡林郭勒三盟交界各蒙旗，因山川形势，凡未设州县及未经放垦，或虽经奏请放垦，尚未有人领种之地，画归管辖。所有应行分疆、设立

编制各节,开呈如左:

一、名称

此次新设副都统,辖境较广,不得只以一城一邑之名冠于其上。其称名也,应以包括所辖全境为主,谨拟数名,以备选择。

全宁副都统　见拟辖境,即元之全宁路北境,亦即前明之全宁卫北境,故拟名"全宁",似最妥切。

临潢副都统　辖境居潢水之北,即辽之上京路临潢府故地,故拟名"临潢",然不如全宁之包括。

辽西副都统　辖境在汉时为辽西之西北境,然在今时,实值松花江、嫩江之西,并不值辽河之西矣。称以"辽西",名实不甚密合,似究不如"全宁"之妥当。

山北副都统　辽金以来,称燕云诸州郡为山南,以潢河以北诸部为山北。盖自长城以北,横抵潢河,皆阴山东干山岭所盘亘,所称山南、山北,即以此山为界画也。称以"山北",名实似亦甚符合。

一、辖境

见在东部内蒙古已垦、未垦之境,大概以潢河即西辽河上游。为界,兹拟新设副都统辖境如左:

南循潢河东流,即沿西辽河而下为界。下游有跨至西辽河南岸者,临时再与热河画分界限。

北至沙漠为界。北与车臣汗部分界。

东南至奉天新设之辽源州为界。

东北至奉天新设之洮南府为界。

东面最为扼要,应临时与奉天、黑龙江新设之府县画分界限。

西南至克什克腾旗西界为界。

西北至浩齐特旗西界为界。

再将应分哲里木、昭乌达、锡林郭勒所辖之蒙旗开明如左:

东分哲里木盟之科尔沁右翼中旗、即图什业图王旗。科尔沁左翼中旗。即达尔罕王旗，凡同部两旗。

北分锡林郭勒盟之乌珠穆沁左右两旗、浩齐特左右两旗。凡两部四旗。

南分昭乌达盟之巴林左右两旗、同游牧。克什克腾旗、阿鲁科尔沁旗、扎鲁特左右两旗。同游牧，凡四部六旗。

右系从哲里木等三盟内画出七部科尔沁部只划分三分之一。十二旗，其中巴林左右两旗，业经热河都统奏请放垦。科尔沁左右两中旗，亦经奉天将军奏请放垦。特此四旗者，必须收入新设副都统辖境之内，则东、南两面方有著根之地。必有著根之地，方可措手布置，此东南两面，的为新辖境内著根地步。否则东无以扼东三省形胜之区，南无以通热河州郡之气，则此新设区域，将四面陡绝，孤立无依，声息不通，势将坐困。故东面之科尔沁左右翼两中旗、南面之巴林左右翼两旗，同游牧。必须收入辖境。

此次所拟辖境，从哲里木等三盟画出之十二蒙旗，即将军程德全原奏简派大臣督办放垦之旗分；特加入浩齐特部两旗，以盐池跨入该部境内；加入克什克腾部一旗，以尽潢河上游，顺地势之自然，难以画出界外；加入科尔沁左翼中旗，达尔罕王旗。以其与科尔沁右翼中旗图什业图王旗。犬牙相错，难以分割也。其余旗分，皆从程将军原奏收列。

一、驻所

新设副都统驻扎地方，应择交通便利、控制得宜之处，以为首部。惟设官方始，百度权舆，事必亲临，乃收捷效。应区为经制常驻之所、行署轮驻之所如下：

经制常驻之所：

巴林旗内之巴林大坂地方：是处南接赤峰、乌丹城等处，易与内地脉络相通，转运较易，北控乌珠穆沁，东临阿鲁科尔沁、东西扎鲁特，大道直抵郑家屯，即辽源州。形势便利，是宜为副都统建署常驻之所。

行署轮驻之所：

科尔沁左翼中旗达尔罕王旗。之新河是河上通潢河，下达辽河。附近地方：是处与巴林大坂东西大略相值，适扼从哈尔滨西上之路，而居洮南府、辽源州适中之地，势处东面重要地点，应设行署，每年巡阅，轮驻数月。并设东路垦务总局于此，姑设总办一员，将来垦辟告成、民居稠密以后，应设道员分驻，以资控制。

乌珠穆沁、浩齐特两旗交界之盐池地方：是处既为蒙古命脉所关，且北去外蒙古喀尔喀车臣汗部，寻常马行只半日程，实边塞重地。池之东面十余里有大道一支，西南至独石口外之喇嘛庙，东北至黑龙江之呼伦贝尔，俗称海诺尔。为通行商路，即俄人所拟设之铁道支路，近日俄人之携测量及摄影器具来游者，踵相接也。应即循此大道之旁，设行署一所，间年巡阅，轮驻数月，并设提举盐池委员，常川驻扎，以资觉察。

克什克腾西南附近喇嘛庙地方：是处为蒙盐销场最旺处所，统计见在蒙盐销数，其运赴喇嘛庙者，几及全数三分之二，实为盐利命脉所在。应于克什克腾西南境设行署一所，间年巡阅，轮驻数月。

一、责成

（一）新设副都统应加"兼管办事大臣"字样，其职官曰某某副都统兼管办事大臣事务。

副都统为管辖地方之实官，办事大臣为办理蒙事之差职，以实官而兼差职者，以徇蒙人耳目所习贯，期于坚其信从之心，而办事较易为力也。惟以副都统实官而兼办事大臣则可，若循常例，改作副都统衔某某办事大臣，则不相宜。盖如改作副都统衔而无实官，则管辖地方之权反轻，而责成转虞其不足矣。

（二）凡在辖境以内，所有租税、讼狱、警察、教育及一切政治，皆归该副都统专政。其画分管辖之十二蒙旗，向例受辖于奉天将军。热河、察哈尔两都统之一切事件，均应画出，归此新设衙门管理，以专责成。

（三）凡随驻辖境内之新旧兵队，并无论蒙汉何种兵队，一律皆归节制调遣。

（四）此番新设副都统本意，其应治之事，以垦务、盐务为要图；经营蒙地，凡一切财政入手之方，实于是乎在此两项，事关重要，且与邻疆多所交涉，应请明发谕旨，或于本官上加"督办盐垦"字样，方有著手地步。兹将垦务、鹾务两事略举梗概如左：

一、垦放之次第

内蒙佃放为完全民垦，办法与兵屯不同。兵屯地可断续兴办，民垦则必循近致远，由执达荒，步步踏实，如流水然，盈科后进。故此次放垦，拟从东、南两面节节进步，兹拟办法如下：

南面须连续赤峰之气，以为根据，故从巴林入手，自南而北。巴林为副都统驻所，即于其地设南路垦务总局，相其地之所宜，北向乌珠穆沁，东下阿鲁科尔沁，再行分设支局。

东面须连续辽源州、即郑家屯。洮南府即科尔沁右翼前旗，通称〔札〕萨克图王旗。之气，以为根据，故从科尔沁左翼中旗、达尔罕王旗。新河附近入手，自东而西，即于新河设东路垦务总局，相其地之所宜，北向科尔沁右翼中旗，图什业图王旗。西上东西扎鲁特，再行分设支局。

是以东、南两面，苟舍南路之巴林左右两旗、东路之科尔沁左右翼两中旗，则气脉无通入之方，将无著根地步，故该四旗必须收入辖境。

至放垦办法，容查取奉天、黑龙江两省成案，比照办理。惟宗旨所在，凡垦价所赢余，不妨优给蒙旗，示朝廷并无利此区区垦价之心，以昭大公，则百务之兴，较易着手。

一、榷政之范围

窃兴办边事，当以理财为第一义，见所拟辖境区域内，尚暂无课赋可征，又无货税可取，理财几无著手之处。顷开办伊始，其稍可资为凭藉者，惟指蒙盐专卖一项，周岁所入，可获巨款。见在办法，第一在画定销售区域。兹将现在蒙盐销售区域范围开列如下：

南抵边墙西南插入宣化全府。　　　　北抵车臣汗南部

东抵吉、黑两省西境　　　　　　　西抵察哈尔八旗东境

照见在蒙盐销场周回万里以上，将来放垦日多，居民日聚，则蒙盐销数自必日增。苟有专卖之权，不患盐利不汇为大宗，而忧邻盐日夺其销路。东路海盐、西路花马池盐，苟不严定界限，则池盐日灌而东，海盐日侵而北，势不尽夺蒙盐销路不止。此须专案厘定，以固利权。至销路大宗，拟姑设总局四处，各于总局附近处所分设子店。兹将应设总局地方开列如下：

南设巴林总局：设于巴林桥或赤峰境内之乌丹城，临时酌定。凡热河、平泉、建昌、朝阳等处之运销，皆于此局汇总。

西南设喇嘛庙总局：凡口北三厅内及宣化一府，北至克什克腾等旗，西至察哈尔东境等处之运销，皆于此局汇总。

东南设辽源州总局：凡吉林西境、奉天西北境、黑龙江西南境及哲里木盟南路各旗境之运销，皆于此局汇总。

东北设洮南府总局：凡黑龙江西北境及哲里木盟北路各旗境之运销，皆于此局汇总。

总局既设，各于附近城邑市镇分设分店、支店，以畅销路。即于盐店之中加设钱柜，发行钞票，而以盐业为无形之保人，民间无不信从之理。将来盐业推行所至，即钞票推行所至。而见银、纸币及大小银圆、铜圆之兑换，皆寓于其中。与夫远近城镇，内至京师，南至天津、上海，东至牛庄、营口，一切见银、期票之会兑，皆为之转输。如此推行，将大小银行不出二年可遍设于蒙古地面。即使盐

无余利可资，而钞票之存兑，其为利固已大矣。将来蒙古路矿之成本，即倚此为根据，而发端之始，实以盐业专卖为之始基，尤以画清销路最为急务。

以上言鹾政之大略，而银行之成立，自在其中。至总局及分店、支店之一切章程，与转运管理之一应程式，容开办时，再行详拟具报。

一、道路之交通

经营之始，首在开辟道路，以便交通而联脉络。兹拟辖区域应修官道四大支，大率就原有之路而加修焉。一由盐池西南，行经浩齐特、克什克腾而至喇嘛庙，是为西大道。一由盐池东南，行经乌珠穆沁、巴林而至赤峰境之乌丹城。一由巴林大坂直东，行经阿鲁科尔沁、东西扎鲁特、科尔沁左翼中旗而至辽源州，是为南大道。一由盐池折而南直东，行经东西乌珠穆沁、科尔沁左右翼两中旗而至洮南府，是为北大道。是皆为经道，视放垦所至，旁出支路，以利周行，则运输便，而气脉乃通。大道之旁，种植树木。凡官设之垦局、盐局、银行、警局、电局、邮局及一切官舍，与夫民立之商店、旅馆，以及兵队之屯驻，皆循此大道，择别要区，分段建立，则居者获守望之助，行者有栖止之方。更于民力不及之处，官设尖宿局舍，为盐车人畜栖止之所，而售盐放垦、兑易银货，亦皆寓于其中，一气呵成。其商车经过，亦准投宿休息，造饭喂秣。则数千里榛莽晦塞之区，其气可以大通。地利既修，而天时人事，亦皆顺应矣。

一、官属之编设

区域以内，蒙户寥落，率牵算二十方里至三十方里始占有蒙民一户，旷土弥望，直等无民。是必待放垦以后，田畴鳞次，鸣吠相闻，方有设官分职之事。然见当经营伊始，垦务、盐务、警务、兵屯、路政、讼狱，亦在在需人治理，故拟暂不设官，姑定差缺，以治诸务；

暂不建署，姑设局所，以统庶司。

职务所在，以礠、垦为两大宗。垦务设总局二：一设于巴林大坂，一设于达尔罕王旗之新河左近，凡警务裁判、就近之路政，皆附焉。而蒙盐之分支店、银行之分局，亦姑附入其中，相与维系。礠务设总局四：一设于赤峰之乌丹城，一设于多伦诺尔厅之喇嘛庙，一设于奉天新设之辽源州，一设于奉天新设之洮南府。凡大小银行及邮政、电局，皆附焉。至垦务两总局以外应设之分局，礠政四总局以外应设之分店、支店，则随时随地，察酌情形，推广设立，难以豫拟。

凡总局应设总办一员，中分各股，如垦务总局中应分垦务、警视、讼狱等股，每股应设提调一员，各股之中，随事繁简，又分各课，每课各设委员一员。其礠务总局中分股分课亦如之。至分店，则设会办一员，支店则设坐办一员，以总其成。而每股则设委员，每课则设司事，以示差等。如是则纲举目张，而事有统纪矣。

凡垦务诸司，应于候补、候选之府厅州县佐贰中遴员办理。礠务诸司，应于候补、候选人员中择其通晓商业者，于银业、盐业人员中择其明白大体者，遴员办理。盖垦务诸司与官事为近，礠政诸司于商业为宜也。

副都统本署设总理处，以总其成，设总理长官一员。中分各司，每司设司官一员。每司之中，视事繁简，下设管理数员，句稽考课，内承副都统之命令，以受垦务、礠政各局之成，是为副都统之幕僚。

以上为官属编设之大略，至其中阶级层递、职权限制、功过考成、资劳升转，一切条目，容开办时再行详拟。

以上乃开办伊始，值地大民寡之时，为权宜设置之差缺。至数年以后，放垦日多，民居日夥，村落相衔，渐成都邑，自应陆续设有司官,以资治理。并应设立长官,以相统摄。尔时如何设官之处,再行拟定。

一、兵队之屯驻

威令之行,非兵不武,新壤之辟,实藉声援。矧东方马贼纵横,尤资镇压;乱萌克遏,乃保治安;莠民蠲除,外侮自戢。拟请混成一标,挈以俱往,分驻之所,略筹如下:

新设副都统常驻巴林,除自募卫队百名作为亲兵以外,应于西去百里巴林桥地方屯驻步队一营,中抽一队,轮驻盐池,每三阅月一更番。余驻之兵,不时梭巡,北抵盐池,南至乌丹城西及克什克腾西界,以清西路。

辖境以内,东西相距略及千里,中权所在,为阿鲁科尔沁、东乌珠穆沁两旗之交,应由标统自率步队一营、炮兵两队,扼要屯扎,屹驻中路,以为东西南北策应之师。

马贼窃发,恒从东来,应于达尔罕王旗新河附近地面常驻步队一营、马队一营,分巡科尔沁左右两中旗、达尔罕王旗、图什业图王旗。东西扎鲁特两旗之地,万一有警,则抽移中路步、炮之师,标统率以俱往,则千里提封,可期安谧。外人见我纪律严明,戎心自戢。

水流不腐,兵忌久屯。故此防兵,利用混成以为编制,各镇抽调,以成一标,每岁更番,新旧交替。新兵续来,旧兵归伍,则兵气常新,不生暮气。且饷不加筹,似为善策。

事有统系,政忌两歧。此项混成一标到防以后,应归副都统节制。

见在开办之初,以混成一标,岁一更代,乃一时权宜。俟垦务、礦务办有成效以后,能自行筹饷,至少须自练一协新兵,方足镇抚岩疆。若饷力稍充,则须以练至一镇兵为度。

兵忌散屯,虽精必窳。此项防兵,除分三路屯扎之外,断难零

星分驻,致散而无纪,兵气不扬。而辖境周回至数千里,将来放垦
日广,断非此一标防兵所能周匝,应于兵力不及之处,自练巡警兵,
以弥其隙,欲期防维周密。至少须练马巡千人、蒙古地方须用马巡。
步巡千人,与防兵互相援应,则地方可期乂安,乱民不虞窃发。应
视经费能否克赡,徐图办理。

　　以上所陈办法,只具梗概,至经营东蒙,事体繁重,所有详细节
目或须变通之处,应俟开办之时再行体察。当条举缕晰,别类分
门,次第兴办。见在办理宗旨,诚如将军程德全所言,不规近利,务
期边境贯通一气者也。故著手之初,不事铺张,但求实效。谨将管
见所及,设立副都统编制大略,胪陈台鉴,祗候钧裁。

光绪戊申秋仲刊于京师寓斋

## 附录

### 姚锡光奏请拣大员专办内蒙垦务折

　　奏为请拣大员,专办内蒙垦务,殖民实边,练兵兴学,通商开
矿,以重国防,恭折仰祈圣鉴事。窃奴才读外国历史,英以商业据
印度北部,以海军属缅甸全境;而法人无所泄其尾闾,乃[①]改道而
从事于越南;俄人弃其经营巴尔干之功,亦以探险殖民侵略我黑龙
江,经营西伯利亚,遂使我中国以闭关自守之政策,变而为列强环
伺之危局。今且扩张军备,密布铁路,各求逞其势力之范围。故我
国沿边各省,在在均宜严加筹备,而奉天三省乃国家根本,关系尤
为重大。今日据要港,俄酣上游,两大国之火车又当南北之冲,雷
动电驰,日夜不息。是以守其地者,跬步藩篱,举趾荆棘,一若交涉
之外,别无可善其措施者。其与奉天唇齿相依,南拱京直,而北接

---

① "乃",《东三省蒙务公牍汇编》本作"亦"。

俄国者，则为内外蒙古。地质膏腴，民俗劲悍，此尤根本之根本。苟善其道而用之，此亦中国之陆海也。然且荒芜不治，顽惰成性，徒嗜佛而不知学问，事游牧而不言耕殖，蓄湩酪而食，逐水草而居，遂使从龙奏绩之貔貅，一变而为守夜闭关之羊犬。① 虽前将军增祺于札萨克图旗、镇国公旗、黑龙江之北郭尔罗斯旗、扎赉特旗，派员次第开垦，（于）〔然〕②设官分职，其政策仍不出奉天范围，而所以筹备边防、抵制强敌之策，无闻也。故今之言筹边者，每曰非练兵不足以弭兵，非备战不足以止战，非盛设海军不足以安内地，非建修铁路不足以神运用。然战舰、铁路苟能兴举，诚伟大之事功，而不假外债，终非我力之所能及。且练莫大之军，敌莫强之国，欲收振衰起弱之功③，又非叠债累息者所能猝办。奴才以为，于今日而欲保奉天省，当极力经营内外蒙古荒地，诚以俄人野心异志，睥睨四邻，宿以殖民侵略为惯技，况火车往返，垂涎其地者已久。倘以殖民通商，蹈以前之覆辙，则先我著鞭，其患有不堪设想者。诚宜及时采东西殖民之策，用晁错实边之谋，简派大臣，编成段落，招民垦种，即以其所得之荒价，大兴矿务，广设学校，开通商埠，办理交涉。仿德意志男子皆兵之制，而为正兵，为寓兵，无事则为农为商，有事则应召应募。励其精神，养其志气，厚恤其身家，推其极点，必如西秦首功，子女亦知敌忾。斯巴达尚武，妇人皆思死敌。然后修器械，增军储，造枪炮，建修铁路，此左文右武，思患预防之善政也。奴才满洲世仆，学识既浅，才力尤疏，何敢妄议国是？然窃思古人君辱臣死之义，即童子犹思执干戈，卫社稷，况奴才世受国恩，敢不竭尽鄙诚，聊报涓埃于万一乎！故于公余之暇，时常披

---

① "羊犬"，《东三省蒙务公牍汇编》本作"犬羊"。
② 据《东三省蒙务公牍汇编》本改。
③ "功"，《东三省蒙务公牍汇编》本作"勋"。

览舆图及一切地理书籍,而尤注意于俄国西伯利亚交涉事宜。所交游者,间有熟悉蒙荒地址情形,及通俄国语言,确知其政策交涉各要件。奴才前于光绪三十二年请假修墓,亲自周历内蒙各旗,查勘形势,惟昭乌达、哲里木二盟之巴林、达尔罕各旗未垦荒地,纵横方千余里,除游牧不垦外,尚可开地数十万顷,其地大半在直隶、热河界内。惟奉之洮南、吉之农安,犬牙相错,以之殖民,诚直奉之外府也。而昭乌达之乌珠穆沁部,[①]有广袤百余里之湖泊[②],俗名北海,夙产青盐,向济蒙俄之用。其他若喀喇沁右翼旗之老泥洼、鸡冠山等处金矿,果山子、烟筒山等处煤矿,及巴林旗乌尔吉图山之五金矿,有已经开采而未尽其利者,有尚未开采者,此外各矿尚有数十余处,而南北郭尔罗斯两旗产碱尤旺。此荒若以光绪三十二年办理札萨克图荒价预算,共可得银千万余两,除拨与蒙古荒价一半及办公等费外,尚可得银四百万余两。此外,近畿各旗有拟垦而未放者,有已办而涉讼者,尚可督同一律办理。以上各荒,地属直、热,而界于奉、吉等省,皆有辖治之责。若任其派员开放,则格于成例,事权不一,多有窒碍难行之处。若不严予限制,又恐滋生事端,致启意外之争。查光绪二十七年,绥远城将军贻谷前奏晋边荒务开垦,业经奉旨督办在案。今昭乌达、哲里木等盟,事同一律。奴才为整顿直、热边防起见,不敢安于缄默,是以敬谨拟请简派大臣,督同熟悉垦务各员,假以岁月,次第举办内蒙各旗垦荒,务期实事求是,以为防边之先声。夫殖民乃养民善政,实边为防边良图。况以殖民实边而兴学、练兵、开矿、设商埠、修铁路,则民不失时,国无费饷,默立富强之基,阴消觊觎之谋,此尤善屯田府兵之用而得其神髓者也。所有拟请简派大臣,招垦实边缘由,伏乞皇太后、皇上

---

①　此处有误,乌珠穆沁部属锡林郭勒盟。

②　"湖泊",《东三省蒙务公牍汇编》本作"泡池"。

圣鉴。谨奏。

光绪三十三年五月二十八日奉上谕：锡光奏请拣大员专办内蒙垦务一折，着徐世昌查核办理。原折著钞给阅看。钦此。

徐世昌等编《东三省政略》卷二《蒙务下·筹蒙篇》第六至八叶。